Klaus Böhme

Illustrierte Jagdgeschichte

1

Illustrierte Jagdgeschichte 1

Klaus Böhme

Vom Steinwurf des Vormenschen zum Waidwerk der Antike

Neumann - Neudamm

CIP-Titelaufnahme der Deutschen Bibliothek
Böhme, Klaus:
Illustrierte Jagdgeschichte/Klaus Böhme. – Melsungen:
Neumann-Neudamm.
1. Vom Steinwurf des Vormenschen zum Waidwerk der
Antike. — 1991

ISBN 3-7888-0619-2

Mühlenstraße 9, 3508 Melsungen
Printed in Germany
Titelgestaltung: Philipp Schneider unter Verwendung eines Gemäldes von Zdenek Burian
Reprotechnik: monolith Repro GmbH, 4430 Steinfurt 2
Gesamtherstellung: Druckerei Parzeller, 6400 Fulda

Schrift: 10/12 Times
Papier: h'frei mattgestr. Offset 115g/qm
Umschlag: Pappband, Polylein-Kaschierung
Druck: Vier- und Zweifarben-Offset, Roland MAN, 72 × 102 cm
Verarbeitung: Fadenheftung, begazt, Deckenband

Inhalt

Vorwort

Ist die Jagd so alt wie die Menschheit? Ist also Jagdgeschichte gleichbedeutend mit Menschheitsgeschichte? Ist die Jagd der Gegenwart mit den historischen Entwicklungen, von der Urzeitjagd angefangen, zu rechtfertigen und ihre Notwendigkeit und ihr Sinn damit zu untermauern? Fragen zu dieser Thematik geraten im Rahmen der Diskussionen um Standort und Stellenwert der Jagd von heute immer wieder und immer öfter in den Blickpunkt der Öffentlichkeit, seien die seit Jahren anhaltenden und sicher in absehbarer Zeit noch zunehmenden Auseinandersetzungen nun sachlich oder emotional ausgetragen.

Um hier mitreden zu können und in der Lage zu sein, die Jagd in unserer Gesellschaft aus ihren historischen Wurzeln heraus begründen zu können, genügt es bei weitem nicht und wäre sogar ein fundamentaler Fehler, allein den ausschließlich zur Sicherung seiner physischen Existenz jagenden Urmenschen als Indiz für die naturgegebene Daseinsberechtigung des Jägers und der Jagd in den Vordergrund zu schieben und nun auf die selbstverständliche Akzeptanz einer anscheinend so alten Institution zu hoffen.

Es ist vielmehr notwendig, daß sich jeder Jäger und jeder, der dem Wild und der Jagd zugetan ist, grundlegende Informationen über die historische Entwicklung der Jagd beschafft. Die Forderung namhafter Fachleute nach einer Einbeziehung der Jagdgeschichte in die jägerische Ausbildung verdient volle Unterstützung, und der organisierte, geführte Rundgang durch ein bedeutendes Jagdmuseum sollte Pflichtveranstaltung in jedem Jungjägerkurs und auch in der jagdlichen Ausbildung der Forstbeamten werden.

Denn die Jagdgeschichte, die im weitesten Sinne Werden und Wandel der Methodik und Technik, der Kultur und der Ethik, des Rechts und der Soziologie, der Ökologie und nicht zuletzt auch der Kunst und Literatur der Jagd umfaßt, ist alles andere als eine tote Materie. Die Geschichte der Jagd zeigt im Rückblick auf die Anfänge menschlichen Lebens zunächst, daß der Trieb zur Jagd aus stammesgeschichtlicher Sicht tief im menschlichen Wesen verankert ist. Diese Feststellung kann jedoch nur sehr vorsichtig und äußerst differenziert als Rechtfertigung der Jagd in unserer Zeit verwendet werden. Denn die Jagdgeschichte zeigt weiterhin, daß sich schon vor mehreren tausend Jahren die Beziehung vom Menschen zum Tier und damit die Bedeutung der Jagd tiefgreifend gewandelt hat. Die historische Betrachtung läßt auch erkennen, welche Auswirkungen die Jagd nicht nur auf die Tierwelt, sondern auch auf die jagenden – und von der Jagd betroffenen – Menschen hatte, und gerade in diesem Problemkreis sind auch mannigfache negative Aspekte der Jagd zu verzeichnen und zu verarbeiten. Gerade die im Sinne der Kulturgeschichte hochentwickelten Gesellschaften ließen die Jagd oftmals in nicht nur tier-, sondern auch menschenverachtender Weise entarten und zum blutigen Ritual, zur Massenschlächterei werden. Der Wandel von der Nahrungsjagd zur Waidmannskunst ist aus historischer Sicht nicht nur positiv zu beurteilen. Ferner zeigt die Geschichte, daß die Jagd politische und soziale Veränderungen bis hin zu Kriegen und Revolutionen beeinflußte oder sogar hervorrief und damit in einigen Epochen das Bild der Zeit prägte, während andererseits ökologische Veränderungen, durch Bevölkerungsbewegungen oder auch Kriege verursacht, die Tierwelt und damit auch die Jagd, ihre Methoden und ihre Bedeutung beeinflußten.

Es liegt also auf der Hand, daß die Jagdgeschichte aus ihren Erfahrungen und Lehren heraus Parallelentwicklungen erkennen lassen und dadurch Wege zur Erfassung und Lösung aktuellster und zukünftiger Probleme weisen kann. Die Kenntnis der Jagdgeschichte bietet, richtig angewandt, durchgreifende Argumente für die Notwendigkeit des Jagens in heutiger Zeit und die wichtige Stellung des Jägers in der modernen Gesellschaft. So kann die Jagdgeschichte zum besseren Verständnis des Sinns, der Methoden und der Auswirkungen der Jagd führen und nicht zuletzt zum Mittel der jagdlichen Öffentlichkeitsarbeit, zum Werbeträger für die Belange der Jagd in heutiger Zeit werden.

So ist dieses Buch also nicht etwa für den Historiker, sondern in erster Linie für den Jäger geschrieben; aber nicht nur für den historisch interessierten Jäger, sondern in der Hoffnung, Interesse am historischen Werden und Wandel der Jagd auch dort zu wecken, wo es noch nicht vorhanden ist, für jeden Jäger; insbesondere für jeden Jäger und Jagdfreund, der bereit ist, sich der öffentlichen Diskussion um die Jagd zu stellen – und welcher Jäger müßte dazu nicht bereit sein!

Das vorliegende Buch, als erster Band einer Trilogie gedacht, umfaßt den Zeitraum vom Beginn menschlichen Lebens auf der Erde bis zum Ende der Antike. In möglichst chronologischer Reihenfolge werden die Entwicklungen und Ereignisse, die im weiten Sinne für die Jagdgeschichte von Interesse sind, dargestellt. Besonderer Wert wurde darauf gelegt, diese Entwicklungen und Ereignisse in den Rahmen der gesamten Weltgeschichte zu stellen, Typisches und Wesentliches zu betonen, weniger wichtige Dinge nur kurz zu streifen oder ganz wegzulassen, an geeigneter Stelle Vergleiche und Querverbindungen zu ziehen und bei alledem im Interesse des Lesers die Übersicht zu wahren, nicht belehrend, sondern plaudernd zu informieren und – nicht zuletzt! – zu zeigen, daß Jagdgeschichte auch sehr unterhaltsam sein kann.

Bromskirchen, im Sommer 1989 Klaus Böhme

Zum Geleit

Das Fortschreiten der wissenschaftlichen Erkenntnisse wurde einmal mathematisch mit einer Differenzialgleichung ausgedrückt. Bemerkenswert dabei war, daß zur Lösung dieser Gleichung die Formel benutzt wurde, mit der Lawinen beschrieben werden. Das rechtfertigt schon vom Ansatz her eine umfassende, alle Zeiten und Völker umfassende Geschichte der Jagd zu schreiben und dabei die neusten Erkenntnisse der vielen tangierenden Wissensgebiete zu nutzen.

Den Schwierigkeitsgrad eines derartigen Projektes verdeutlichte z.B. Prof. Dr. Dr. Kurt Lindner, der bedeutendste Jagdhistoriker unseres Jahrhunderts, indem er seine geplante monumentale Geschichte des deutschen Waidwerks nach dem Erscheinen der ersten beiden Bände 1937 und 1940 nicht fortsetzte aus der Erkenntnis der Notwendigkeit eines noch breiteren Quellenstudiums. Das war der Grund, weshalb er mit einer ansehnlichen Zahl von Editionen in der Reihe „Quellen und Studien zur Geschichte der Jagd" so erfolgreich wurde.

Eine Jagdgeschichte auch über den deutschen Sprachraum hin auszudehnen ist ein aufwendiges Unterfangen bei dem es darauf ankommt wesentliche Entwicklungslinien zu erkennen, herauszuarbeiten und wertend einzuordnen. Vielen beteiligten historischen Zweigwissenschaften muß bis in ihre früheste Geschichte gefolgt werden, denn grundsätzlich kann jede Erscheinung des menschlichen Lebens auch unter historischen Aspekten wissenschaftlich behandelt werden. Selbst die ältesten bekannten Menschen machten in ihrer Auseinandersetzung mit der Natur Geschichte.

Über die Jahrmillionen, die mit der Menschwerdung verbunden sind, wissen wir durch die archäologische Ur- und Frühgeschichtsforschung. Weitere Erkenntnisse und Theorien liefern Forschungsgebiete wie die Kultur- und Kunstgeschichte, die Sprach- und Rechtsgeschichte, die Bevölkerungs- und Siedlungsgeschichte, die Geschichte der Technik usw. Daraus ergibt sich, daß bei vorliegendem Werk die Vielzahl von historischen Berührungspunkten der Jagdgeschichte zu anderen Wissenschaftszweigen das Interesse an nachstehenden Ausführungen in ganz besonderem Maße weckt.

Über die Jagd des steinzeitlichen Menschen bewahren die Museen der Welt Zeugnisse in vielfältiger Gestalt. Bodendenkmale haben Schutz erhalten. Doch erst aus den letzten 2000 Jahren stehen seit der Antike schriftliche Quellen zur Verfügung.

Gegenüber diesen Quellen des historischen Geschehens, die unmittelbar übrig geblieben sind, steht die schwer zu übersehende Zahl von Forschungsergebnissen über die komprimiert bezogen auf die Geschichte der Jagd unterhaltsam und doch fundiert informiert wird.

Für die paläolithischen Menschen war die Jagd bis in die jüngste Altsteinzeit die wichtigste Existenzgrundlage. Das Potential der jagdbaren Tiere war groß. Nicht nur als Fleischnahrung sondern auch als Rohmaterial für Waffen und Werkzeuge, für Kleidung und Wohnbauten wurde es genutzt. Geschicklichkeit, Beobachtungsgabe, Kenntnis des Wildverhaltens, Erinnerungen und Erfahrungen in der Natur waren für erfolgreiche Handlungen erforderlich. Jahrtausende sicherte das das Überleben.

Die reine Aneignung naturgegebener Existenzmittel durch Jagd, Sammeln und Fischfang

zur Befriedigung des Lebensnotwendigen verlor mit dem Übergang zur seßhaften Lebensweise und agrarischen Produktion in den letzten Jahrtausenden v. Chr. mehr und mehr an Bedeutung. Als bereits römische Geschichtsschreiber uns Kenntnisse von germanischen Stämmen hinterließen und in wachsendem Maße schriftliche Quellen überliefert sind, stieg die Fleischversorgung durch Hausvieh in gleichem Maße wie sie durch Wildbret sank. Das Jagen bedeutete keine Lebensnotwendigkeit mehr, beim Mensch-Tier-Verhältnis erfolgte eine Wandlung, das Jagen begann zum Waidwerk zu werden, das aus den verschiedensten Motiven ausgeübt wurde, als Vergnügen, als Erziehungsmittel zu Mut und zum Kampf, als Privileg oder in Formen von Entartung bis hin zur Betrachtung als Nebensächlichkeit.
Diese Entwicklungslinie der Jagd in der Alt- und Neusteinzeit, bei den ersten Hochkulturen der Menschheit und in der Antike wird im ersten Band einer Trilogie für den Zeitabschnitt „Vom Steinwurf des Vormenschen zum Waidwerk der Antike" herausgearbeitet. Im gesamten Rahmen der Weltgeschichte erschließt der Verfasser Zeiten und Räume für den tiefgreifenden Bedeutungswandel bei der Jagdausübung. Er führt uns in die Geschichte zu unserem eigenen Selbstverständnis.

Dr. Ekkehard Schwartz
Eberswalde

Die Jagd des steinzeitlichen Menschen

Vom Werden des Jagens

Ein Ausflug in die Paläoanthropologie

Die Geschichte der Jagd ist eng verbunden mit der Kultur- und Entwicklungsgeschichte der Menschheit überhaupt. Viele Vorgeschichtsforscher und Anthropologen sind davon überzeugt, daß die Jagd eine der hauptsächlichen Triebfedern der Evolution des Menschengeschlechts gewesen und die Entfaltung menschlicher Fähigkeiten und Eigenschaften ganz entscheidend von der Jagd beeinflußt worden ist. Bedenkt man, daß seit mindestens zwei Millionen Jahren Menschen auf der Erde leben und daß erst vor etwa 10.000 Jahren das Zeitalter der Seßhaftigkeit, der Siedlungsgründungen, der Domestikation von Tieren und des Ackerbaus begonnen hat, dann ist zu erkennen, daß die Menschheit zu mehr als neunundneunzig Prozent ihres bisherigen Entwicklungsweges unmittelbar mit und auch von der Jagd gelebt hat. Die grundlegende Bedeutung der Jagd für die menschliche Evolution dürfte schon angesichts dieser wenigen Zahlen einleuchtend sein.

Gleichwohl ist die Behauptung, daß die Jagd so alt wie die Menschheit sei, nicht ohne weiteres zu belegen. Um die Richtigkeit dieses so oft und gern geschriebenen Satzes zu untersuchen, sind nämlich drei Fragen zu klären, auf die, um es vorwegzunehmen, es noch keine eindeutigen und klaren Antworten gibt und vielleicht auch nie geben wird. Zum einen müßte zweifelsfrei feststehen, seit wann eindeutig der Gattung Mensch zuzurechnende Wesen die Erde bewohnen. Weiter wäre zu fragen, ab wann diese frühen und frühesten Menschenformen die Jagd ausgeübt haben, und hierzu müßte schließlich definiert werden, was als jagdliche Betätigung zu verstehen und ob bereits etwa das Vertreiben eines Raubtieres von dessen Beute als Jagd zu bezeichnen ist.

Will man nun diesen Fragen nachgehen, soweit das vom heutigen Stand der Wissenschaft her möglich ist, so ist ein Ausflug in die Paläanthropologie unerläßlich. Wissenschaftler dieser Fachrichtung haben sich einer Profession verschrieben, bei der von jeher die Meinungen ebenso gewaltig auseinanderklaffen wie aufeinanderprallen und deren hervorragendstens Merkmal die Uneinigkeit der Experten ist. Fünfzehn Fachleute haben hier nicht selten siebzehn Meinungen, die sämtlich einleuchtend und begründet klingen; dennoch ist möglicherweise nicht eine dieser Ansichten richtig, oder ein neuer Grabungsfund wirft alle bisherigen Theorien über den berühmten Haufen.

Auf der Suche nach den ersten menschlichen Wesen muß man viele Millionen von Jahren zurückgehen, bis in die Zeiten, in denen es erste Vorstufen des Menschen gab.

Etwa 100 Kilometer südlich von Kairo liegt abseits des Niltals die Oasenstadt Al-Fayyum. Heute besteht die Umgebung des für viele geschichtliche Epochen bedeutsamen Ortes außerhalb des Oasenbereichs größtenteils aus Wüste. Vor etwa dreißig Millionen Jahren aber flogen Vögel und Insekten zwischen den Wipfeln mächtiger Bäume umher, und in den Ästen dieser tropischen Urwaldriesen bewegten sich verschiedene Säugetiere. Einige dieser Tiere sahen den heutigen Affen sehr ähnlich, sie fraßen Früchte und Blätter, fingen Insekten und vielleicht gelegentlich auch Vögel und andere kleinere Tiere. Als Aegyptopithecus, als Affe aus

Ägypten, gilt dieses Tier als erste Entwicklungsstufe der Hominoiden, der menschenähnlichen Affen.

Etwa zehn Millionen Jahre später lebten drei oder vier Arten von Hominoiden in der Gegend der ostafrikanischen Seen. Andere Forscher sprechen gar von sieben Arten, und auch aus anderen Teilen der Welt liegen Funde aus dieser Zeit vor, so aus Indien und China, aus Spanien und Italien. Einige Funde sind schwer oder überhaupt nicht in eine kontinuierliche Entwicklungsreihe einzuordnen, andere Linien haben ganz offensichtlich nur verhältnismäßig kurze Zeit, das heißt nur wenige Millionen Jahre, auf der Erde gelebt und sind dann ausgestorben.

Vor etwa vierzehn Millionen Jahren dürfte es nach Meinung der meisten Wissenschaftler gewesen sein, als sich die erste Art von Primaten entwickelte, die eindeutig zur Entwicklungslinie des Menschen gehört. Ramapithecus nennen die Wissenschaftler dieses Tier, und viele sehen es als Bindeglied zwischen Menschenaffe und Affenmensch an. Funde stammen aus Fort Ternan in Südwestkenia und den Siwalikbergen im Himalaya an der indisch-pakistanischen Grenze.

Wenngleich die Ramapithecinen noch keinesfalls als Menschen oder auch nur als Affenmenschen bezeichnet werden können, sind sie doch als Anfangsglied einer Kette zu sehen, an deren vorläufigem Ende der moderne Mensch steht. Unter diesem Gesichtspunkt ist es keineswegs uninteressant, daß es Anzeichen dafür gibt, daß der Ramapithecus andere Tiere jagte und tötete. In Fort Ternan wurden in gleichaltrigen Schichten Antilopenknochen gefunden, die mit einem stumpfen Gegenstand zerschlagen worden waren. Auch ein Lavaabschlag mit stumpfen Kanten lag in der Nähe, obwohl dieses Gestein in der unmittelbaren Umgebung nicht vorkam.

Es wird vermutlich nie geklärt werden können, ob der Ramapithecus die Antilopen selbst gefangen hat und ob der Lavaabschlag ein Werkzeug, eine Waffe oder ein Zufallsprodukt war. Es bleibt aber in höchstem Grade unwahrscheinlich, daß dieses Tier bereits Werkzeuge herstellen konnte und in der Lage war, planvoll die Jagd auf größere und schnelle Tiere auszuüben. Dennoch dürfte bewiesen sein, daß der Ramapithecus kein reiner Samenfresser war und eine Fleischmahlzeit keineswegs verschmähte.

Vor dreieinhalb Millionen Jahren gingen offensichtlich drei Wesen über eine mit Vulkanasche bedeckte Fläche nahe der Olduvaischlucht im heutigen Tansania. Sie gingen aufrecht und hielten sich möglicherweise an den Händen, denn die Spuren laufen genau im gleichen Abstand nebeneinander her. Eines der Wesen war ein Junges – oder ein Kind –, und die beiden größeren Wesen dürften etwa 1,20 bis 1,50 Meter groß gewesen sein.

Etwa 500.000 Jahre später starb 1.500 Kilometer nördlich von dieser Stelle ein weibliches Wesen. Es war erwachsen und ungefähr 1,10 Meter groß.

Die Fußabdrücke in der Vulkanasche bei Laetoli wurden im Jahre 1981 entdeckt und stellen nach Ansicht ihrer Entdeckerin, *Mary Leakey*, das älteste Zeugnis menschlicher Existenz überhaupt dar. Das weibliche Skelett von Hadar in Äthiopien wurde 1974 von *Don Johanson*, dem Leiter einer internationalen paläanthropologischen Expedition gefunden. Es handelt sich um den ältesten Fund eines fast zur Hälfte erhaltenen Skeletts. Nach einem Titel der Beatles nannten die Wissenschaftler die fossile Dame „Lucy“; das Original wird in Addis Abeba aufbewahrt.

Diese beiden spektakulären und zahlreiche andere Funde beweisen die Existenz einer Gattung, die von fast allen Experten zumindest nicht mehr als Menschenaffe, von vielen als ein Bindeglied zwischen Affe und Mensch, von anderen gar schon als eine echte menschliche Frühform betrachtet wird. Ihr wissenschaftlicher Name hingegen deutet noch nicht auf einen Menschen hin, das Wort

„Homo" fehlt, man nannte sie einfach und schlicht „Südaffe", Australopithecus.
Drei Arten der Gattung Australopithecus sind in Afrika nachweisbar. Andere behaupten, es seien vier, denn *Richard Leakey*, der Sohn der Entdeckerin der Fußspuren von Laetoli, fand 1972 einen zweieinhalb Millionen Jahre alten Schädel und ordnete ihn aufgrund verschiedener Merkmale der menschlichen Gattung zu. Dieser Homo habilis, der „geschickte" Mensch ist für *Leakey* der Beweis, daß Australopithecinen und echte Menschen Millionen von Jahren nebeneinander in Afrika lebten und einer gemeinsamen Wurzel, nämlich dem Ramapithecus entstammen. Diese Meinung wird auch von seinem Vater, *Louis Leakey*, dem Entdecker des Ramapithecus, geteilt, viele andere Forscher hingegen schließen sich der Meinung der Leakey-Familie nicht an. Sie sehen den ersten wirklichen Menschen erst im Homo erectus, dem „aufgerichteten Menschen", der vor etwa einer Million Jahren auftauchte und außer in Afrika auf Java, in China, in Ungarn und – als Heidelbergmensch – in Deutschland nachzuweisen ist. Es gilt als Vorläufer und wohl auch als Vorfahr des „vernunftbegabten Menschen", des Homo sapiens.
Aus all dem ist erkennbar, daß bereits Uneinigkeit darüber besteht, welches Wesen noch als lediglich „menschenähnlich" und welches schon als Mensch zu bezeichnen ist. Die einen sehen schon vor rund sechs Millionen Jahren Nachfahren des Ramapithecus als Menschen in den Wäldern Ostafrikas auftauchen, die anderen datieren dieses Ereignis auf das Erscheinen des Homo erectus vor etwa einer Million Jahren zurück. Allerdings hat sich in der neueren Literatur die Ansicht, daß der Homo habilis kein Australopithecus mehr war und die Bezeichnung „Mensch" doch zu Recht trägt, mehr und mehr durchgesetzt, und so läßt sich durch die Entdeckungen *Richard Leakeys* die Meinung untermauern, daß es seit mindestens zweieinhalb Millionen Jahren Menschen auf der Erde gibt.
Auch der Beginn jagdlicher Betätigung der frühen und frühesten Menschenwesen liegt im Dunkel der Ur- und Vorgeschichte. Die Fundstücke, die dafür sprechen, daß der Ramapithecus als frühestes bekanntes Glied der hominiden Ahnenreihe zumindest hin und wieder das Fleisch anderer Tiere verzehrte und diese Tiere vielleicht sogar selbst tötete, wurden bereits erwähnt. Sollten Australopithecus und Homo habilis tatsächlich vom Ramapithecus abstammen, gibt es keinen Grund, anzunehmen, daß sie nicht auch versucht hätten, Tiere zu fangen und zu töten, um sie zu verzehren.
Eines der wichtigsten Hilfsmittel der Paläanthropologen für die Beurteilung der Ernährungs- und damit auch der Lebensweise eines fossilen Wesens ist die zahnärztliche Untersuchung. An einer medizinischen Universität in den USA wurden die Zähne von Australopithecinen insbesondere auf ihre Abnutzungsmerkmale hin untersucht und mit denen anderer Tiere, deren Ernährungsweise bekannt war, verglichen. Die Forscher fanden dabei heraus, daß die Zähne von Australopithecus und Schimpanse hinsichtlich der Abnutzungsmerkmale eine frappierende Ähnlichkeit aufweisen. Der Schimpanse als typischer Waldbewohner ist allgemein als Fruchtfresser bekannt, und daher ist anzunehmen, daß die Australopithecinen sich ebenfalls vorwiegend von Früchten ernährten. Dies zeigt zum einen, daß sie sich zumindest zunächst noch nicht, wie vielfach angenommen, die Steppe zum Lebensraum gemacht hatten, denn dort wachsen nicht viele Früchte. Weiterhin zeigt das Untersuchungsergebnis, daß sie keine Fleischfresser in dem Sinne gewesen sein können und nicht an Knochen herumnagten, wie dies etwa der Homo erectus sicher tat, denn seine Zähne zeigen entsprechende Abnutzungsmerkmale.
Dennoch ist damit nicht ausgeschlossen, daß die „Südaffen" möglicherweise gelegentlich Tiere fingen und töteten oder auch in Gruppen Raubtiere von ihrer Beute vertrieben.

Schon vor über 100 Jahren stellte nämlich der deutsche Zoologe *Falkenstein*, der den ersten Gorilla nach Deutschland brachte, fest, daß sich auch Schimpansen keineswegs nur pflanzlich ernähren. „Für Schimpansen sind Ratten Leckerbissen, die sie gegen alle Gelüste der Genossen energisch verteidigen . . .", schreibt er und nimmt damit Feststellungen der berühmten Forscherin *Jane Goodall* vorweg.

Diese konnte noch weit erstaunlichere Beobachtungen publizieren, nach denen Schimpansen junge Paviane, kleine Baumaffen und andere kleine und junge Tiere fingen und verzehrten. Sie berichtete sogar – und ihre Beobachtungen wurden später von japanischen Forschern bestätigt – von vereinzelt stattfindenden regelrecht geplanten Jagden, von Hinterhalten und sogar vom Aufteilen der Jagdbeute zum Verzehr. Diese Beobachtungen sind wichtig und beweisen durchaus, daß die Neigung zum Fleischfressen auch bei eigentlich als Pflanzenfresser bekannten Lebewesen vorhanden sein kann.

Falsch wäre es jedoch, aus dem Verhalten der Gombe-Schimpansen von Jane Goodall zu schließen, das Lauern im Hinterhalt und das Abschneiden von Verbindungswegen der Beutetiere lasse so etwas wie eine Vorstufe menschlicher Intelligenz erkennen; derartige jagdliche Planungen sind auch von zahlreichen Raubtieren, z.B. von Löwen und Hyänen, bekannt, die als sozial veranlagte Fleischfresser darüber hinaus sogar ihre Beute mit jungen und schwachen, alten und kranken Rudelmitgliedern teilen. Auch wäre es ein Fehler, heute lebende Menschenaffen ohne weiteres mit deren Millionen Jahre früher lebenden Ahnen zu vergleichen. Wie sich die menschliche Art vom noch affenähnlichen Wesen zum Menschen des Atomzeitalters fortentwickelt hat, so ist auch die Entwicklung der Affen damals nicht stehengeblieben. Die Fähigkeiten heute lebender Affen können nur unter den gleichen Gesichtspunkten mit denen der Affen der Vorzeit verglichen werden, die man berücksichtigen müßte, wenn man sich überlegte, ob „Lucy" prinzipiell einen Personalcomputer hätte bedienen können.

Es kann somit, zumindest vorerst, nicht eindeutig festgestellt werden, wann die frühesten Ahnen der Menschen begannen, Tieren nachzustellen, um ihre Nahrungspalette zu erweitern. Die Untersuchungen, die dafür sprechen, daß die Australopithecinen überwiegend von pflanzlicher Nahrung lebten, können nicht von der Hand gewiesen werden. Es gibt jedoch ebensowenig einen Grund zu der Annahme, daß sie reine Vegetarier waren. Und so kann man, ohne sich eine abenteuerliche Phantasie vorwerfen lassen zu müssen, ohne weiteres behaupten, daß zumindest in der letzten Epoche dieses Vormenschentyps die ersten wirklichen Jagden stattfanden; Jagden in dem Sinne, wie sie auch ein modernes Konversationslexikon definiert, daß nämlich Wild aufgespürt, verfolgt und in irgendeiner Weise erlegt, also getötet wird. Es mag hier dahingestellt bleiben, ob bereits das Verzehren von gefundenen toten Tieren oder das Vertreiben von Raubtieren von ihrer Beute als Jagd zu werten ist, zwei Formen, die möglicherweise die Vorläufer der eigentlichen Jagd waren.

Australopithecinen als erste Jäger

Versucht man nun, sich aus den verfügbaren Quellen der Vorgeschichtsforschung ein Gesamtbild vom Leben der Australopithecinen zu machen, so stellt man fest, daß es damals in Ostafrika gar nicht so viel anders aussah als noch heute in vielen Gegenden Ugandas, Kenias und Tansanias. Wald wechselte mit Savanne ab, und viele Wasserläufe und Seen lockerten die Landschaft auf. In der Frühzeit ihrer Millionen von Jahre andauernden Epoche lebten die Australopithecinen in kleinen Gruppen zunächst noch im Wald, dann an dessen Rand und noch später in der freien Steppe.

Immer suchten sie, wie die reichhaltige Tierwelt, die sie umgab, die Nähe des Wassers. Sie bewegten sich mitten zwischen Herden von Zebras, Gnus und Antilopen, mieden jedoch die Nähe der Nashörner, der schwarzen Büffel und der Dinotherien, eines Urzeitelefanten mit nach unten gebogenen Stoßzähnen. In den Anfängen ihres Daseins dürften sie öfter Gejagte als Jäger gewesen sein. Im hohen Steppengras lauerten die Löwen, Leoparden lagen auf den Bäumen, und auch der Säbelzahntiger am Rande des Urwalds interessierte sich für die kleinen affenartigen Lebewesen. Einzelnen Australopithecinen konnten auch Gruppen von Hyänen und Wildhunden gefährlich werden, und so verbrachten sie zum Schutze vor Raubtieren die Nächte auf den großen Bäumen, bis irgendwann, nach riesigen Zeiträumen langsamer Fortentwicklung, die ersten dornenbewehrten Schutzwälle errichtet wurden.

Aber die Räuber des Urwalds und der Steppe waren nicht nur die Feinde, sondern auch die Lehrer der Vormenschen. Sie sahen, wie sich die Löwen ihre Beute gegenseitig zutrieben, wie Hyänen kranke und schwache oder junge Tiere von der Herde abdrängten, wie Säbelzahntiger und Leopard sich an Wildpfaden und Wasserstellen in den Hinterhalt legten und wie sich Raubkatzen und Hyänen, je nach Überzahl und Stärke, gegenseitig von der Beute verjagten.

Irgendwann begannen sie, es den Raubtieren nachzumachen. In Gruppen auftretend, trennten sie schwache Tiere von ihrer Herde und erschlugen sie mit Steinen. Laut schreiend und mit Stöcken fuchtelnd, kann es ihnen von Zeit zu Zeit gelungen sein, einzelne Raubtiere von der Beute zu vertreiben. An den Wasserstellen, ständig in Gefahr, selbst zur Beute zu werden, legten sie sich schon manchmal in den Hinterhalt, um kleinen Nagern, Vögeln oder unerfahrenen jungen Antilopen aufzulauern. Am Wasser wird es auch gewesen sein, wo sie von rundgewaschenen Steinen scharfkantige Splitter abschlugen und sich so die ersten, völlig kunstlosen, aber brauchbaren Steinwerkzeuge schufen.

Drei Millionen Jahre alt sind die ältesten Werkzeuge, die *Richard Leakey* in Koobi Fora am Ufer des Rudolfsees ausgrub. Werkzeuge sind es, wohlgemerkt, scharfkantige und spitze Abschläge von Kieselsteinen, nützlich zum Schaben, Zerkleinern und wohl auch zum Abhäuten, kaum verwendbar hingegen als Waffe. Die ersten Jagdwaffen dürften zum Zeitpunkt der Ausgrabungen längst verrottet oder nicht als Waffe erkennbar gewesen sein, denn es handelte sich wohl um ganz normale Steine und abgebrochene Stöcke. Ein angespitzter Stock, mit dem eine übertölpelte Eidechse aufgespießt werden konnte, muß schon als erster Fortschritt in der Herstellung von Jagdwaffen angesehen werden.

So entsteht also folgendes Bild von der Jagd bei den Australopithecinen: Steinwürfe auf Kleintiere, Erschlagen von abgedrängten oder zurückgebliebenen jungen, kranken oder alten Tieren mit Stöcken oder auch mit großen Knochen als Keule, später wohl das Erstechen mit ersten, primitivsten kurzen Lanzen stellten das ganze Spektrum der Jagdmethoden und Jagdhilfsmittel dar. Beutetiere waren vor allem Echsen, Nagetiere, kleine Affen, wie etwa Galagos, Vögel und noch nicht oder nicht mehr fluchtfähige Huftiere.

Auf diese Weise bereicherten die Australopithecinen also gelegentlich und sicher in zunehmendem Maße ihren Speisezettel, der eigentlich und zum größten Teil von pflanzlicher Kost, von Früchten, Wurzeln und Blättern bestimmt war. Es liegen keine Anzeichen dafür vor, daß diese Lebewesen die Geschicklichkeit und Intelligenz besaßen, jene primitivsten Formen des Jagens zu verfeinern, fortzuentwickeln und effektiver zu gestalten.

Hat nun der Homo habilis, jene Form, die wohl mehr als eine Million Jahre hindurch Ostafrika gemeinsam mit den Australopithecinen bewohnte, die Jagd schon plan- und wirkungsvoller ausgeübt? Sein Nachlaß besteht aus steinernen Hackmessern und Faustkeilen, die, im Gegensatz zu den groben, vielleicht sogar nur zufälligen Steinabschlägen, die den Australopithecusfunden zugerechnet werden, auf jeden Fall absichtlich, ja planvoll zu einem bestimmten Zweck hergestellt worden sind.

Mikroskopische Untersuchungen zeigten, daß diese Werkzeuge unter anderem zum Schlachten von Tieren und zur Holzbearbeitung verwendet worden sind. So liegt der Schluß nahe, daß die „geschickten Menschen" sich Lanzen oder sogar schon Speere anfertigten und damit die Jagd bereits zielbewußter und mit besseren Mitteln ausübten als ihre Vettern, die Australopithecinen.

Dennoch dürfte auch in dieser Periode der menschlichen oder vormenschlichen Entwicklung die Jagd nur gelegentlich der Erweiterung der Nahrungspalette gedient haben, und im großen und ganzen hat sich wohl an den primitiven Jagdmethoden des Steinewerfens, Erschlagens und Totstechens über Millionen von Jahre hinweg kaum etwas geändert.

Zweifelsfrei ist aber das Werfen mit Steinen, das Schlagen mit Stöcken und Knochenkeulen, das Stechen mit angespitzten Stöcken und später mit ersten primitiven Lanzen als Jagd anzusehen. Es ist hierbei unerheblich, daß diese frühen Menschen das Jagen nur gelegentlich und nicht als hauptsächliche, geschweige denn als alleinige Grundlage ihres Nahrungserwerbs ausübten.

So kann also an dieser Stelle die anfangs gestellte Frage positiv beantwortet werden: Die Jagd ist – tatsächlich – so alt wie die Menschheit.

Es ist dabei im Grunde genommen unwichtig, welchen Theorien der Paläanthropologie man folgt und Glauben schenkt. Mag man die Australopithecinen, wie es früher viele Forscher taten, als Vormenschen betrachten oder auch, wie heute üblich, als Seitenlinie, als Vettern, die sich abseits der weiteren Entwicklung der menschlichen Gattung bildeten und ausstarben. Mag man die Theorie des Homo habilis anerkennen oder auch diesen Typus noch den „Südaffen" zuordnen, um erst den nächsten Vertreter des menschlichen Stammbaums, den „aufgerichteten Menschen", den Homo erectus, als ersten wirklich „echten" Menschen anzusehen. Es ist gleichgültig, denn gejagt haben sie – ihren geistigen und körperlichen Fähigkeiten entsprechend – alle, und der Homo erectus entwickelte hier bereits Fähigkeiten, um die ihn der moderne Jäger – seines Gewehrs und der anderen Hilfsmittel unserer Zeit beraubt – nur beneiden könnte. Diese hochentwickelten jagdlichen Künste des Homo erectus sind auch ein untrügliches Anzeichen dafür, daß zumindest der Homo habilis, der gemeinhin als sein Vorfahr gilt, vielleicht aber auch die Australopithecinen, die seine Vorfahren sein könnten, die Jagd kannten und ausübten.

Der Homo erectus, der „aufgerichtete Mensch", taucht vor etwa 1,3 bis 1,6 Millionen Jahren aus dem Dunstkreis der Vorgeschichte auf. Seinen Namen erhielt er, als noch niemand wußte, daß es schon vor ihm Lebewesen gab, die auf zwei Beinen gingen. Er ist das erste Wesen der menschlichen

Ahnenreihe, das ausnahmslos als echter Mensch bezeichnet wird und insoweit nicht mehr das zwiespältige Schicksal des Homo habilis erdulden muß bzw. mußte; zwischenzeitlich sehen nämlich mehr und mehr Experten den Homo habilis als den ersten echten Menschen an.
Mit 1,50 bis 1,65 Meter Körpergröße überragte der Homo erectus seine Vorfahren deutlich, und seine Anatomie bot – anders als noch beim Australopithecus – alle Voraussetzungen für längeres und andauerndes Stehen und Gehen im Gleichgewicht.
In die Epoche des Homo erectus fallen nach den Ergebnissen der Forschung ganz wesentliche Entdeckungen und Entwicklungen der menschlichen Evolution. So zähmten Menschen dieses Typus vor vielleicht 800.000 Jahren das Feuer – ein kaum hoch genug einzuschätzender Entwicklungsschritt – und entwickelten nach und nach ein verbales Kommunikationssystem, die Sprache, die beim Homo habilis, wenn überhaupt, nur auf einer sehr niedrigen Entwicklungsstufe bestanden haben dürfte. Vor allem aber muß man davon ausgehen, daß die Form des Homo erectus als erste den Tropengürtel der Erde verließ und sich in Richtung Norden und Osten ausbreitete.
Zielgerichtete Wanderungen, vom Forscher- und Entdeckerdrang angetrieben, waren dies freilich nicht. Die Lagergemeinschaften, die Sippen, wurden größer und größer, und irgendwann bot die in den Jagdzügen erreichbare Umgebung nicht mehr genügend Wild und Nahrung für die Gruppe. So trennte sich dann ein Teil der Gemeinschaft ab, vielleicht freiwillig, vielleicht aber auch unter Zwang, und wanderte fünfundzwanzig, dreißig oder auch fünfzig Kilometer weit fort in bisher unberührte Jagdgebiete.
Man hat ausgerechnet, daß bei einer derartigen Sippenaufspaltung im Abstand von vier bis fünf Generationen und einer „Wanderstrecke“ von etwa dreißig Kilometern die Menschen in 50.000 Jahren Spanien und in 100.000 Jahren China erreicht haben könnten.
Im Jahre 1907 wurde in Mauer bei Heidelberg ein unzweifelhaft der Gattung Mensch zuzurechnender Unterkiefer gefunden, dessen Alter auf rund 550.000 Jahre festgelegt werden konnte. Der Heidelbergmensch gilt – noch – als der „erste Europäer“ und als Beweis dafür, daß dieser Zweig des Homo erectus mit seinen Vorfahren aus dem warmen Zentralafrika nicht mehr viel gemein hatte. 65 Jahre nach Entdeckung des Heidelbergmenschen wurde ein ähnlich erregender Fund in einem Travertinsteinbruch bei Bilzingsleben am Nordrand des Thüringer Bekkens gemacht. Es wurden Schädelfragmente dreier Menschen der Gattung Homo erectus gefunden, die rund 200000 Jahre nach dem Ableben des Heidelbergmenschen am Ufer eines kleinen Sees ein Jägerlager errichtet hatten, das ihnen als Basis für die Jagd auf Großwild aller Art sowie auf Biber diente. Bemerkenswert ist, daß der Homo erectus von Bilzingsleben offenbar bereits einfache, zeltartige Behausungen benutzte und Ritzzeichen auf Gegenständen sowie ein pflasterartig befestigter Platz kultisches Denken und Handeln vermuten lassen. Zwar fallen die Epochen der Menschen von Heidelberg und Bilzingsleben in Wärmeperioden zwischen Kaltzeiten, aber dennoch muß die menschliche Gattung im Zuge ihrer Ausbreitung nach Mitteleuropa und Asien gelernt haben, in Nässe und Kälte, Eis und Schnee, Regen und Sturm das Feuer sicher zu beherrschen und zu bewahren, sich warme Kleidung und schützende Unterkünfte zu schaffen und zu sichern.
Allerdings stellen neue Funde inzwischen den gesamten bisher ausgearbeiteten Stammbaum menschlichen Werdens in Frage. Im französischen Zentralmassiv wurden nämlich in zwei Millionen Jahre alten Ablagerungen Steine gefunden mit Spuren, die auf eine menschliche Bearbeitung hindeuten könnten. Noch herrscht sicherlich berechtigte Skepsis vor, aber bereits eine ganze Reihe

von Fachwissenschaftlern betrachtet die Funde von den Flanken des erloschenen Vulkans Coupet in der Auvergne zumindest als sehr interessant. Sollte, vielleicht durch den sensationellen Fund eines zwei Millionen Jahre alten Europäers, dies alles zur Gewißheit werden, müßte nicht nur der Beginn dieses Buches völlig umgeschrieben werden. Die kommenden Jahre werden es zeigen.

Nach den gegenwärtigen sicheren Ergebnissen der Forschung ist jedoch noch davon auszugehen, daß der Mensch erst in der Epoche des Homo erectus die geistige Beweglichkeit, die Improvisationsfähigkeit, den Erfindungsgeist und das Durchhaltevermögen entwikkelte und sich damit die Voraussetzungen für ein Leben in kalten Zonen und teilweise sogar lebensfeindlichen klimatischen Bedingungen schuf.

Auch und vor allem die Entwicklung der Jagdmethoden machte in der Zeit des Homo erectus einen entsprechend großen Fortschritt, vielleicht sogar – absolut betrachtet – den größten Fortschritt in allen Abschnitten der menschlichen Entwicklungsgeschichte überhaupt.

Eine ganz entscheidende Rolle spielte dabei die Zähmung und der Gebrauch des Feuers. Selbst häufig auf der Flucht vor Busch- und Steppenbränden, konnten diese Menschen beobachten, wie auch die größten und gefährlichsten Tiere kopflos vor den Flammen davonrannten. Auch merkten sie, daß sich mit Hilfe des Feuers die größten Bären und Säbelzahntiger aus ihren Höhlen vertreiben ließen und daß sie die einstigen Höhlenbewohner durch lodernde Flammen von ihrem eroberten Unterschlupf fernhalten konnten.

Die Macht des Feuers wurde ihnen bewußt, und so versuchten sie irgendwann, mit Hilfe des Feuers zu jagen; die ersten Feuertreibjagden entstanden vielleicht durch Zufall, durch Nutzung eines kleineren Buschfeuers, vor dem nur noch die Tiere, aber nicht mehr die Menschen in wilder Hast flüchteten. Dann wurde das erste Feuer absichtlich entfacht, um das Wild in eine bestimmte Richtung zu treiben, auf die lauernden Jägergruppen zu, und später müssen gewaltige Treibjagden mit Hilfe des Feuers stattgefunden haben. Man trieb Herden in die riesigen Sümpfe, wo man die im Morast steckengebliebenen Großtiere relativ leicht und gefahrlos töten konnte, man trieb sie über Klippen und Felsen und gab den abgestürzten Tieren, die noch lebten, mit dem Speer den Gnadenstoß.

Manches Stück Wild blieb vielleicht im Feuer liegen und wurde erst später mitgenommen; auch mag einem der Jäger beim Verzehr des rohen Fleisches ein Stück ins Lagerfeuer gefallen sein. Sicher warf man anfangs diese Stücke als ungenießbar fort, bis irgendwann jemand entdeckte, daß gebratenes Fleisch nicht nur besser schmeckt, sondern sich auch leichter essen und verdauen läßt. Wie immer es auch geschah – und so ähnlich kann es nur gewesen sein –, das Garen von Fleisch über dem Feuer, das im Verlauf der weiteren Evolution eine Veränderung des Unterkiefers und damit der gesamten Schädelform zur Folge hat, fällt ebenfalls in die Epoche des Homo erectus und ist hier zu erwähnen als ein Beweis für die evolutionäre Bedeutung der Jagd.

Urzeitjäger in Ostafrika, China und Südeuropa

Mehrere Jagdlager aus der Zeit des Homo erectus, der rund eine Million Jahre lang die Erde bewohnte, wurden bei Ausgrabungen entdeckt und mit peinlichster Sorgfalt rekonstruiert. Sie geben Hinweise auf Jagdmethoden, Art der Beutetiere und ganz allgemein auf die Lebensweise dieser Urmenschen.

Vor etwa einer halben Million oder auch schon vor 600.000 Jahren erreichte eine Sippe, deren Vorfahren 100.000 Jahre früher in Ostafrika aufgebrochen waren, die Gegend, in der heute die chinesische Hauptstadt liegt. Die Höhlen in den Bergen waren von Bären, Hyänen und Säbelzahntigern bewohnt. Eine Höhle in einem Berg, der später als Drachenknochenhügel in die Geschichte eingehen sollte, hatte es den Menschen ganz besonders angetan; sie lag an einem Fluß und bot eine weite Aussicht über die Ebenen, in denen die Tierherden weideten und umherzogen.

Vielleicht verbrachten diese Menschen erst einige Winter in notdürftigen Unterkünften, in Felsspalten und unter Überhängen, bevor es ihnen gelang, die Höhle zu erobern. Dann erlosch eines Nachts möglicherweise das Feuer, und in Panik flüchteten die Menschen vor den eindringenden Riesenhyänen oder Höhlenbären und mußten wieder einige Zeit im Freien verbringen.

Schließlich jedoch behielten sie die Oberhand und machten von nun an die Höhle von Chou-kou-tien zu ihrer Heimat. Viele Generationen saßen hier, wohl über Tausende von Jahren hinweg, am Feuer. Tagsüber gingen die Männer zur Jagd. Sie erlegten wilde Schafe, Pferde und Schweine, Ziegen, Hirsche, Antilopen und Wisente. In der jagdfreien Zeit fertigten sie sich Waffen, Werkzeuge und Geräte. Zu den aus Afrika bekannten Steinwerkzeugen erfanden sie viele Geräte aus Knochen; lange Knochen wurden zu Keulen und Speeren verarbeitet, aus den Hörnern von Ziegen und Antilopen machten sie sich Dolche, aus anderen Knochenteilen Messer und Meißel. Sie lernten, sicher auch zunächst durch Zufall, Holzspitzen und Geweihenden im Feuer zu härten, und vielleicht lernten sie sogar, wiederum durch ein zufälliges Ereignis, selbst Feuer zu machen.

All diese Erkenntnisse über die Lebensweise der Pekingmenschen sind nur möglich aufgrund der umfangreichen Funde in der Höhle von Chou-kou-tien. Bis zu 6,70 Meter hoch ist die Holzkohleschicht auf einigen der dort entdeckten Feuerstellen: Generationen müssen hier gesessen haben, ohne daß das Feuer einmal erlosch. Hunderttausende von Knochen von über zwanzig Arten von Beutetieren wurden gefunden, gehärtete Holzspitzen und Geweihenden, steinerne und beinerne Waffen und Werkzeuge vielfacher Art und schließlich auch eingeschlagene menschliche Schädel und Menschenknochen mit Brandspuren – mögliche Hinweise auf Kannibalismus . . .

Auch in der vermutlichen Urheimat des Menschen, in Ostafrika, war die Entwicklung nicht stehengeblieben. Nach neueren Forschungsmeinungen lebten wahrscheinlich einige hunderttausend Jahre Australopithecinen und Menschen der Arten Homo habilis und Homo erectus nebeneinander. Es gibt keine sicheren Hinweise auf die Gründe für das Aussterben der Australopithecinen und auf die Art des Zusammenlebens der zwei oder auch drei Arten. Der Phantasie sind hier wenig Grenzen gesetzt, und einige wenige Funde lassen in der Tat darauf schließen, daß man zumindest nicht immer friedlich nebeneinander lebte. Es sind allerdings bisher – wie in der gesamten Vorgeschichte – keinerlei Spuren wirklicher Kämpfe oder gar von Massakern gefunden worden. So wird heute überwiegend angenommen, daß die „Südaffen" mangels Intelligenz und Überlebensfähigkeit ausstarben, während sich aus einigen Zweigen des Homo habilis der Homo erectus entwickelte.

Im heutigen Kenia, nahe Olorgesailie, erreichte eines Nachts vor rund einer halben Million Jahren eine größere Gruppe von Jägern nach einem Fußmarsch von etwa dreißig Kilometern ein bestimmtes, offensichtlich vorher ausgekundschaftetes Waldstück. In den Ästen der alten Bäume schlief eine Gruppe von über achtzig Pavianen. Lautlos verteilten sich die Männer um das Waldstück, um dann, vermutlich auf ein Signal hin, loszuschlagen. Die mitgeschleppten Steine wurden auf die schlafenden Opfer geschleudert; die Affen, deren erwachsene Männchen fast so groß und stärker waren als ihre Angreifer, wehrten sich verbissen. Der Kampf dauerte fast die ganze Nacht hindurch, aber am Ende konnten die Tiere gegen die Keulen und Steine der Menschen nichts ausrichten. Über sechzig Paviane lagen im Morgengrauen tot am Boden und wurden gleich anschließend mit Faustkeilen und steinernen Abhäutewerkzeugen zerlegt. Ein gewaltiges Festmahl schloß die gelungene Jagd ab.

Das bemerkenswerteste an dieser kenianischen Pavianjagd ist die Genauigkeit, mit der sie offensichtlich geplant, aber auch durchgeführt worden ist. Vielleicht war es eine der ersten Jagden, bei denen sich die Menschen nachts weit von ihrem Lager entfernten, und sicher war es eine der ersten Jagden, für die spezielle Waffen und Werkzeuge über eine doch recht große Strecke hinweg mitgenommen wurden. Insgesamt zeigen die aus den Grabungsfunden rekonstruierten Umstände dieser Jagd überaus deutlich auf, daß es die Notwendigkeit des Jagens war, die die Menschen bereits vor solch unvorstellbar langer Zeit gelehrt hat, vorauszuplanen, zu koordinieren und Planungen exakt in die Tat, in das lautlose und sorgfältige Anschleichen und gemeinsame Losschlagen, umzusetzen. Der Einfluß der Jagd auf die Entwicklung es Gemeinschaftsgefühls und des Verantwortungsbewußtseins liegt hier auf der Hand.

Der Vergleich dieses Geschehens mit einer anderen Jagd, die wohl rund 100.000 Jahre später in Südeuropa stattfand, zeigt jedoch auch, daß der Homo erectus im Ursprungsland des menschlichen Lebens offensichtlich schon mehr Zeit gehabt hatte, Jagdmethoden zu ersinnen und weiterzuentwickeln als jene Sippen, die nach Norden gezogen waren und ihre geistige Energie auf die Lösung von Überlebensproblemen anderer Art – Widerstand gegen Kälte und Nässe, Überwinden von Flüssen und Gebirgen – verwenden mußten. Die Jagd von Olorgesailie war nämlich eine typische Angriffsjagd. Dies dürfte aber nicht die erste Form geplanter Jagd gewesen sein. Vielmehr dürften die Menschen zunächst – wiederum gelenkt durch den Lehrmeister Zufall – festgestellt haben, daß es verhältnismäßig leicht ist, ein in seiner Bewegungsfähigkeit eingeschränktes Tier zu töten.

Das Tal zwischen den beiden Hügeln Torralba und Ambrona, etwa 150 Kilometer nordöstlich von Madrid, bildete auch vor 400.000 Jahren schon die in weitem Umkreis einzige Nord-Süd-Passage durch die Ausläufer der Sierra de Guadarrama. Wie viele andere Tiere mußten auch die großen Elefantenherden, die zu jener Zeit die iberische Halbinsel durchwanderten, diesen Zwangspaß benutzen.

Anfangs werden die Menschen hier verendete Tiere gefunden haben, die in einer der zahlreichen sumpfigen Stellen steckengeblieben und verhungert waren. Später beobachteten sie wohl die Herden auf ihrem Zug durch diese Passagen des Tales und rannten, sobald die Herde weitergezogen war, hinab, um das im Sumpf steckende Tier mit Steinen und Speeren zu töten. Und eines Tages kamen die Männer auf die Idee, ein wenig nachzuhelfen, damit die Tiere in jene sumpfigen Stellen gerieten. Es war der Beginn der Fallenjagd, bei der zunächst naturgegebene Fallen, wie eben Sümpfe, aber auch Klippen und steile Schluchten genutzt wurden. Die Fallenjagd dürfte die erste planvoll angewandte Jagdmethode in der Geschichte der Menschheit gewesen sein. Der Hauptgrund für eine solche Entwicklung liegt auf der Hand: Die Waffen waren noch zu schwach, zu primitiv, um damit den offenen Kampf gegen Großwild, das sich im Vollbesitz seiner Kräfte befand und sich ungehindert bewegen konnte, wagen zu können. Das Wild mußte entweder gleich auf andere Weise getötet oder zumindest geschwächt oder in seiner Verteidigungsfähigkeit behindert werden.

Mit der planmäßigen Ausführung einer großen Fallenjagd verband sich jedoch fast gleichzeitig die Entwicklung einer zweiten Jagdmethode, die wiederum den Beginn der echten Angriffsjagd signalisiert: die Treibjagd, vor allem am Anfang wahrscheinlich ausschließlich mit Hilfe des Feuers.

In jenem Tal im Zentrum des heutigen Spanien fanden Archäologen die Beweise dafür, daß die Homo-erectus-Jäger nicht nur bereits klug genug waren, Fallenjagd im Sumpf und Feuertreibjagd miteinander zu verbinden, sondern daß sie auch schon in der Lage waren, vorauszuplanen, aus einem Zwangspaß Vorteile zu ziehen und riesige Mengen Großwildes systematisch zu bejagen und zu töten.

Mehrere Gruppen von Jägern liegen auf den Kalksteinplateaus zu beiden Seiten des sumpfigen Tales. Seit einigen Jahren bereits treffen sie sich einmal, zur Zeit der großen Elefantenwanderungen, an dieser Stelle, während sie ansonsten weit voneinander entfernt die riesigen Jagdgebiete durchstreifen. Aber eine solch große Jagd verlangt mehr Männer, als eine einzelne Gruppe aufbringen kann, und so wird von Jahr zu Jahr ein neues Treffen verabredet.

Die Elefanten kommen. Einige der Männer, darunter ein Feuerträger, springen auf und laufen hinter die Herde, um dort, mit dem Wind, der auf die Sümpfe zuweht, ein Feuer bogenförmig hinter den Tieren im dürren Gras anzuzünden. Schnell breiten sich die Flammen aus, und in Panik ergreifen die Elefanten die Flucht, laufen direkt in die Sümpfe, versinken im zähen und tiefen Schlamm, umringt von den johlenden Jägern, getroffen von schweren Steinen und feuergehärteten Holzspeeren.

Ein paar Wildpferde, die zufällig mit in die Falle geraten sind, wollen ausbrechen, Jäger werfen sich auf sie, umklammern sie mit einem Arm am Hals und stoßen mit der anderen Hand ihre Knochendolche und Steinmesser immer wieder in Brust und Kopf, bis auch diese Tiere zusammenbrechen. Währenddessen trompeten die Elefanten noch immer vor Wut und Verzweiflung, aber die Jäger kommen immer näher heran, können gezielter schlagen und stoßen, und bald ist es vorbei.

Die in Ambrona gefundenen Holzkohlenreste und Waffenfragmente lassen in der Tat eine solch genaue Rekonstruktion dieser Jagd zu. Es ist weiterhin erkennbar, daß das Fleisch an anderen Orten verzehrt wurde, und es bleibt zu vermuten, daß ein großer Teil der riesigen Fleischmengen, die ja nicht alle von den Jägern selbst verzehrt werden konnten und durften – denn irgendwo warteten ja Frauen und Kinder, Alte und Kranke –, in irgendeiner Form, vielleicht von der Sonne getrocknet, aufgehoben und transportiert wurde.

Die Überreste von mindestens zehn Jagdzügen wurden in der Gegend von Torralba und Ambrona gefunden. Die Hauptbeute bildeten wohl die Elefanten, daneben, wie geschildert, Wildpferde, ferner Hirsche, und auch die Knochen eines Nashorns und eines Affen wurden gefunden. Die Zusammensetzung der Knochenhaufen an den verschiedenen Feuerstellen läßt erkennen, daß die Beute offensichtlich redlich geteilt wurde, denn bei Jagden, in deren Verlauf viele verschiedene Wildarten erlegt wurden, waren bei jedem Feuer Überreste fast aller erlegten Wildarten zu finden.

So dokumentieren die Jagden von Torralba und Ambrona wichtige Entwicklungsphasen der menschlichen Evolution. Diese Männer hatten gelernt, die Tierherden zu beobachten, merkten sich die Zeiten, zu denen die

Herden das Tal durchzogen, konnten anscheinend das Tal von jedem Lagerplatz aus wiederfinden, waren in der Lage, während der Jagd einzelne Aufgaben zu verteilen und zu koordinieren, und hatten schon einen Gemeinschaftssinn entwickelt, der sie veranlaßte, die Beute gerecht zu teilen, nachdem sie gemeinsam zerlegt und verarbeitet worden war. Die Funde aus der Sierra de Guadarrama zeigen deutlich auf, wie sehr die gesamte geistige und gesellschaftliche Entwicklung des Menschen in jener entscheidenden Epoche des Homo erectus durch die Jagd beeinflußt, ja geformt wurde.

Am Rande soll erwähnt werden, daß einiges merkwürdig ist an den Funden in Spanien. So fehlen fast sämtliche Schädel der Beutetiere, in einem der gefundenen klafft in der Decke ein Loch. Von einem Skelett wurde nur die rechte Seite gefunden, mit der Außenseite nach oben, an einer anderen Stelle wurden ein Stoßzahn und fünf Beinknochen in streng linearer Anordnung gefunden. Mag sein, daß derartige Merkwürdigkeiten auf rituelle Handlungen, auf einen frühen Jagdzauber hinweisen könnten, aber nähere Überlegungen hierzu gerieten wohl allzusehr in den Bereich der Spekulation.

Rund 800 Kilometer östlich des Tals der Elefantenjäger, an der Küste des Mittelmeeres, liegt die französische Stadt Nizza, berühmtes Seebad und Metropole der Cote d'Azur. Nicht weit vom Handelshafen entfernt und in der Nähe einer Allee, die Terra Amata, „geliebtes Land", genannt wird, erhebt sich das Château de Rosemont, ein schönes und ehrwürdiges Gebäude mit wechselvoller Geschichte. Unterhalb des Châteaus, in der Nähe der Felsenstraße nach Monte Carlo, steht seit Ende der sechziger Jahre ein Hochhaus.

Dieses Hochhaus ist nicht das erste Gebäude an dieser Stelle. Bereits vor etwa 400.000 Jahren hatten sich hier Menschen eine Wohnung errichtet. Sie hatte freilich wenig Ähnlichkeit mit dem Schlößchen und auch nicht mit dem Hochhaus.

Wohl an die fünfundzwanzig Männer, Frauen und Kinder waren damals auf einer ihrer Wanderungen hier angelangt und erkoren das Gelände zu ihrem Lagerplatz. Es bot einen Ausblick auf das dahinter liegende Tal, ein klarer Bach floß hindurch, und in der Umgebung wuchsen Früchte, Kräuter und saftige Wurzeln. Tierherden waren von weitem zu beobachten, und so gab es Nahrung genug. Aus kleineren Baumstämmen, Ästen und Stützsteinen bauten die Männer ihre Hütte, ein Oval von fast fünfzehn Metern Länge und sechs Meter Breite. Einige der Frauen sammelten in der Zwischenzeit Pflanzen, andere fischten am flachen Strand – der Meeresspiegel lag etwa fünfundzwanzig Meter höher als heute – mit den bloßen Händen.

Der Werkzeugmacher richtet sich in der Hütte ein, die Jungen schauen ihm zu oder üben sich im Speerwerfen. Die Jäger brechen auf und folgen einem Tier, das sie im Unterholz bemerkt haben. Einige Zeit später kehren sie zurück, und bald duftet es nach geröstetem Fleisch und Fisch.

Die Funde lassen darauf schließen, daß etwa 100 Jahre lang Menschen nach Terra Amata kamen und in dieser Zeit mindestens zwanzig solcher Hütten dort bauten, jeweils nacheinander, mal kleiner und mal größer. Es müssen ergiebige Jagdgründe gewesen sein mit großen Rotwildherden, Elefanten der ausgestorbenen Art Elephas antiquus, mit Wildrindern, Steinböcken, Wildschweinen und dem ebenfalls ausgestorbenen Merck'schen Nashorn. Die Abfallhaufen bargen jedoch auch die Überreste von Kaninchen, Vögeln und Schildkröten, ebenso von Austern, Schnekken und Muscheln und natürlich von Fischen.

Die meisten der in Terra Amata lagernden Jäger waren sehr geschickte Steinwerkzeugmacher. Man fand spitze Steine zum Bohren und Durchstechen, scharfe Schaber zum Säubern der Felle und Häute, die ja auch als Lager, als Bett dienten, weiter Hackmesser zum Fleischzerteilen und Knochentrennen.

Auch Werkzeuge aus Knochen wurden gefunden, so eine Art Ahle, die möglicherweise zur Herstellung von Kleidungsstücken gebraucht wurde.

Die Menschen blieben nie lange in Terra Amata; der Boden der Hüttenplätze war niemals sehr festgetreten. Man hat festgestellt, daß sie jeweils im Frühsommer für eine kurze Zeit dort blieben, jagten und dann wieder fortzogen. Niemand weiß bisher, woher sie kamen, wohin sie zogen und warum sie irgendwann nicht mehr zurück nach Terra Amata kamen. Ein Museum im Erdgeschoß des an dieser Stelle stehenden Hochhauses zeigt heute einen genauen Abdruck des 400.000 Jahre alten Lagers der eiszeitlichen Großwildjäger von Nizza; ein Monument zur Erinnerung an einen der ältesten bewohnten Plätze in Europa.

Betrachtet man die Funde von Chou-koutien und Olorgesailie, aus der Sierra de Guadarrama und aus Nizza noch einmal zusammenfassend, so wird folgendes sehr deutlich: Der Mensch war in der Epoche des Homo erectus zu einem äußerst geschickten und von allem Wild gefürchteten Jäger geworden. Die Jagd war Dreh- und Angelpunkt des menschlichen Lebens, der Mensch lebte nur für die Jagd, weil er nur von der Jagd leben konnte. Der Mensch erdachte und verfeinerte die Jagdmethoden, und die Jagd formte – im wahrsten Sinne des Wortes – und verfeinerte den Menschen, sein Äußeres, seine Sinne, seine geistigen Fähigkeiten, sein Denken und Trachten.

In der Tat erwies sich die Jagd in der Epoche des Homo erectus als Motor und Antrieb der menschlichen Evolution. Die Suche nach neuen Jagdgebieten führte den Menschen im Laufe unvorstellbar langer Zeiträume aus den Tropen, der Heimat seiner Homo-habilis-Vorfahren und seiner Australopithecus-Vettern, in den Norden, nach Asien und Europa, über schneebedeckte Gebirge und kalte Steppen hinweg an den Rand der Eiszeitgletscher. Die vermehrte und schließlich alltägliche fleischliche Kost veränderte seine Schädel- und Gesichtsform, der Mensch wurde „dem Menschen ähnlicher". Aber die Jagd verhalf ihm nicht nur zu genügend Nahrung, sie brachte ihm auch Material für Kleidung, Hütten, Werkzeuge und Waffen.

Die Jagd lehrte die Menschen, den Wert gemeinschaftlichen Handelns zu erkennen, führte Gruppen zusammen, erzwang innerhalb der Gruppen bestimmte Arbeitsteilungen und Verantwortungsbereiche und führte so zu den ersten sozialen Bindungen, zu den ersten Familien.

Beobachtungssinn und Erinnerungsvermögen wurden bei der Jagd entwickelt und geschult, der Mensch lernte, zu planen und vorauszudenken. Die Jagdausübung war verbunden mit dramatischen und gefährlichen, oft genug todbringenden Erlebnissen und dürfte somit an den nächtlichen Lager- und Schutzfeuern den dringenden Wunsch hervorgerufen haben, zu erzählen und zu berichten. Auf diese Weise hat die Jagd sicherlich auch ganz erheblich zur Entwicklung der Sprache beigetragen.

Die Jagd, die der Homo erectus zu einer Fertigkeit von hohem Niveau entwickelte – seine Jagdmethoden blieben bis in historische Zeiten bestehen und werden teilweise und in manchen Gegenden der Welt noch heute angewendet –, die Ausübung der Jagd also schuf in der Epoche des Homo erectus aus affenähnlichen Hominiden die unmittelbaren Vorfahren des Homo sapiens, des „vernunftbegabten Menschen".

Archäologische Altersbestimmung

Der Frage, wie alt ein aufgefundener Skelettrest wirklich ist, kommt in der Archäologie natürlich entscheidende Bedeutung zu. Denn selbst für einen Fachmann ist einem Knochen nicht ohne weiteres anzusehen, ob er ein paar Jahre, ein paar hundert Jahre oder Jahrmillionen unter der Erde lag. So waren auch vor einigen Jahrzehnten noch gewaltige Irrtümer berufener Experten ebenso an der Tagesordnung wie großangelegte Versuche, mit Schwindeleien zu Forscherruhm zu gelangen. Als Beispiel des Irrtums möge die Klassifizierung des bei Düsseldorf gefundenen Neandertalers als „mongolischer Kosak" aus den Kriegshandlungen im Jahre 1814 oder auch als „alter Holländer" dienen. Einer der größten Schwindelversuche der Archäologie war der sogenannte „Piltdown-Mensch", ein berühmter Schädelfund aus England, der mehrere hunderttausend Jahre alt sein sollte und sich nach vielen Jahren erst als eine sehr geschickte Zusammensetzung mehrerer neuzeitlicher Schädelfragmente mit dem Unterkiefer eines Orang-Utans entpuppte.

Bei der Entlarvung des Piltdown-Menschen spielte bereits die Altersbestimmung mit Hilfe naturwissenschaftlicher Verfahren eine wichtige Rolle. Man hatte damals eine Möglichkeit gefunden, die Menge des aus der Erde absorbierten Fluors zu messen und mit Hilfe von Vergleichswerten eine Altersbestimmung vorzunehmen. Auch die modernen naturwissenschaftlichen Verfahren beruhen auf einem ähnlichen Prinzip, nämlich darauf, daß bestimmte Materien sich, gegebenenfalls nach Absterben des Organismus, innerhalb einer bekannten feststehenden Zeit abbauen oder verändern.

Bereits 1946 wurde die Kalium-Argon-Methode entwickelt, die auf der Umwandlung des radioaktiven Kalium 40 in das Edelgas Argon 40 basiert. Da das Produkt dieses Zerfalls, das Argon, im Gestein, in der Materie verbleibt, kann aus dem Verhältnis zwischen Kalium und Argon auf das Alter der geologischen Schicht geschlossen werden. Die Halbwertzeit, in der also die Hälfte einer bestimmten Menge Kalium zu Argon zerfällt, beträgt 1,3 Milliarden Jahre, und so lassen sich mit dieser Methode sehr alte Gesteinsschichten sicher datieren.

Nicht ganz so weit zurück reicht die „Eiweiß-Uhr". Diese Methode, die Anfang der siebziger Jahre in Kalifornien entwickelt wurde, beruht auf der Erkenntnis, daß die in jedem Lebewesen vorhandenen Aminosäuren eine „linksdrehende" Molekülstruktur aufweisen und sich nach dem Absterben des Organismus „rechtsdrehend" ausrichten. Die Geschwindigkeit dieser sogenannten Racemisierung wurde genau berechnet und dabei festgestellt, daß es 110.000 Jahre dauert, bis sich gerade die Hälfte der Moleküle verändert hat. Die Protein-Uhr, wie die Methode auch genannt wird, reicht also über 200.000 Jahre zurück.

Eines der bekanntesten Verfahren ist die Radiokarbondatierung. Der amerikanische Physiker Willard Libby entwickelte diese Methode bereits Ende der vierziger Jahre. Jeder lebende Organismus nimmt die Menge Kohlenstoff C-14 auf, die auch in der gleichen Zeit zerfällt; die in einem Lebewesen vorhandene Menge an Kohlenstoff C-14 bleibt also ziemlich unverändert. Nach dem Absterben des Organismus wird diese Substanz nicht mehr aufgenommen, das zum Zeitpunkt des Todes vorhandene Potential zerfällt, und so kann durch Messung des noch vorhandenen Anteils an Kohlenstoff C-14 das Alter einer Fossilie bestimmt werden. Nach knapp 6.000 Jahren – über den ganz genauen Zeitraum ist man sich nicht einig – ist noch die Hälfte an radioaktiven

Kohlenstoffteilchen vorhanden, nach weiteren 6.000 Jahren ein Viertel, nach insgesamt knapp 18.000 Jahren ein Achtel usw. Bei Fundstücken mit einem Alter von über 50.000 Jahren versagt die Methode, und schon bei Gegenständen, die älter als 3.000 Jahre sind, ergeben sich Ungenauigkeiten. Es ist jedoch gelungen, diese Unsicherheiten auszugleichen, und so gilt die Radiokarbondatierung heute als allgemein gebräuchlich und anerkannt.

Schließlich soll noch die Thermolumineszensdatierung erwähnt werden, die bei gebranntem Ton angewandt werden kann. Sie beruht auf der radioaktiven Strahlung von in der Keramik eingeschlossenen Teilchen, die bei erneuter Erhitzung freiwerden und deren Energie sich messen läßt. Diese Messung ermöglicht einen exakten Rückschluß auf den Zeitpunkt der Herstellung der Keramik.

Die beschriebenen Methoden dienen der absoluten Datierung und werden, zumeist in mehreren Verfahren nebeneinander, dann angewandt, wenn den Archäologen kein Material zur Durchführung einer relativen Datierung, einer vergleichenden Datierung also, zu Verfügung steht. Die Methoden der relativen Datierung werden an anderer Stelle beschrieben.

Der Neandertaler – ein Großwildjäger

Der bekannteste unter den Menschen der Altsteinzeit ist ohne Zweifel – zumindest in Deutschland – der Neandertaler. Ganz zu Unrecht wird dieser Menschentyp gewöhnlich als überaus brutal, dumm und wild dargestellt, mit Hängeschultern und krummen Beinen gebückt dahergehend. Diese Einschätzung des äußeren Bildes des Neandertalers – aus dem dann auf seine Eigenschaften geschlossen wurde – beruht auf der fehlerhaften Diagnose eines damals berühmten französischen Anatomen, der im Jahre 1908 einen Neandertalerfund, ein gut erhaltenes Skelett aus La Chapelle aux Saints in der Dordogne untersuchte. Er befand, der Mann habe hängende Schultern, ein gekrümmtes Rückgrat und einen affenähnlichen Gang gehabt. Der große Mediziner übersah, daß es sich um das Skelett eines alten Mannes handelte, der an einer schweren Arthritis gelitten hatte und dessen Knochengerüst entsprechend verformt und geschädigt war; er übersah auch, daß das Gehirn des alten Mannes größer war als das vieler moderner Menschen und tat es als „animalisch" ab. In Wahrheit waren die Neandertaler zwar kleiner, untersetzter und wesentlich kräftiger als der heutige Durchschnittseuropäer, würden aber – entsprechend gekleidet – im Getümmel einer Großstadtstraße nicht auffallen.

Der Fossilienfund, der diesem Menschentypus seinen Namen gab, ereignete sich aber zweiundfünfzig Jahre früher in einer Höhle in der Nähe von Düsseldorf. Es waren wohl die ersten, aber bei weitem nicht die ältesten gefundenen Überreste. Die im Neandertal gefundenen Skelettreste wurden auf ein Alter von 100.000 Jahren geschätzt. Man geht aber heute davon aus, daß der Übergang vom Homo erectus zum Homo sapiens schon vor 500.000 bis 400.000 Jahren stattfand, also zu einer Zeit, als die Männer von Torralba und Terra Amata auf Elefanten jagten. So wurde in einer Höhle bei Petralona im Norden Griechenlands ein rund 500.000 Jahre alter Schädel gefunden, den die Paläanthropologen als Übergangsform zwischen dem Homo erectus und dem Homo sapiens ansehen. Ganz entschieden der Art Homo sapiens zugerechnet werden die Schädel aus Steinheim an der Murr und Swanscombe in Südengland, die beide etwa 250.000 Jahre alt sind; auch in Frankreich, Afrika und Asien wurden derartige Funde gemacht. Der Übergang war – wie in allen Entwicklungsstufen – sicher fließend, und wahrscheinlich haben 100.000 oder 200.000 Jahre lang Menschen der Art Homo erectus und Frühformen des Homo sapiens nebeneinander oder doch zumindest gleichzeitig gelebt. Mag sein, daß sich der Übergang – aus bereits erwähnten Gründen – im kalten Norden, am Rand der großen Gletscher, schneller vollzog als an den Küsten des Mittelmeers.

Die klimatischen Verhältnisse spielten in der Epoche des Neandertalers eine ungleich wichtigere Rolle als in allen anderen Menschheitsepochen und sollen daher hier kurz geschildert werden. Vor 250.000 Jahren, zu Zeiten des Steinheimmenschen und anderer Präneandertaler, war Mitteleuropa von einer wohl sehr schönen, durch Lichtungen und Wiesen aufgelockerten Waldlandschaft bedeckt. In Südeuropa war es immer noch so warm, daß man in der Sierra de Guadarrama und am Mittelmeer Elefanten jagen konnte. Bald darauf, vielleicht vor etwa 220.000 Jahren, begann es, kälter zu werden, und die in Europa als Rißeiszeit bezeichnete kälteste Periode der Erdgeschichte begann. Sie sollte rund 80.000 Jahre dauern, machte weite Teile Europas unbewohnbar, verwandelte die dichten Wälder in kahle Tundren. Im Höhepunkt dieser Eiszeit waren die Nordgletscher aus Skandinavien von den aus den Alpen herausragenden Südgletschern nur wenige hundert Kilometer entfernt.

Während der nachfolgenden, etwa 50.000

Jahre andauernden Wärmeperiode, von Experten als dritten Zwischeneiszeit bezeichnet, vollzog sich die Entwicklung vom Präneandertaler, vom frühen Homo sapiens, zum echten Neandertaler, bis dann die bislang letzte, nach einem anderen Alpenfluß als Würmeiszeit bezeichnete Kälteperiode wieder nordische Lebensbedingungen in Mitteleuropa schuf. Die Würmeiszeit scheint aber nicht so drastische klimatische Veränderungen mit sich gebracht zu haben wie die Rißeiszeit, denn während damals offenbar nur wenige Jägergruppen überhaupt im heutigen Mitteleuropa bleiben und überleben konnten – Funde sind unter anderem aus der Schweiz bekannt –, blieben nunmehr die Neandertaler so weit wie möglich im Norden. Diese letzte Eiszeit dauerte in Mitteleuropa bis fast in germanische Zeiten, und mitten in dieser Periode verliert sich auch die Spur des Neandertalers.

Kein Typus in der Entwicklungs- und Ahnenreihe der Menschheit mußte im Verlauf seiner Evolution mit derartig wechselnden Umwelt- und damit Lebensbedingungen fertig werden, und ganz sicher wurde auch die Evolution selbst durch diese Bedingungen gefördert und beschleunigt. Nur die Fähigkeit, wirksamere Vorkehrungen gegen eisige Stürme und verheerende Unwetter treffen zu können, ermöglichte es den Neandertalern, weit über die Jagdgebiete des Homo erectus hinaus nach Norden vorzustoßen: Bessere Werkzeuge ermöglichten es ihm, sich warme Kleidung herzustellen und schützende Hütten zu bauen; bessere Waffen und wohl auch mehr Kenntnisse über die Verhaltensweisen des Wildes verfeinerten seine Jagdmethoden und ließen ihn zu einem erstklassigen Großwildjäger werden.

Vor allem mit Großwild nämlich teilte er – wie auch noch sein Nachfolger in der mensch-

Die Holzlanze von Lehringen – bei Verden an der Aller – wurde im Jahre 1948 bei Baggerarbeiten gefunden. Die in elf Teile zerbrochene Waffe aus Eibenholz lag zwischen den Rippen eines vor etwa 150.000 Jahren erlegten Waldelefanten und gilt als die älteste, sicher datierbare und vollständig erhaltene Jagdwaffe der Welt (Veröffentlichung mit Genehmigung des Niedersächsischen Landesmuseums Hannover, Urgeschichts-Abteilung)

5,60 m lang und 3,20 m hoch ist dieses rekonstruierte Mammutskelett; die Knochen wurden mit den Resten von weiteren 21 Mammuten im Rhein-Herne-Kanal (Emschertal) in Bottrop gefunden. (Quadrat Bottrop – Museum für Ur- und Ortsgeschichte; Foto: Stadt Bottrop)

lichen Ahnenreihe, der „moderne" Cro-Magnon-Typus, aus dem sich die Völker und Rassen unserer Zeit entwickelten – seinen Lebensraum. So sollen nunmehr die wichtigsten Jagdtiere des Eiszeitalters, die Beutetiere der Neandertaler und der Cro-Magnon-Menschen, beschrieben werden.

Bekanntestes Jagdtier dieser Zeit ist sicher das Wollmammut, das aber im Gegensatz zu manchen Darstellungen keineswegs größer war als ein afrikanischer Elefant. Ein im Jahre 1901 in Sibirien sehr gut erhalten aufgefundenes Mammut war 2,80 Meter hoch und von den Stoßzahnspitzen bis zur Schwanzquaste 4,05 Meter lang. Das Gewicht ausgewachsener Tiere betrug bis zu acht Tonnen. Sie ernährten sich ausschließlich von Gräsern und kamen im gesamten eisfreien Teil der nördlichen Erdhalbkugel vor. Über die Beringstraße, die während der Kaltzeiten infolge des gesunkenen Meeresspiegels eine Landbrücke zwischen Sibirien und Alaska bildete, wanderten diese Eiszeitelefanten – ebenso wie die paläosibirischen Vorfahren der Indianer – in den nordamerikanischen Kontinent ein. Funde aus dem Südwesten der USA, so aus der Sandiahöhle in New Mexico, belegen diesen weiten Weg, den Tausende von Mammutgenerationen gingen.

Die Mammute traten in Herden auf und wurden von den Eiszeitjägern häufig auch in sehr großer Zahl erlegt. In Predmosti bei Prerov in Mähren wurden gewaltige Anhäufungen von Mammutknochen entdeckt, ebenso Haufen von aufgeschichteten Stoßzähnen, und man schätzt, daß hier insgesamt etwa 1.000

Das Mammut ist gefangen! Sofern hier der Fang des Eiszeitelefanten in einer Fallgrube und nicht etwa nur in einem Sumpfloch dargestellt werden soll, lassen neuere Überlegungen und Forschungsergebnisse diese Fangmethode angesichts des Permafrostbodens als nicht sehr realistisch erscheinen. (Nach einem Gemälde von Zdenek Burian; Veröffentlichung mit Genehmigung des Dausien-Verlags, Hanau)

dieser Tiere erlegt wurden, freilich im Verlauf mehrerer Jahre oder auch Jahrzehnte. In Krakau wurden bei einer Jagd vor etwa 23.000 Jahren rund achtzig Mammute erbeutet. Ihre Unterkiefer wurden flach in den Boden eingegraben, und auf ein solch kreisförmig angeordnetes Fundament stellten die Jäger die größten Stoßzähne auf, befestigten, wohl mit Lederstreifen, ihre Spitzen aneinander, verstrebten die Kuppel mit anderen Knochen und deckten das Ganze mit Fellen ab. Eine solche Hütte aus Mammutstoßzähnen war etwa eineinhalb Meter hoch und konnte sicher recht stabil sein. Allerdings müssen die Mammuthütten von Krakau als erfinderische Notlösung betrachtet werden; einfacher wäre es gewesen, das Hüttengerüst aus Ästen zu bauen. Aber Holz war in den Kaltzeiten, auf den Tundren, selten und mußte für die lebenswichtige Unterhaltung der Feuerstellen aufgespart werden.

Mammutskelette wurden fast überall im großen ehemaligen Verbreitungsgebiet dieser Tiere gefunden, besonderes Aufsehen erregten aber jene Mammutleichen im Dauerfrostboden Sibiriens, die noch mit Haut und Haar aufgefunden wurden. Schon im 18. Jahrhundert wurden derartige Funde gemacht. Elfenbeinsucher gruben damals an den Ufern der sibirischen Flüsse nach dem begehrten Handelsobjekt der Mammutstoßzähne, die nach China zur Anfertigung von Elfenbeinschnitzereien verkauft wurden. Es wird erzählt, daß das Fleisch der naturkonservierten Mammute auf Festbanketten in St. Petersburg angeboten und gekostet worden sein soll. Mögen solche Schilderungen auch der Phantasie entsprungen sein, erstaunlich ist es

doch, wie gut erhalten diese Tierleichen im Dauerfrostboden nach 30.000 oder gar 40.000 Jahren noch sind. Einer der jüngsten Funde ist ein etwa ein Meter großes Mammutbaby aus Magadanska am Kolimafluß. Ungeklärt ist bisher, auf welche Weise die Tiere nach ihrem Tode so schnell von ausgekühlter Erde bedeckt wurden und so vor dem Eintritt wesentlicher Verwesungsvorgänge in den Dauerfrostboden gelangten.
Die Menschen, die die Einöden Sibiriens bewohnten, hatten lange Zeit ganz andere Vorstellungen von den großen Tieren, die sie hin und wieder an den Ufern der Flüsse fanden. So waren die Ostjaken, Tungusen und Jakuten der festen Überzeugung, daß diese Tiere in der Erde lebten, und einige von ihnen behaupteten sogar gegenüber europäischen Reisenden, sie hätten gesehen, wie die Erde durch die unterirdischen Bewegungen der Tiere aufgeworfen worden sei – ähnlich wie bei einer Wühlmaus oder einem Maulwurf. Kämen die Tiere einmal an die Luft, so würden sie sofort sterben, und aus diesem Grunde eben lägen so viele an den hohen Steilufern der Ströme. Der Glaube an die Riesenmaulwürfe war weit verbreitet, andere wiederum erkannten schon, daß es sich um ein elefantenähnliches Tier gehandelt hatte, und führten den Massentod der Tiere auf die Sintflut zurück.
Nicht viel weniger bekannt als das Mammut ist das Wollnashorn. Charakteristisch und aus der Höhlenkunst bekannt ist der tief herabhängende Schädel mit dem langen, fast waagerecht nach vorn gerichteten Vorder-

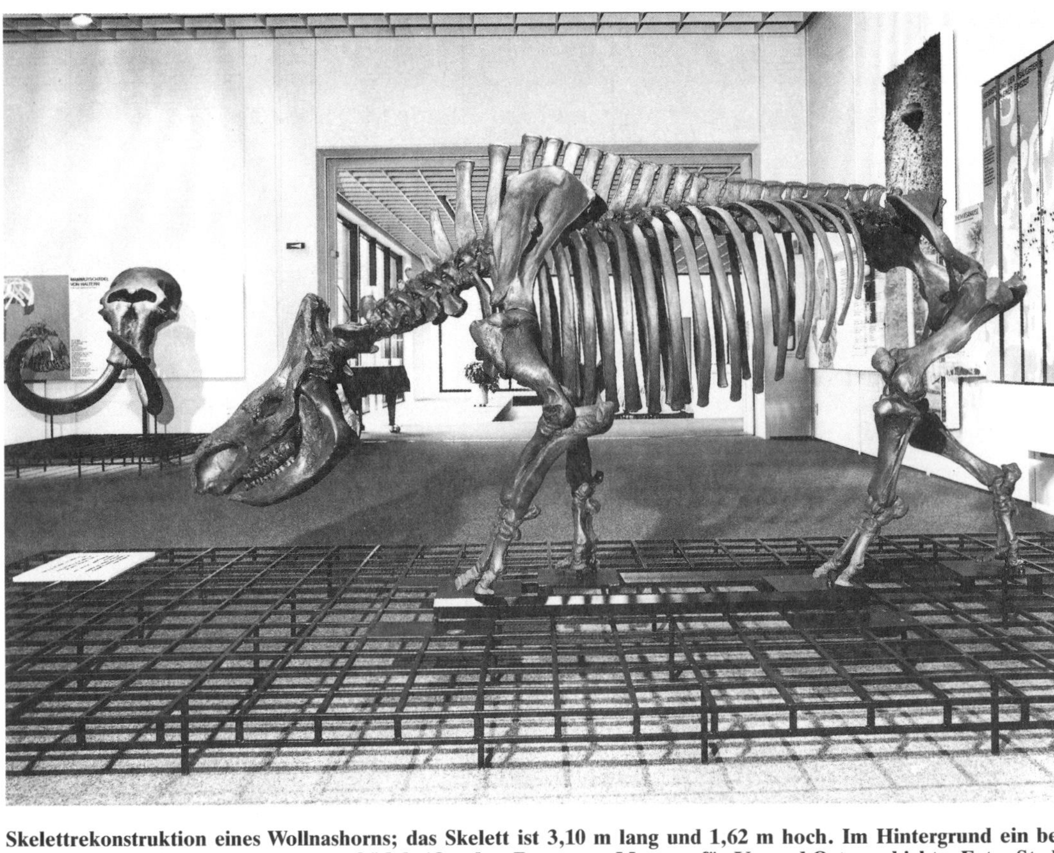

Skelettrekonstruktion eines Wollnashorns; das Skelett ist 3,10 m lang und 1,62 m hoch. Im Hintergrund ein bei Haltern/Westf. gefundener Mammutschädel. (Quadrat Bottrop – Museum für Ur- und Ortsgeschichte; Foto: Stadt Bottrop)

Dieser Schädel eines Steppenwisents stammt aus den Kieseln der Emscher in Bottrop. Die Auslage der Hörner beträgt 1,04 m. (Quadrat Bottrop – Museum für Ur- und Ortsgeschichte; Foto: Stadt Bottrop)

horn und dem kürzeren zweiten Horn. Das Wollnashorn war zwar Pflanzenfresser, aber äußerst wehrhaft und gehörte nicht zur hauptsächlichen Jagdbeute der Eiszeitmenschen. Es bewohnte die kontinentalen Teile Europas und Asiens bis nach Sibirien und China, wanderte aber wahrscheinlich nicht, wie das Mammut, nach Nordamerika ein.

Ein nahezu völlig erhaltenes Wollnashorn wurde 1929 in Starunia bei Lemberg im Südwesten der Sowjetunion gefunden. Es war in eiszeitlichen, von Salz und Erdwachs durchdrungenen Tonschichten so gut konserviert, daß die Haut und sogar noch die inneren Organe erhalten waren; die langen Haare waren ausgegangen, lagen aber in der Nähe. Nur die Hörner konnten – merkwürdigerweise – nicht aufgefunden werden und mußten bei der Präparation des dreieinhalb Meter langen Tieres ergänzt werden. Im zoologischen Institut der polnischen Akademie der Wissenschaften ist das präparierte Wollnashorn von Starunia neben dem herausgelösten Skelett zu betrachten.

Die Wildrinder wurden in der Eiszeit durch Bison und Auerochsen repräsentiert. Der eiszeitliche Bison ist als Vorfahre des nordamerikanischen Bisons und des europäischen Wisents anzusehen. Er unterschied sich durch seine Körpergröße, vor allem aber durch seine wesentlich längeren und weitausladenden Hörner von seinen Nachfahren. Die Höhlenmalereien lassen erkennen, daß er nicht so dicht behaart war wie die heute lebenden Tiere dieser Gattung, die vor allem durch ihre Fellmassen an Gesicht, Brust und Nacken auffallen. Der Eiszeitbison hatte wohl eher eine steife Mähne und einen Haarhöcker am Widerrist. Erst allmählich haben sich die heute bekannten Formen entwickelt;

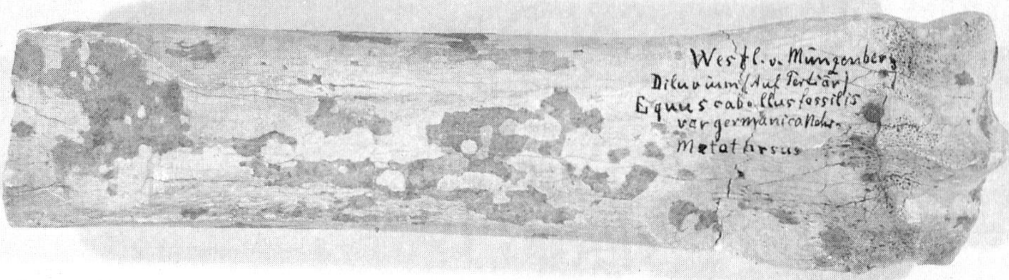

Deutliche Schnittspuren, die aller Wahrscheinlichkeit nach von Steinwerkzeugen stammen, weist dieses Stück vom Knochen eines altsteinzeitlichen Wildpferdes auf. (Oberhessisches Museum Gießen, Inv. OM P 62 a)

aus der letzten Zwischeneiszeit ist der Wisent in seiner heutigen Form bekannt.
Der eiszeitliche Bison war in ganz Europa heimisch, im Osten jedoch offenbar zahlreicher als im Westen. In der Ukraine wurde ein Jagdlager mit den Knochen von mehr als 1.000 Tieren ausgegraben, die aber freilich nicht während einer Jagd, sondern wohl im Verlauf von mehreren Jahrzehnten erlegt wurden. Die Tiere wanderten aus Ostasien mit den Menschen nach Nordamerika ein und wurden dort, wie Funde deutlich zeigen, bereits von den prähistorischen Indianern bejagt.
Anders als der Bison war der Auerochse ein Waldtier und lebte nur in kleinen Rudeln zusammen. Offensichtlich waren diese großen Wildrinder selten und scheu, sie tauchen nur vereinzelt in den Höhlenmalereien und noch weniger in den Knochenfunden auf. Der Auerochse, der auch als Ur bekannt ist, gilt als Stammvater aller Hausrinder und überlebte in Mitteleuropa den Bison um mehrere tausend Jahre: Erst seit dem 17. Jahrhundert gilt er als ausgestorben.
Als Beute der Eiszeitjäger wenig bekannt, jedoch sehr wichtig waren die Wildpferde. Man kann vom heutigen Standpunkt ohne weiteres sagen, daß das Pferd bereits wesentlich längere Zeit als Fleischquelle gedient hatte, bevor es als Nutztier bekannt wurde. Schon der Homo erectus jagte Pferde, und aus der letzten Eiszeit ist ein großes Jagdlager nahe der Ortschaft Solutré im Macon in Frankreich bekannt. Wohl 25.000 Pferde wurden hier im Laufe einiger Jahre erlegt. Diese Funde, meterdicke Schichten von Knochen, zeigen, daß das Pferd in dieser Zeit eines der wichtigsten Jagdtiere überhaupt war.
Auch Hirsche fehlten nicht in der Fauna der Eiszeit. Rothirsch und Elch sind durch Funde nachgewiesen, und in den Schottern des Rheins, die sehr reich an Knochen der verschiedensten Eiszeittiere sind, in Frankreich und ganz besonders in Irland wurden Hinweise auf Vorkommen des Riesenhirsches gefunden. So riesig war er allerdings gar nicht, dieser Hirsch, von dem ein eindrucksvolles Skelett im Hessischen Landesmuseum in Darmstadt bewundert werden kann. Sein Körper war kleiner als der eines Elches, wohl kaum größer als der eines Rothirsches. Riesig war allein das Geweih, das eine Spannweite von bis zu vier Metern erreichen konnte. Viele Überlegungen sind angestellt worden, aus welchen Gründen wohl die Natur ein solch übergroßes Geweih schuf. Beim Brunftkampf war seine behindernde Wirkung

sicher größer als der Nutzen, zudem scheint es nicht so stabil gewesen zu sein wie ein heutiges Rothirschgeweih. So bleibt allein die – sicherlich enorme – Imponierwirkung. Als Jagdbeute der eiszeitlichen Jäger scheint der Riesenhirsch nur eine untergeordnete Rolle gespielt zu haben.

Ganz anders dagegen der nächste Vertreter der Familie der Hirsche, das Rentier. Einige Vorzeitforscher haben nach ihm eine ganze Kulturstufe benannt. Das eiszeitliche Ren ist in Größe und Erscheinung eher mit dem heutigen Karibu Kanadas und Alaskas als mit dem skandinavischen Rentier zu vergleichen. Es bewohnte in der Eiszeit den gesamten Lebensraum des Menschen in der nördlichen Hemisphäre und kann für die Zeit zwischen dem dreißigsten und dem zehnten Jahrtausend vor unserer Zeit als das Jagdwild überhaupt bezeichnet werden.

Rentiere leben sowohl in großen Herden als auch in kleinen Trupps und halten ihre Wanderwege ein. Nur so sind die gewaltigen Ablagerungen von Knochen und Geweihen zu erklären, denn die Jäger konnten Zeitpunkt und Ort des Erscheinens der Rentierherden voraussehen.

Auch in Deutschland sind bedeutende Fundorte von Rentierjagdlagern bekannt. Am Rand des alpinen Gletschers lagen damals das Kesslerloch bei Thayngen im Kanton Schaffhausen und die Höhle Petersfels bei Konstanz. In der Höhle Kesslerloch wurden neben zahlreichen anderen Tieren der Eis-

Auf einem Lochstab aus Rentiergeweih ist die – hier abgerollt dargestellte – Abbildung eines Rentiers eingraviert. Die gesenkte Stellung des Kopfes kann sowohl auf ein äsendes Tier als auch auf einen Hirsch in der Brunft hindeuten. Gefunden wurde der Lochstab im Jahre 1874 im Kesslerloch bei Thayngen im Schweizer Kanton Schaffhausen. (Veröffentlichung mit Genehmigung des Rosgartenmuseums Konstanz).

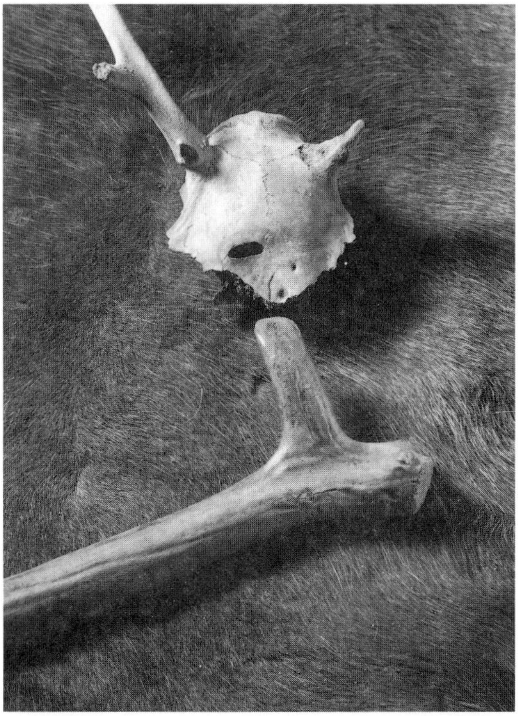

Vermutlich mit einer ähnlichen Waffe wie dem abgebildeten sogenanntem Lyngby-Beil ist der Rentierschädel durchschlagen worden. Ob die aus Rengeweih gefertigten Beile als Jagdwaffen oder lediglich zum Zertrümmern von Knochen verwendet wurden, ist nicht gewiß. (Archäologisches Landesmuseum der Christian-Albrechts-Universität, Schleswig)

Aus Rengeweih gefertigt ist die Harpunenspitze, die hier in einem Rentierschulterblatt steckt (Fundort Stellmoor bei Ahrensburg, um 8.300 v. Chr.). Nach neuesten Untersuchungen kann jedoch die Verletzung des Schulterblatts auch von einer Feuerstein-Pfeilspitze stammen. (Archäologisches Landesmuseum der Christian-Albrechts-Universität, Schleswig)

zeit, wie Mammut und Wollnashorn, über 500 Rentiere bestimmt, und auf Geweihwerkzeugen wurden Abbildungen von Rentieren gefunden. Auch die Höhle im Petersfels barg die Reste zahlreicher Rentiere. Viele andere Höhlen in Deutschland, so die Vogelherdhöhle auf der östlichen Schwäbischen Alb, der Hohlenstein im Alb-Donau-Kreis und die Klausenhöhle im Altmühltal, sind als Wohnstätten eiszeitlicher Rentierjäger bekannt. Eines der bekanntesten Freilandlager wurde in Meiendorf bei Hamburg ausgegraben. Man konnte nachweisen, daß hier bei einer einzigen Jagd einundsiebzig Rentiere erbeutet wurden. Insbesondere fanden sich Reste der Wirbelsäule in einem Teich. Weiblichen Stücken wurde der Bauch mit Steinen gefüllt, und sie wurden in den Teich geworfen. Während man hierin früher einen Opferritus vermutete, ist man heute überwiegend der Meinung, das es sich um eine Art der Konservierung in dem kalten Wasser handelte. Seit 1965 wird an einem weiteren interessanten Freilandlager gegraben, in Edertal-Buhlen bei Waldeck in Nordhessen. Auch hier konnte die Ausübung der Rentierjagd nachgewiesen werden, daneben wurde eine für Mitteleuropa einmalige Art der Behausung festgestellt.

Weiter im Osten sind Funde aus der Tschechoslowakei bekannt, aus Ungarn und der Sowjetunion. Die Karibuherden im Norden Amerikas zeigen, daß diese Tiere – neben Elchen, Bisons, Berglöwen und Bären wie auch Mammuts, Kamelen, Nashörnern und Riesenfaultieren – über die Landbrücke zwischen Sibirien und Alaska in die Neue Welt eingewandert sind.

Als Jagdwild der Eiszeit sollen auch die Moschusochsen erwähnt werden, die zu den Tieren gehören, die noch heute einen wahrhaft urzeitlichen Anblick bieten. Gleichwohl sind sie nur etwa eineinhalb Meter groß und wirken allein durch ihr üppiges Fell massig und gewaltig. In Mitteleuropa waren sie in der Eiszeit selten und dürften sich auch damals nur auf den Norden, auf den Rand der Gletscher beschränkt haben. In Deutschland fanden sich Schädel in Weinheim und eine Skulptur im Kesslerloch. Auch in Frankreich, in der Dordogne, ist das Vorkommen eiszeitlicher Moschusochsen nachgewiesen.

Heute noch vorkommende Tiere, wie Steinbock und Gemse, Murmeltier und Schneehuhn sowie Fuchs und Hase, gehörten ebenfalls zum Jagdwild der letzten Eiszeit. Die Beschreibung dieser Tiere erübrigt sich hier, ganz anders verhält es sich jedoch mit zwei gewaltigen Raubtieren, deren Namen mit der Schilderung eiszeitlichen Jagens fast zwangsläufig verbunden sind: Höhlenlöwe und Höhlenbär.

Im Gegensatz zu seinem Namen war der Höhlenlöwe wie auch seine neuzeitlichen

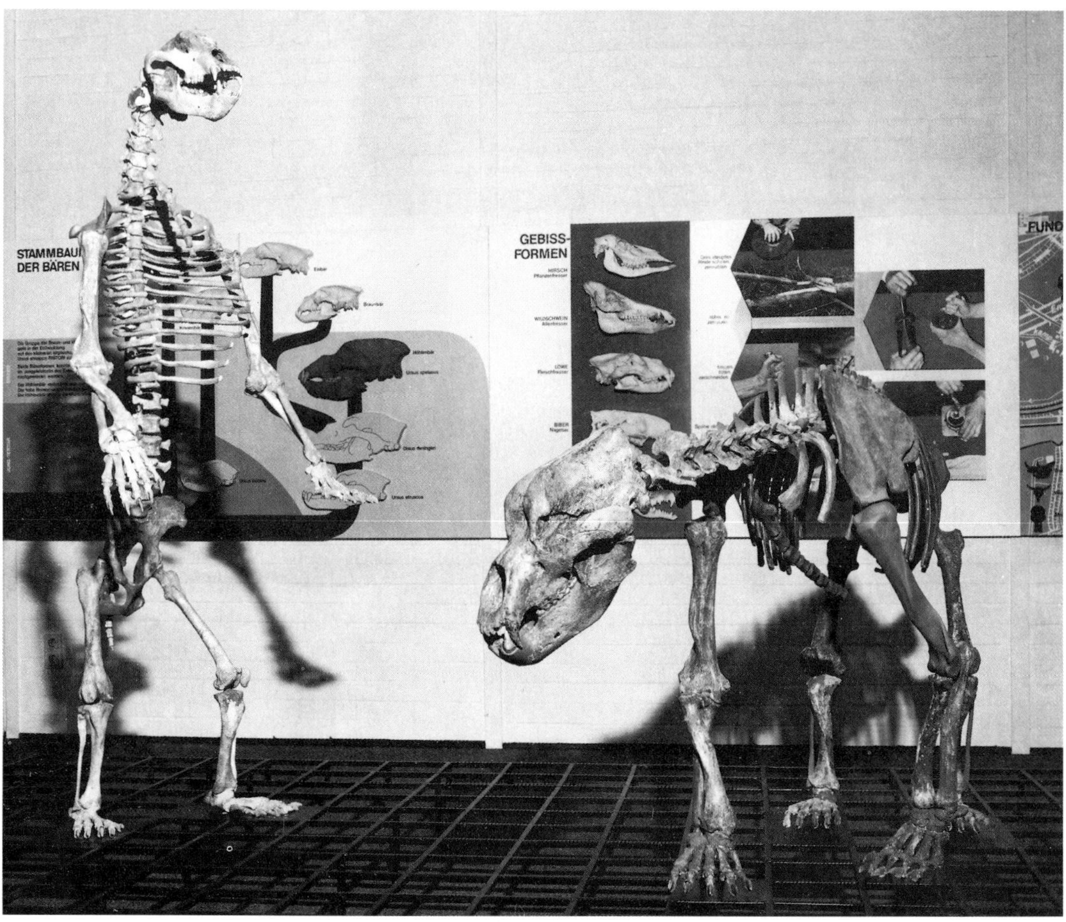

Höhlenbärengruppe. Trotz zahlreicher und massenhafter Knochenfunde, konnten nur wenige vollständige Skelette, wie hier sichtbar, geborgen werden. (Quadrat Bottrop-Museum für Ur- und Ortsgeschichte; Foto: Stadt Bottrop)

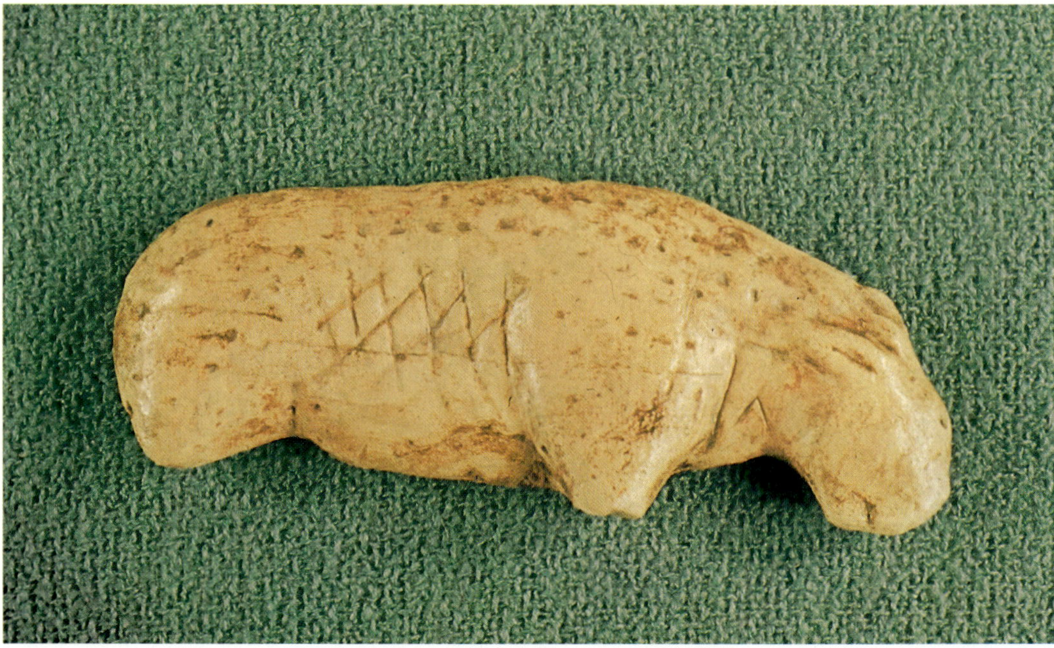

Diese 8,8 cm lange Halbplastik aus Mammutelfenbein stammt aus der Vogelherdhöhle im Lonetal/Schwäbische Alb. Das etwa 32.000 Jahre alte Kleinkunstwerk wird heute zumeist als Höhlenlöwe gedeutet, während man früher auch ein junges Wollnashorn oder eine Hyäne darin sah. Hergestellt wurde die Figur von Großwildjägern, die etwa 5.000 Jahre lang die Vogelherdhöhle als Wohnplatz nutzten. (Institut für Urgeschichte der Universität Tübingen; Veröffentlichung mit Genehmigung des Landesdenkmalamtes Baden-Württemberg)

Nachfahren ein Jäger in der offenen Steppe, der sicher nur gelegentlich eine Höhle aufsuchte. Er wird größer gewesen sein als die heutigen Löwen, und manche Forscher meinen, es habe sich eher um einen Tiger gehandelt. Tatsächlich sind die Skelette dieser beiden in der Fellzeichnung doch so unterschiedlichen Tiere selbst für Fachleute kaum zu unterscheiden. Ein bei Weidelwang in Oberfranken gefundener Schädel wurde jedoch an der Universität Erlangen eingehendst untersucht, und es konnten eindeutige Übereinstimmungen zwischen diesem und den Schädeln neuzeitlicher Löwen festgestellt werden. Somit ist die Bezeichnung dieses größten Raubtieres der letzten Eiszeit als Löwe sicherlich nicht unzutreffend.

Der Löwe der Eiszeit war überaus weit verbreitet und auch relativ wenig vom Klimawechsel betroffen. So wurde er sowohl für die eigentlichen Eiszeiten als auch für die Zwischeneiszeiten nachgewiesen, während seine Beutepalette, bedingt durch die einschneidenden Klimaveränderungen, wechselte. Diese größte Raubkatze, die es je gab, gehörte ganz offensichtlich zur Jagdbeute der Eiszeitmenschen, wenn auch wohl kaum zum Zwecke der Fleischbeschaffung.

Nicht ganz auszuschließen ist, daß die Tötung von Höhlenlöwen aus kultischen Gründen erfolgte, wie dies bei dem zweiten eiszeitlichen Großraubtier, dem Höhlenbären, von vielen Forschern angenommen wird. Der Höhlenbär war, wie die zahlreichen aufgefundenen Schädel zeigen, ein Pflanzen- oder zumindest Allesfresser; sein Gebiß hat mit dem eines echten Raubtieres wenig Ähnlichkeit. Auch dieses Großwild trägt seinen Namen nicht ganz zu Recht, denn der Bär lebte keineswegs nur in Höhlen, sondern durchstreifte die Wälder und Berge; er bewohnte ein großes Verbreitungsgebiet und kam bis in alpine Höhen vor. Die Salzofenhöhle im Toten Gebirge, in der Bärenskelette gefunden wurden, liegt in 2.000 Meter Höhe. In einer anderen österreichischen Höhle wurden die Knochen von mehreren tausend Bären gefunden. In Deutschland sind ebenfalls zahlreiche Fundorte bekannt, so die Zoolithenhöhle bei Burggeilenreuth und vor allem die Bärenhöhle Erpfingen auf der Schwäbischen Alb, die besichtigt werden kann und in der Skelette zusammengesetzt und aufgestellt sind.

Es leuchtet ein, daß der Höhlenbär seinen Namen bekam, weil seine Überreste fast ausschließlich in Höhlen gefunden wurden. Wie kommt es, daß in manchen Höhlen meterdikke Schichten mit Knochen von einigen tausend Bären gelagert sind? Gewaltige Katastrophen sind ebenso unwahrscheinlich wie eine „Überbevölkerung" von Höhlenbären oder gar menschliches Eingreifen in größerem Umfang. Wahrscheinlich war es ganz einfach so, daß die Bären in den Höhlen ihren Winterschlaf hielten und alte, kranke und verletzte Tiere, die sich kein genügend dickes Fettpolster hatten zulegen können, den Winterschlaf nicht überlebten. Über Hunderte und Tausende von Jahren haben sich auf diese Weise diese Mengen von Knochen angesammelt.

Für diese Theorie spricht, daß sich in jenen Knochenhaufen häufig die Schädel alter Tiere mit abgekauten Zähnen oder auch die Schädel ganz junger Bären mit Milchgebiß finden. Auch Skelette mit Krankheitserscheinungen sind häufig.

Sicher ist diesen Überlegungen nicht viel entgegenzusetzen. Bei aller Vernunft sprechen sie aber nicht zwingend gegen die Annahme, daß die Jäger der Eiszeit den Höhlenbären auch aus kultischen Gründen erlegten. Der Fund im Drachenloch nahe dem Schweizer Dorf Vättis läßt sich nicht einfach ignorieren. Hier wurde eine Steinkiste gefunden, rund einen Kubikmeter groß; sieben weißgebleichte Bärenschädel lagen darin, die alle genau in die Richtung des Höhleneinganges blickten. An anderer Stelle in der Höhle lagen Bärenschädel hinter Steinplatten verborgen. Weder in die zweifelsfrei von Menschenhand zusammengesetzte Kiste noch hinter die schräg an die Höhlenwand gelehnten Steinplatten konnten die Bärenschädel auf natürliche Weise gelangt sein. In anderen Höhlen fand man ebenfalls solche sogenannten Schädelsetzungen. In der Hellmichhöhle wurden Bärenschädel mit künstlich abgeschliffenen Zähnen gefunden, Schädel aus der Petershöhle im fränkischen Jura trugen Hiebwunden. Auch aus Frankreich und Österreich sowie aus Osteuropa und Asien sind ähnliche Funde bekannt. So dürften eigentlich wenig Zweifel bestehen, daß die Eiszeitmenschen mit den Höhlenbären irgendeinen Kult trieben.

Dennoch lehnen zahlreiche Wissenschaftler es trotz derartiger Funde strikt ab, einen Bärenkult in der Neandertalerzeit anzunehmen. Diese Haltung erscheint jedoch zu starr und überzogen, einerseits im Hinblick auf die erwähnten Funde, andererseits im Hinblick auf die Tatsache, daß ungewöhnlich viele Naturvölker einen Bärenkult pflegten. Von einigen Indianerstämmen Nordamerikas ist dies bekannt. Die Ainu, die paläosibirischen Ureinwohner der japanischen Insel Hokkaido, fingen junge Bären, fütterten sie heran und verspeisten sie dann unter Zeremonien. Ähnliche Gebräuche und Bärenkultzeremonien konnten bei den Lappen beobachtet werden, und ein Bärenopfer bei den ostsibirischen Giljaken beschrieb der dänische Forscher *Knud Rasmussen* (von Brehm zitiert): „Während die Frauen weinen und klagen, wird der tote Bär festlich geschmückt, auf eine Matte gesetzt und mit Speise und Trank versehen. Man opfert ihm, hält ihm Reden . . . erst dann wird das Tier zerlegt, das Blut getrunken und das Fleisch unter die Anwesenden verteilt. Den Schädel bewahrt man an heiliger Stätte auf." Auf Sachalin wurden gefan-

genen Bären die Zähne ausgebrochen oder abgeschliffen, bevor man sie tötete und verzehrte.
Derartige Gebräuche und Beschreibungen lassen ganz frappante Parallelen zu den Höhlenfunden, insbesondere aus dem Drachenloch, erkennen, und es erscheint nicht einleuchtend, daß Menschen, die – wie eindeutige Funde beweisen – schon Begräbnissriten hatten und sich also bereits Gedanken um den Sinn von Leben und Tod machten, noch keinerlei kultische Handlungen vorgenommen haben sollen. Einleuchtend erscheint vielmehr, daß die teilweise heute noch ausgeübten Bärenzeremonie der sibirischen und paläosibirischen Völker ihren Ursprung in der Epoche des Neandertalers haben, auch wenn Funde wie die Steinkiste im schweizerischen Drachenloch streng wissenschaftlich kein Beweis sein mögen.
Damit sollen die hauptsächlichen Beutetiere der Jäger der Eiszeit zunächst abgehandelt sein. Regional und zeitlich unterschiedlich war sicherlich die Größe ihres Vorkommens und damit ihre Bedeutung als Jagdtier. Es gibt Funde, die darauf hinweisen, daß dort die Menschen sich wohl fast ausschließlich von wilden Pferden ernährten, in anderen Gebieten, des Nordens vor allem, war das Rentier über Tausende von Jahren hinweg das wichtigste Jagdwild, das nicht nur Fleisch, sondern auch Material für Kleidung, Hütten, Geräte und Waffen lieferte. Wieder an anderer Stelle scheinen Wildrinder eine dominierende Rolle gespielt zu haben, und auch an spezialisierte Mammutjäger glauben einige Experten. In den Bergen könnte die Jagd auf den Höhlenbären, von dem manche Forscher glauben, daß er träge und den geschickten Jägern nicht sonderlich gefährlich war, durchaus auch zum Fleischmachen betrieben worden sein. Tatsächlich mag der große Bär mit der nötigen Menge von Jägern immer noch leichter zu erlegen gewesen sein als die flinken Steinböcke und Gemsen.
Ob die Jäger der Eiszeit wirklich in einem Wildparadies lebten, mag an dieser Stelle ungeklärt bleiben. Lange Zeit ging man davon aus, daß sie inmitten von Großwildherden lebten, einige Experten haben jedoch Zweifel hieran bekommen und sind der Meinung, daß die Beutetiere eher selten waren. Eine allgemein gültige Antwort für alle Perioden und Jagdgebiete des Eiszeitalters wird es auf diese Frage auch gar nicht geben. Namentlich in den warmen Zwischeneiszeiten gab es sicherlich große Tierherden, in den Übergangszeiten und den eigentlichen Kaltzeiten wird es hingegen auch öfters zu einem Mangel an Beutetieren gekommen sein.
Die Jagdmethoden der Menschen des Neandertaltypus unterschieden sich zumindest in der Anfangszeit nicht wesentlich von denen der Homo-erectus-Jäger in Spanien und Südfrankreich. Rentiere, Bisons und Hirsche wurden mit Speeren und Lanzen erlegt; nach Möglichkeit trieb man sie dazu in natürliche Fallen, wie Sümpfe oder flache Teiche, im Winter in hohe Schneewehen oder zugewehte Schluchten. Unter Einsatz aller Mitglieder der Jägergruppe, auch der Frauen und Jugendlichen, wurden Pferde- und Wisentherden – auch mit Hilfe des Feuers – über Klippen und Steilhänge getrieben, an deren Fuß die Jäger warteten, um den abgestürzten Tieren mit Keulen und Speeren den Garaus zu machen.
Eine Jagdmethode dürfte in der Zeit der Neandertaler eine gewisse Fortentwicklung erfahren haben, nämlich die Fallenjagd als die vielleicht älteste und natürlichste Jagdmethode. Gleichwohl dürfte das Bild vom in die Fallgrube gestürzten Mammut oder Wollnashorn nicht der historischen Wirklichkeit entsprechen; Fallgruben derartiger Dimensionen konnten sowohl wegen des Dauerfrostbodens als auch wegen der begrenzten technologischen Möglichkeiten der altsteinzeitlichen Jäger noch nicht angelegt werden. Fallgruben für Kleintiere hingegen wird es gegeben haben, wahrscheinlich auch schon Schlingen und vielleicht sogar einfachste

Aus Tertiärquarzit ist diese gut gearbeitete Spitzklinge altsteinzeitlicher Jäger aus dem Raum Staufenberg bei Gießen hergestellt. Die Ränder der lanzenförmigen Spitze sind ringsum retuschiert, die Schlagfläche weist sogar eine „Facettierung“ auf. (Oberhessisches Museum Gießen)

Schwerkraftfallen. Die Knochen der zahllosen Kleintiere, wie Hasen, Schneehühner, Füchse und Marder, in den Ablagerungen der Feuerstellen lassen die häufige Ausübung der Fallenjagd vermuten, denn diese Tiere können nicht alle mit Stöcken und Steinwürfen erlegt worden sein. Handfeste Beweisstücke hierfür gibt es jedoch nicht.

So ist in der vermuteten Fallenjagd der Neandertaler lediglich eine – freilich auch nicht abzuwertende – Weiterentwicklung von Jagdmethoden zu sehen, die schon fast eine halbe Million Jahre früher angewandt worden sind. Die für die Jagd verwendeten Waffen aber wurden von den Neandertalern im wesentlichen nur in ihrer Qualität und Haltbarkeit, nicht jedoch in ihrer Wirkungsweise verbessert. Das Problem, daß die Jäger immer noch sehr dicht an das oftmals doch sehr wehrhafte und gefährliche Großwild heranmußten, um es tödlich zu verletzen, war noch nicht gelöst. Ein im Sumpf, im Wasser oder im Schnee nur unwesentlich in seiner Bewegungsfähigkeit behindertes Mammut oder Nashorn oder gar einen Höhlenbären mit nur ungenau treffenden Speeren, Lanzen und Steinen anzugreifen, erforderte sicher mehr Mut, als man sich heute vorstellen kann, und viele Jäger werden bei solchen Kräftevergleichen zwischen Mensch und Großwild Gesundheit und Leben eingebüßt haben.

Aber auch die Menschen der Eiszeit waren nicht die in ihr Schicksal ergebenen, dumpf vor sich hindämmernden Wesen, als die sie manche Geschichtsschreiber, vor allem in der Vergangenheit, sehen wollten. Sie hatten schon gelernt, nachzudenken. Über den Sinn des Lebens dachten sie nach, über Geburt und Tod und natürlich auch darüber, wie sie sich ihr Leben – und damit die Jagd – erleichtern konnten. Auch damals schon gab es echte Genies, von denen einige sich darüber Gedanken machten, wie man es vermeiden könnte, den großen Tieren so dicht auf den Pelz – im wahrsten Sinne des Wortes – rücken zu müssen. Diese Überlegungen führten schließlich, um dies hier vorwegzunehmen, zur Erfindung der ersten wirksamen

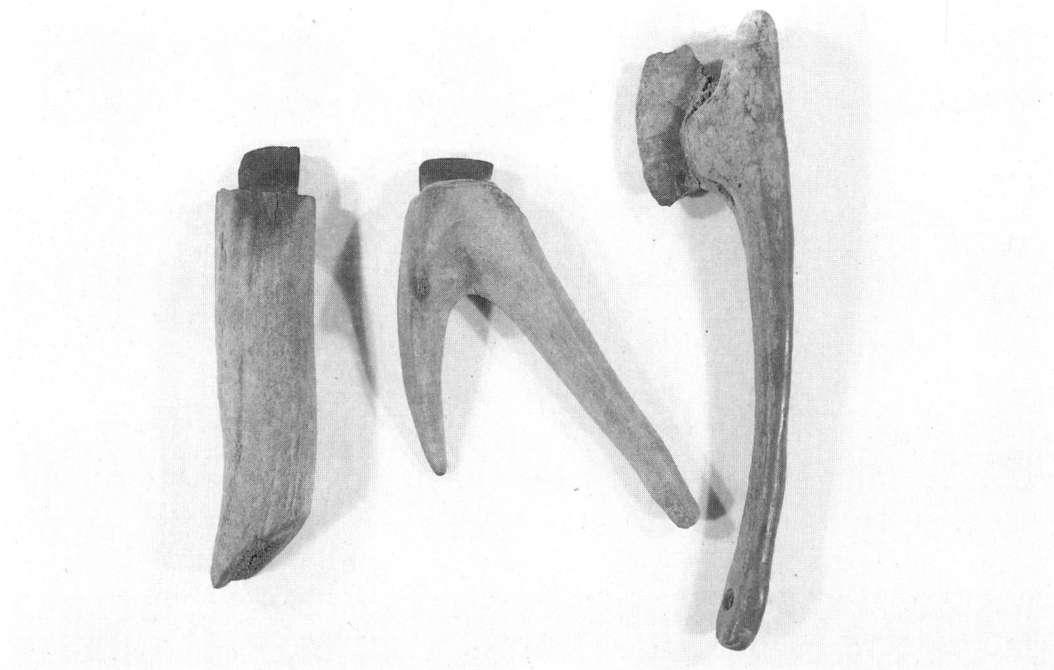

Diese Abbildung zeigt verschiedene, in Hirschgeweih geschäftete Steinwerkzeuge und -waffen aus dem Neolithikum, die in Bodman am Bodensee gefunden wurden. (Oberhessisches Museum Gießen)

Fernwaffe des Menschen, der Speerschleuder, und im weiteren Verlauf zur Entwicklung jener Waffe, die in einigen Winkeln der Erde noch heute auf die Jagdbeute angelegt wird: Pfeil und Bogen.

Es ist jedoch kaum anzunehmen, daß schon Neandertaler mit der Speerschleuder auf die Jagd gingen, auch wenn dies auf Bildern und in Erzählungen manchmal so dargestellt wird; nicht selten werden Neandertaler in Jagd- und Lebensszenen sogar bereits als Bogenschützen geschildert. Die Ergebnisse der Forschung, die archäologischen Funde sprechen jedoch eindeutig dagegen. Denn die bisher aufgefundenen Belege für die Benutzung der Speerschleuder – und erst recht des Bogens – reichen lediglich in eine Zeit zurück, in der die Neandertaler in der Evolution des Menschengeschlechts schon sehr lange keine Rolle mehr spielten.

Vor etwa 40.000 bis 35.000 Jahren nämlich verschwindet der Neandertaler von der Bühne der Zeiten, auf der er doch immerhin über 200.000 Jahre lang die führende Rolle übernommen hatte. Wohl gelang es ihm nicht, die Welt zu erobern; gegenüber der Zeit des Homo erectus konnte er die menschlichen Jagdgründe nur verhältnismäßig geringfügig ausdehnen. In Amerika und Australien sind – bislang – keine Hinweise auf eine Einwanderung solch früher Menschen gefunden worden; die überaus grimmigen Eiszeiten in seiner Epoche werden hierfür eine wesentliche Ursache gewesen sein. Auch gelang es ihm nicht, die Jagdmethoden der Homo-erectus-Jäger in ihren Grundzügen zu verbessern und zu verändern, neue Waffen zu entwickeln und anzuwenden. Wohl konnte er besser planen und vorbereiten, wohl gezielter und wirkungsvoller zuschlagen, wohl hatte er besse-

re Waffen zur Verfügung, aber es waren immer noch einfache Speere, Lanzen und Keulen wie zu Zeiten seiner Vorfahren.
Dies alles kann und soll jedoch nicht heißen, daß es in der Epoche des Neandertalers keinerlei Fortschritte gab. Als Entwicklungsglied der menschlichen Evolution ist er in Europa und Asien nicht mehr wegzudenken. Viele Spekulationen sind angestellt worden, auf welche Weise er von der Erde verschwand, und auch von ernsthaften Wissenschaftlern wurde zeitweise die Theorie einer Ausrottung durch den nachfolgenden Menschentypus vertreten. Aber woher kam dieser neue Typus? Auch die neuen Menschen müssen doch Vorfahren gehabt haben, müssen doch vom Homo erectus abstammen und können die Entwicklungsstufe des Neandertalers nicht einfach übersprungen haben! Haben sie auch nicht, in der Skhulhöhle am Berg Karmel nahe der israelischen Stadt Haifa wurden nämlich Skelettreste gefunden, die man sowohl dem Neandertaler als auch seinem Nachfolger zuordnen könnte. So sind seit den sechziger Jahren die Experten recht sicher, daß der Neandertaler nicht einfach ausstarb, sondern sich, vermutlich sogar ungewöhnlich schnell, weiterentwickelte, zum Menschen einer anderen, neuen Form, der von nun an das Weltgeschehen bestimmte.

Das eiszeitliche Jägerlager bei Edertal-Buhlen – einmalig in Mitteleuropa

Im Jahre 1906 wurden bei Straßenbauarbeiten am Ortsrand des Dorfes Buhlen im nördlichen Hessen, unweit des damals noch in Planung und Bau befindlichen Ederstausees, zahlreiche Knochen gefunden, die als Überreste eiszeitlicher Tiere identifiziert werden konnten. Es sollte jedoch noch bis in die Mitte der sechziger Jahre dauern, bis erstmals umfangreiche, systematische wissenschaftliche Grabungen durchgeführt wurden, die nach zwei Pausen 1980 und 1985 fortgeführt wurden.

Es konnte festgestellt werden, daß der „Hundsköppel", ein einstmals deutlich ins Tal des Netzebaches vorspringender Dolomitfelsen, in dem Zeitraum zwischen 150.000 und 30.000 Jahren v. Chr. mindestens siebenmal von altsteinzeitlichen Jägergruppen als Lagerstätte genutzt wurde. Die Menschen lagerten sowohl auf der Kuppe als auch am Hang und am Fuß des Felsens, der wegen seiner exponierten Lage mit weiter Aussicht in das Tal und die umgebenden Hochflächen besonders aus jagdstrategischer Sicht von hervorragender Bedeutung war.

Rentierherden durchzogen das Netzetal, Wildpferdgruppenästen auf den Hochflächen, gewaltige Mammute und wollhaarige Nashörner nutzten das Flüßchen als Tränke; auch Hirsche und Antilopen gab es in der Umgebung, und dann und wann näherte sich ein Bär dem Lager der Eiszeitjäger oder begegnete ihnen auf ihren Jagdzügen ins Tal der Eder und die umgebenden Berge.

Die Männer jagten mit Holzlanzen und Wurfkeulen. Das ins Lager geschaffte Wild wurde mit steinernen Messern und ähnlichen Werkzeugen zerlegt, die Felle mit Schabern gereinigt, um später daraus Kleidungsstücke zu fertigen. Die Werkzeuge waren äußerst wichtig im Leben dieser Menschen, und so befand sich an einer Stelle des Lagers die Werkstatt zur Herstellung der Keile, Schaber, Messer, Bohrer und Ahlen aus Stein und Knochen; man darf annehmen, daß ein geschickter Werkzeugmacher im Lager ebenso hohes Ansehen genoß wie ein erfolgreicher Jäger. Die Steine, vor allem der schwarze Kieselschiefer, stammten aus der Netze und der Eder, der wichtige Feuerstein wurde auch von weiter her geholt.

Allein das Vorhandensein so vieler Besiedlungsschichten macht den Fundort Buhlen zu einem der bemerkenswertesten Grabungsplätze für die Altsteinzeitforschung in Mitteleuropa. Es erscheint sogar möglich, daß die festgestellten sieben Besiedlungshorizonte erst der Anfang sind; denn es gibt Anzeichen, daß die erste Lagerbesiedlung um die 300.000 Jahre zurückliegt und der „Hundsköppel" weitaus öfter als Lagerplatz genutzt wurde. Sollte sich dies bei zukünftigen Forschungen und Grabungen als richtig erweisen, würde die „Belagerung" des Dolomitfelsens im Netzetal einen Zeitraum umfassen, der an seinem Anfang die Epoche des Homo erectus berührt und an seinem Ende in die Zeit hineinreicht, in der die Neandertaler verschwanden und der Cro-Magnon-Mensch auftauchte.

Aber auch ohne den Nachweis so früher Lagerstätten brachten die Grabungen in Buhlen bereits ein sensationelles Ergebnis und rechtfertigen es, diese altsteinzeitliche Jagdstation als einmalig in Mitteleuropa einzustufen: In Buhlen stand eine der ersten Behausungen nördlich der Mittelmeerländer!

Schon 1980 waren Steinformationen aufgefallen, die den Verdacht aufkommen ließen, es handele sich um eine Behausung der Neandertaler. Die erneuten Arbeiten im Jahre 1985, die sich auf den 35.000 bis 40.000 Jahre alten Horizont „Buhlen 4" konzentrierten, brachten Klarheit.

Rekonstruktion des altsteinzeitlichen Jägerlagers bei Edertal-Buhlen (Veröffentlichung mit Genehmigung des Urhebers Dr. Lutz Fiedler, Landesamt für Denkmalpflege Hessen)

Ein steinerner Ring, wohl etwa in der Art einer Trockenmauer, mit einem Innendurchmesser von vier Metern bildete die Basis. Der Ring ließ einen Eingang nach Südosten frei, mit Blick auf das Tal. Das Dach war möglicherweise durch einen Innenpfosten abgestützt und von zelt- oder bienenkorbartiger Konstruktion. Die Lage dicht am Hang schützte den ganzen Bau vor dem kalten Nordwind.

Die Anordnung der Werkabfälle beweist, daß es sich bei der Annahme einer überdachten Behausung keineswegs um Spekulation oder Phantasterei handelt. Steinabfälle finden sich nur um die zentral gelegene Feuerstelle und von dort zum Eingang hin. Dies spricht dafür, daß die Menschen am Feuer und im Tageslicht des Hütteneingangs arbeiteten, während der hintere und dunklere Teil der Hütte als Ruhezone diente. Weitere Steinabfälle finden sich links und rechts vom Eingang. Wäre der Steinring nicht überdacht gewesen, hätte man diese Steine wohl einfach über den Ring geworfen.

Ein großer Teil der Funde aus dem eiszeitlichen Jägerlager in Buhlen ist im Hessischen Landesmuseum in Kassel ausgestellt; weiteres Material wird noch bearbeitet und erforscht. Man erwartet – sicher nicht zu Unrecht – neue Erkenntnisse über die Lebensweise und Technologie der Neandertaler, möglicherweise auch über die Fauna und Flora der späten Phase der mittleren Altsteinzeit in der sogenannten Würm-Kaltzeit. Wichtig wären jedoch auch weitere Grabungen und die Erforschung anderer, älterer und ältester Besiedlungshorizonte, die vielleicht auch das ans Licht des Tages bringen könnten, wonach die Archäologen in Buhlen bisher vergeblich suchten: die sterblichen Überreste eines Steinzeitmenschen aus dem Netzetal und damit vielleicht sogar den Nachweis menschlichen Lebens in dieser Region aus der Zeit vor der Epoche des Neandertalers.

Anmerkung: Informationen über die altsteinzeitliche Jagdstation bei Edertal-Buhlen, Kreis Waldeck-Frankenberg, können beim Landesamt für Denkmalpflege Hessen, Abteilung für Vor- und Frühgeschichte, Schloß Biebrich/Ostflügel, 6200 Wiesbaden, angefordert werden.

Der moderne Mensch taucht auf – und bleibt ein Jäger

Unter einem Felsüberhang nahe dem Dorf Les Eyzies in der Dordogne, im Südwesten Frankreichs, lebte um die Mitte des vorigen Jahrhunderts ein Einsiedler namens Magnou. Er lebte lange dort, und so nannten die Bewohners des Dorfes jenen Abri, jenen Unterschlupf, irgendwann Cro-Magnon. Magnou lebte dort, ohne zu ahnen, daß schon 25.000 Jahre zuvor Menschen an genau der gleichen Stelle gelebt hatten; er ahnte auch nicht, daß er auf diese Weise einmal mit seinem Namen Pate stehen würde für die Menschen der neuen, der modernen Art, für die Cro-Magnon-Menschen.

Gab das Neandertal bei Düsseldorf einer Menschheitsepoche und einer menschlichen Entwicklungsstufe seinen Namen, so verhält es sich mit dem Abri Cro-Magnon ganz ähnlich. Unbeschadet aller wissenschaftlich genauen und anderslautenden Definitionen und Abgrenzungen werden als Cro-Magnon-Menschen die Jäger und Sammler zum Ausklang des letzten Eiszeitalters bezeichnet, alle jene Menschen also, die etwa in der Zeitspanne zwischen 40.000 und 10.000 Jahren v. Chr. lebten. Es war, mit anderen Worten, die Zeit zwischen der Epoche des Neandertalers und der sogenannten „neolithischen Revolution", dem Beginn der dauerhaften Besiedlung mit Ackerbau und Viehzucht.

Die Menschen der Cro-Magnon-Epoche bereiteten den Boden für diese gewaltigste Umwälzung der menschlichen Geschichte. Sie waren noch Jäger und Sammler, aber, zumindest zum Teil, keine echten Nomaden mehr. Ihre Höhlen und Abris waren Mittelpunkt ihres Lebens, Vorstufe späterer Siedlungen und erster Städte und Dörfer. Ihre Perfektion in der Beschaffung pflanzlicher Nahrung wird von Wissenschaftlern als unmittelbare Vorstufe des Ackerbaus gewertet. In ihren Höhlen und fellbespannten Felswohnungen brannten Öfen, die mit Kohle beheizt wurden und in denen auch die ersten, schmucklosen Keramikformen der Geschichte entstanden. Sie flochten sich Körbe und Fischnetze, nähten sich warme und zweckmäßige Kleidungsstücke und können als Erfinder der Parka gelten.

Und sie verbreiteten sich über die ganze Welt. Man fand Spuren ihres Daseins in Ägypten und an der Südspitze Afrikas, am Baikalsee und in China, auf Java ebenso wie in Texas und New Mexico, in Brasilien, Argentinien und nicht zuletzt auch in Australien.

Wie kamen Menschen vor über 30.000 Jahren nach Australien? Diese Frage ist Anlaß, die klimatischen Verhältnisse in der Zeit der Cro-Magnon-Menschen kurz zu beleuchten. Heute kann man erkennen, daß das Ende des Eiszeitalters sich langsam ankündigte; die Menschen damals werden wenig davon gemerkt haben, denn die Eiszeit bäumte sich noch einmal auf, kalte Zeiten wechselten relativ schnell mit wärmeren Perioden, und vor etwa 18.000 bis 20.000 Jahren erreichte diese letzte Eiszeit, die nach den Flüssen Würm und Wisconsin benannt wurde, ihren letzten Höhepunkt; zu dieser Zeit reichten die Nordgletscher in Mitteleuropa noch einmal bis in die Gegend, in der heute Berlin liegt. Vor etwa 10.000 bis 12.000 Jahren erwärmte sich die Erde dann dauerhaft, und das endgültige Ende der Eiszeit – und damit auch der Altsteinzeit – war gekommen.

Während der Kaltzeiten banden die Gletscher gewaltige Wassermassen, und zeitweise lag der Meeresspiegel bis zu 120 Meter tiefer als heute. Jedermann ist bekannt, daß zu diesen Zeiten die Meerenge, die heute Beringstraße heißt, eine wirkliche Straße war, ein Landweg von Sibirien nach Alaska. Vor etwa 32.000 bis 35.000 Jahren folgten auf diesem Weg paläosibirische Großwildjäger den Mammuts, Bisons, Kamelen, Löwen und Riesenfaultieren in die Neue Welt. Ähnliche Verhältnisse ergaben sich noch einmal in dem Zeitraum zwischen 28.000 und 13.000 Jahren v. Chr.

Aber nicht nur im Norden der Erdkugel, sondern global waren die Meeresspiegel durch die Vergletscherung stark gesunken, und die gesamte südostasiatische Inselwelt bildete damals eine an den asiatischen Kontinent angehängte Halbinsel, den Sundaschelf. Japan war im Norden und Süden mit dem Festland verbunden, Australien bildete mit Neuguinea gemeinsam eine riesige Insel. Zwischen dem Sundaschelf und Australien jedoch lag auch zu den kältesten Zeiten immer noch der Javagraben, mindestens 100 Kilometer breit und bis zu 8.000 Metern tief. Waren die Menschen des Cro-Magnon-Typus auch schon Seefahrer? Wagten sie sich mit ausgehöhlten Baumstämmen oder Flößen auf das offene Meer? Wurden sie durch Strömungen oder Flutwellen dorthin verschlagen? Man weiß es nicht genau, aber die ältesten Zeugnisse menschlichen Lebens in Australien sind ein 27.000 Jahre altes Skelett und 32.000 Jahre alte Werkzeuge.

Was trieb den Menschen der Cro-Magnon-Zeit hinaus in die Welt, ließ ihn auf den Fährten der großen Tiere eisige Einöden durchwandern, trockene Steppen durchqueren und Gebirge überwinden? Wieder einmal, wie in der Frühzeit des Menschen so oft, muß die Jagd, die Nahrungsbeschaffung als Motor und Antrieb für solche evolutionären Vorgänge genannt werden. Seit Millionen von Jahren schon waren die Menschen Jäger, aber die Jäger der Cro-Magnon-Zeit perfektionierten die Jagd. Sie erfanden neue Waffen und Techniken, verwendeten neues Material, wie z.B. Elfenbein zur Herstellung von Speer- und Lanzenspitzen, und brachten es in der Verwendung des althergebrachten Ma-

Dieses Diorama aus dem Urgeschichtlichen Museum Blaubeuren verdeutlicht, wie man sich die Höhle „Geissenklösterle“ vor etwa 30.000 Jahren vorzustellen hat. (Veröffentlichung mit Genehmigung des Urgeschichtlichen Museums Blaubeuren)

Wie hier in einer Rekonstruktion des Urgeschichtlichen Museums Blaubeuren dargestellt, könnte ein eiszeitlicher Jäger vor etwa 23.000 Jahren gekleidet und bewaffnet gewesen sein. (Veröffentlichung mit Genehmigung des Urgeschichtlichen Museums Blaubeuren)

terials, das einer langen Epoche den Namen gab, zu unübertroffener Meisterschaft: Aus Steinen fertigten sie dauerhafte und kunstvolle Spitzen, Messer, so scharf wie Stahl, Schaber zur Fellbearbeitung, Bohrer und Stichel zur Herstellung von Werkzeugen und Waffen aus Geweih, Knochen oder Holz.

Trotz unvorstellbar kalter und langer Winter waren die sibirischen Steppen offensichtlich ein Paradies für Jäger. Über ein Dutzend bis zu 30.000 Jahre alter Jagdlager und Wohnplätze konnten russische Archäologen in diesen unwirtlichen Gebieten nachweisen. Mammute, Rentiere, Antilopen, Wisente und Wildpferde wurden, wie die enormen Knochenmengen in den Abfallhaufen zeigen, in großer Zahl erlegt. Auch Bären und Löwen, Füchse und Wölfe wurden gejagt, letztere sicherlich vor allem wegen ihrer warmen Pelze, die zu Kleidung verarbeitet wurden. Vögel wurden erlegt, besonders die langsam fliegenden und am Boden brütenden Schneehühner, und im Sommer gingen die Sibirier mit Harpune und Netz auf Fischfang.

Ein großes Problem hingegen war in der östlichen Steppe der Mangel an Holz. Ausgrabungen in Kostjenki im Tal des Don, 465 Kilometer südöstlich von Moskau, zeigen, wie der Mensch mit Hilfe von Tierknochen diesen Holzmangel überwand. Vor allem die Knochen der Mammute dienten als Brenn- und Baumaterial, aus kleineren Knochen, Stoßzähnen und Geweihen wurden Werkzeuge und Waffen, aber auch Statuetten und Schmuck angefertigt. Die Verwendung der schwer entflamm- und brennbaren Knochen als Feuerungsmaterial war nicht ganz einfach. Die Knochen mußten kleingehackt und die Feuerstelle besonders gut mit Luft versorgt werden. Hierzu wurden Rinnen aus dem Boden ausgehoben, die von den Feuerstellen ins Freie führten. So lebten die Menschen von Kostjenki teils im Überfluß – an Wild scheint es keinerlei Mangel gegeben zu haben –, teils mußten sie alle Improvisationsmöglichkeiten nutzen, um dem Mangel an lebensnotwendigem Brenn- und Heizmaterial zu begegnen.

Dennoch blieben die Menschen offensichtlich nicht ungern in ihrer kargen, kalten Heimat. Eine Art Heimatgefühl nämlich hatte sich spätestens bei den Jägergruppen der Cro-Magnon-Zeit, wenn nicht gar schon bei

So stellte sich ein unbekannter Künstler die Bisonjagd über Felsklippen mit Hilfe eines Busch- oder Steppenfeuers vor. Wird diese Methode heute auch teilweise angezweifelt, kann sie dennoch zum jagdtechnischen Repertoire der Vorzeitjäger gehört haben (Aus: Neumann, Carl: Das Werden des Menschen und der Kultur)

späten Neandertalergruppen herausgebildet. Die dauerhafte Benutzung bestimmter Lagerpläne zeigt dies. Und solche Vermutungen werden unterstützt durch die Tätigkeiten dieser Menschen, die von den Archäologen nachgewiesen werden konnten. Sie begannen mit künstlerischen Arbeiten, verzierten ihre Werkzeuge, Waffen und Gebrauchsgegenstände, fertigten sich Schmuck und verschönerten ihre Kleidung. Dies alles tun Menschen nicht, die mit ihrem Schicksal hadern, die, in das Unvermeidliche ergeben, nur so vor sich hin leben. So leben Menschen, die in ihrer Heimat zufrieden und glücklich sind. Man kann es sich vorstellen, wie die Gruppen und Familien um die Herdstellen saßen; hier ein Werkzeugmacher bei der Arbeit, dort ein Geweihschnitzer, der gerade eine Harpunenspitze mit Widerhaken herstellt, dort ein geschickter Künstler, der einen Geweihstab mit Verzierungen versieht, oder eine Frau, die mit einer Knochennadel einen Ärmel aus einem Lederstück näht, und eine andere, die Raubtierzähne mit einem Steinbohrer bearbeitet, um ihrem Mann ein Kette anzufertigen. Und bei alledem wird erzählt, gelacht und gescherzt, während draußen der eisige Wind um die stabile Zeltbehausung heult.

So kann man sich das Leben nicht nur in Kostjenki vorstellen, auch in Dolni Vestonice und Pavlov bei Brünn, in Malta am Baikalsee und in Predmosti bei Prerov werden die Menschen so gelebt haben. in Dolni Vestonice wurden besonders viele und interessante Kunstobjekte gefunden, darunter eine in Ton gebrannte Mammutfigur und aus Elfenbein geschnitzte Frauenstatuetten. In Predmosti fand man – außer einem Grab mit zwanzig Skeletten – Knochen und Stoßzähne von über 1.000 Mammuten und stilisierte Gravuren auf Mammutstoßzähnen. In Pavlov hingegen wurden offensichtlich nur wenige Mammute erbeutet, dafür fand man dort

Überreste vieler Kleinraubtiere, wie auch Vielfraß und Wildkatze. Die Menschen von Pavlov fertigten sich Ketten aus Tierzähnen, Muscheln und Elfenbeinringen, Spangen und Anhänger aus den verschiedenen Materialien, ferner Figuren aus Elfenbein und gebranntem Ton.
Eine der bekanntesten Fundstellen aus dieser Zeit in Westeuropa ist das Kesslerloch bei Schaffhausen in der Schweiz. Hier jagten die Cro-Magnon-Menschen vor allem Rentiere, Wildpferde, Schneehasen und Schneehühner, lediglich in geringerer Zahl auch Mammut, Wollnashorn, Gemse, Steinbock und Murmeltier. Man fand verschiedenartig gearbeitete Geschoßspitzen aus Geweih, Knochen und Elfenbein, Meißel, Lochstäbe, Nähnadel, Harpunen und viele Speerschleudern, darunter einige mit eingravierten Tierdarstellungen.

Bessere Waffen und Jagdgehilfen – die Technik wird verfeinert

Die Speerschleuder muß als das erste durchschlagende Ergebnis jener Überlegungen eiszeitlicher Erfinder angesehen werden, die zum Ziel hatten, Tiere aus größerer Entfernung treffsicher töten zu können. Ein in herkömmlicher Weise von Hand geworfener Speer entwickelt nur eine verhältnismäßig geringe Auftreffwucht, wird kaum bei einem Reh auf einige Entfernung noch tief genug eindringen, viel weniger noch bei einem Wildrind oder gar einem Mammut. Der menschliche Arm ist einfach zu kurz, um eine Zentrifugalkraft zu entwickeln, die dem Speer mehr Antriebskraft verleihen würde. So kam ein steinzeitliches Genie auf die Idee, den Arm des Jägers einfach zu verlängern. Die Speerschleuder, die „erste Wunderwaffe des Menschen" – wie *Ceram in seinem Buch „Der erste Amerikaner"* schreibt –, wurde erdacht. Natürlich wurde diese Erfindung, wie so viele andere auch, nicht nur von einem einzigen Menschen gemacht. Es ist ein Phänomen der Geschichte, daß derartige bahnbrechende Erfindungen oft an mehreren, weit voneinander entfernten Orten in der Welt fast gleichzeitig gemacht wurden.
Aus Holz, Geweih, Knochen oder Elfenbein gefertigt, besteht die Speerschleuder aus einem dreißig bis sechzig Zentimeter langen Stab. Ein Ende ist als Kerbe, Haken oder eine Art „Schuh" ausgearbeitet. In diese Vorrichtung wird das stumpfe Ende des Wurfspeers eingelegt. Sodann wird die Speerschleuder im weiten Bogen nach vorn geschleudert, im Zenit der Bewegung löst sich der Speer von der Schleuder, wesentlich kraftvoller und mit mehr Antriebskraft versehen als ein Speer bei normalem Wurf. Versuche haben gezeigt, daß ein Speer, der, aus der Hand geworfen, etwa fünfundfünfzig bis fünfundsechzig Meter Wurfweite erreichte, mit der Speerschleuder fast 135 Meter weit

geworfen werden konnte und auf dreißig Meter Entfernung noch eine für die Großwildjagd ausreichende Durchschlagskraft entwickelte. Es war nun nicht mehr notwendig, dicht an die Tiere heranzukommen; dies bedeutete größere Sicherheit und mehr Erfolg, denn man brauchte die Fluchtdistanz des Wildes nicht mehr bis aufs äußerste auszureizen.

Die Erfindung der Speerschleuder, die Ausnutzung der Hebelkraft, die Erkenntnis, daß das Ende des Schleuderstabes sich schneller bewegt als die Hand, von der es bewegt wird, bedeutet einen Markstein in der Technologie des Eiszeitalters. Die ersten Speerschleudern waren sicherlich aus Holz und haben sich nirgends erhalten. Die ältesten datierbaren Speerschleudern stammen aus Frankreich und sind etwa 15.000 Jahre alt. Die Speerschleuder war weltweit verbreitet. Die Indianer kannten sie von Alaska bis Feuerland, und bei den Indianern Mittelamerikas und im Südwesten Nordamerikas wurde sie Atlatl genannt. Der Schwerpunkt ihrer Verwendung in Amerika dürfte auch in Mexiko gelegen haben, wo sie bis zum – sehr späten – Auftauchen von Pfeil und Bogen die einzige Schuß- und Fernwaffe war. Von den Azteken sind kunstvolle und in Zeremonien verwendete Atlatls mit Grifföschen, geschnitzten und sogar vergoldeten Griffen bekannt. Auch bei den Eskimos war die Speerschleuder üblich, und die Ureinwohner Australiens nannten sie „woomera", woraus irrtümlich die Bezeichnung Bumerang für eine gänzlich andere Waffe entstand. Im Laufe der Zeit erfuhren die Speerschleudern weitere Verbesserungen, erhielten gezackte und gezahnte Spitzen, wurden besser ausgewogen und schließlich auch verziert und bemalt.

Die zweite bahnbrechende Erfindung auf dem Gebiet der Jagdwaffentechnik, die – wahrscheinlich – den Menschen der Cro-Magnon-Epoche zugerechnet werden muß, ist die Entwicklung von Pfeil und Bogen. Es wird allerdings wohl immer unklar bleiben,

Pfeile mit Feuersteinspitzen aus dem Ahrensburger Gletschertal, Fundort Stellmoor, nördlich von Hamburg. Die Pfeile stammen aus der Späten Altensteinzeit, um 8.300 v. Chr. (Archäologisches Landesmuseum der Christian-Albrechts-Universität, Schleswig)

wann Menschen wirklich zum ersten Mal mit dieser Waffe auf die Jagd gingen. Bei La Colombière in Frankreich wurden Höhlenbilder gefunden, die möglicherweise befiederte Pfeile darstellen; es kann sich bei diesen etwa 20.000 Jahre alten Zeichnungen allerdings auch um Speere handeln. Der älteste Bogen aus Holz, der bisher gefunden wurde, stammt aus einem Rentierjägerlager bei Hof Stellmoor vor den Toren Hamburgs und ist etwas über 10.000 Jahre alt. In den wassergesättigten Ablagerungen hielt sich das Holz der Waffe ebenso gut wie bei mehreren Bögen aus Dänemark, die auf ein Alter von etwa 8.000 Jahren geschätzt werden.

Wahrscheinlich wurden Pfeil und Bogen aber schon früher verwendet, als es sichere Schlüsse anhand dieser und weiterer Funde erkennen lassen. Die Bögen waren fast immer aus Holz, und auch die Spitzen der Pfeile, die bei den Stellmoor-Bögen aus Stein waren,

Gestiehlt, um sie besser in dem hölzernen Schaft befestigen zu können, sind diese Pfeilspitzen aus dem Neolithikum; als Material wurde Feuerstein verwendet. (Oberhessisches Museum Gießen)

werden anfangs aus Holz gewesen sein. Die gesamte Waffe bestand also aus relativ leicht verrottbarem Material, und so dürfte es erklärbar sein, daß Funde erst aus recht später Zeit, vom Ende der Eiszeit und dem eigentlichen Ende der Epoche des Cro-Magnon-Menschen stammen. Angesichts ihrer erfinderischen Leistungen auf anderen Gebieten erscheint es naheliegend, daß diese Jäger auf die Idee kamen, die Enden eines gebogenen Stockes mit einer elastischen Tiersehne zu verbinden und kleine Speere durch Ausnutzung der Spannkraft des Holzes zu schleudern. So kann für Pfeil und Bogen durchaus ein Alter von 12.000 bis 15.000 Jahren angenommen werden, älter aber ist diese Waffe wohl kaum.

Pfeil und Bogen waren fast auf der ganzen Welt bekannt. Lediglich in Australien war diese Waffe fast und in Tasmanien ganz unbekannt. Am Rande sei hier die merkwürdige Tatsache erwähnt, daß Pfeil und Bogen auf dem amerikanischen Kontinent erst ungewöhnlich spät, ungefähr 1.000 Jahre v. Chr. auftauchten.

Mit dieser Ausrüstung also, die sich doch schon erheblich vom Arsenal des Neandertalers oder gar des Homo erectus unterschied, ging der Cro-Magnon-Mensch zur Jagd. Er war perfekt im Ersinnen und Ausnutzen von Hinterhalten und im Organisieren großangelegter Treibjagden. Im Kesslerloch wurden die Knochen von fast 2.000 Tieren gefunden, darunter über 1.000 Schneehasen und 500 Rentiere. Bereits erwähnt wurden die 1.000 Mammute von Predmosti und die 25.000 Wildpferde von Solutré. Alle diese gewaltigen Mengen an Wild wurden natürlich nicht auf einer Jagd, sondern im Verlauf von Jahren, Jahrzehnten und vielleicht gar Jahrhunderten erlegt, immer an der gleichen Stelle, bedingt durch die angestammten Wanderwege der Herden und die für die Jagd günstige Geländebeschaffenheit.

Nicht alle Menschen des letzten Eiszeitalters lebten noch unter eiszeitlichen Lebensbedingungen. Die weltweite Ausbreitung des Cro-Magnon-Menschen und relativ rasche Klimawechsel zwangen die Menschen dieser Zeit, sich allen nur möglichen Umweltbedingungen anzupassen. Knapp 500 Kilometer östlich von Kapstadt liegt am Ufer des Indischen Ozeans die Nelson-Bay-Höhle. Heute liegt sie etwa zwanzig Meter über dem Meeresspiegel im Sandsteinufer. Vor 18.000 Jahren, also auf dem Höhepunkt der letzten Kaltzeit, war das Meer etwa achtzig Kilometer von der

Schon kleine Kunstwerke sind diese neusteinzeitlichen triangulären Pfeilspitzen mit geflügelter Basis, geschlagen aus Feuerstein. (Oberhessisches Museum Gießen)

Neolithisches Steinmesser aus Halbopal, hergestellt im Kulturkreis der Bandkeramiker. (Oberhessisches Museum Gießen)

Höhle entfernt, und die Menschen blickten aus der Höhle auf weites, offenes Grasland. Sie jagten den fossilen Riesenbüffel und eine große, ebenfalls ausgestorbene Kuhantilopenart, daneben auch Busch- und Warzenschweine, Paviane und Antilopen. Es war kalt und feucht damals in Südafrika, manchmal gab es sogar Frost und Schnee.

Als es wärmer wurde, stieg der Meeresspiegel, und vor etwa 12.000 Jahren rollte die Brandung bis an den Fuß der Sandsteinwand, in der die Höhle liegt. Aber die Nachfahren jener Großwildjäger blieben, wurden zu Fischern und Robbenjägern. Die Menschen von der Nelson Bay können – auch unter Berücksichtigung der zeitlichen Komponente dieser Veränderungen – als Beispiel für Anpassungsfähigkeit und eine gewisse Heimatverbundenheit angesehen werden.

Lanzen und Speere waren also die hauptsächlichen Jagdwaffen der Cro-Magnon-Menschen, Treib- und Drückjagd mit Hilfe der ganzen Gruppe und mit Hilfe des Feuers seine hauptsächliche Jagdmethode. Daneben dürfte er die Jagd mit Schwerkraftfallen und Schlingen weiter fortentwickelt haben, und seine Jagden wurden noch erfolgreicher, als er es gelernt hatte, den Pfeil von der Sehne schnellen zu lassen. Nur eines fehlte noch: ein vierbeiniger Helfer für die Jagd.

Aber auch der war nicht weit. Man kann sich vorstellen, daß die Jägerhorden von Wölfen umschlichen wurden, etwa wie in der afrikanischen Savanne die Schakale den Löwenrudeln folgen. Ängstlich und heimlich strichen sie am Eingang der Wohnhöhlen und um die Hüttenlager herum, um die Abfälle zu ergattern. Ganz junge Wölfe werden oftmals in ihrer Unerfahrenheit in die Höhle oder ins Lager hineingetrottet sein. Vielleicht erschlug man sie anfangs, aber irgendwann zähmte man sie locker, später auch mit festerer Hand. Mutige Jäger fingen vielleicht auch einen schon heranwachsenden Wolf, um ihn zu zähmen und für die Jagd abzurichten. Wie auch immer es geschah, es gibt genügend Anzeichen dafür, daß der Cro-Magnon-Mensch bereits begann, Wölfe abzurichten, zu züch-

ten und allmählich zu einer Rasse zahmer oder zumindest nur noch halbwilder Wolfshunde zu machen.
Die Menschen der Cro-Magnon-Zeit sind aber nicht durch die Erfindung der Speerschleuder und des Bogens, nicht durch die Zähmung des Wolfes und überhaupt nicht durch ihre perfekten jagdlichen Fähigkeiten bekannt geworden, sondern durch die „Erfindung" der Kunst.

Höhlenmalereien als „Jagdkunst"?

Im Jahre 1868 verschwindet auf einer Jagd nahe dem Ort Torrelavega in der Provinz Santander in Nordspanien der Hund eines Jägers in einem Dachsbau und kommt nicht mehr heraus. Beim Nachgraben entdeckt der Jäger eine Höhle, die sodann von dem an der Prähistorie interessierten Grundeigentümer, Don Marcelino de Sautuola, erforscht wird. Just an dem Tag, an dem er seine zwölfjährige Tochter mit in die Höhle nimmt, entdeckt das Mädchen die Deckengemälde, die riesigen Bisons von Altamira, denn unter diesem Namen sollte die Höhle in die Kunstgeschichte eingehen.
Aber zunächst glaubt man nicht, daß es sich um Gemälde prähistorischer Menschen handelt, nennt den Entdecker einen Schwindler und tut das ganze als Fälschung ab. Bisher waren nämlich „nur" Werke der Kleinkunst, Schnitzereien und Statuetten, aus jener frühen Zeit bekannt. Erst nach der Entdeckung weiterer Höhlenmalereien in Frankreich, so auch bei Les Eyzies, dem „Geburtsort" des Cro-Magnon-Menschen, werden dreiundzwanzig Jahre nach ihrer Entdeckung, die Höhlenmalereien von Altamira als Werk des Cro-Magnon-Menschen anerkannt. Diese „Sixtinische Kapelle der Vorzeit" gilt auch heute noch, lange nach der Entdeckung der Höhle von Lascaux, als „Königin der bemalten Höhlen", wie es der Vorzeitforscher Herbert Kühn ausdrückte.
Nach Altamira ist Lascaux als berühmteste der eiszeitlichen Bilderhöhlen zu betrachten, und manche Forscher sehen nicht die Malereien von Altamira, sondern die im Jahre 1940 entdeckten monumentalen Bilder aus der Höhle von Lascaux als den Höhepunkt der Eiszeitkunst an. Weiterhin sehr bekannt sind Font-de-Gaume bei Les Eyzies, Niaux und Tuc d'Audoubert im Departement Ariège sowie Pech-Merle im Departement Lot.
Wer malte in Lascaux und Altamira und in

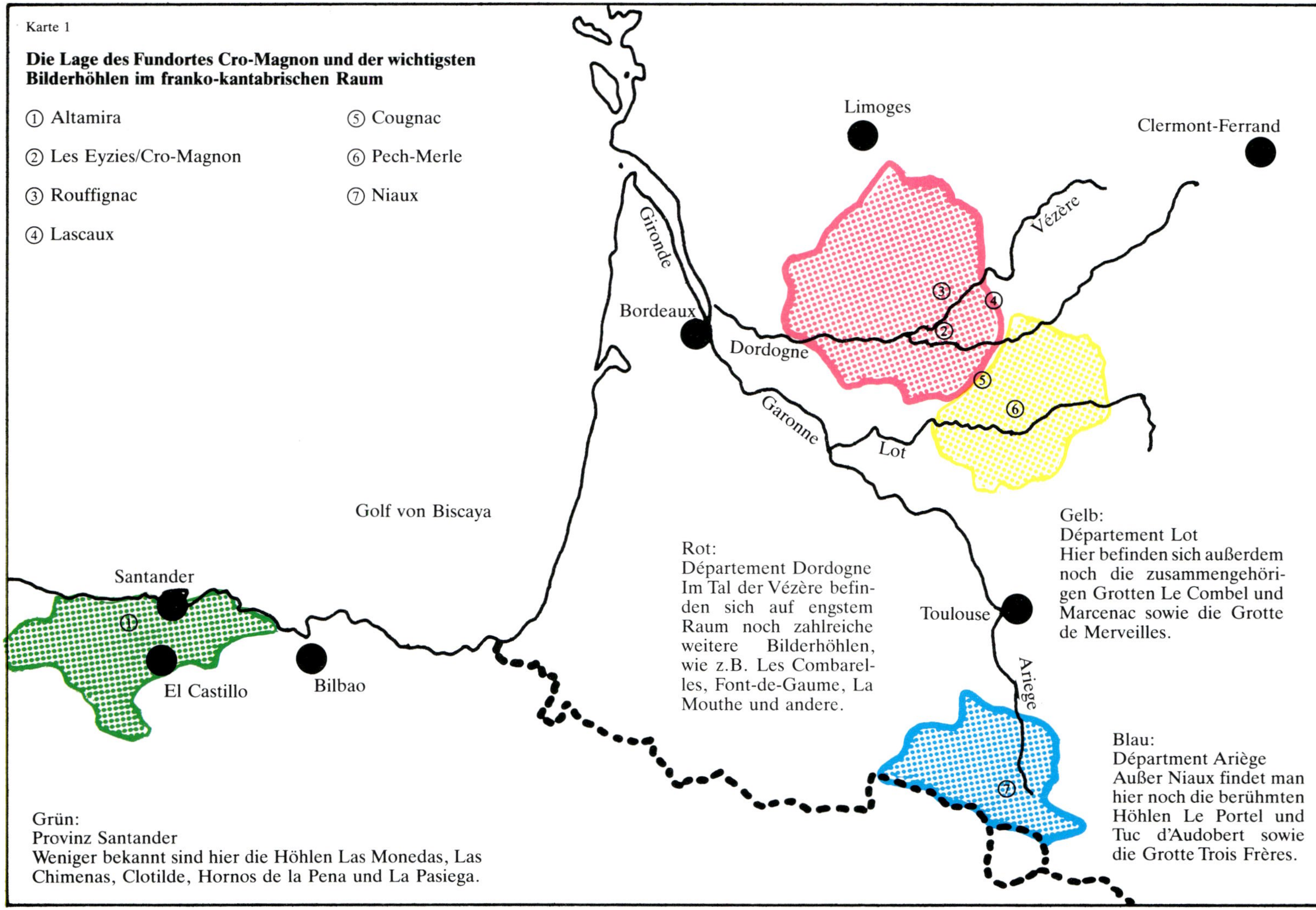

Karte 1

Die Lage des Fundortes Cro-Magnon und der wichtigsten Bilderhöhlen im franko-kantabrischen Raum

Der berühmte „liegende Bison“ aus der Höhle von Altamira/Nordost-Spanien. Eine gute Reproduktion ist im Deutschen Museum in München zu bewundern. (Veröffentlichung mit Genehmigung des Archivs Dumont-Schauberg, Köln)

all den anderen, weit über 100 Höhlen, die bisher gefunden wurden? Diese Frage kann eindeutig beantwortet werden: Es war der Cro-Magnon-Mensch. Die Bilder sind sämtlich zwischen 10.000 und 35.000 Jahre alt. Innerhalb dieses Zeitraums können verschiedene Perioden festgestellt werden. Es beginnt mit einfachen Konturenzeichnungen, setzt sich mit malerischen Gestaltungen und Schattierungen der Körper fort und endet mit einem künstlerischen, schwingenden Konturenstil.

Es fällt auf, daß die Bilderhöhlen sich im wesentlichen auf den südwestfranzösischen und nordostspanischen Raum beschränken. Außerhalb dieses franko-kantabrischen Raumes gibt es nur wenige Fundorte, die aber entweder in ihrer Authentizität zu bezweifeln sind oder bei denen es unsicher ist, ob sie nicht schon der Kunst der Neusteinzeit zuzurechnen sind. Eine Ausnahmeerscheinung stellt die Kapowajahöhle am Belajafluß im südlichen Ural dar, deren Wildpferde, Nashörner, Mammute und Bisons nach den bisherigen Erkenntnissen tatsächlich vor etwa 15.000 bis 20.000 Jahren und damit zeitgleich mit vielen Bildern der Höhlen in Frankreich und Spanien gemalt wurden.

Warum malte der Cro-Magnon-Mensch diese großartigen Bilder? Dies ist eine Frage, die nach den bisherigen Forschungsergebnissen nicht eindeutig beantwortet werden kann, und es bleibt zu bezweifeln, ob hier jemals eine befriedigende Lösung gefunden werden wird. Besonders in älterer, zum Teil aber auch noch in neuerer Literatur werden die Bild-

Vorhergehende Doppelseite: In der Höhle von Cougnac im Departement Lot haben die Künstler der Cro-Magnon-Zeit vor allem Wildrinder, aber auch Wildpferde und Hirsche verewigt (Veröffentlichung mit Genehmigung des Archivs Dumont-Schauberg, Köln).

werke als Mittel der Jagdmagie und des Jagdzaubers, teilweise sogar einfach als gemalte Jagderzählungen angesehen. Bei einigen Bildern mag diese Theorie etwas für sich haben. Man findet Darstellungen von Büffeln und Pferden, in denen Speere und Lanzen stekken und die mit Wunden übersät sind; es fallen gitterartig gezeichnete Kästen auf, die an Fangvorrichtungen erinnern. Derartige Bildwerke lassen in der Tat an die Gebräuche historischer Jägervölker denken, Tiere zu zeichnen oder auf andere Art dazustellen und das Abbild dann, gewissermaßen stellvertretend, zu bejagen, um das wirkliche Wild in Wald und Steppe zu bannen und zu behexen. Der Büffeltanz der Prärieindianer mag hier als Beispiel gelten.

Möglich wäre auch die Bedeutung als Jagdzauber in der Art, daß der Eiszeitjäger mit Hilfe der Gemälde zum einen sein Gefühl der körperlichen Unterlegenheit kompensieren, zum anderen die Seele des getöteten Tieres erhalten wollte, um einer Rache des Tiergeistes zu entgehen.

Beide Deutungsversuche halten jedoch einer näheren Überprüfung nicht stand. Vielmehr ist zu erkennen, daß die Künstler wenig Interesse hatten, ihre alltäglichen Beutetiere abzubilden. So erlegten die Jäger von Lascaux fast ausschließlich Rentiere; über neunzig Prozent der in der Höhle gefundenen Knochen stammen von dieser Hirschart. Abgebildet sind aber Wisente, Hirsche und Wildpferde. Insgesamt, so hat man ausgerechnet, stellen nur etwa vier Prozent der Höhlenbilder das Rentier dar. In manchen Höhlen sind sogar Tiere dargestellt, die es nach den Knochenfunden in der Umgebung der Höhle offensichtlich überhaupt nicht gab. Wildrinder und Pferde sind zwar oft abgebildet; zum einen aber in Höhlen, in denen sie offensichtlich nicht genauso oft verzehrt wurden, zum anderen muß man davon ausgehen, daß bei der Jagd- und Waffentechnik des Cro-Magnon-Menschen diese Wildarten nicht mehr besonders behext zu werden brauchten, um eine gute Jagd zu sichern. Auch die Besänftigung der Tiergötter dürfte bei diesen Beutetieren keine so große Rolle gespielt haben, zumal bei dieser Überlegung immer das Fehlen des Rentiers auffällt und die Theorie zunichte macht. Bei Bären- und Nashorndarstellungen mag die Versöhnung mit dem toten Tier immerhin eine Rolle gespielt haben, sicher auch in anderen einzelnen Fällen, aber als generelles Motiv der Höhlenmalerei ist diese Überlegung ebenso abzulehnen wie die Bedeutung der „magischen Tötung“ vor Beginn einer Jagd.

Wenn aber schon auffällig ist, daß die Künstler sehr oft solche Tiere darstellten, die es im Jagdgebiet der Höhle nicht – oder nicht mehr – gab, so bleibt letztlich doch die Möglichkeit der Deutung als eine Art Jagdzauber. Man sei an die Klimaschwankungen und die damit zusammenhängenden Veränderungen in der Tierwelt erinnert. In manchen Generationen mögen diese Veränderungen, so langsam sie auch vor sich gingen, doch fühlbar gewesen sein, und es fiel den Jägern auf, daß bestimmte Tierarten seltener wurden und verschwanden. Kann nicht hier ein Zusammenhang mit der bevorzugten Darstellung kaum bejagter Tiere gegeben sein? Regten diese Tiere allein die Phantasie des Künstlers an, oder wollte er sie mit seinen Bildern doch „zurückholen“? Es erscheint nicht ausgeschlossen, daß die Bilder unter diesem Gesichtspunkt doch eine Art Jagdzauber darstellen sollten.

In der einschlägigen Literatur allerdings ist das Thema Jagdzauber abgehandelt und wird als Reliquie aus der älteren Literatur und überholten Schulbüchern abgetan. Man gibt heute Deutungsversuchen den Vorrang, die einen Zusammenhang mit mythischen und naturreligiösen Zeremonien, spiritistischen Zusammenkünften, Jugendinitiationsriten und sexuellem Symbolismus sehen. Von einer Kunst mit einem Bezug zur Jagd ist in den neueren Deutungen keine Rede mehr, und alle Bücher, die in den Malereien von Las-

caux und Altamira den Beginn der Jagdkunst sehen, müßten danach umgeschrieben werden.
Wahrscheinlich liegt die Wahrheit, die zu ergründen uns auch in diesem Fall ohnehin verwehrt ist, irgendwo in der Mitte aller Meinungen und Deutungen. Warum sollen nicht jene Experten recht haben, die anderen aber auch nicht unrecht? Niemand kann doch behaupten, daß sämtliche Malereien in sämtlichen Höhlen aus der gleichen Motivation heraus entstanden seien, wo doch 25.000 Jahre zwischen der Entstehung der ersten und der letzten Bildwerke liegen! Der Versuch, eine einzige, einheitliche Sinndeutung zu finden, ist unter diesem Gesichtspunkt von vornherein zum Scheitern verurteilt, und es ist gut, daß die Diskussion zu diesem Thema noch im Fluß und längst nicht abgeschlossen ist.
Insgesamt war die Kunst der Eiszeit sicherlich eine Art von Jagdkunst, mag man an die Gegenstände der Kleinkunst oder an die Höhlenmalereien denken; Jagdkunst aber kaum und nur am Rande im heutigen Sinne, das heißt nicht allein zum Schmuck und zur Verschönerung. Dies trifft bestenfalls auf einige Gegenstände aus Knochen, Geweihstangen und Elfenbein zu, Gebrauchsgegenstände und Jagdwaffen, die mit Tier- und Jagddarstellungen verziert wurden. Auch hier kann jedoch ein mythischer Sinn, eine höhere Bedeutung nicht ausgeschlossen werden. Dargestellt wurden meist Mammut, Pferd, Bison, Nashorn und Rentier sowie Löwe und Bär. In einigen Gebieten wurden auch Vögel abgebildet, Wolf, Fuchs und Vielfraß, Steinbock, Seehund und Hase. Die Darstellungen sind in einigen Zeiträumen sehr detailliert und genau, in anderen mehr abstrakt. Die Kleinkunst weist plastische Darstellungen ebenso wie die Verzierung von Gegenständen auf. Kleine Figuren wurden oft durchbohrt und vielleicht als Amulette getragen. Einstiche bei Tonfiguren, von Bären z.B., weisen vielleicht wieder auf einen jagdlichen Beschwörungszauber hin.
Aber auch bei der Kleinkunst ist eine Diskrepanz zwischen dargestellten und erlegten Tieren festzustellen. Bei Gönnersdorf im Neuwieder Becken bei Koblenz wurden über 200 Tierdarstellungen auf Geweih, Elfenbein und Schiefer gefunden. Am meisten wurden Wildpferde dargestellt, seltener Mammut, Hirsch, Auerochse und Wisent; dann noch Robbe, Wolf, Bär, Löwe und einige Vogelarten. Das häufig vorkommende und vielfach erlegte Rentier wurde nicht dargestellt, das Mammut wurde immerhin etwa vierzigmal eingeschnitzt, während sich in der Höhle nur wenige Mammutknochen fanden, die von einem einzigen Tier stammen könnten. Die dargestellte Robbe war, nach den vorgefundenen Skeletten zu urteilen, in der Tierwelt jener Gegend nicht vertreten.
Die Kleinkunst zu deuten ist noch schwieriger, als für die Höhlenmalereien eine Sinndeutung zu erarbeiten. In der Kleinkunst sind mehr Tierarten abgebildet, die Verwendung der Gegenstände ist vielfältig und läßt weitere Mutmaßungen über die Bedeutung der Darstellung zu; mythische, auch jagdmythische Bedeutung kann insbesondere bei den Gravierungen auf Waffen nicht ausgeschlossen werden.
Wichtige Fundstätten eiszeitlicher Kleinkunst sind in Deutschland der Vogelherd im Kreis Heidenheim auf der Schwäbischen Alb, wo Elfenbeinschnitzereien gefunden wurden, die Höhle Petersfels bei Konstanz mit Gravierungen auf Geweihstücken und Knochen sowie das bereits erwähnte Jägerlager bei Gönnersdorf.
Eine sichere Deutung der eiszeitlichen Kunst wird wohl niemals mehr möglich sein. Es fehlt einfach an Material, das es ermöglichen würde, sich in die Geisteswelt der Menschen und Jäger der zu Ende gehenden Eiszeit, der ausklingenden Altsteinzeit hineinzuversetzen. Sicher ist allein, daß die Jagd für diese Menschen immer noch die lebenswichtigste aller Beschäftigungen war, daß die Jagd und das Streben nach Jagderfolg das gesamte

Denken und Trachten dieser Menschen beeinflußte. Es kann daher nicht sein, daß die Kunst dieser Zeit zur Jagd in keinerlei Beziehung stand. Die Statuetten von Gönnersdorf und aus dem Kesslerloch, die Malereien von Lascaux und Altamira waren Jagdkunst im weitesten Sinne. Dies heißt nicht, daß die Bild- und Kunstwerke nur aus Interesse an der Darstellung selbst geschaffen wurden, dies soll nicht ausschließen, daß mythische und religiöse Motivationen eine Rolle spielten, aber die Kunst von der täglichen Notwendigkeit des Jagens abzukoppeln, wäre eine Deutung, die dem Willen der Künstler jener Zeit sicher nicht entsprechen würde.
Mit dem Ausschmücken der letzten Bildwerke in den Höhlen des franko-kantabrischen Raumes neigte sich auch die Epoche des Cro-Magnon-Menschen ihrem Ende zu. Das Klima änderte sich, zeitweilig sogar recht schnell, die letzte Eiszeit wich der Wärmeperiode, die bis in die Gegenwart anhält. Viele Tiere der eiszeitlichen Fauna, wie Mammut, Höhlenbär und Riesenhirsch, konnten sich diesen Veränderungen nicht schnell genug anpassen und starben aus. Andere konnten sich in den Regionen der Arktis und im Hochgebirge erhalten, wie das Rentier, der Wolf und der Vielfraß, Steinböcke, Gemsen und Schneehasen.
Auch der Mensch konnte sich anpassen. Denn der Cro-Magnon-Mensch starb natürlich nicht aus. Er lebt weiter, bis heute, in jedem Menschen auf diesem Planeten. Er ging auf in den Völkern, Rassen und Stämmen aller Erdteile, und mit diesem Aufgehen im Schmelztiegel der Völker der Welt ging eine ungeheure Veränderung des menschlichen Lebens einher.

Vom Jäger zum Wildbeuter

In der weiten Ebene von Kom Ombo am Nil, etwa fünfundvierzig Kilometer unterhalb der Stelle, an der sich heute der Assuanstaudamm erhebt, lebten vor rund 17.000 Jahren Menschen; Menschen des Cro-Magnon-Typs, die wie alle ihre Zeitgenossen von der Jagd lebten, Gazellen, Kuhantilopen und Nilpferde jagten, Schildkröten, Fische und zahlreiche Wasservögel fingen. Das weite Tal war sehr wild- und fischreich, und wahrscheinlich, so meinen die Archäologen, lebten dort gleichzeitig mehr Menschen als an irgendeinem anderen Ort der Welt zu diesen Zeiten. Vor etwa 12.000 Jahren aber veränderte eine Dürre oder ein plötzlicher Klimawechsel das Leben dieser Menschen von Grund auf. Denn offensichtlich verschwanden viele der Tiere, die Jagdergebnisse wurden dürftiger, und dieser Umstand veranlaßte eine der in Kom Ombo lebenden Gruppen zu einem Schritt, der sie aus dem Jägerdasein herausführte und sie zu Wildbeutern machte. Was bedeutet das? Sie folgten nicht mehr den Tieren, wie die Generationen vor und auch noch nach ihnen, sondern blieben in der Ebene, konzentrierten sich auf die wenigen verbleibenden Tierarten und wandten sich verstärkt der Nutzung pflanzlicher Nahrung zu. Sie blieben seßhaft, obwohl ihre Jagdbeute davonzog.
Die Ebene von Kom Ombo war mit wilden Getreidesorten bewachsen, die wahrscheinlich der Sorghumhirse und der Gerste unserer Zeit glichen. Und dieses Getreide wurde nun von den Menschen von Kom Ombo so intensiv geerntet und genutzt, daß sie von fleischlicher Nahrung zum Teil unabhängig wurden. Man fand Steinsicheln und Mahlsteine; das Getreide wurde also gemahlen, und man glaubt, daß diese Cro-Magnon-Menschen sich schon eine Art von Brot backten.
Die Menschen von Kom Ombo läuteten damit den Beginn einer Entwicklung ein, die

für viele Völker der Erde das Ende des Jäger- und Sammlerdaseins bedeutete. Denn von der systematischen Nutzung, der Ernte wildlebender Getreidepflanzen war es nur noch ein kleiner Schritt zu dem Gedanken, die Samen der genutzten Pflanze zu sammeln und anderenorts auszusäen, um die Ernte des kommenden Jahres zu sichern und zu vergrößern. Man weiß nicht, wann die Menschen von Kom Ombo diesen Schritt getan haben, man weiß nur, daß es etwa 4.000 Jahre später im Nahen Osten schon Ackerbauersiedlungen gab. Als Wiege des Ackerbaus wird daher allgemein der sogenannte „Fruchtbare Halbmond", der in weitem Bogen die Quellen des Euphrat und des Tigris umspannt, angesehen. In Jordanien, Israel, Syrien, der südlichen Türkei und im Zagrosgebirge zwischen dem Iran und dem Irak wurden die ältesten Ackerbauerdörfer ausgegraben.

Es ist nicht genau geklärt, was die Menschen bewogen hat, das Dasein des umherschweifenden Jägers und Sammlers zunächst mit dem eines seßhaften Wildbeuters und dann mit dem eines in festen Dörfern lebenden Ackerbauers zu vertauschen. Einige Forscher sind der Ansicht, Veränderungen der Umwelt, das Abwandern und Aussterben von Beutetieren seien ein wesentlicher Faktor gewesen; mit dem Ende der Eiszeit seien weite Gebiete ausgetrocknet und zu Wüsten geworden, die Menschen hätten sich in die verbleibenden fruchtbaren Gebiete zurückziehen müssen, wo sie nunmehr in verhältnismäßig großer Zahl lebten und die natürlichen Nahrungsreserven nicht mehr ausreichten. Es mag sein, daß derartige Faktoren bei den Menschen von Kom Ombo eine Rolle spielten. Es mag aber auch sein, daß die Menschen außerdem auch noch die übrigen Vorteile einer seßhaften Lebensweise erkannten. Die Siedlungen konnten wirksamer befestigt werden als flüchtige Jagdlager, boten somit mehr Sicherheit. Alte und kranke Menschen brauchten nicht mehr zurückgelassen, Kinder nicht mehr getötet zu werden. Vermutlich haben mehrere Faktoren zusammengespielt und dazu beigetragen, daß mehr und mehr Stämme und Gruppen die umherschweifende Lebensweise aufgaben und seßhaft wurden.

Die Zeit, in der die Jagd für die gesamte Bevölkerung des Planeten die Lebensgrundlage bildete, war also vorbei. Vor rund zweieinhalb Millionen Jahren begann der Mensch zu leben und zu jagen. Setzen wir diese zweieinhalb Millionen Jahre für einen Tag von vierundzwanzig Stunden, so begann eben vor diesen vierundzwanzig Stunden der Australopithecus aus den Wäldern Ostafrikas in die Savanne hinauszutreten. Vor zwanzig Stunden saß der Homo habilis in der Olduvaischlucht und fertigte erste Faustkeile und Hackmesser an. Fünf Stunden später erschien der Homo erectus und breitete sich im Laufe der nächsten zehn Stunden bis nach Ostasien und Europa aus, zähmte vor fünf bis sechs Stunden das Feuer und entdeckte die Vorzüge gegarten Wildbrets. Vor zweieinhalb Stunden starb bei Steinheim an der Murr einer der ersten Menschen der Art Homo sapiens, und vor einer Stunde ereilte den arthritisgeplagten Mann im Neandertal sein Schicksal. Gut zwanzig Minuten ist es her, daß die ersten Menschen des Cro-Magnon-Typus auftauchten, und gerade neun Minuten alt sind die Gemälde in der Höhle von Lascaux. Ebenso alt ist die Speerschleuder, und vor sechs Minuten gingen Rentierjäger bei Hamburg mit Pfeil und Bogen auf die Jagd. Vor sechs Minuten war es auch, als im Niltal und auf den Hügeln des Nahen Ostens, des „Fruchtbaren Halbmonds", die ersten Äcker und Siedlungen der Menschheit angelegt wurden.

Seit sechs Minuten nach diesem Vergleich – oder seit 10.000 Jahren in der Realität – ist die Zeit vorbei, in der die Jagd die beherrschende Rolle im Leben der Menschen spielte, und schnell ist ausgerechnet, daß dies gerade 0,4 Prozent des gesamten Zeitraums sind. Oder, anders ausgedrückt, 99,6 Prozent

des menschlichen Daseins auf der Erde wurden von den Erfordernissen der Jagd bestimmt und beherrscht.
Grundlegende evolutionäre Vorgänge wurden in diesem Zeitraum durch die Ausübung und die Gegebenheiten der Jagd in Gang gesetzt und vorangetrieben. Schon die frühesten Menschenformen lernten durch die Jagd, in Gruppen zusammenzuarbeiten und dadurch erste Gefühle der Zusammengehörigkeit zu entwickeln. Die einschneidendsten Umwälzungen bis zur Entwicklung von Akkerbau und Viehzucht brachte die Epoche des Homo erectus mit der Zähmung des Feuers und der Entwicklung der Sprache. In der Zeit des Cro-Magnon-Menschen schließlich entstand aus dem jagdlichen Erleben und Beobachten heraus die Kunst.
Doch auch mit dem Beginn der neusteinzeitlichen Umwälzungen war die Zeit der Jäger noch längst nicht vorbei. In einigen Gebieten unserer Erde dauert sie, der Computertechnologie und dem Atomzeitalter zum Trotz, an bis in die Gegenwart. Zum einen gab und gibt es Völker und Stämme, die der althergebrachten Lebensweise treu blieben, und sei es, weil sie es mußten, aus der Not heraus, aus Mangel an Kenntnissen und Gelegenheiten, die Lebensweise der Ackerbauern und Viehzüchter zu übernehmen. Die Umwelt, in der diese Völker lebten und leben, spielte hierbei eine entscheidende Rolle. Die eisigen Einöden der nördlichen Hemisphäre verwehrten ihren Bewohnern die Annahme der sich ausbreitenden neuen Lebensweise ebenso rigoros wie die Wüsten und Halbwüsten der Welt und teilweise auch die Regenwälder. Auch viele Steppenvölker blieben zunächst Jäger, bis sie, einige tausend Jahre später, zu einer anderen Erwerbsform, der Viehzucht, fanden.
Zum anderen vollzog sich der Wandel vom reinen Jäger und Sammler zum Ackerbauern und Viehzüchter natürlich nicht von heute auf morgen, sondern zog sich, regional sehr differenziert, über mehrere tausend Jahre hin. Die Menschen von Kom Ombo waren, so würde man heute sagen, ihrer Zeit weit voraus und hatten ein ganzes Zeitalter übersprungen, ein Zeitalter, das im Rahmen einer Abhandlung über die Geschichte der Jagd aber nicht unterschlagen werden kann: das Mesolithikum, die Mittlere Steinzeit.
Etwas umstritten ist allerdings diese Epoche der Menschheit. Einige Forscher erkennen sie überhaupt nicht als selbständige Stufe vorgeschichtlicher Kulturentwicklung an und sehen einen nahtlosen Übergang zwischen dem Zeitalter der paläolithischen Eiszeitjäger und der Neusteinzeit mit dem Beginn von Akkerbau und Viehzucht. Andere wiederum messen dem Mesolithikum fast eine ebensolche Bedeutung bei wie der sogenannten „neolithischen Revolution“ und sehen bereits hier den Beginn einer neuen Epoche mit neuen Lebensweisen und neuen Lebensauffassungen.
Tatsache ist, daß es zwischen dem Ende der Eiszeit und dem Beginn von Ackerland und Viehzucht eine Zwischenperiode gegeben haben muß, die in einigen Ländern, im Bereich des „Fruchtbaren Halbmondes“ etwa, nur relativ kurz war, in anderen Gegenden aber wohl bis zu 6.000 Jahren oder noch länger angedauert haben kann. Die Bezeichnung Mittlere Steinzeit für diese Periode erscheint keineswegs unangebracht und soll daher hier beibehalten werden, denn das Mesolithikum brachte auch für die Geschichte der Jagd einige entscheidende neue Entwicklungen und Veränderungen.
Die einschneidendsten Veränderungen aber wurden durch den Wandel in den Klimaverhältnissen bedingt. Die Gletscher waren verschwunden, hatten sich weit nach Norden und in die höchsten Lagen der Gebirge zurückgezogen, die einstigen kalten Tundren waren bald von dichten, dunklen Wäldern bedeckt. Aber mit den Eismassen waren auch die großen Tiere verschwunden, die Fleischspender seit hunderttausenden von Jahren.

Das Ende der Eiszeit – ein erster Wandel der Jagd

Die Jäger mußten sich diesen grundlegend veränderten Umweltbedingungen anpassen und sich umstellen. Die Zeit der gewaltigen Großwildjagden auf baumlosen Ebenen war vorbei, und es galt, Methoden zu finden, die scheuen Waldtiere zur Beute werden zu lassen. Hirsch und Reh, Wildschwein und Elch bildeten nun den Ertrag der Jagd, aber – und das ist eines der für die Jagdgeschichte wichtigen Merkmale des Mesolithikums – die Menschen wandten sich nun in zunehmendem Maße auch der Jagd auf Kleintiere zu. Knochen von Füchsen, Dachsen, Wildkatzen und sämtlichen Marderarten einschließlich des Vielfraßes fanden sich in den Feuerstellen und Abfallhaufen aus dieser Zeit, merkwürdigerweise recht selten hingegen Hinweise auf den Verzehr von Hasen. Auch Vögel aller Art wurden nun verstärkt bejagt, und – das sei nebenbei erwähnt – erst in dieser Zeit begannen die Menschen, besondere Methoden für den Fischfang zu entwikkeln.

Anderes Jagdwild bedingte andere Jagdwaffen und Jagdmethoden, und insbesondere die Jagd mit Pfeil und Bogen dürfte in dieser Epoche ihren größten Aufschwung erfahren haben; manche Forscher datieren ja die Erfindung dieser wirksamen Fernwaffe überhaupt erst ins Mesolithikum. Pfeil und Bogen waren sicherlich die hauptsächliche Waffe bei der Jagd auf Hirsch und Reh, und auch mancher Fuchs dürfte dem lautlosen Pfeil zum Opfer gefallen sein. Als zweite Jagdmethode, die von den mesolithischen Jägern sehr häufig angewandt worden sein dürfte, kann die Fallenjagd gelten. Beim Anlegen von Fallgruben hatten die Jäger nun nicht mehr mit dem gefrorenen Boden zu kämpfen, und auch Schwerkraftfallen und Schlingenkonstruktionen waren wohl bekannt. Man legte Zwangspässe zu den Fallen und Fallensystemen, und häufig waren in den Fallgruben spitze Pfähle eingegraben, an denen sich das Wild aufspießte und nicht selten sicher schon tödlich verletzte. Die Schwerkraftfallen dürf-

Karte 2

Die Jäger der Vorzeit – Ihre Jagd und Lagerplätze

Australopithecus

1 Olduvai-Schlucht, Tansania (auch Homo habilis)
2 Koobi Fora, Kenia
3 Hadar, Äthiopien
4 Omo, Äthiopien
5 Sterkfontein, Südafrika

Homo Erectus

6 Mauer bei Heidelberg
7 Chou-kou-tien, China
8 Solo, Java
9 Olorgesailie, Kenia
10 Torralba/Ambrona, Spanien
11 Terra amata, Frankreich

Neandertaler

12 Neandertal/Düsseldorf
13 Steinheim a. d. Murr
14 Swanscombe, Südengland
15 Berg Karmel bei Haifa, Israel

Cro-Magnon-Mensch

16 Cro-Magnon, Frankreich
17 Predmosti, Mähren (CSSR)
18 Kostjenki a. Don, UdSSR
19 Mal'ta am Baikalsee, UdSSR
20 Kom Ombo. Ägypten
21 Nelson Bay, Südafrika
22 Mungo-See, Australien
23 Sandia-Höhle, New Mexico, USA
24 Tepexpan. Mexico
25 Ayacudo bei Lima, Peru

Karte 2

Die Jäger der Vorzeit – Ihre Jagd- und Lagerplätze

Karte 3

Die Jäger der Vorzeit

Eine Auswahl ihrer Jagd- und Lagerplätze im heutigen Deutschland

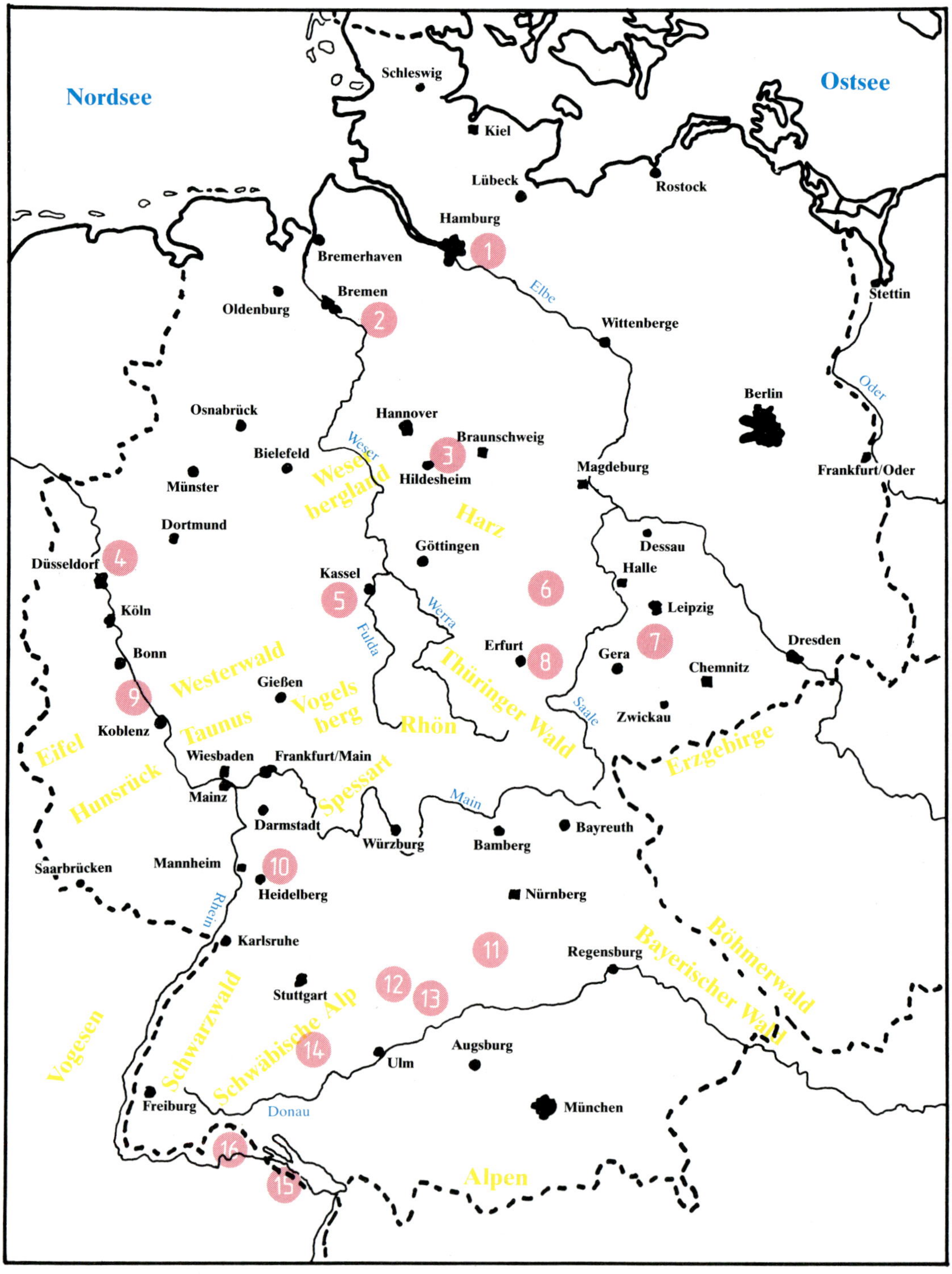

ten zunächst einfachster Art gewesen sein, Vorrichtungen, bei denen das Wild das Herabfallen schwerer Stämme, Steine oder Felsbrocken auslöste. Man kann hier an Fallen denken, wie sie von den Eskimos und einigen Indianerstämmen bekannt sind. Komplizierte Auslösemechanismen, wie sie für die Speer- und Harpunenfallen der heutigen Naturvölker notwendig sind, dürften von den Jägern des Mesolithikums noch nicht beherrscht worden sein.

Speer und Lanze als Jagdwaffen wurden durch Pfeil und Bogen zwar zurückgedrängt, behielten aber dennoch eine gewisse Bedeutung. Die Entwicklung der Speerspitzen nahm, vermutlich bedingt durch das Arbeiten an den kleineren und somit schwieriger herzustellenden Pfeilspitzen, sogar einen deutlichen Aufschwung, und so sind z.B. Speerspitzen mit eingelassenen Feuersteinklingen gefunden worden. Diese dienten wohl dazu, dem schnellflüchtigen Wild eine größere Wunde zu reißen, um einen größeren Blutverlust und damit eine schnellere Schwächung herbeizuführen.

Weniger Bedeutung, als von manchen Autoren angenommen, dürften Äxte und Beile als Jagdwaffen haben. Ebenso wie die immer vollkommener gearbeiteten Dolche und Messer aus Knochen und Stein dienten sie bestenfalls zum Abfangen und Töten verwundeten Wildes. Ferner wurden Steinkugeln gefunden, aus denen teilweise auf eine Verwendung der Bola als Jagdwaffe geschlossen wird. Manche Forscher rechnen die Bola schon dem Neandertaler oder gar dem Homo erectus zu; wirkliche Anhaltspunkte hierfür gibt es aber nicht.

Vielmehr könnte es sich bei den Steinkugeln aus mesolithischen Fundorten um Gewichte für Fischernetze gehandelt haben, denn die Fischerei war, wie schon erwähnt, auf dem Vormarsch, und es steht zu vermuten, daß erstmals in dieser Zeit auch auf der Jagd Netze verwendet wurden. Ob man über die Netzjagd zum Fischen mit Netzen kam oder den

Karte 3

Die Jäger der Vorzeit
Eine Auswahl ihrer Jagd- und Lagerplätze im heutigen Deutschland

1. **Meiendorf und Gut Stellmoor/Gemeinde Ahrensburg**
   Rentierjägerlager der späten Eiszeit; Fundort ältester Bögen
2. **Lehringen/Verden an der Aller**
   Fundort der ältesten Holzlanze der Welt im Skelett eines Altelefanten
3. **Salzgitter-Lebenstedt**
   Bedeutender Lagerplatz alt steinzeitlicher Mammut- und Rentierjäger
4. **Neandertal bei Düsseldorf-Mettmann**
   Fundplatz des Neandertalers (1856)
5. **Edertal-Buhlen/Kreis Waldeck-Frankenberg**
   Eiszeitliches Jägerlager, vermutlich für mehrere Epochen
6. **Bilzingsleben/Thüringen** – Lager später Homo-erectus-Jäger (mit Schädelfund)
7. **Markkleeberg/Kreis Leipzig** – Altsteinzeitliches Jägerlager von Prae-Neandertalern
8. **Weimar-Ehringsdorf** – Jägerlager aus dem Mittelpaläolithikum (Frühe Neandertaler)
9. **Gönnersdorf/Neuwieder Becken** – Jagdlager und Wohnplatz von Cro-Magnon-Menschen
10. **Mauer bei Heidelberg**
    Fundort des Unterkiefers des Heidelbergmenschen
11. **Altmühltal mit Schulerloch und Klausenhöhlen**
    Fundorte altsteinzeitlicher Kleinkunstwerke
12. **Steinheim an der Murr**
    Fundstelle des Steinheim-Menschen
13. **Vogelherdhöhle bei Niederstotzingen-Stetten/Kreis Heidenheim**
    Fundort berühmter Elfenbeinschnitzereien und anderer Kunstobjekte
14. **Bärenhöhle Erpfingen, Gemeinde Sonnenbühl/Schwäb. Alb**
    Besichtigungshöhle mit Bärenskeletten (angeschl. Freizeitpark)
15. **Höhle Petersfeld bei Bittelburg-Engen/Kreis Konstanz**
    Fundort von Kleinkunstwerken aus der späten Eiszeit
16. **Kesslerloch bei Thayngen, Kanton Schaffhausen (Schweiz)**
    Fundort von Kleinkunstwerken, u.a. des „Suchenden Rentiers“

umgekehrten Weg ging, vermag wohl niemand mehr zu ergründen.
Der Hund war ständiger Jagdbegleiter und -helfer des Jägers der Mittelsteinzeit geworden. Viele Wissenschaftler rechnen die Zähmung und Umzüchtung des Wolfes zum Haus- und Jagdhund überhaupt erst den Menschen an der Schwelle zur Neusteinzeit zu. Andererseits soll es um 9.000 v. Chr. schon mehrere Hunderassen gegeben haben, und auch der Torfspitz, eine der ältesten Hunderassen der Welt, wird etwa auf dieses Alter geschätzt. So ist es doch wahrscheinlich, daß, wie schon angedeutet, bereits in der Zeit der Cro-Magnon-Menschen Wölfe gezähmt und umgezüchtet wurden.
Insgesamt kann man sich also die Jäger des Mesolithikums, der Mittleren Steinzeit, doch völlig anders vorstellen als die Eiszeitjäger der Altsteinzeit, des Paläolithikums. Begleitet von ihrem Hund, bewaffnet mit Pfeil und Bogen, durchstreiften sie die Wälder, erlegten Hirsch und Reh, kontrollierten ihre Raubwildfallen und Fallgruben. Dies schließt nicht aus, daß sie dem Bison und dem wehrhaften Schwarzwild auch mit Lanze und Speer auf den Leib rückten und daß es zuweilen auch Feuertreibjagden gab wie zu Zeiten ihrer Ahnen, der Eiszeitjäger. Neben der Jagd aber betrieben sie den Fischfang und deckten einen großen Teil ihres Nahrungsbedarfs auch durch Sammeln von Muscheln oder von Früchten und Kräutern. Dies wiederum begünstigte eine seßhafte Lebensweise, sie bauten sich Hütten, und ein Tal, eine Schlucht, ein Berghang oder ein Uferplatz wurde zum Mittelpunkt ihres Lebens. Eines Tages begannen sie, Pflanzen anzubauen. Der erste Schritt in die Neusteinzeit war getan.
Aber auch im Leben der frühen Ackerbauern kam der Ausübung der Jagd noch eine ganz erhebliche Bedeutung zu. Zum einen hatten die Menschen nicht die Absicht, sich völlig auf pflanzliche Nahrung umzustellen, und Wildbret bildete noch in einigen Kulturen der späten Neusteinzeit eine wichtige Nahrungsgrundlage. Es sollte nämlich selbst in den fortgeschrittenen Kulturen noch mehr als 1.000 Jahre dauern, bis die frühen Siedler auch lernten, Wildtiere zum Nutzvieh zu domestizieren, um bequemer und ohne die Mühsal der Jagd an Fleisch zu gelangen.
Aus Zawi Tschemi Schanidar im Irak stammen die ältesten Hinweise auf eine Domestikation von Nutzvieh. Wildschafe waren es, die dort domestiziert wurden, wenig später kam die Ziege hinzu. Schwein und Rind wurden um 7.000 v. Chr. möglicherweise erstmals in der Türkei domestiziert, das Lama 3.500 v. Chr. in Peru, nur wenig später das Pferd in der Ukraine und das Huhn um 2.000 v. Chr. im Industal, schließlich, aber das ist sehr in Frage gestellt, erst um 1.000 v. Chr. das Rentier in Sibirien. Dies alles sagen Funde und auch alte bildliche Darstellungen aus, wobei die tatsächlichen Zeitpunkte der ersten Domestikation wesentlich weiter zurückliegen können.
Es ist nämlich zu bedenken, wie diese ersten Zähmungen eigentlich vonstatten gingen. Schon die eiszeitlichen Jäger verstanden es, Mammut-, Bison- und Pferdeherden in bestimmte Richtungen zu lenken und zu bestimmten Plätzen zu treiben. Wenn hier natürlich auch nicht von einer Domestikation von Mammuten die Rede sein soll, so ist in derartigen Treibjagden doch der sinngemäße Ansatz einer Domestikation zu sehen. Viel anders verhält es sich nämlich mit den Rentierherden der Lappen und der sibirischen Völker heute noch nicht. Die Tiere ziehen frei umher und werden von ihren Besitzern nur zu bestimmten Zeiten aufgesucht und zum Schlachtplatz getrieben. Unter diesem Gesichtspunkt ist der angeblich so späte Zeitpunkt der Domestikation des Rentieres mit Skepsis zu betrachten.
Wie bei den Rentieren wird bei den meisten anderen Tieren in der Frühzeit der Viehzucht der Domistikationsansatz gewesen sein. Meist nämlich handelte es sich um Tiere, die

in der betreffenden Gegend in großen und kleinen Herden vorkamen, anfangs auf herkömmliche Art bejagt wurden, bis man auf den Gedanken kam, sie in die Nähe des Dorfes zu treiben, dort, vielleicht zunächst in Schluchten, die nur an zwei Seiten abgesperrt zu werden brauchten, einzugattern und so allmählich zu zähmen. Die andere Möglichkeit ist die Domestikation durch das Einfangen und die Aufzucht von Jungtieren, die vermutlich aber nur bei Tieren, die nicht in Herden lebten, angewandt wurde.
Schon in den Wildbeuterkulturen wurden die wilden Tiere, die die gleichen Pflanzen bevorzugten, zu Nahrungskonkurrenten des Menschen. Dies wurde natürlich bei den selbst angebauten Pflanzen um so stärker empfunden und später dann bei Eingriffen in domestizierte Tierherden noch mehr. So brachte die Neusteinzeit mit ihren Umwälzungen der Lebensweise auch eine für alle Zeiten grundlegende Veränderung der Einstellung des Menschen zum wildlebenden Tier und damit eine neue, eine andere Motivation für die Ausübung der Jagd mit sich. Der Jäger der Neusteinzeit ging nicht mehr nur zum Fleischmachen auf die Jagd, sondern auch und oft nur noch, um sein Eigentum, seine Felder und seine Herden zu schützen.

Die Bevölkerung in aller Welt wuchs an und mit ihr die Größe der Siedlungen und Dörfer, die zu Städten wurden. Manche Stadt steht an der Stelle eines frühen Jägerlagers, so auch die älteste Stadt der Welt, das biblische Jericho. Mit dem Wachsen der Städte und Gemeinwesen formte und differenzierte sich die Gesellschaft; bald gab es Arme und Reiche, Mächtige und Unterdrückte, Niederlagen und Triumphe. Die frühen Hochkulturen entstanden, und in weiten Teilen der Welt erloschen damit die Jägerkulturen, soweit sie sich noch in die neue Zeit hinübergerettet hatten, nun vollends. Nur in entlegenen Gebieten überlebten sie, zum Teil bis in unsere Zeit.
In den frühen Kulturen und in der Antike wurde der Jagd ein völlig anderer Stellenwert zuteil als in den zweieinhalb Millionen Jahren zuvor. Die Lebensnotwendigkeit wurde zum Vergnügen, oftmals zum Vergnügen weniger Privilegierter, sie wurde zum Ritual und zum Sport. Die Herrscher Roms schließlich führten die von der Jagd geprägte Mensch-Tier-Beziehung im Kolosseum auf grausamste Weise ad absurdum.
Doch bevor nun ein neues Kapitel der Weltgeschichte aufgeschlagen wird, erscheint es zweckmäßig, zunächst noch die jagdlichen Sitten und Gebräuche, die Jagdwaffen und Jagdmethoden jener Völker zu schildern, die von der „neolithischen Revolution“ entweder gar nicht berührt wurden oder die, aus welchen Gründen auch immer, die umwälzenden Entwicklungen nur in bestimmten Teilen mit vollzogen. Gemeint sind jene Völker, die mit dem nicht ganz passenden Namen „Naturvölker“ belegt werden. Nicht ganz passend nämlich ist diese Bezeichnung dann, wenn sie einen Gegensatz zu einem Volk mit Kultur ausdrücken soll. Denn auch die Naturvölker, die sich zum Teil bis in unsere Zeit hinein ein Leben als Jäger, Fischer und Sammler bewahrt haben, waren und sind keineswegs kulturlos, während manche Entwicklung in den sogenannten Hochkulturen eher als Rückfall in die Barbarei beurteilt werden muß und mit Kultur im Sinne von Pflege und Veredelung der geistigen, seelischen und körperlichen Anlagen des Menschen nichts zu tun haben kann.
Die Schilderung der Jagd bei den Naturvölkern der Welt wird nicht nur Anknüpfungspunkte an die Methoden und Gebräuche altsteinzeitlicher Jäger aufzeigen, sondern auch einen Einblick vermitteln in längst zerstörte, versunkene und in der Geschichtsschreibung oft verkannte Kulturen.

Zeugnisse der Urzeitjagd in deutschen Museen

Die Beschäftigung mit der Vergangenheit und auch mit der Geschichte der Jagd kann sich nicht im Lesen und im Studium von Büchern und Fachpublikationen erschöpfen. Der Wunsch wird wach, möglichst vieles von dem, was beschrieben oder mit Zeichnungen und Fotografien dargestellt ist, vor sich zu sehen und staunend betrachten zu können. Wen würde es nicht reizen, einen steinernen Faustkeil, einen 150.000 Jahre alten Speer oder einen neolithischen Bogen in Augenschein zu nehmen, vor dem Skelett eines Mammuts oder eines Höhlenbären zu stehen und dabei die Phantasie spielen zu lassen?

Annähernd 3.000 Museen gibt es in Deutschland, und über ein Dutzend davon, an der Spitze natürlich das Deutsche Jagdmuseum in München, hat die Jagd in der natürlichen Verbindung mit Wald, Forst und Tierwelt zur alleinigen oder doch vorherrschenden Thematik gewählt. Doch gerade zum Spektrum der vorzeitlichen Jagd, der Jagd des steinzeitlichen Menschen, gibt es auch und gerade außerhalb dieses Kreises der Jagdmuseen überaus sehenswerte Ausstellungen und Einzelstücke: es muß sogar erlaubt sein, zu sagen, daß viele Fundstükke, die prägende Entwicklungen der prähistorischen Jagdgeschichte repräsentieren, nicht in den jagdlich orientierten, sondern in anderen Museen zu betrachten sind.

Nachfolgend sollen nur einige dieser Museen vorgestellt werden; es kann sich dabei nur um eine gewisse Auswahl handeln, die keinerlei Anspruch auf Vollständigkeit erhebt und auch nicht darauf, daß die aus den unterschiedlichen Perspektiven besonders wichtig erscheinenden Institutionen genannt sind. Ein sehr großer Teil der Museen beherbergt Fundstücke zur Vor- und Frühgeschichte, u.a. fast sämtliche Heimat- und Regionalmuseen. Diese alle auch nur kurz aufzuzählen würde den Rahmen dieser Arbeit bei weitem sprengen. Die Erarbeitung eines umfassenden Führers zu jagdlich und jagdhistorisch interessanten Museen und Stätten wäre auch als Beitrag zur jagdlichen Öffentlichkeitsarbeit von Interesse, ist jedoch noch zu bewältigen.

Unter diesen Gesichtspunkten einer teils zufälligen, teils bewußten Auswahl könnte eine Reise zu den Hinterlassenschaften der Urzeitjäger ganz im Norden des Landes, im Schloß Gottorf bei Schleswig, beginnen. Dort ist das Archäologische Landesmuseum der Kieler Christian-Albrechts-Universität untergebracht, das die Funde aus dem Rentierjägerlager Stellmoor ausstellt. Auf der Weiterfahrt bietet das Hamburgische Museum für Vor- und Frühgeschichte, im Stadtteil Harburg gelegen, ebenfalls einen umfassenden Einblick in die eiszeitliche Tierwelt und das Leben der Rentierjäger der Norddeutschen Tiefebene. Auf der Weiterfahrt nach Berlin empfehlen sich zwei Abstecher von der direkten Route: Im Ostpreußischen Landesmuseum in Lüneburg nehmen Ausstellungen zur Jagd und Jagdgeschichte einen großen Raum ein, und im Müritzmuseum in Waren an der Müritz werden ausführliche Darstellungen zur Jagd in der Steinzeit u.a. durch das Geweih eines irischen Riesenhirsches und den Torso einer Hirschmaske veranschaulicht.

In Berlin wäre zunächst das Museum für Vor- und Frühgeschichte im Schloß Charlottenburg zu nennen, das Funde aus allen vorgeschichtlichen Epochen beherbergt. Darstellungen zur vorgeschichtlichen Jagd bietet aber auch das Museum für Deutsche Geschichte, das Unter den Linden zu finden ist, und im Tierpark in Berlin-Friedrichsfelde kann man die lebensgroße Statue eines Riesenhirsches, sorgfältig nach paläontologischen Studien geschaffen, bewundern. Das Museum für Ur- und Frühgeschichte im Park Babelsberg in Potsdam zeigt ebenfalls ausgesprochen sehenswerte Darstellungen zur Jagd in der Urzeit und zur Lebensweise der steinzeitlichen Jäger.

Von Potsdam aus müßte der Weg zunächst wieder in westliche Richtung führen, um im Städtischen Museum Salzgitter im Schloß Salder die Hinterlassenschaften der Eiszeitjäger von Lebenstedt zu bewundern; auch in der Abteilung Archäologie des Braunschweigischen Landesmuseums mit Sitz in Wolfenbüttel sind Relikte aus Rentierjägerlagern zu besichtigen. Nicht ausgelassen werden darf die Jagdschau im Jagdschloß Springe, die u.a. die Geschichte der Beizjagd und die Entwicklung des Wolfs zum Jagdhund, aber auch ganz allgemein die Geschichte des Waidwerks erläutert. Weiter geht es nach Blankenburg im Harz: Das Museum im kleinen Schloß am Schnappelberg birgt einige interessante jagdliche Exponate aus der Vorzeit, die aus der nahegelegen Hermannshöhle bei Rübeland stammen; die Höhle mit dem „Bärenfriedhof", gekennzeichnet durch zwei eindrucksvolle Bärenplastiken, ist ebenfalls noch zu besichtigen.

Wer einen weiten Abstecher unternehmen will, mag noch das Museum für Naturkunde und Vorgeschichte in Dessau mit Darstellungen zur Mammutjagd besichtigen. Ansonsten führt die Reise vom Harz zum Tierpark Sababurg nahe Hofgeismar; dort sind nicht nur Rückzüchtungsergebnisse von Auerochsen und Wildpferden zu beobachten, sondern auch Ausstellungen zur Geschichte der Jagd und der Jagdwaffen im Forst und Jagdmuseum, das in den Tierpark integriert ist. In Kassel wäre das Hessische Landesmuseum zu besuchen, das ausgesprochen eindrucksvoll die Entwicklung des steinzeitlichen Menschen und seiner Technologie darstellt; ein besonderer Raum ist der altsteinzeitlichen Jagdstation Buhlen (siehe Artikel Seite 44) gewidmet. Funde zur eiszeitlichen Fauna zeigt auch das Naturkundemuseum im Ottoneum. Sehenswert ist weiterhin die bedeutende Sammlung vor- und frühgeschichtlicher Funde im Museum Fritzlar.

Von dieser historischen Kleinstadt im Norden Hessens führt die Reise nach Meiningen nahe Suhl, wo in den Museen im Schloß Elisabethenburg nicht nur interessante Darstellungen und Exponate über Jagdmethoden, -waffen, -wild und -gebräuche des urzeitlichen Menschen zu sehen sind, sondern auch die Nachbildung eines altsteinzeitlichen Höhlenbildes aus dem franko-kantabrischen Raum. Unerläßlich ist der Besuch des Museums für Ur- und Frühgeschichte in Weimar; die tierische Umwelt des Heidelbergmenschen wird dargestellt, der Riesenhirsch von Süßenborn ist zu sehen, und es werden Einblicke in das Leben in den eiszeitlichen Jägerlagern von Ehringsdorf, Taubach und Oelknitz bei Jena, wo die Wildpferdjäger auch stilisierte Venusstatuetten herstellten, ermöglicht.

Ein weiter Weg führt von Weimar direkt nach München, vielleicht sogar noch ausgedehnt durch einen Abstecher zum Waldmuseum in Zwiesel, wo u.a. die Entwicklung der Jagd vom Faustkeil zum Präzisionsgewehr dargestellt ist. In München gehört ein Besuch des Deutschen Jagdmuseum sicherlich unbedingt zum Zweck der Reise, aber auch die Bayerische Staatssammlung für Paläontologie und historische Geologie sowie die Prähistorische Staatssammlung sollten besucht werden. Kaum bekannt ist, daß auch das Deutsche Museum mit einer Replik der Bisonbilder von der Höhlendecke im spanischen Altamira einen Leckerbissen für den Jagdhistoriker bereithält.

Steinheim an der Murr mit dem Urmenschen-Museum ist die nächste Station der Rundreise; rund 250.000 Jahre alt ist der Schädel des Homo steinheimensis, dessen Bedeutung und dessen Umwelt hier – u.a.

Möglicherweise soll die Statuette die Fruchtbarkeit der Frau und die jagdliche Kunst der Löwin vereinigen, denn die 32.000 Jahre alte Gestalt aus Mammutelfenbein stellt eine Frau mit dem Kopf einer Löwin dar. Es handelt sich um die älteste Mensch-Tier-Vollplastik, die bisher aufgefunden wurde. Fundort ist der Hohlenstein-Stadel im Lonetal/Schwäbische Alb. (Veröffentlichung mit Genehmigung des Ulmer Museums – Prähistorische Sammlungen)

mit dem eindrucksvollen Skelett eines Steppenelefantenbullen – dargestellt wird. Im benachbarten Heidenheim an der Brenz sind im Schloß Hellenstein die Funde aus den Höhlen des Lonetals zu sehen. Aus dem Lonetal stammen auch die Exponate der Abteilung Prähistorische Sammlungen des Ulmer Museums, u.a. die mit 33.000 Jahren älteste Tier-Mensch-Vollplastik Mitteleuropas, eine Statuette aus Mammutelfenbein. Nahe Ulm liegt Blaubeuren mit dem Urgeschichtlichem Museum, in dem neben eiszeitlichen Höhlenfunden auch die Berührungspunkte alt- und mittelsteinzeitlicher Kulturen mit den Jägerkulturen der Gegenwart dargestellt sind.

Das Federseemuseum in Bad Buchau beherbergt die Funde aus dem Rentierjägerlager an der Schussenquelle, und im Rosgartenmuseum in Konstanz sind die Exponate aus dem Keßlerloch bei Thayngen, u.a. die berühmte Geweih-Ritzzeichnung „Suchendes Rentier", zu bewundern. Stuttgart sollte auf der Weiterfahrt nach Norden schon angesichts seiner zwei Dutzend Museen für fast jeden Geschmack nicht einfach „überfahren" werden, und dem Zweck dieser Reise entsprechend sollte insbesondere das Württembergische Landesmuseum im Alten Schloß besucht werden. An dieser Stelle sei angemerkt, daß die hier nicht immer gesondert aufgeführten Landesmuseen stets einen Besuch lohnen und nicht selten die Originale berühmter Fundstücke beherbergen, während in den örtlichen Museen lediglich Kopien – wenn auch für den Laien vom Original nicht oder kaum unterscheidbar – ausgestellt sind.

Das älteste Zeugnis menschlichen Lebens in Europa ist im Museum Geologie/Paläontologie in Heidelberg zu sehen: der Unterkiefer des Homo erectus heidelbergensis aus dem nahe gelegenen Ort Mauer. Einen weiteren Eindruck von der eiszeitlichen Tierwelt vermittelt die geologisch-paläontologische Abteilung des Hessischen Landesmuseums in Darmstadt, wo als Rarität das vollständige Skelett eines – allerdings irischen – Riesenhirsches ausgestellt ist.

Auch das Senckenberg-Museum in Frankfurt am Main bietet wahrhaft imposante Einblicke in die Fauna des Eiszeitalters und auch der noch früheren erdgeschichtlichen Epochen, in denen noch keine Menschen existierten.
Über eine hervorragende Abteilung für Vor- und Frühgeschichte verfügt auch das Oberhessische Museum in Gießen; die anschauliche und lehrreiche Darstellung zahlreicher Waffen aus vielen Epochen und Kulturstufen läßt auf der Weiterfahrt nach Norden einen Abstecher fast unerläßlich erscheinen. Sodann geht es nach Neuwied, wo seit 1985 im Schloß Monrepos der Forschungsbereich Altsteinzeit des Römisch-Germanischen Zentralmuseums Mainz untergebracht ist. Auf über 1.000 Quadratmetern wird hier die umfassendste Ausstellung zur ältesten Menschheitsgeschichte in Deutschland dargeboten. Im Rheinischen Landesmuseum in Bonn ist nicht nur das Diorama einer Steinzeithöhle aufgebaut; vor allem können dort Original-Skeletteile des Neandertalers angesehen werden. Nicht weit entfernt ist ja auch die Fundstätte des Neandertalers: In Erkrath dokumentiert das Neandertal-Museum die entwicklungsgeschichtliche Stellung dieses Menschentypus, und im einem angegliederten Tier- und Erholungspark sind Wildarten mit einem Bezug zur eiszeitlichen Fauna zu sehen.
Vom Neandertal aus sollte ein weiterer Abstecher nach Brüggen nahe der holländischen Grenze unternommen werden, um im Jagd- und Naturkundemuseum Burg Brüggen vor allem die übersichtlichen Darstellungen zum gesamten Komplex der Jagdgeschichte nicht zu versäumen. Weiter führt der Weg sodann nach Bottrop. Das Quadrat Bottrop – so wird der Museumskomplex wegen der modernen Konzeption genannt – beherbergt unter anderem das Museum für Ur- und Ortsgeschichte mit der umfassendsten Ausstellung von Funden aus der europäischen Würmeiszeit. Sogar ein Biotop aus der Zeit vor 80.000 Jahren konnte zusammengestellt werden, und auch ein Neandertaler-Jägerlager fehlt nicht.
Schnell gelangt man auf der Autobahn nach Münster, wo im Geologisch-Paläontologischen Museum wiederum die eiszeitliche Fauna einen Ausstellungsschwerpunkt einnimmt. Ein vollständiges Mammutskelett ist ebenso zu sehen wie Skelette von Wollnashorn, Höhlenbär und Auerochse. Weiterhin bietet in Münster, das im übrigen fünfzehn Museen beherbergt, das Westfälische Museum für Archäologie einen Überblick über die Funde aus den eiszeitlichen Höhlen und Freilandstationen des Sauerlandes.
Auf der Fahrt nach Hamburg, wo der Kreis dieser jagdhistorischen Rundreise sich schließlich würde, sollte noch das Heimatmuseum in Verden an der Aller besichtigt werden; dieses beherbergt das Original der rund 150.000 Jahre alten Eibenholzlanze, mit der die Eiszeitjäger von Lehringen dereinst einen Waldelefanten erlegten.
Wohl kaum jemand dürfte diese Fahrt in voller Länge nachvollziehen können und wollen. Aber auch, wer sich nur einige Teile oder nur einzelne Museen heraussucht, der wird nicht allein Achtung bekommen vor den oftmals unterschätzten jägerischen, erfinderischen und schöpferischen Leistungen des steinzeitlichen Menschen; er wird auch, beim kundigen Schauen und Nachdenken, die Wurzeln modernen Jagens in der Urzeit des Menschen finden und dies mit der Erkenntnis verbinden können, welches die fundamentalen Unterschiede zwischen der damaligen und der heutigen Stellung der Jagd in der menschlichen Gesellschaft sind.
Die *beigefügte Karte* läßt den gedachten Verlauf der Museumstour erkennen. Das nachfolgende Verzeichnis soll es erleichtern, die Museen innerhalb der Städte und Ortschaf-

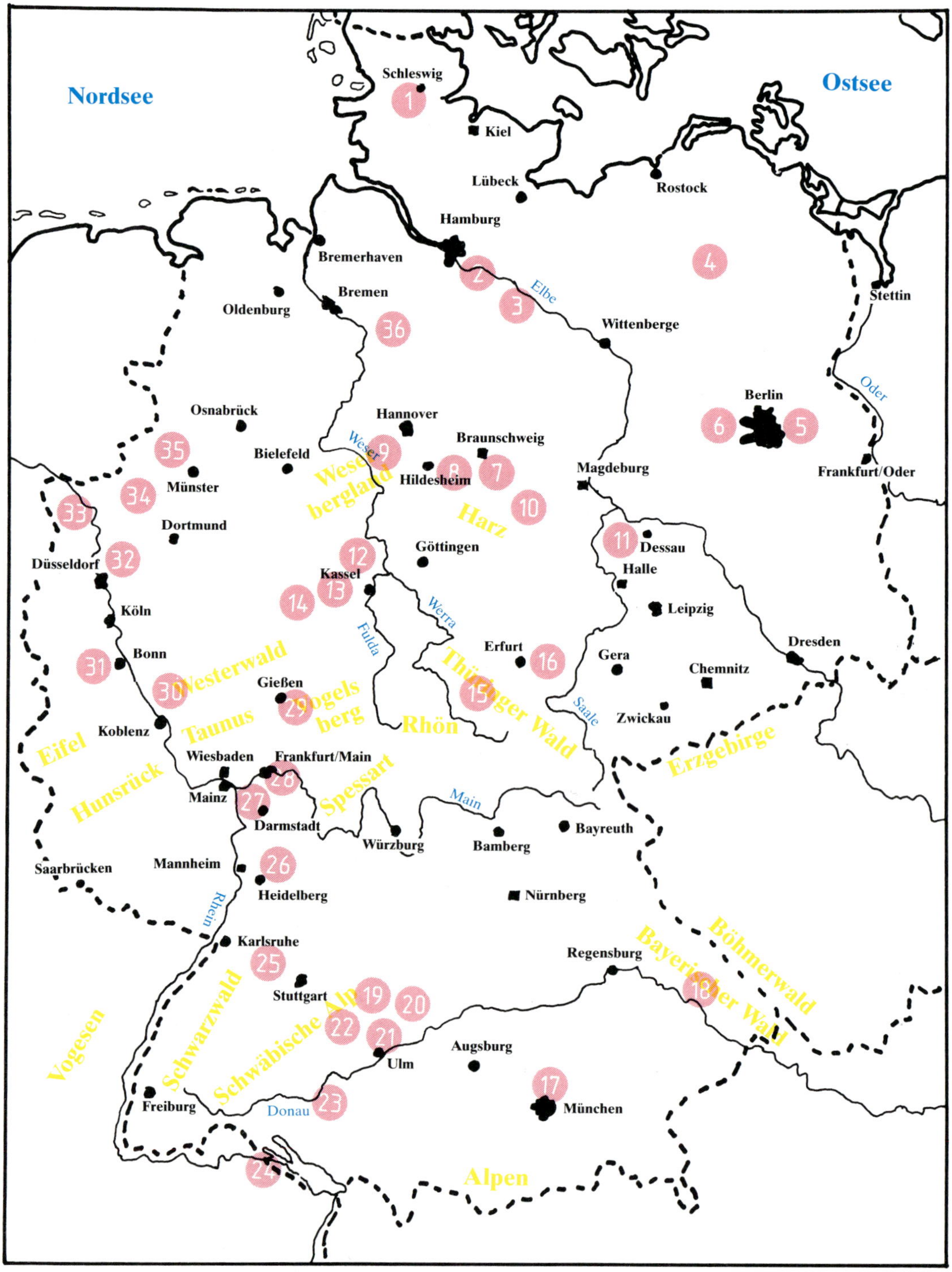

Nordsee
Ostsee
Schleswig
Kiel
Lübeck
Rostock
Hamburg
Bremerhaven
Bremen
Oldenburg
Elbe
Wittenberge
Stettin
Oder
Berlin
Frankfurt/Oder
Osnabrück
Hannover
Braunschweig
Bielefeld
Weser
Weserbergland
Hildesheim
Magdeburg
Münster
Harz
Dortmund
Göttingen
Dessau
Halle
Düsseldorf
Kassel
Leipzig
Köln
Werra
Fulda
Erfurt
Bonn
Westerwald
Gera
Chemnitz
Dresden
Gießen
Vogelsberg
Thüringer Wald
Saale
Zwickau
Koblenz
Taunus
Rhön
Eifel
Erzgebirge
Wiesbaden
Frankfurt/Main
Hunsrück
Mainz
Darmstadt
Spessart
Main
Bayreuth
Würzburg
Bamberg
Saarbrücken
Mannheim
Heidelberg
Nürnberg
Rhein
Böhmerwald
Bayerischer Wald
Karlsruhe
Regensburg
Stuttgart
Schwarzwald
Schwäbische Alb
Vogesen
Augsburg
Ulm
Freiburg
Donau
München
Alpen
1
2
3
4
5
6
7
8
9
10
11
12
13
14
15
16
17
18
19
20
21
22
23
24
25
26
27
28
29
30
31
32
33
34
35
36

Karte 5

Deutsche Museen mit Zeugnissen der Urzeitjagd

1 Schleswig	10 Blankenburg	19 Steinheim	28 Frankfurt/Main
2 Hamburg	11 Dessau	20 Heidenheim	29 Gießen
3 Lüneburg	12 Hofgeismar	21 Ulm	30 Neuwied
4 Waren/Müritz	13 Kassel	22 Blaubeuren	31 Bonn
5 Berlin	14 Fritzlar	23 Bad Buchau	32 Erkrath
6 Potsdam	15 Meiningen	24 Konstanz	33 Brüggen
7 Wolfenbüttel	16 Weimar	25 Stuttgart	34 Bottrop
8 Salzgitter	17 München	26 Heidelberg	35 Münster
9 Springe	18 Zwiesel	27 Darmstadt	36 Verden

ten zu lokalisieren und es darüber hinaus ermöglichen, sich von dort vor einem Museumsbesuch – oder auch ohne einen solchen – weitere Informationen zum Thema oder auch zu den sonstigen Ausstellungsbereichen besorgen zu können.

2380 Schleswig, Archäologisches Museum der Christian-Albrechts-Universität Kiel, Schloß Gottorf, Tel. 04621/813300

2100 Hamburg 90 (Harburg), Helms-Museum/Hamburgisches Museum für Vor- und Frühgeschichte, Museumsplatz 2, Tel. 040/77170691

2120 Lüneburg, Ostpreußisches Landesmuseum, Ritterstr. 10, Tel. 04131/41855

O-2060 Waren/Müritz, Müritz-Museum, Friedensstr. 5

1000 Berlin 19 (Charlottenburg), Museum für Vor- und Frühgeschichte, Schloß Charlottenburg, Langhansbau, Tel. 030/3201233

O-1080 Berlin, Muscum für Deutsche Geschichte. Unter den Linden 2

O-1500 Potsdam, Museum für Ur- und Frühgeschichte, Schloß Babelsberg

3340 Wolfenbüttel. Braunschweigisches Landesmuseum/Abteilung Archäologie, Kanzleistr. 3, Tel. 0533/27071

3320 Salzgitter, Städtisches Museum, Schloß Salder, Hinter dem Knick, Tel. 05341/42024

3257 Springe, Jagdschau im Jagdschloß, Tel. 05041/2023

O-3720 Blankenburg (Harz), Museum im Kleinen Schloß, Am Schnappelberg

O-4500 Dessau, Museum für Naturkunde und Vorgeschichte, August-Bebel-Str. 32

3520 Hofgeismar, Forst- und Jagdmuseum Sababurg, Tierpark Sababurg, Tel. 0561/1001

3500 Kassel, Hessisches Landesmuseum, Brüder-Grimm-Platz 5, Tel. 0561/12787 und Naturkundemuseum im Ottoneum, Steinweg 2, Tel. 0561/7874014

3580 Fritzlar, Museum, Hochzeitshaus und Patrizierhaus, Tel. 05622/2051

O-6100 Meiningen, Meininger Museen, Schloß Elisabethenburg

O-5300 Weimar, Museum für Ur- und Frühgeschichte, Amalienstr. 6

8000 München, Deutsches Jagd- und Fischereimuseum, Neuhauser Str. 53, Tel. 089/220522 und Bayerische Staatssammlung für Paläontologie und historische Geologie, Richard-Wagner-Str. 10, Tel. 089/5203361 und Prähistorische Staatssammlung, Lerchenfeldstr. 2, Tel. 089/293911 und Deutsches Museum, Meuseumsinsel 1, Tel. 089/21791

8372 Zwiesel, Waldmuseum, Stadtplatz 29, Tel. 09922/204140

7141 Steinheim an der Murr, Urmensch-Museum, Kirchplatz 4, Tel. 07144/2630

7920 Heidenheim an der Brenz, Schloß Hellenstein, Tel. 07321/327395

7900 Ulm, Ulmer Museum/Abteilung Prähistorische Sammlungen, Marktplatz 9, Tel. 0731/1613310

7902 Blaubeuren, Urgeschichtliches Museum, Karbstr. 21, Tel. 07344/1357

7952 Bad Buchau, Federsee-Museum, Adolf-Gröber-Platz 2, Tel. 07582/8350

7750 Konstanz, Rosgartenmuseum, Rosgartenstr. 3–5

7000 Stuttgart, Württembergisches Landesmuseum, Schillerplatz 6 (Altes Schloß), Tel. 0711/20032915 und Staatliches Museum für Naturkunde, Rosenstein 1, Tel. 0711/89360

6900 Heidelberg, Museum Geologie/Paläontologie, Im Neuenheimer Feld 234

6100 Darmstadt, Hessisches Landesmuseum, Friedensplatz 1

6000 Frankfurt am Main, Senckenberg-Museum, Senckenberganlage 25, Tel. 069/75421

6300 Gießen, Oberhessisches Museum/Abteilung Vor- und Frühgeschichte, Georg-Schlosser-Straße, Wallenfels'sches Haus, Tel. 0641/3062477

5450 Neuwied, Museum für die Archäologie des Eiszeitalters, Schloß Monrepos

5300 Bonn, Rheinisches Landesmuseum, Colmantstr. 14–16, Tel. 0228/632158

4006 Erkrath, Neandertal-Museum, Thekhauser Quall 2, Tel. 02104/31149

4057 Brüggen (Niederrhein), Jagd- und Naturkundemuseum Burg Brüggen, Tel. 021 63/5270

4250 Bottrop, Quadrat Bottrop/Museum für Ur- und Ortsgeschichte, Im Stadtgarten 20, Tel. 02041/29716

4400 Münster (Westf.), Geologisch-Paläontologisches Museum, Pferdegasse 3, Tel. 0251/833942 und Westfälisches Museum für Archäologie – Amt für Bodendenkmalpflege –, Rothenburg 30, Tel. 0251/591281

2810 Verden (Aller), Heimatmuseum, Untere Straße 13

Sämtliche Angaben wurden, soweit nicht auf eigener Anschauung beruhend, dem Handbuch „Der deutsche Museumsführer in Farbe“, 3. Auflage, erschienen im Wolfgang Krüger-Verlag, Frankfurt am Main, und dem Tourist-Führer „Jagd – Schlösser, Büchsen und Trophäen“, 2. Auflage 1985, Tourist Verlag, Berlin/Leipzig, entnommen. Lediglich der Hinweis auf die Nachbildung der Höhlendecke von Altamira im Deutschen Museum München entstammt dem Buch „Höhlenkunst der Eiszeit“ von Hans Biedermann, erschienen im DuMont-Verlag, Köln. Die Weitergabe der aus den genannten Werken übernommen Angaben und Daten erfolgt insoweit ohne Gewähr.

Ein letzter Hinweis soll noch der Vereinigung „Archaeologica Venatoria e.V.“ gelten. Diese 1976 gegründete Vereinigung, die zur Mitgliedschaft allen Interessenten offensteht, fördert die Erforschung der steinzeitlichen Urgeschichte und die Archäologie der Jägerkulturen aller Kontinente. Besonders gefördert wird die gewinnfreie Veröffentlichung entsprechender Fachpublikationen im eigenen Verlag, und als Beitrag zur Öffentlichkeitsarbeit unterstützt die Vereinigung das Urgeschichtliche Museum in Blaubeuren bei Ulm.

Sitz der Vereinigung „Archaeologica Venatoria e.V.“ ist das Institut für Urgeschichte der Universität Tübingen, Schloß, 7400 Tübingen. Ausführliches Informationsmaterial über diese einzige Einrichtung zur Förderung der jägerischen Archäologie kann von dort bezogen werden.

Steinzeitjäger in Neuzeit und Gegenwart

Die Jägervölker der Welt – ein Überblick

„Vorsichtig, äußerst vorsichtig und ständig nach allen Seiten sichernd, bewegte sich der Pudu durch das dichte Unterholz des tropischen Urwaldes. Ab und zu rupfte er hier ein Pflänzchen aus, zupfte dort ein Blatt ab, tat oft auch nur so, als würde er äsen, beobachtete jedoch in Wahrheit mit allen Sinnen die grüne und gar nicht so stille Umgebung. Einige Papageien krächzten in der Nähe, weiter entfernt kreischten ein paar Affen. Den Kaiman, der ins Wasser des Urwaldflusses glitt, sah der kleine Hirsch nicht, hörte jedoch den leisen Schlag des Schwanzes. Auch den Tapir nahm er nur durch das Brechen dünner Zweige unter dem schweren Körper wahr, konnte ihn jedoch im Gewirr der Blätter nicht erblicken.
Wenn ihn auch alle diese Geräusche nicht sonderlich beunruhigten, hätte ihn jedoch etwas, das er auch nicht sehen und wahrnehmen konnte, zur sofortigen kopflosen Flucht veranlaßt. Denn hinter einem natürlichen Schirm grüner Blätter kauerte ein Jäger, nur mit einem Lendenschurz bekleidet. Sein geübtes Auge hatte den kleinen Hirsch längst entdeckt, und langsam, jedes Geräusch vermeidend, spannte er den mächtigen, mannsgroßen Bogen. Die Spitze des überdimensionalen Pfeiles, der gut die Länge eines üblichen Speeres hatte, senkte sich allmählich in Richtung auf den Pudu. Ein kurzes Nachspannen noch, da, die Bogensehne knackt ein wenig, das Tier wirft auf, bereit zur Flucht, aber es ist zu spät für ihn, schon liegt er durchbohrt am Boden, nur kurz noch zukken die Läufe, dann ist es vorbei.
Der Jäger verläßt seine Deckung, bewegt sich lautlos zu der lautlos getöteten Beute. Und immer noch krächzen die Papageien, kreischen von fern die Affen . . ."
Diese kurze Schilderung einer erfolgreichen Jagd auf den Pudu, den kleinsten Hirsch Südamerikas, stammt nicht etwa aus einem Buch über die Frühzeit des Menschen, sondern aus unseren Tagen, aus den achtziger Jahren des 20. Jahrhunderts. Der Indianerstamm der Weica am Oberlauf des Orinoko gehört nämlich zu den wenigen Völkern und Stämmen der Erde, an denen die Jahrtausende der Entwicklung zum Menschen des Atom- und Computerzeitalters spurlos vorübergegangen sind. Noch heute durchstreifen sie mit Bogen und Blasrohr ihre Wälder und werden, wie die anderen noch existierenden Jägervölker der Erde auch, erst in jüngster Zeit von der Zivilisation in ihrer Existenz bedroht, sei es durch politische Entwicklungen, sei es durch die Inanspruchnahme ihres Lebensraumes oder durch die Entdeckung von Bodenschätzen in ihren Jagd- und Wohngebieten. Die Zeit der Jägerstämme scheint sich auch für die allerletzten von ihnen rasant dem Ende zuzuneigen.
Die Weltgeschichte hat es den Europäern zugestanden, die anderen Erdteile zu „entdekken" und in Besitz zu nehmen. Es soll hier nicht weiter darauf eingegangen werden, auf welche Weise dies oft geschah und daß die Geschichte der Entdeckung der Welt kein einziges Ruhmesblatt für den „weißen Mann" aufweist. Zu Beginn des Zeitalters der Entdeckungen, also vor der europäischen Ausbreitung, lebten in weiten Teilen der Welt noch reine Jägervölker, in anderen Teilen der Erde bestanden Mischkulturen, in denen die Jagd noch eine hervorragende Rolle spielte.

Der nordamerikanische Kontinent war, vielen Abhandlungen und Karten zufolge, mit Ausnahme des Südwestens, des Ostens und des Südostens zur Zeit seiner Erschließung von Jägervölkern bewohnt. Hier vergessen jedoch sogar namhafte Fachleute, daß viele indianische Völkerschaften, die später zum Sinnbild der Bisonjägerkultur wurden, vor der Einführung des Pferdes durch die spanischen Eroberer Brandrodung und andere Formen des Bodenbaus betrieben hatten; hier sei als bekanntestes Volk das der Dakota, der Sioux, genannt. Nur wenige Stämme, vor allem im Norden, in Kanada und im Südwesten, waren auch schon ohne Pferd ausschließlich Jäger und Fischer ohne Bodenkultur. Neben den nördlichen Indianern sind auch die Eskimos und Aleuten hierzu zu rechnen.

In Mittelamerika, wo sich wie im westlichen Südamerika bereits Hochkulturen entwickelt hatten, existierten fast keine Jägervölker mehr. Das Hochland des Mato Grosso und die Südspitze des Kontinents bildeten ihre Rückzugsgebiete in Südamerika. Einzelne Jägerstämme halten sich inmitten von Feldbauernkulturen am Oberlauf des Amazonas und am Orinoko bis auf den heutigen Tag.

Afrika war keineswegs, wie oft angenommen wird, bis zu seiner Erschließung ein Kontinent der schwarzen Jäger. Viehzucht und Feldbau herrschten vielmehr bereits vor. Die letzten Jäger waren vermutlich bereits damals in Gebiete abgedrängt, die sich zur Bewirtschaftung nicht eigneten, wie vor allem die Buschmänner der Kalahari. Zahlreiche Jägervölker jedoch lebten noch inmitten anderer Kulturen, so die Pygmäen im Kongobecken, andere Stämme an der Elfenbeinküste, in der westlichen Sahara, im Tal des Sambesi und im äußersten Süden des Erdteils.

Der einzige ausschließlich von reinen Jägervölkern bewohnte Erdteil war Australien mit seinem „Anhängsel“ Tasmanien. Auch die Inselgruppen der Andamanen, westlich des malayischen Archipels, war allein von Jägern bewohnt, während ansonsten im südostasiatischen und pazifischen Raum Jägervölker eingestreut in Feldbauernkulturen lebten. Weite Gebiete, deren Bewohner ausschließlich von der Jagd lebten, gab es noch im nordöstlichen Asien, vor allem auf der Halbinsel Kamtschatka und in den an das Ochotskische Meer grenzenden Teilen der heutigen Sowjetunion, bis hinunter an die chinesische Grenze einschließlich der Insel Sachalin. Im gesamten übrigen Sibirien bestand eine Mischkultur aus Jägern und Viehzüchtern.

Es ist also zu erkennen, daß Tausende von Jahren nach dem Ende der Altsteinzeit noch immer zahlreiche Regionen der Erde von Jägern bewohnt waren, von Völkern, deren Lebensweise sich von der unserer steinzeitlichen Vorfahren nicht oder nur unwesentlich unterschied. In zahlreichen entlegenen Gebieten der Erde lebten noch Steinzeitjäger, die oft noch nicht einmal die Fertigkeiten entwickelt hatten, die den Menschen der ausklingenden Eiszeit längst geläufig waren; und dies zu einer Zeit, als in Europa Kunst und Kultur bereits in höchster Blüte standen, gewaltige Bauwerke geschaffen und bereits Bücher gedruckt wurden, aber auch in Mittel- und Südamerika, im Nahen und Fernen Osten eindrucksvolle Hochkulturen im Werden oder auch schon wieder im Vergehen waren.

In früheren Darstellungen zur Geschichte der Jagd ist häufig versucht worden, aus den Jagdmethoden der rezenten Jägervölker Rückschlüsse auf die Jagd in der Vorzeit zu ziehen; die Jagd der sogenannten Primitivvölker wurde als Grundlage für die Darstellung prähistorischer Jagdmethoden herangezogen. Insbesondere die Ureinwohner Australiens und die Eskimos mußten zu solchen Vergleichen herhalten, aber auch die San, wie sich die Buschmänner selbst nennen, die Pygmäen und die verschiedensten Indianerstämme.

Rückschauend betrachtet, ist diese Methode verständlich. Die Kenntnisse vom Leben in

Karte 5

Die Verbreitung von Jägervölkern und jagenden Bauern und Viehzüchtern vor Beginn der europäischen Kolonialisierung

der Vorzeit waren – aus heutiger Sicht – höchst mangel- und lückenhaft, wobei nicht auszuschließen ist, daß man in zwanzig oder dreißig Jahren ein ähnliches Urteil über unseren gegenwärtigen Kenntnisstand zur Ur- und Frühgeschichte der Menschheit fällen wird. Noch in den dreißiger Jahren unseres Jahrhunderts gab es nur sehr vage Vermutungen über menschliches Leben vor der Zeit des Neandertalers, obwohl der Heidelbergmensch schon entdeckt war und man in Chou-kou-tien gerade grub. Es wimmelte aufgrund unzureichender Methoden von falschen Datierungen, auch die Höhlenmalereien waren teilweise noch nicht zutreffend eingestuft, und die Summe derartiger fehlerhafter Einschätzungen führte natürlich auch zu falschen Beurteilungen der vorzeitlichen Lebensumstände und der Lebensweise überhaupt und damit letztlich zu falschen Darstellungen der Jagd in der Vorzeit.

Das Leben der Jäger in der Vorzeit ist auch heute bei weitem noch nicht bis in letzte, aber doch schon, wie aufgezeigt wurde, recht weitgehend erforscht. Bereits hieraus ergibt sich, daß es nicht mehr notwendig ist, die Jagd der sogenannten Naturvölker heranzuziehen, um die Jagd der Vorzeit darstellen zu können. Überdies verbieten auch die Fehler, die in der älteren Literatur aufgrund derartiger Vergleiche aufgetreten sind, die Wiederholung oder Fortführung der Methode. So wurde etwa der Jagd mit Hilfe von Fallgruben eine weitaus größere Bedeutung beigemessen, als diese gehabt haben kann, teilweise wurde diese Jagdart als hauptsächliche Jagdmethode der Altsteinzeit bezeichnet; moderne Forschungen hingegen stellen zutreffend fest, daß während des größten Teils der Altsteinzeit der eiszeitliche Dauerfrostboden die Anlage von Fallgruben unmöglich machte und zumindest von einer Dominanz dieses Jagdhilfsmittels während der Altsteinzeit nicht die Rede sein kann.

Auch die technischen Möglichkeiten der Cro-Magnon-Jäger wurden früher aufgrund von Vergleichen mit indianischen Fallentechniken vermutlich stark überschätzt. Die Errichtung riesiger Schwerkraftfallen für Mammut und Bison wird heute kaum noch für möglich gehalten. Auch hinsichtlich der chronologischen Entwicklung der Jagdwaffentechnik ergaben sich durch diese vergleichende Methode Fehleinschätzungen. Teilweise wurde die Erfindung des Bogens aus der Anlage von Schwerkraftfallen hergeleitet und weiter zurückdatiert als die Entwicklung der Speerschleuder; dies allein aus der Tatsache heraus, daß die Pygmäen als eines der ältesten und primitivsten rezenten Jägervölker galten und bei ihrer Entdeckung zwar Pfeil und Bogen kannten, nicht hingegen Speer und Speerschleuder.

Eine für die heutige Zeit geschriebene Arbeit über die Geschichte der Jagd, die auch, was wohl unerläßlich sein dürfte, die Komplexe der Vorzeitjagd und der Jagd bei den Naturvölkern mit einbeziehen will, kann daher, soweit sie sich nicht auf eine bloße Darstellung des Jagdwesens der Naturvölker beschränken will, bei einem Vergleich dieser beiden Komplexe bestenfalls den umgekehrten Weg gehen. Vor einer mehr oder weniger ausführlichen, sicher nicht allumfassenden Darstellung der Jagdmethoden der Naturvölker soll also versucht werden, herauszufinden, welche bekannten und bereits dargestellten Elemente der Vorzeitjagd in den Jagdmethoden der rezenten Jägervölker noch erkennbar sind und wie sie sich gegebenenfalls weiterentwickelt und verändert haben. Eben diese Weiterentwicklungen und Veränderungen, bedingt durch Anpassung an Umwelteinflüsse, Wandlungen der Lebensumstände und ähnliches mehr, sind es nämlich, die bei der vergleichenden Methode in der älteren Literatur nicht berücksichtigt worden sind.

Jagdwaffen der Naturvölker

Erster Anknüpfungspunkt ist die Verwendung von Jagdwaffen, die bereits von den Jägern der Cro-Magnon-Periode oder auch früher entwickelt und benutzt worden sind. Der Speer als eine der ältesten Waffen, mit Sicherheit schon von den Vorgängern der Neandertaler benutzt, soll hier als erstes genannt werden. Als eine Waffe, die als einfacher angespitzter Stock oder Stab auch in einer äußerst primitiven Form hergestellt und verwendet werden kann, war der Speer bei fast allen Jägervölkern der Welt verbreitet. Lediglich bei den Pygmäen und ihren Verwandten war der Speer so gut wie nicht im Gebrauch, obwohl sie den später entwickelten und doch um einiges komplizierter herzustellenden Bogen kannten. Hieraus hat man früher geschlossen, der Speer sei eine Erfindung späterer, höherer Jägerkulturen, da er in einer als so tiefstehend geltenden Kultur wie der der zwergenhaften Urwaldjäger nicht bekannt war. Entgegenzuhalten war dieser Theorie schon damals, daß die ebenfalls als sehr primitiv geltenden Ureinwohner Tasmaniens Speere in der beschriebenen einfachsten Form kannten. Heute sprechen die Funde aus der Epoche des Homo erectus eindeutig gegen eine späte Entwicklung dieser Waffe.
Speere mit Widerhaken, wie sie viele Jägervölker kannten, können als ein Relikt der Cro-Magnon-Zeit gelten. Daraus entwickelten vor allem die am Wasser lebenden Völker auch Fischspeere mit mehreren Spitzen, um der Brechung des Lichts an der Wasseroberfläche und der dadurch verursachten optischen Täuschung entgegenzuwirken. Die Eskimos, die letzten echten Eiszeitjäger, erfanden die Vogelspeer mit mehreren, zumeist drei Seitenspitzen in der Mitte des Schafts, die sich während des Fluges ausbreiten und auf diese Weise ungenaue Würfe korrigieren und auch gerade noch auffliegende Vögel treffen.

Die Harpune als Weiterentwicklung des Speers wird aufgrund von Funden aus eiszeitlichen Rentierjägerlagern auch bereits als Waffe der Cro-Magnon-Jäger angesehen. Bei den rezenten Jägervölkern fand sie sich vor allem in der nördlichen Hemisphäre, wo sie zur Jagd und zum Fischfang, natürlich auch zum Walfang benutzt wurde. Sehr verbreitet war diese Waffe bei den Eskimos, bei den subarktischen und nordwestlichen Indianerstämmen, bei den sibirischen Völkern einschließlich der Kamtschadalen, aber auch, am anderen Ende der Welt, auf Feuerland bei den Patagoniern.
Weltweite Verbreitung fand auch die bahnbrechendste waffentechnische Erfindung des Eiszeitalters vor der Entwicklung des Bogens, die Speerschleuder. Nicht bekannt war diese Waffe offensichtlich nur auf Tasmanien und bei den Pygmäen. Ansonsten hatten sämtliche Jägervölker diese Methode zur Verbesserung der Reichweite und Treffsicherheit ihrer Speere übernommen.
Ebenfalls bei fast allen Jägervölkern der Erde geführt wurde jene Waffe, die wohl erst gegen Ende der Altsteinzeit, vielleicht auch erst in der Mittelsteinzeit erfunden wurde und deren ältestes Exemplar aus einem Moor bei Hamburg stammt. Die Rede ist vom Bogen. Wiederum Tasmanien und diesmal auch der größte Teil Australiens, ausgenommen ein kleiner Landstrich im Norden des Kontinents, sind die Gebiete, deren Ureinwohner Pfeil und Bogen nicht kannten. Im übrigen war er selbst bei den einfachsten und primitivsten Völkerschaften eingeführt, deren Waffentechnik ansonsten kaum über einen angespitzten Stock hinausging, wie dies von den Wedda auf Ceylon, dem heutigen Sri Lanka, und den Botokuden im Südosten Brasiliens behauptet wird.
Einfachste, einteilige Bogen, wie sie die eiszeitlichen Rentierjäger schon verwendet haben werden, fanden sich im zentralen und südlichen Afrika, in Ozeanien, Südamerika und dem Südosten Nordamerikas. Die Eski-

mos setzten sich ihre Bogen aus Mangel an Holz aus Geweih- und Hornstücken zusammen und verstärkten diese Konstruktion mit geflochtenen Sehnen, um sie haltbarer zu machen und zugleich die Spannkraft herzustellen und zu erhöhen; es steht zu vermuten, daß auch diese Art der Bogenherstellung bis in die Eiszeit zurückreicht. Zusammengesetzte Bogen aus zwei Holzschichten waren in den asiatischen Steppen und bei den westlichen Indianern bekannt, darüber hinaus natürlich in den frühen Hochkulturen, die sich um das Mittelmeer gruppierten.

Die Schleuder kann, obwohl nicht definitiv nachgewiesen, gleichwohl in die Phalanx derjenigen Waffen eingereiht werden, die von den Eiszeitjägern ebenso wie von rezenten Naturvölkern benutzt wurden. Auch hier bildet wieder Australien die Ausnahme von der ansonsten weltweiten Verbreitung. Besonders beliebt war die Schleuder in Südostasien und Ozeanien, aber auch im westlichen Amerika von den Eskimos bis zu den Patagoniern sowie im nördlichen Afrika.

Uralt als Jagdwaffe ist die Keule, so alt, daß es fast banal ist, diese Waffe zu erwähnen. Umfunktionierte Schulterblätter und Langknochen von Großtierkadavern dienten vermutlich schon den Australopithecinen und dem Homo habilis zum Erschlagen kleinerer Beutetiere. Durch die Entwicklung von Fernwaffen, und seien es nur die primitivsten Speere, hat die Keule freilich nie eine große Bedeutung als Jagdwaffe erlangt. Zumeist diente sie zum Abfangen, etwa bei der Tötung von Wild, das über einen Steilhang getrieben worden war. In Australien und Tasmanien jedoch, also in Gebieten, in denen viele der bisher besprochenen Waffen den Ureinwohnern unbekannt waren, gelangte die Keule als Fernwaffe zu einer überragenden Bedeutung. Für die Tasmanier war sie außer dem primitivsten Holzspeer die einzige Waffe, die Aborigines jedoch, die Ureinwohner Australiens, formten aus der einfachen Wurfkeule den Bumerang und damit eine der merkwürdigsten Waffen der Welt.

Bevor aber nun näher auf den Bumerang eingegangen wird, ist zunächst die Aufzählung derjenigen Waffen abzuschließen, die sich sowohl in den Ausgrabungen eiszeitlicher Jägerlager als auch in den Arsenalen rezenter Naturvölker fanden. Möglicherweise wäre hier nämlich noch die Bola einzubeziehen, denn von der sicherlich bekannten Schleuder war es zur Bola kein allzugroßer Entwicklungsschritt, und die runden Steine, die bei zahlreichen Ausgrabungen gefunden wurden, könnten sowohl der Verankerung von Netzen oder ähnlichem gedient haben, als auch Steinkugeln für eine einfache Bola gewesen sein, sei sie nun mit einer oder mehreren Steinkugeln an langen Riemen bestückt gewesen. Die Bola war keineswegs nur in Südamerika bekannt, wo sie erst nach Einführung des Pferdes zur Hauptwaffe der Pampasindianer und der Patagonier wurde. Die Tschuktschen benutzten sie zur Vogeljagd, und auch die Eskimos kannten sie zu diesem Zweck.

Als hervorragendes Beispiel der Weiterentwicklung einer einfachen, von den frühesten vorzeitlichen Jägerlagern bekannten Waffe kann der schon kurz erwähnte Bumerang gelten.

Die weltweit übliche Bezeichnung für diese eigenartig gebogene Wurfkeule ist eigentlich falsch. Bumerang ist nämlich die Verballhornung des Wortes „woomera“ aus der Sprache der Aborigines, das aber eigentlich die Bezeichnung für die Speerschleuder ist. Den Bumerang nannten die Aborigines hingegen „parkan“. Es soll hier dennoch bei der falschen, aber doch so bekannten Bezeichnung bleiben und nicht das von einigen Autoren hierfür verwendete deutsche Wortungetüm „Kehrwiederkeule“ fortgeführt werden.

Sicher durch Zufall erfunden, hat der Bumerang eine erstaunliche Verbreitung weit über den australischen Kontinent hinaus gefunden. Angesichts dieser Verbreitung erscheint es auch kaum glaubhaft, daß die australischen Ureinwohner tatsächlich die Erfinder des Bumerangs waren. Er war, worauf noch zurückzukommen sein wird, in den Hochkulturen des Nahen Ostens und bei den Griechen und Römern bekannt. Auch die Gallier und Germanen kämpften mit dieser Waffe gegen Cäsars Heerscharen, die Indianer im Südwesten der Vereinigten Staaten, in Mexiko und Brasilien kannten eine solche Wurfkeule, in der Mongolei, Südindien und Zentralafrika war diese Waffe bekannt. Es waren allerdings nicht immer Bumerangs im üblichen Sinn, oftmals wurden darunter nur eigenartige, unberechenbar fliegende Wurfkeulen mit bestimmten ballistischen Eigenschaften und hoher Zielgenauigkeit verstanden. Manche flogen Bögen, mehrfache Kreise oder mußten auf den Boden geworfen werden, um beim Abfedern erst den eigentlichen Flug zu beginnen. Zurückgeflogen kamen tatsächlich nur Bumerangs, die von einigen Stämmen der australischen Aborigines angefertigt wurden, und unter diesem Gesichtspunkt gebührt diesen der Ruhm der Erfindung des Bumerangs in der wahrhaft sprichwörtlich gewordenen Bedeutung letztlich doch.

Von einigen Jagdwaffen und Jagdhilfsgeräten der Naturvölker ist nicht bekannt, seit wann sie im Gebrauch sind und ob sie möglicherweise auch bereits von den Jägern der Altsteinzeit benutzt wurden. Zu den Jagdhilfsmitteln dieser Kategorie ist als ungewöhnlich interessante Erscheinung das Wurfseil zu rechnen. In der Literatur ist teilweise auch von einem Rollriemen die Rede. Beide Vorrichtungen funktionieren nach dem gleichen Prinzip: Ein Seil oder ein Riemen wird, kurz hinter dem Schwerpunkt beginnend, um einen Speer gewickelt; das freie Ende ist mit einer Fingerschlaufe zum Anfassen versehen. Beim Wurf rollt sich das Seil bzw. der Riemen ab, bringt den Speer zum Rotieren und verleiht ihm dadurch vor allem eine höhere Geschwindigkeit und damit eine größere Auftreffwucht. Der Unterschied zwischen Rollriemen und Wurfseil ist wohl darin zu sehen, daß der Rollriemen am Speer befestigt ist, während das Wurfseil in der Hand des Werfers verbleibt. Man hat daraus – sicherlich zutreffend – geschlossen, daß das Wurfseil eine Fortentwicklung des älteren Rollriemens darstellt.

Der Effekt von Rollriemen und Wurfseil erinnert deutlich an den der Speerschleuder, die ja teilweise auch als Wurfholz bezeichnet wird. Die Frage muß offenbleiben, ob die Anwendung des Rollriemens bzw. des Wurfseils der Entwicklung der Speerschleuder vorausging oder ihr nachfolgte. *James Cook* fand bei den Eingeborenen auf Hawaii ein Holz mit einem daran befestigten Riemen, der um den Speer gewickelt wurde. Es handelt sich hierbei gewissermaßen um ein „missing link" zwischen Wurfseil und Speerschleuder. Auch spricht die gewiß höhere Treffsicherheit des Wurfes mit der Speerschleuder für eine spätere Entwicklung und damit für ein höheres Alter des Wurfseils. Demgegenüber halten einige Experten die Speerschleuder für ein „weit gewöhnlicheres Mittel" und rechnen somit Wurfseil und wohl auch Rollriemen zu den Erfindungen, für die bereits eine höhere Intelligenz als die der altsteinzeitlichen Jäger erforderlich war. In der Tat ist, vielleicht aber auch nur wegen der hohen Verrottungsanfälligkeit des Materials, eine Verwendung von Wurfseil und Rollriemen in der Altsteinzeit nicht nachweisbar.

Im Zuge der Entdeckungsreisen fand man das Wurfseil auf zahlreichen Inseln des Stillen Ozeans, aber auch in Nord-, Süd- und Osteuropa war es bekannt; in Deutschland brachten es Funde aus dem Gebiet des heutigen Schleswig-Holstein ans Tageslicht. In der Schweiz, in der Gegend um Zürich, war eine ähnliche Waffe wie das „missing link" der Hawaiianer noch in jüngster Zeit als Kinderspielzeug gebräuchlich.

Will man nicht aus dem Gebrauch bei Naturvölkern auf ein eiszeitliches Alter dieses Gerätes schließen, so stammen die ältesten Zeugnisse für einen Gebrauch wohl aus dem

Reich der Sumerer. Aus dem Zeitalter des klassischen Altertums sind weitere Berichte überliefert.
Auch der Lasso, die berühmte Wurfschlinge, bekannt aus unzähligen guten und weniger guten Erzählungen aus der Pionierzeit des amerikanischen Westens, ist keineswegs eine Erfindung der Neuzeit, der Cowboys und Gauchos der amerikanischen Prärien und Pampas. Im Sudan jagte man mit der Wurfschlinge Giraffen, und auch aus Nordafrika gibt es Hinweise für ihre Verwendung auf der Jagd. Den Rentiernomaden Nordeuropas und Nordasiens war der Lasso eine große Hilfe beim Hüten der Herden und wurde sicherlich auch gelegentlich zur Jagd gebraucht. Einige Abbildungen zeigen Cro-Magnon-Jäger oder gar schon Neandertaler mit dem Lasso auf der Jagd. Höhlenbilder aus dem franko-kantabrischen Raum, insbesondere aus Les Combarelles, lassen, insbesondere bei einem Rentier, Linien erkennen, die stark an eine Wurfschlinge erinnern. Die Verwendung dieses Jagdgerätes in der Altsteinzeit, zumindest gegen Ende dieser Periode, scheint nicht ausgeschlossen, wenngleich sie nicht durch Funde des naturgemäß leicht vergänglichen Materials belegt ist.
Auf eine Verwendung des Blasrohres in der Altsteinzeit hingegen weisen keinerlei Anzeichen hin; gleichwohl kann die Verwendung dieser Waffe in den Dschungelgebieten der Erde schon in frühester Zeit nicht ausgeschlossen werden. Blasrohre, vielleicht als Grabbeigaben beigelegt, hätten sich nicht über 30.000 und mehr Jahre erhalten, und sei es doch, bei günstiger Konstellation von Material und Sediment, sind derartige Funde noch nicht gemacht worden. Somit gilt das Blasrohr bisher nicht als eine aus der Vorzeit übernommene Waffe.
Am bekanntesten oder, besser gesagt, am berüchtigtsten ist es als Waffe der Indianer des Amazonasbeckens. Kaum bekannt ist, daß auch die Indianer des Waldlandes im Osten des nordamerikanischen Kontinents, namentlich die Irokesen, das Blasrohr benutzten. Außerhalb Amerikas war es offensichtlich nur an einigen Orten des indisch-pazifischen Raumes, so in Südindien, Malaysia und Indonesien sowie auf Neuguinea bei den Papuas, bekannt.
Einfache, aus einem einzigen, natürlich gewachsenen Halm gefertigte Blasrohre waren recht selten. So wird am Orinoko heute noch das Blasrohr aus dem getrockneten Halm einer bestimmten Pflanze, die vor allem an der Mündung des Flusses in den Amazonas wächst, gefertigt. In Guayana nahmen die Indianer früher ein mehrere Meter langes, seltenes Rohr, das sie in einen dünnen, im Mark ausgehöhlten Palmstamm steckten. Aus gespaltenen und dann wieder zusammengeklebten Palmstämmen wird das Blasrohr am oberen Amazonas hergestellt. Nicht mehr in die Steinzeit gehört die Fertigung der Dayaks auf Borneo, die mit Eisenwerkzeugen einen Palmstamm ausbohren können, ohne ihn zu spalten; zudem versehen sie ihr Blasrohr mit einer Speerklinge und können es so auch als Lanze verwenden.
Viele Blasrohre trugen achtzig bis neunzig Zentimeter vor dem Mundstück ein Visier, das beispielsweise aus einem Nagetierzahn bestehen konnte; Versuche mit Blasrohren ergaben eine Treffweite von vierzig Metern und mehr. Als Geschosse dienen kurze, dreißig bis fünfunddreißig Zentimeter lange Pfeile sowie Tonkugeln oder Kugeln aus gekauten Blättern, die vor allem zur Vogeljagd verwendet werden.
Berüchtigt wurde das Blasrohr durch die Verwendung von Giftpfeilen, und manche Autoren und Forscher sind der Ansicht, daß das Blasrohr erst mit der Entwicklung der vergifteten Pfeile zu seiner Bedeutung als Jagd- und Kriegswaffe gelangte. Curare ist das sicherlich berüchtigtste und auch wirksamste aller Pfeilgifte. Große Tiere und natürlich auch Menschen erliegen seiner muskel- und atemlähmenden Wirkung innerhalb kürzester Zeit. Nicht umsonst lauter der Name in

der Übersetzung etwa „auf wen es kommt, der fällt". Nur bei schlecht hergestelltem Gift und schwachen Dosen galt Zucker als ein Gegenmittel; heute kennt man medizinische Gegenmittel wie Prostigmin, die gleichwohl innerhalb von Sekunden nach der Pfeilverletzung angewandt werden müssen. Die Herstellung aus strychninhaltigen Pflanzen ist noch heute geheimnisvollen Riten und Zeremonien unterworfen, auch wenn chemische Analysen natürlich längst erfolgt sind.

Auf Borneo gewann man das Gift vom Upasbaum; allein in seinem Schatten zu verweilen sollte den Tod bringen. Auch außerhalb des Verbreitungsgebietes des Blasrohres waren vergiftete Pfeile, mit dem Bogen abgeschossen, bekannt. Die Indianer Nordamerikas verwendeten das Gift von Klapperschlangen und von bestimmten Pflanzen. Die Buschmänner, die San, in Afrika benutzen ebenfalls Schlangengift, aber auch solches von Skorpionen, Spinnen und Käfern. Bei primitiven Völkerschaften will man die Verwendung von Fäulnisgiften aus Tierkadavern festgestellt haben; allein solche, überaus langsam wirkende Gifte könnten eventuell schon in der Vorzeit angewandt worden sein. Ansonsten ist die Verwendung von Pfeilgiften wohl als eine Entwicklung neuerer Zeit anzusehen.

Damit sollen die Waffen, die die Naturvölker zur Jagd verwendeten und zum Teil noch heute verwenden, abgehandelt sein. Abschließend sind noch einige Anmerkungen zu Fangeinrichtungen, zur Fallen- und Gatterjagd zu machen.

Fallgruben gehören sicherlich zu den ältesten Jagdhilfsmitteln der Geschichte. Zahlreiche Funde aus aller Welt zeigen, daß der Mensch in der Epoche des Homo erectus gelernt hatte, natürliche Fallgruben zu nutzen, und es gibt Hinweise, daß auch schon in frühesten Epochen erste künstliche Fallgruben angelegt wurden. Eine der am meisten angewandten Jagdmethoden der Vorzeit war die Fallgrubenjagd jedoch keineswegs. In den weitaus längsten Epochen der Altsteinzeit waren große Teile der Erde mit Eis bedeckt, dazwischen dehnten sich eisfreie Dauerfrostböden aus, die auch in wärmeren Perioden nicht tief auftauten. Fallgruben konnten folglich in der Altsteinzeit wohl nur in den verbliebenen warmen Gebieten der Erde und ansonsten nur unter besonders günstigen Bodenbedingungen angelegt werden, von den technologischen Möglichkeiten hier einmal abgesehen.

Nach dem Ende der Eiszeit gewann diese naturgegebenste und natürlichste aller Jagdmethoden jedoch überaus schnell an Bedeutung, und es gibt wohl keine Jägerkultur, die die Fallgrubenjagd in irgendeiner Form nicht kannte oder kennt. So ist die Fallgrubenjagd als eine der urtümlichsten Jagdmethoden überhaupt und insofern als ein Relikt vorzeitlicher Jagdweise anzusehen. Dies erklärt sich allein aus ihren natürlichen Vorbildern durch die Treibjagd in Sümpfe, Teiche, Schneelöcher usw. oder das Auffinden gefangener Tiere in solchen und ähnlichen natürlichen Fallgruben.

Auch das von fast allen Naturvölkern betriebene Schlingenstellen dürfte als eine der ältesten Jagdmethoden gelten und war sicher schon den Cro-Magnon-Menschen, wenn nicht schon den Neandertalern bekannt. Anders verhält es sich wohl mit der echten Fallenjagd, mit der Jagd mit Hilfe schwerkraftbetriebener oder gar mechanischer Fallen also.

Lange Zeit hindurch wurden bestimmte Abbildungen in den spanischen und südwestfranzösischen Höhlenmalereien als Darstellungen imposanter Schwerkraftfallen, in denen sich auch solch unvorstellbar starke Tiere wie Mammute und Büffel fingen, gewertet. Kästen und dachförmige Zeichnungen sowie Gitterkonstruktionen über Tierkörpern oder um diese herum wurden beispielsweise mit den großen Schwerkraftfallen der Schwarzfußindianer Nordamerikas verglichen. Es muß zugegeben werden, eine eindeutige Lösung der Rätsel, die diese Zeichen aufgeben, ist auch in der neuesten Literatur noch nicht zu finden. Aber auch wenn man nicht dazu neigt, jene Zeichen als magische Figuren und kultische Insignien zu deuten, selbst wenn man die eiszeitliche Kunst wesentlich stärker in jagdlichem Zusammenhang sehen will, als dies in den meisten Deutungen der modernen Forschung der Fall ist, bleiben doch Zweifel, ob die Jäger jener Zeit in der Lage waren, derartig monströse Schwerkraftfallen zu bauen. Es wären dazu Kenntnisse vonnöten gewesen, die der Zimmermannskunst der Mittelsteinzeit, wenn nicht gar der Holzbaukunst der Neusteinzeit entsprochen haben müßten. Selbst die Befürworter jener Theorie äußern daher größtes Erstaunen, glauben es selbst kaum und stellen damit ihre eigene Ansicht über die Baukünste der Eiszeitjäger in Zweifel.

Dennoch kann kaum ausgeschlossen werden, daß die bei allen Naturvölkern weitverbreiteten Schwerkraftfallen bereits in der Eiszeit erfunden worden sind. Es steht allerdings zu vermuten, daß derartige Fallen vor allem bei der Jagd auf Kleinraubtiere und Pelzträger verwendet wurden, denn diese Tiere, zu denen gebietsweise auch Hasen und Kaninchen zu rechnen sind, können kaum durch die sonst üblichen Methoden in solch großer Anzahl erbeutet worden sein, wie dies in Anbetracht der Überreste an vielen Lagerstätten der Altsteinzeit der Fall gewesen sein muß.

Als letztes Jagdhilfsmittel soll hier das Jagdgatter angesprochen werden. Berichte über die Treibjagd an Zäunen entlang oder in Gatter hinein sind von Ureinwohnern Nordamerikas, aus Lappland, aus Zentralafrika und anderen Gegenden bekannt. Oft wurden regelrechte Gatter aus Holz gebaut, oft nur Schnüre, mit Lappen versehen, gespannt, und in den nordischen Breiten wurden auch künstliche Schneewälle aufgeschichtet.

Bei dieser Jagdart stellt sich hinsichtlich der Verbindung zu vorzeitlichen Jagdmethoden das gleiche Problem wie bei der Jagd mit Schwerkraftfallen. Auch hier gibt es Darstellungen in den bemalten Höhlen, die insbesondere früher als Abbildungen von Jagdgattern, Jagdzäunen und ähnlichen Einrichtungen gedeutet wurden. Auch hier läßt sich nicht mit letzter Sicherheit ausschließen, daß die Abbildungen tatsächlich Jagdzäune, Jagdgatter oder ähnliche Einrichtungen zeigen. Künstliche, mit Hilfe von Ästen und Zweigen angelegte Zwangspässe, die zu Fallgrubenanlagen und Steilhängen führten, waren sicher bereits in frühen Stadien der Altsteinzeit bekannt. Diese Techniken dürften nach und nach verbessert worden sein, bis die Jagdgatter im Mesolithikum ihre besondere Bedeutung als Einrichtung für die Domestikation von Tierherden gewannen. Hierauf wurde schon eingegangen.

Die vorstehende Darstellung und Erörterung der Jagdwaffen der Naturvölker brachte zwangsläufig eine gleichzeitige Darstellung der hauptsächlichen Jagdmethoden mit sich. Um vielfältige Wiederholungen zu vermeiden, werden nachstehend nur noch besondere Jagdmethoden der verschiedensten Naturvölker dargestellt, erwähnenswert scheinende jagdliche Sitten und Gebräuche angesprochen und schließlich auch dem Jagdzauber und der Jagdmagie ein Platz eingeräumt.

Seehundjagd und Beuteverteilung bei den Eskimos

Um im Norden des Erdballs zu beginnen, soll zunächst auf die Seehundjagd der Eskimos eingegangen werden. Dieses Tier, heute weltweit dramatisch in seinem Bestand bedroht, konnte einst als die Grundlage der Eskimokultur überhaupt bezeichnet werden. So schrieb schon *Alfred Brehm in der ersten Ausgabe seines „Thierlebens" im Jahre 1865:*
„Die nordischen Völkerschaften verbrauchen den ganzen Seehund, nicht blos Thran und Fell wie wir oder noch das Fleisch wie die Schweden und Norweger. Die Gedärme werden gegessen oder zu Fenstern, Kleidern und Vorhängen verbraucht, nachdem sie vorher höchst mühselig gereinigt und geglättet worden sind. Ein aus denselben zusammengesticktes Obergewand, der Kapisad oder Darmpelz der Grönländer, wird ganz besonders geschätzt, weil er das Wasser nicht durchläßt. Das mit Seewasser vermischte Blut wird gekocht und dann als Suppe gegessen oder, nachdem man es frieren ließ, als Leckerei genossen; auch formt man es, nachdem man es gekocht, in runde Kugeln, trocknet diese in der Sonne und bewahrt sie für Zeiten der Noth auf. Die Rippen dienen als Spreithölzer für die Felle oder werden zu Nägeln verarbeitet; die Schulterblätter gebraucht man als Spaten; aus den Sehnen verfertigt man Zwirn ec. Fleisch, Thran und Fell bilden jedoch auch für die Grönländer den Hauptgewinn, welchen die Seehundjagd abwirft."
Bei der Jagd auf den Seehund wurde häufig die Neugier des Tieres ausgenutzt. Die Jäger verursachten in der Nähe des Atemloches Kratzgeräusche, um den Seehund zum Auftauchen zu bewegen. Auf der Pirschjagd bewegten sich die Jäger kriechend auf dem Eis entlang und ahmten, oft noch in Verkleidung, die Bewegungen der Seehunde nach. Diese Jagdmethode soll nicht ganz ungefährlich gewesen sein, da der Jäger hierbei gelegentlich von einem Eisbären mit einem Seehund verwechselt wurde! Am gebräuchlichsten war

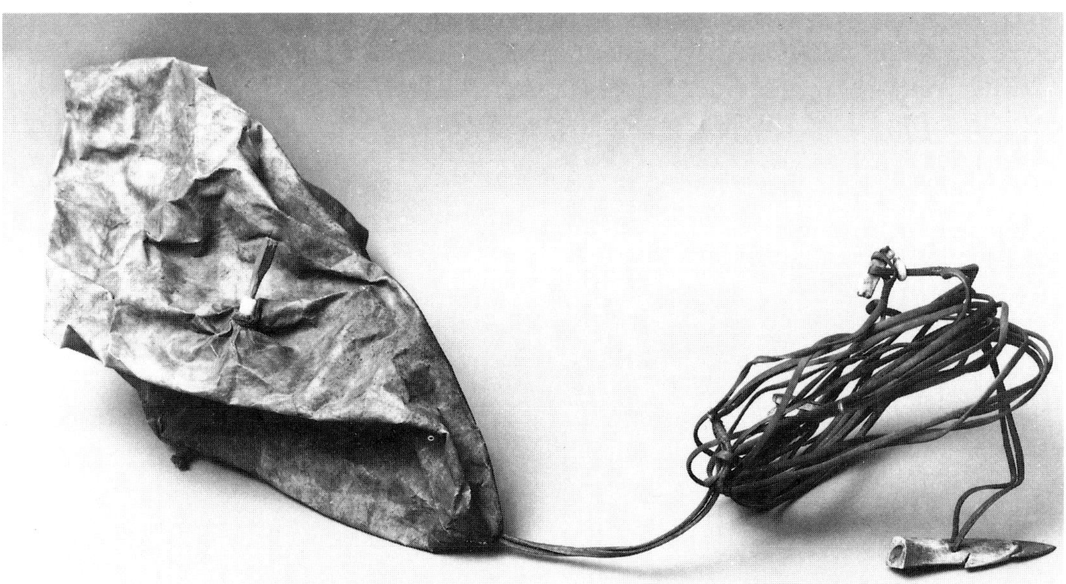

Harpunenspitze der Eskimo aus Westgrönland mit Schwimmblase aus der abgezogenen Haut eines Tieres, meist eines Seehundes. Die Körperöffnungen des Tierbalges wurden bis auf eine Beinöffnung, in der ein Mundstück zum Aufblasen eingesetzt wurde, wasser- und luftdicht verschlossen (Rautenstrauch-Joest-Museum für Völkerkunde, Köln, Inv.-Nr. 41 285)

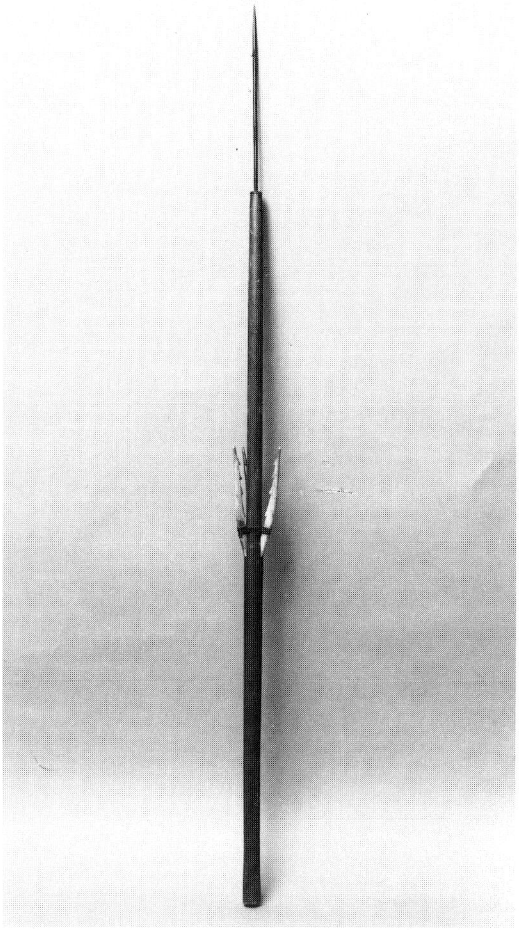

Dieser über eineinhalb Meter lange Vogelspeer der Eskimo aus West-Grönland besitzt zusätzlich zu der 33 cm langen eisernen Widerhakenspitze auf halber Länge drei weitere gezackte Spitzen aus Bein, die den Vogel auch dann noch treffen sollen, wenn die Hauptspitze ihr Ziel verfehlt hat. (Rautenstrauch-Joest-Museum für Völkerkunde, Köln, Inv.-Nr. 41 289)

aber die Jagd mit Kajak und Harpune, an Land wurde außer dem Harpunenpfeil, auch Erneinek genannt, die als Angovigak bezeichnete große Lanze mit beweglicher Spitze und die kleine Lanze mit dem schönen Namen Kaput eingesetzt. Eine grausame Methode war die Klopfjagd, bei der die Tiere beim Atemholen jeweils so schnell wieder verscheucht wurden, daß sie schließlich ermatteten, aufgaben und sich besonders leicht erlegen ließen.

Außer Seehunden und Walrossen wurden auch Moschusochsen, Umigarak genannt, gern bejagt. Die Verteidigungsstellung dieser Tiere, der „Ring der Stiere“ mit nach außen gerichteten Schädeln, wurde durch die Eskimojäger meist aufgelöst, indem sie die Stiere so lange reizten, bis einer ausbrach und mit der Lanze erlegt werden konnte.

Pelzwerk war als wärmende Kleidung naturgemäß äußerst begehrt. Füchse wurden in Steinfallen, Gruben und mit Schlingen gefangen; Vielfraße machte man mit Hunden fest, und besonders gern, trotz der Gefahren, wurde auch die Jagd auf den Eisbären ausgeübt. Sein Fleisch wurde gegessen, übrigens auch von den Walfängern, und sein mächtiges Fell vielfältig genutzt.

Der Walfischfang der Eskimos selbst darf auch nicht unerwähnt bleiben. Der dänische Missionar und Forscher *Hans Egede*, der von 1721 bis 1736 in Grönland weilte, schildert die Jagd mit der Harpune, an deren Ende eine große, luftgefüllte Blase aus Seehundhaut befestigt war, sehr anschaulich. Er erwähnt auch eine merkwürdige Jagdbekleidung, den Springpelz. Es handelte sich hierbei um ein wasserdichtes, bis oben hin vollkommen geschlossenes Kleidungsstück aus Seehundfell, das so gearbeitet war, daß zwischen der Haut und dem Fell eine Luftschicht verblieb, die durch den dichten Abschluß nicht entweichen konnte. Damit sprangen die Eskimos, die sämtlich Nichtschwimmer waren, auf den Wal, von wo sie natürlich auch abgleiten konnten, oder ins Wasser, ohne untergehen zu können. Die Frauen begleiteten die Jagd, um die Springpelze notfalls sofort zu reparieren.

Die Beuteverteilung war bei den Eskimos von besonderer Bedeutung. Ähnliche Gebräuche sind nur noch von den Aborigines bekannt, die ebenfalls in einer außergewöhnlich lebensfeindlichen Umgebung, wenn auch völlig anderer Art, überleben mußten. So war jeder erfolgreiche Jäger verpflichtet, den Mitbewohnern seines Dorfes Fleisch zu schenken oder sie zur Mahlzeit einzuladen. Wale und Walrosse waren Gemeineigentum, dem Erleger stand meist nur der Kopf des Tieres zu. Das Recht an der Beute, von den Verteilungs- und Einladungsmodalitäten einmal abgesehen, richtete sich nach dem ersten tödlichen Treffer, bei gleichzeitigen Treffern wurde die Beute geteilt. Geflohenes Wild gehörte dem späteren Erleger, ebenso aufgefundenes Wild, wenn nicht die Umstände deutlich für einen anderen Erleger sprachen, beispielsweise durch einen markierten Pfeil. Wer eine Falle fängisch gestellt hatte, durfte das gefangene Tier behalten, auch wenn ihm die Falle nicht gehörte.

Vögel wurden mit Pfeil und Bogen, mit der Bola und dem Speer gejagt. Vogelpfeile mit Widerhaken und mehreren Seitenspitzen wurden bereits erwähnt. Laufvögel wie Schneehühner fing man auch mit Schlingen, schwerfällige Vögel wie etwa Alke sogar mit der Hand.

Kulturell verwandt mit den Eskimos sind die Aleuten, die Bewohner der gleichnamigen Inseln und des äußersten Westens von Alaska. Die Jagdweisen unterscheiden sich denn auch kaum voneinander; die Jagd- und Fischsaison der Aleuten war länger als in Nord- und Ostalaska, Kanada oder Grönland, da die warme Japan-Meeresströmung ihre Gebiete auch im Winter meist eisfrei hielt.

Während die Kultur der Aleuten bis auf Reste fast verschwunden ist, leben noch rund 100.000 Eskimos in ihren angestammten Wohn- und Jagdgebieten, und die Jagd spielt im Leben dieses Volkes noch immer eine große Rolle. So hat in Alaska jeder Eskimo pro Jahr drei Eisbären frei, und in Kanada wurden Genossenschaften zur Erleichterung des Verkaufs von Pelzwerk gegründet. Lediglich in Grönland, wo immerhin etwa 40.000 Eskimos leben, wurde mit einigem Erfolg versucht, Schafzucht und Ackerbau einzuführen sowie in größeren Ortschaften unter Mitwirkung der Eskimos eine Fischindustrie aufzubauen.

Wilde Jäger Sibiriens und des Fernen Ostens

Auch in Sibirien leben Eskimos und dokumentieren so die Herkunft dieses Volkes und die ferne Verwandtschaft mit vielen Stämmen der nordasiatischen Urbevölkerung. Eskimos und Sibirier gelten den Ethnologen als unmittelbare Nachfahren eiszeitlicher Jäger. So unterschieden sich auch die Beutetiere und Jagdarten vieler paläosibirischer Stämme wenig von denen der Eskimos.

Es soll aber kurz eingeflochten werden, daß das riesige Gebiet zwischen Ural und Pazifik, Eismeer und zentralasiatischer Wüsten- und Steppenregion vor der russischen Einwanderung, die bereits etwa im 15. Jahrhundert begann, von vielen, kulturell durchaus verschiedenartigen Völkern bewohnt wurde. Es gab Waldjäger wie die Tungusen, die heute Ewenken genannt werden, Hochseejäger wie die Tschuktschen und Korjaken, Rentierjäger wie die Chanten und Manzen und schließlich Rentierzüchter wie z.B. die Nenzen, ein Teil des Volkes, das vor der Russifizierung Samojeden genannt wurde.

Wenn sich auch die Jagdarten, wie erwähnt, mit denen der Eskimos vergleichen lassen, ist dennoch von einigen Besonderheiten zu berichten. Die Giljaken an der Mündung des Amur, die man heute Niwchen nennt, verwendeten für die Jagd auf Robben eine Art schwimmende Harpune, den „lych“. Nach *Dr. Berger* bestand dieser aus „einem etwa einen Fuß langen Brettchen, das nach vorn hin ein wenig aufsteigt und in eine horizontal gerichtete Zinke ausläuft, auf welche eine gewöhnliche, mit einem langen Riemen versehene Harpunenspitze aufgesetzt wird. Mit seinem hinteren Ende wird das Brettchen, in dem sich eine tief eingeschnittene Rinne befindet, auf eine bis zu dreißig Meter lange, aus mehreren Stücken zusammengesetzte Stange gesteckt. Diese kann, je nach Bedarf, beliebig verlängert werden. Diese Waffe wird auf das Wasser gelegt, wobei das Brettchen gewissermaßen als Floß für die Harpune dient. Nun schiebt der Jäger, der im Ufergebüsch oder einem verankerten Boot gedeckt liegt, seine lange Schwimmharpune ganz langsam nach einem auf einem flachen, kaum aus dem Wasser ragenden Stein oder Baumstamm ruhenden Seehund zu, um sie ihm im letzten Augenblick mit einem gehörigen Stoß in den Leib zu rennen. Um möglichst sicher zu gehen, werden da, wo geeignete Aussteigestellen für die Seehunde fehlen, vielfach im Strom Balken verankert, auf die sie gern klettern."

Seehunde wurden auch mit Netzen gefangen, und die Samojeden verschlossen die Atemlöcher mit an Schnüren befestigten Brettern und öffneten nur bestimmte Löcher, an denen die Jäger lauerten. Nicht selten verkleideten sie sich für die Jagd auch mit Seehundfellen. Die Kamtschadalen, heute Itelmen genannt, fingen sogar Wale mit Netzen aus Walroßhäuten, die sie in den Flußmündungen fängisch stellten.

Raubtiere, sowohl wegen der Jagdkonkurrenz als auch wegen des Pelzes, waren für die Bewohner der sibirischen Wälder und Tundren begehrte Beute. Die Schwerkraftfalle, auch Quetschfalle genannt, war bevorzugtes Jagdgerät auf kleinere Pelz- und Raubtiere. Besonders verbreitet und gebräuchlich waren Selbstschußanlagen, konstruiert mit dem Bogen, einer Art Armbrust und später auch mit dem Gewehr. Allerdings kamen durch derartige Einrichtungen auch zahlreiche Jäger ums Leben. Insbesondere von den Tungusen, dem leidenschaftlichsten Jägervolk jener Gebiete, den wilden Rentierreitern und legendenumwobenen Alleinjägern, sind viele Jagdunfälle durch Selbstschußanlagen überliefert. Auch mit Ertrinken in den reißenden Strömen und Wildbächen sowie mit Abstürzen von Berg- und Felshängen bezahlten viele Tungusen für ihre oftmals ungezügelte Jagdleidenschaft.

Begehrtes Pelztier, insbesondere im Hinblick auf den im 18. Jahrhundert aufkommenden Handel mit den Russen, war auch das Eichhörnchen. Als Eichhörnchenjäger bekannt waren die Lamuten, die heute Ewenen genannt werden und in der Nachbarschaft der Ewenken, der früheren Tungusen, leben. Auch die Keten, die früheren Ostjaken, am mittleren Jenissei in Zentralsibirien jagten vorwiegend auf Eichhörnchen, die dort bis zu neunzig Prozent der gesamten Pelzausbeute bildeten. Die Jagd erfolgte mit Totschlagfallen, die mit Fisch beködert waren, oder, bei den Tungusen, mit stumpfen Pfeilen, um das Fell zu schonen.

Der Bär wurde oft in Fallgruben, die mit spitzen Pfählen „gepolstert" waren, gefangen. Dies war in ganz Sibirien üblich, und die Giljaken hatten sogar eine besondere Methode, den Bären in die Grube zu locken: Durch einen dünnen, zurückgebogenen Baum, dessen Festhaltevorrichtung der Bär auslöste, erhielt dieser einen Schlag aufs Gesäß, tat erschrocken einen Sprung und landete genau in der Grube. Beköderung und Schnellprügel, wie eine solche Einrichtung genannt wird, mußten natürlich geschickt so angelegt sein, daß der Bär im Moment des Schlages in der richtigen Richtung stand. Der Schnellprügel wurde auch bei anderen Fallensystemen als Fallgruben angewandt.

Bei einigen Völkern Sibiriens wurde der Bär auch in Schlingen gefangen. An den hohen Steilufern von Lena und Ilim wurde die Schlinge statt an Bäumen an Felsbrocken befestigt, die hart an die Abbruchkante des Ufers postiert wurden; durch den tobenden Bären geriet der Felsbrocken in Bewegung, kippte ab und riß das Tier mit in die Tiefe.

Kleinere Pelztiere wurden häufig in Sacknetzen gefangen oder mit stumpfen Pfeilen geschossen, um den Pelz nicht zu beschädigen. Die Kamtschadalen fingen Füchse in Fischbeinschlingen, verwendeten aber auch Selbstschußanlagen. Den Zobel erlegten sie durch Ausräuchern oder durch das Fällen des Baumes, in dessen Höhlung ein Zobel festgemacht worden war; aber auch Fallen und Schlingen aller Art wurden für die Zobeljagd verwendet. Der deutsche Forschungsreisende *Georg-Wilhelm Steller* berichtete, daß es bei der Entdeckung Kamtschatkas wahre Mengen von Zobeln gab und die Kamtschadalen die Kosaken auslachten, wenn sie ihnen Zobelfelle mit Messern und ähnlichem bezahlten. Begehrte Beute, sowohl wegen des Pelzes als auch wegen des Fleisches, war natürlich auch der Biber, den man in Fallen und Schlingen oder, wie die Samojeden, mit Hilfe von Hunden fing, nachdem man die Wasserausgänge der Burg verstopft und die Biber so zur Flucht an Land gezwungen hatte. Außer zur Jagd auf Biber wurden auf Kamtschatka die Hunde auch zur Jagd auf Hasen, Füchse, Zobel und Wildschafe abgerichtet. Ferner wurden Enten, Gänse und Schwäne damit getrieben. Die Ostjaken richteten sich zur Jagd auf Gänse und Schwäne spezielle Flugschneisen zwischen den zahlreichen Binnenseen ein, die von den tieffliegenden Vögeln gern angenommen wurden und in denen sie dann mit Netzen gefangen oder geschossen werden konnten.

Zum Zwecke des „Fleischmachens" spielte natürlich auch die Jagd auf größeres Wild eine erhebliche Rolle. In großen Teilen Sibiriens war das Rentier bis in jüngste Zeit Träger der Jägerkultur überhaupt, wie dies aus der Vorzeit beispielsweise von den Jägern in der Norddeutschen Tiefebene bekannt ist. Der deutsche Baron und Forschungsreisende *Ferdinand Baron von Wrangell*, als Ferdinand Petrowitsch Wrangili zum russischen Admiral und späteren Marineminister avanciert, schildert eine Rentierjagd bei den Jukahiren (von Brehm zitiert): „Wenn die Thiere auf ihren regelmäßigen Wanderungen zu den Flüssen kommen und sich anschicken, über dieselben hinwegzuschwimmen, stürzen die Jäger in ihren kleinen Kähnen pfeilschnell hinter Büschen, Gesteinen ec., wo sie sich bis dahin verborgen gehalten, hervor, umringen den Zug und suchen ihn aufzuhalten, während zwei oder drei der gewandtesten unter ihnen mit einem kurzen Spieße bewaffnet in den schwimmenden Haufen hineinfahren und in unglaublich kurzer Zeit eine große Menge tödten oder doch so schwer verwunden, daß sie höchstens das Ufer erreichen, wo sie den dort wartenden Weibern, Mädchen und Kindern in die Hände fallen. Die Jagd ist übrigens mit großer Gefahr verbunden. In dem ungeheuren Gewühl der dicht unter einander schwimmenden Thiere ist der kleine, leichte Kahn ohnehin jeden Augenblick dem Umwerfen nahe; außerdem aber wehren sich die verfolgten Thiere auf alle mögliche Art; die Männchen mit ihren Geweihen und Zähnen, die Weibchen aber mit den Vorderläufen, mit denen sie auf den Rand des Kahnes zu springen pflegen und ihn auf diese Weise leicht umwerfen. Gelingt dies, so ist gewöhnlich der Jäger verloren, weil es ihm beinahe unmöglich wird, sich aus dem dichten Haufen herauszuarbeiten."

Bei der Rentierjagd an Land setzten die Samojeden zahme Rentiere ein, an deren Geweih fängisch gestellte Schlingen befestigt waren, die sich im Geweih der wilden Artgenossen verhedderten. Die Tungusen trugen bei der Rentierjagd eine Geweihmütze, eine Kappe mit dem Geweih des Rentieres. Fleischlieferanten waren auch die Saigaantilope, die von den Steppentungusen in großen Gesellschaftsjagden zu Pferde und mit Hunden gehetzt wurde, sowie der Argali, das gewaltige Wildschaf Sibiriens. Dieses ist dem Mufflon ähnlich, nicht nur im Aussehen, sondern auch in seiner Mischung aus Scheu und Neugierde. Die sibirischen Jäger nutzten diese Neugierde in der Weise, daß sie Puppen aufstellten, durch die das Wild abgelenkt wurde, um sich in dieser Zeit aus anderer Richtung heranzuschleichen.

Die Tungusen schätzten auch das Fleisch des Dschiggetai, eines maultierähnlichen Halbesels, ebenso wie die Kirgisen das des Onagers, auch Kulan genannt, einer kleineren Wildeselart. Vor allem wegen seines entsetzlich riechenden und doch so begehrten Sekrets wurde von allen sibirischen Völkern, in deren Gebiet es vorkam, das Moschustier bejagt. Die an der Lena wohnenden Sibirier nannten es irreführenderweise Saiga, die Tungusen Dsana oder Dschiga, die Ostjaken Bjös, und die Tataren hatten vier verschiedene Namen. Als sehr scheues Tier war es nicht leicht zu erlegen. Teils wurden Schlingen angewandt, teils, wie bei den Tungusen, Pfeil und Bogen. Im Gebiet von Jenissei und Baikal sperrte man schmale Täler bis auf einen engen Durchlaß mit Pfahlzäunen ab; in der Lücke wurden dann Schlingen fängisch gestellt. Das Fleisch, für verwöhnte Zungen völlig ungenießbar und auch von den Jägern selbst nur selten als Leckerbissen geschätzt, war bei der Jagd auf dieses Tier ebenso eine Nebensache wie das Fell, das jedoch trotz des anhaftenden Geruchs teilweise zu Kleidung und Decken verarbeitet wurde. Allein der Moschusbeutel lohnte die Jagd, obwohl tibetanische und chinesische Moschustiere weitaus begehrter waren als sibirische Exemplare.

Zusammenfassend gesehen stellen sich die sibirischen Völkerschaften als äußerst passionierte und leidenschaftliche Jäger dar. Dies gilt nicht nur für jene, die ausschließlich von der Jagd lebten, wie etwa die Jakuten, bei denen sich schon die Knaben in der Jagd auf den Burunduk, das gestreifte Backenhörnchen, übten. Auch bei den Rentierzüchtern in Tundra und Taiga und sogar bei den Bauern in den Tälern der gewaltigen Ströme spielte die Jagd eine wichtige Rolle im Erwerbsleben und tut es zum Teil noch heute. Eingebunden in das sozialistische Wirtschaftssystem, arbeiten heute die einst freien Jäger Sibiriens in Brigaden und genossenschaftlich organisierten Einheiten sowie auf Kollektivfarmen und gehen so noch immer der Jagd nach in der noch immer weiten Wildnis Sibiriens.

Ein Volk ist noch zu erwähnen, dessen Lebensraum sich unmittelbar an den östlichsten der sibirischen Stämme anschließt: das Volk der Ainu. Die Herkunft der Ainu ist nicht ganz geklärt; während die meisten Forscher eine paläosibirische Abstammung annehmen, sehen andere die Südsee als Urheimat der Ainu. In früheren Jahrhunderten bevölkerten sie nicht nur die Südspitze von Sachalin, die Kurilen-Inseln und vor allem Hokkaido, sondern waren – im 7. Jahrhundert n. Chr. – bis hinunter in die Gegend des heutigen Tokio und bis hinauf in die südliche Hälfte der Halbinsel Kamtschatka zu finden.

Die Ainu waren keine Nomaden, keine umherstreifenden Jäger, waren aber dennoch ein Jägervolk; sie waren seßhafte Jäger und Fischer. Sie verlegten ihre Siedlungen einfach, wenn der Wildbestand ziemlich erschöpft war und auch die Bäche, Flüsse und Seen fischärmer wurden. Hauptsächliches Jagdwild der Ainu waren die bekannten Seesäuger, das wilde Rentier und der Bär.

Wie einige der im eigentlichen Sibirien lebenden Völker, so die Tungusen, die Golden, die heute Nanai heißen, und die Selkupen, die früheren Ostjak-Samojeden, waren auch die Ainu für ihren Bärenkult bekannt, eine Zeremonie, die stark an die vermutlichen Gebräuche eiszeitlicher Höhlenbärenjäger erinnert. Ein großes Fest wurde zu Ehren des Bären, der vorher, meist noch jung, gefangen worden war, gefeiert. Das Fest, eigentlich ein Bärenschlachtfest, hatte die langsame rituelle Tötung des Bären zum Mittelpunkt und endete mit ebenso rituellen Reden und Gesten, in denen der tote Bär um Vergebung und Versöhnung angefleht wurde. Einige der noch lebenden Ainu, in Japan etwa 16.000, in der UdSSR einige hundert, feiern noch heute ihre Bärenfeste.

Pelze und Rentiere – die Jagd bei den Lappen

Als das nordeuropäische Pendant zu vielen Völkern Sibiriens sind in gewisser Weise die Lappen zu bezeichnen. Kennt man sie seit Hunderten von Jahren nur als Rentierzüchter, vergißt man leicht, daß die Samen, wie sie in Norwegen und Schweden auch genannt werden, vom Ursprung her reine Jäger und Fischer sind und auch nicht alle Gruppen sich der Rentierzucht widmeten.

Die Pelztierjäger Lapplands waren viele hundert Jahre hindurch Europas Bezugsquelle für kostbare Felle aller Art. Rotfuchs und Luchs, Eisfuchs und Marder wurden in vielerlei Arten von Fallen erbeutet, und selbst das derbe Fell des Vielfraßes war zeitweilig und für bestimmte Zwecke begehrt, da es nicht verfilzt. Doch schon im 18. Jahrhundert kamen die Fallensteller Skandinaviens und Finnlands in wirtschaftliche Bedrängnis: Die Importe aus dem fernen Amerika, die Fangstrecken der Trapper und Indianer der Hudson-Bay-Company waren, wenn auch nicht besser, so doch mit der Zeit billiger, und es galt sicher auch als schick, einen Pelz zu tragen, der von einer „Rothaut“ in den Weiten der kanadischen Wälder erbeutet worden war.

Das hieß für die Lappen, sich auf einen anderen natürlichen Reichtum ihres Landes zu besinnen: Die Rentiere rückten in den Mittelpunkt der Lebensinteressen. Viele Lappen hielten sich schon große oder kleine halbzahme Herden; besonders zahme und verläßliche Tiere wurden als Lockmittel benutzt, um wilde Herden in Jagdgatter und ähnliche Einrichtungen zu führen. Die Jagd auf Raubtiere wurde nur noch in geringem Umfang als Erwerbszweig ausgeübt, im übrigen zum Eigenbedarf und zum Schutz der halbdomestizierten Rentierherden. Neben dem Vielfraß war der Wolf der ärgste Feind der Herden. *Alfred Brehm* berichtet von einer eigentümlichen Jagdweise der Lappen auf den Wolf:

„Sobald der erste Schnee gefallen ist und noch nicht jene feste Kruste erhalten hat, welche er im Winter regelmäßig bekommt, machen sich die Männer zur Wolfsjagd auf. Ihre einzige Waffe besteht in einem langen Stock, an welchen oben ein scharfschneidiges Messer angefügt wurde, sodaß der Stock hierdurch zu einem Speer umgewandelt worden ist. An die Füße schnallen sie sich die langen Schneeschuhe, welche ihnen ein sehr schnelles Fortkommen ermöglichen. Jetzt suchen sie den Wolf auf und verfolgen ihn laufend. Das Thier, welches bis an den Leib im Schnee waten muß, ermüdet sehr bald und kann auch einem Skyläufer nicht entkommen. Der Verfolger nähert sich dem gehetzten Wolf mehr und mehr, und wenn er ihn auf eine waldlose Ebene herausgebracht hat, ist derselbe verloren. Das Messer war anfänglich mit einer Hornscheide überdeckt; diese sitzt aber so locker auf, daß ein einziger Schlag auf das Fell des Wolfs genügt, sie abzuwerfen, und nunmehr bekommt das Raubthier soviel Stiche, als erforderlich sind, ihm seine Lebenslust für immer zu verleiden.“

Hier wird eine Jagdweise der Lappen geschildert, die noch heute jedem Nordlandjäger, vor allem von der Jagd auf den Elch, bestens bekannt ist: die Verfolgungsjagd bis zur völligen Ermattung des Tieres. Diese Art der Jagd war und ist noch heute bei vielen Jägervölkern üblich, so auch bei den Indianern Nordamerikas. Insbesondere die in Alaska und Nordkanada lebenden Stämme erlegten – und erlegen – auf diese Weise Wildren und Elch.

Im übrigen ähneln die Jagdweisen dieser Stämme, deren Wohngebiete teilweise an die der Eskimos angrenzen, denen ihrer nördlichen Nachbarn sehr, soweit es sich um gleichartige Jagdtiere handelt. Rentier und Elch wurden oft auch vom Boot aus erlegt, Elche mit einem Horn aus Birkenrinde durch Nachahmen des Brunftrufes herangelockt. Der

Pelztierfang mit Fallen aller Art bildet noch heute einen wichtigen Erwerbszweig, und es ist die Zeit gekommen, wo Indianer von Weißen zu Trappern ausgebildet werden, um ihr einstmals „angewölftes" Handwerk ausüben und beherrschen zu können.

„Metai" und „massaum" – die Indianer Nordamerikas

Südlich der nordamerikanischen Tundren und Wälder, die noch heute zum großen Teil als Jagdland genutzt werden, beginnen jene Felsengebirge und Prärien, jene Waldgebiete im Osten der Vereinigten Staaten, die einstmals die „Jagdgründe" schlechthin waren, die „Jagdgründe" des Roten Mannes. Freilich bieten nur noch die Felsenberge – fast – das gleiche Bild wie in jener alten Zeit, die Prärien sind größtenteils zu Acker- oder zumindest zu Weideland geworden, weite Wälder wurden abgeholzt, um Städten, Industrieanlagen oder auch der Landwirtschaft zu weichen, einst liebliche Flüsse, aus den Werken Coopers bereits bekannt, machen heute Schlagzeilen als stinkende Kloaken, mit denen kein Wasserwerk mehr etwas anfangen kann. Die Jagdgründe des Roten Mannes sind keine Jagdgründe mehr.

Aber gab es „den" Roten Mann, wie ihn die Masse der Bücher und vor allem der Filme zeigt, überhaupt? Es gab ihn nicht. Die Prärieindianer – nach der Einführung des Pferdes durch die Europäer – dürften diesem Bild noch am nächsten gekommen sein. Im übrigen barg das riesige Land Völker der verschiedensten Art. Die Indianer in Südkalifornien lebten von den Irokesen in den Wäldern des heutigen Staates New York so weit entfernt wie z.B. die Römer und Griechen von den Samojeden. Wen mag es da wundern, daß die einen bei der Entdeckung der Neuen Welt noch in einem frühsteinzeitlichen Stadium lebten und kaum über brauchbare Waffen verfügten, während die anderen schon Acker- und Gartenbau betrieben und zudem in einer bundesstaatlichen Gemeinschaft lebten, deren Regeln Eingang in die amerikanische Verfassung fanden.

So wurden also die Jagdmethoden der indianischen Völker Nordamerikas zunächst durch die höchst unterschiedlichen Kulturstufen be-

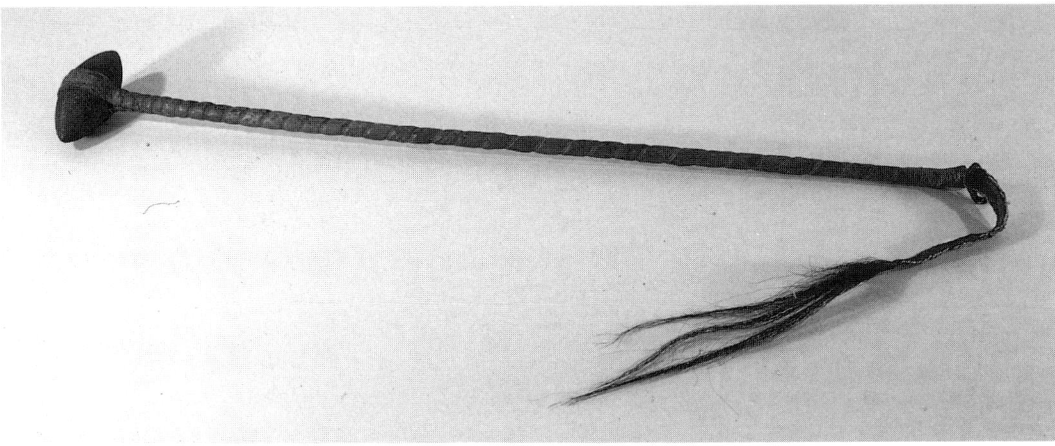

Schleuderwaffe der Sioux-Indianer Nordamerikas; der Keulenkopf aus Stein und der Schaft sind in Leder eingenäht und mit einer Lederschlaufe im Schwerpunkt des Schlagteiles befestigt. Das bunte Perlenband am Griffende läuft in ein aus einem menschlichen Skalp gefertigtes Endstück aus. (Oberhessisches Museum Gießen)

einflußt; eine weitere wichtige Rolle spielten die ebenfalls höchst unterschiedlichen Lebensräume: Wald, Gebirge, Prärie, Wüste, Sumpfland und Meeresküste. Ein Seminole aus den Sümpfen Floridas kannte sicher keinen Bison, viel weniger noch einen Grauen Bären, einen Grizzly; einem Schwarzfußindianer aus dem Felsengebirge wäre hingegen ein Alligator wie ein Wesen aus einer anderen Welt vorgekommen.

Die wohl erste Abbildung eines jagenden Indianers stammt aus dem Tagebuch des englischen Seehelden *Sir Francis Drake* und zeigt einen Indianer auf der Vogeljagd mit Pfeil und Bogen. Sicherlich nichts Sensationelles, und so vermerken auch die Chronisten, daß die ersten Siedler den Indianern des östlichen Waldlandes kaum neue Jagdmethoden abschauen konnten. *Baron Lahontan*, der Ende des 17. Jahrhunderts Kanada bereiste, schildert die Hirschjagd mit Schneereifen, die Lockjagd auf Wasservögel und erwähnt, daß diese Indianer sich keinerlei Vorräte hielten; trotz gelegentlichen Überflusses an Wildbret kam es auf diese Weise immer wieder zu Hungersnöten. Jedoch auch spezielle indianische Methoden, die jagdgeschichtlich von höchstem Interesse sind, lernte *Lahontan* kennen:

„Sie führten mich zu einer Landenge, wo ich durch den Anblick einer Art Park oder Umzäunung überrascht wurde, die aus gefällten, übereinandergelegten und mit Dornen oder Zweigen verflochtenen Bäumen bestand. Am Ende war eine quadratische, von Pfählen umgebene Fläche mit sehr engem Eingang. Sie trieben fünfunddreißig Hirsche hinein, und wäre die Umzäunung besser gewesen, hätten wir leicht über sechzig haben können, denn die behendesten und leichtesten von ihnen sprangen darüber, bevor sie die eigentliche Einfriedung erreichten . . .“.

Einige Jahrzehnte später berichtete auch *Maximilian Prinz zu Wied* von solchen Jagdparks. Nach seinen Darstellungen legten die Mandans und Mönnitäris derartige Antilopenparks an, die Assiniboins übten sogar die Bisonjagd auf diese Weise aus.

In Abwandlung der Jagdgatter wurden oft Treibzäune gebaut, in denen man Öffnungen ließ, die wiederum mit Fallen, zumeist mit Schlingen, bestückt waren. Es gab verschiedene Zaun- und Fallensysteme für großes und kleines Raubwild, für Kaninchen, Erdhörnchen und Hühnervögel. Die Schlingenjagd auf Niederwild und Vögel ist auch von den Crees überliefert. Ähnliche Jagdmethoden wandten auch die Irokesen an, die, wie

bereits erwähnt, merkwürdigerweise auch Blasrohr und Bolzen benutzten, eine ansonsten nur im Süden des amerikanischen Doppelkontinents bekannte Waffe.
Die weiten Rohrdickichte Virginias und Kentuckys sind jedem Indianerfreund aus den Romanen J.F. Coopers und den Tecumseh-Erzählungen Fritz Steubens bekannt. Wenig bekannt ist jedoch, daß diese Urwälder aus Rohrhalmen durch das ständige Abbrennen des Baumwuchses entstanden sind; die Indianer hielten so die Ebenen frei von Deckung für das Wild und schufen sich bessere Jagdmöglichkeiten. Das Rohr bekam durch das jahrelange Abflämmen einen außerordentlich starken Wuchs, die Stengel erreichten Höhen bis zu zehn Metern und konnten angespitzt und als Speere verwendet werden; die glasartige Rinde diente teilweise zur Herstellung von Messern.
An den südöstlichen Küsten der heutigen Vereinigten Staaten von Amerika zählten die Alligatoren zur Jagdbeute der Indianer. Die ersten Forscher berichteten von riesigen, bis zu sieben Meter langen Tieren, und auch die ersten Abbildungen lassen derartige Ungetüme vermuten. Die Indianer töteten den Leviathan, indem sie ihm einen angespitzten Pfahl tief in den Rachen stießen, dann das um sich schlagende Tier auf den Rücken warfen und es mit Keulen erschlugen, während sie gleichzeitig die weiche Bauchhaut mit Pfeilen spickten. Das Fleisch wurde gern gegessen und von französischen Reisenden mit Kalbfleisch verglichen.
Wesentlich zahlreicher und umfassender als Berichte über Leben und Jagden der östlichen und südöstlichen Stämme sind Schilderungen der weiter westlich, in den Prärien und Felsengebirgen lebenden Indianer in der Literatur zu finden. Sattsam bekannt ist das Bild der mustangberittenen Jägertruppe, die einer donnernden Büffelherde hinterdreinfliegt. Und in der Tat war der Bison ohne Zweifel das lebenswichtige Jagdwild der Prärieindianer; die Ethnologen haben hierfür den Begriff der Bisonjägerkultur geprägt. Der zottige Geselle lieferte den Stämmen zwischen Appalachen und Kordilleren, zwischen Tundra und Wüste das Material für ihre Behausungen und deren Einrichtung, für ihre gesamte Bekleidung, für Sättel, Riemen und Beutel, für Flöße, Boote und Schneeschuhe, für Waffen, Werkzeuge, Gebrauchs- und Kultgegenstände. Die Indianer im Einzugsbereich der Bisonherden lebten ausschließlich durch die Büffeljagd für die Büffeljagd; anderes Jagdwild war nur Abwechslung oder Beiwerk, zum Teil auch Ritus und Ruhmestat.
Meist wurde der Bison, obwohl Beutetier, als heiliges Tier verehrt, seine Kraft wurde vor jeder Jagd gepriesen, sein Geist beschwichtigt. Büffeltänze und ähnliche Riten sollten den Bison und die Götter, die über das Schicksal der Tiere wachten, besänftigen, aber auch eine erfolgreiche Jagd sichern. Einige Dakotastämme tanzten am Abend vor der Jagd um die ins Gras gezeichnete Silhouette eines Büffels und durchbohrten das Abbild mit Speeren, die Mandans tanzten und sangen tagelang, trugen dabei Büffelmasken, noch mit Fell und Hörnern versehene Büffelschädel, bis ihr Orakel ihnen die Erlaubnis zum Aufbruch zur Jagd gab. Die Cheyenne führten im Abstand von einigen Jahren einen Tiertanz, „massaum" genannt, auf, ein kompliziertes Ritual, das mehrere Tage dauerte und letztlich auch den gewünschten Ablauf der Jagd darstellen und herbeiführen sollte. Dieser Stamm beging auch das ebenfalls mehrtägige Fest der Pfeilerneuerung, ein außerordentlich ernstes und stilles Fest zur Weihe der vier heiligen Pfeile des Stammes – zwei für die Jagd und zwei für den Krieg.
Viele Stämme töteten symbolisch kleine Zeichnungen oder Figuren von Tieren, um sich den Jagderfolg zu sichern, und unwillkürlich denkt man bei solchen Schilderungen doch an die Malereien der Eiszeitjäger, die vielleicht doch zum großen Teil „nur" Jagdmagie und Jagdzauber darstellen . . . Die

Apachen drehten den Kopf eines erlegten Hirsches nach Osten, in die Richtung, wo die lebensspendende Sonne aufging, um die Grundlage für neues Leben, für einen Fortbestand der Wildherden zu bringen. Die Comanchen vergruben von jedem Wildbret vor dem Mahl ein Stück im Erdboden, gleichsam als Samen. All die erwähnten und zahlreiche ähnliche Bräuche sind im Grunde ein Zeichen für das Wissen darum, daß der Mensch, der die Natur nutzt, dennoch nur ein Teil dieser Natur ist und ihres Fortbestandes bedarf, um weiterleben zu können; Ausdruck indianischer Weisheit, in unserer Zeit wohl aktueller denn je.

Die Jagd auf den Bison verlief oft straff organisiert, es gab zum Teil besondere Jagdhäuptlinge und eine Jagdpolizei, die Comanchen hatten regelrechte Jagdleiter, die für mehrere Jagdverbände über Jagdgebiete sowie Beginn und Ende der Jagd zu entscheiden hatten. Hauptwaffe waren Pfeil und Bogen, viele Stämme hatten hervorragende Schützen, die noch auf fünfzig Meter Entfernung und mit solcher Wucht schossen, daß sie auf etwa fünfzehn Meter einen ausgewachsenen Bisonbullen durchbohrten.

Vermutlich von den spanischen Konquistadoren abgeschaut war die Jagd mit einer etwa vier Meter langen Lanze, wie sie von den Comanchen geschildert wird; die südlichsten Gruppen dieses Stammes sollen Bisons sogar mit Lassos gefangen haben. Der bekannte Reisende und Indianermaler *George Catlin* stellt sehr anschaulich die Jagd unter der Tarnung von Wolfsfellen dar; dieser Tiere konnten sich die Büffel leicht erwehren und ließen sie daher nahe herankommen. Auch die Jagd auf Schneereifen, mit denen die Indianer den schweren, tief im Schnee einsinkenden Tieren leicht folgen konnten, ist von *Catlin* festgehalten worden, und die beiden letztgenannten Jagdarten sind als ein Relikt aus jener Zeit zu sehen, als den Indianern noch keine Pferde zur Verfügung standen; auch die Feuertreibjagd über Klippen und in Sümpfe dürfte zu jener Zeit als Fortführung eiszeitlicher Jagdmethoden üblich gewesen sein. Noch von einer anderen, sehr alten Jagdmethode auf Bisons wird berichtet: von der Jagd mit einer Art Jagdgatter, nämlich einer Winterjagd, bei der die Umfriedung aus durch Pfähle verstärkten Schneemauern errichtet wurde.

Neben den Bisonherden wurden die einstmals ebenfalls sehr zahlreichen Gabelantilopen – in den bereits erwähnten Antilopenparks – und die Hirscharten, vor allem Wapiti und Elch, bejagt. *Catlin* erwähnt das Heranlocken der neugierigen Antilopen durch ein buntes, flatterndes Tuch; *John Tanner*, der von Indianern gekidnappt wurde und dreißig Jahre unter ihnen lebte, erwähnt auch Treibjagden, die an Böhmische Streife und Kesseltreiben erinnern. *Alfred Brehm* berichtet von Wassertreibjagden und beschreibt auch die einst berühmte Hirschhornwiese am Ufer des Missouri, wo die Indianer aus Elch- und Wapitigeweihen eine riesige Pyramide aufgeschichtet hatten. Der Schweizer Maler *Carl Bodmer*, der den Prinzen Maximilian zu Wied auf seinen Forschungsreisen begleitete, hat der Nachwelt ein Bild dieses längst zerstörten Monuments hinterlassen.

Besondere Erwähnung verdient auch die Jagd auf den Grizzlybären, die von *Catlin* gar als wichtigste Jagd nach der Büffeljagd bezeichnet wird. Ausführlich beschreibt er den malerischen Bärentanz der Sioux. Die Erlegung eines Grauen Bären galt als Mannestat ersten Ranges, und ein wertvollerer Orden als ein Halsband aus Klauen und Zähnen des Grizzlys war bei vielen Stämmen nicht vorstellbar. Von einer solchen Jagd berichtet *Catlin*: „. . . anstatt nebenher zu laufen, wie das beim Büffel der Fall ist, jagt der Jäger den Bären von vorn, und das in einer gefährlichen Stellung, um den entscheidenden Lanzenstoß anzubringen. Gelegentlich greifen die Indianer aber auch zu einer List: der Grizzly wird gereizt, bis er ein Pferd angreift, der nächstbeste Reiter stürzt sich auf ihn, indem er ihm seine Lanze in die Flanke jagt; und wenn der Bär dann seine ungeschützte Seite zeigt, empfängt er weitere Stöße, bis er durch die tödlichen Stöße trotz seiner ungeheuren Kraft und Zähigkeit zusammenbricht; . . ."

Die Jagd auf den Schwarzen Bären wird unterschiedlich geschildert. Während *John Tanner* erzählt, daß er schon als Kind einen solchen Baribal getötet habe, sehen andere die Schwarzbärenjagd als sehr gefährlich an, hauptsächlich wegen der außerordentlichen Zähigkeit des Tieres.

Noch zu erwähnen wäre die Biberjagd. Die Ottawas kannten nach *Tanner* eine Schwerkraftfalle aus vier starken Brettern. *Baron Lahontan* sah in den Indianerdörfern Biber, die wie Haustiere gehalten wurden. Aus rituellen Gründen wurden auch Adler gejagt; *Catlins und Bodmers Bilder* zeigen Federhauben, wie sie die Phantasie heutiger Filmemacher nicht erdenken könnte. Sicher wurde der Vogel häufig mit dem Bogen bejagt. *Prinz zu Wied* berichtet jedoch auch von einer anderen Jagdmethode: Es wurde eine schmale Grube ausgehoben, in die sich ein Indianer legte; dann wurde die Grube abgedeckt und obenauf ein Köder angebracht, ein lebender Vogel oder ein Fleischstück. Sobald sich nun ein Adler niederließ und über den Köder hermachte, wurde er von dem in der Grube liegenden Jäger ergriffen und getötet. Manchmal wurde anstatt einer Grube auch ein kleines getarntes Hüttchen oder Türmchen verwendet.

Man könnte noch berichten von Blendfeuerjagden mit dem Boot auf Elch und Hirsch, von den riesigen Jagdgatteranlagen der kalifornischen Indianer, von den Hasenhetzjagden der Wailak, von den bumerangähnlichen Wurfhölzern der Moqui und den bolaähnlichen Schlagsteinen der Mandans. Wenn dies auch zu weitgehen würde, so darf aber ein Jagdwild und eine Jagdart nicht unerwähnt bleiben, die so untypisch für das landläufige Bild des indianischen Jägers ist: die Jagd auf den Wal. Dessen Erlegung nämlich ist mit Recht als Jagd und nicht als Fischfang – zumal er ja auch kein Fisch ist – zu bezeichnen. Die Indianer an der Küste des Pazifiks waren berühmte Walfänger. Die Jagd auf das riesige Tier war mit vielen Ritualen verbunden. So lebten die Jäger der Clayoquots vor der Jagd bis zu vier Monaten allein oder in den Gruppen der späteren Bootsbesatzungen im Wald und bereiteten sich meditierend auf das gefährliche Unternehmen vor. Auch die Jagd selbst lief nach genauen Regeln ab. Meist durfte nur der Häuptling die schwere Harpune bedienen, zu deren Einsatz die oft mehr als fünfzehn Meter langen Boote sehr nahe an den Wal herangerudert werden mußten; auch die zweite Harpune durfte nur von einem nahen Verwandten des Häuptlings geworfen werden. An der Harpunenschnur waren zahlreiche aufgeblasene Seehundbälge als Schwimmer befestigt, um dem Wal das Abtauchen zu erschweren und ihn zu ermüden. Während des gesamten Todeskampfes sangen die Indianer Lieder, in denen sie das Tier und seine Schutzgeister anflehten, ihnen nicht zu zürnen. Manchmal dauerte es einen ganzen Tag, ehe der Wal tot war und unter vielen Mühen an Land gebracht werden konnte.

Der Glaube an Tierschutzgeister spielte überhaupt bei manchen Stämmen eine erhebliche Rolle. Auf einige Bräuche der Apachen und Comanchen wurde bereits hingewiesen. Auch die Chipewyan, ein echtes Jägervolk in den Weiten der kanadischen Wälder, glaubten an Tierschutzgeister, die auch das Wild vor der übermäßigen Jagdleidenschaft der Menschen schützen sollten. Bei diesem Stamm, der zwischen Sklavensee und Hudson Bay lebte, spielte die Jagd auch ansonsten eine ungemein große Rolle. So war z.B. der Jagdhäuptling, in der Regel der beste Jäger des Stammes, gleichzeitig die höchste Autorität; dies im Gegensatz zu anderen Völkern, bei denen Kriegshäuptling oder Schamane das höchste Ansehen genossen.

Auch Bärenopfer und Bärenkult werden in

der Literatur oftmals geschildert, lange Zeremonien mit dem Zweck, den Bären oder seinen Geist zu besänftigen, zu versöhnen und um Verzeihung zu bitten; dem nachfolgenden Verzehr des Bären und der Verwertung seines Felles stehen diese Riten allerdings nicht entgegen.
Viele jagdliche Bräuche drücken die Bitte um den Erhalt des lebenswichtigen Wildbestandes aus und sollen helfen, diesen zu sichern. Einige Stämme der großen Familie der Algonkin gingen hier noch weiter. Besonders von dem namengebenden Stamm am oberen Ottawa River in Kanada ist die Einrichtung von Familien- und Gruppenjagdbezirken überliefert, eine Institution, die zwar auch der gleichmäßigen Nutzung der gesamten stammeseigenen Jagdgründe dienen sollte, aber zweifellos einen – bei der Einstellung der meisten Indianer sicher nicht ungewollten – Effekt der Schonung des Wildes mit sich brachte.
Damit sollen – ohne letztgültigen Anspruch auf Vollständigkeit – die Jagdmethoden der nordamerikanischen Indianer abgehandelt sein. Es ist abschließend und als Überleitung zu der Erörterung der Völkerschaften Lateinamerikas noch einmal zu wiederholen, daß nicht alle Indianer des nordamerikanischen Kontinents zu allen Zeiten vor ihrer Entdekkung echte, reine Jägervölker waren. Schon vor 5.000 Jahren wurde in New Mexico Mais angebaut, und um Christi Geburt gab es dort feste Dörfer mit einer regelrechten Keramikindustrie. In Arizona gab es Feldbauern und Gärtner, in Utah und Nevada Korbflechter. Die prähistorischen Anasazi bauten riesige Wohnanlagen, wie das Pueblo Bonito im Chacotal in New Mexico, das 2.500 Menschen Platz bot. Im Tal des Mississippi und an seinen Nebenflüssen hatten sich ebenfalls schon in grauer Vorzeit Ackerbaukulturen durchgesetzt. Sämtliche kulturellen Entwicklungen in Nordamerika verliefen jedoch nicht einheitlich und kontinuierlich. Zahlreiche Anzeichen, seien es archäologische Funde oder auch Berichte und Andeutungen in den Erzählungen und Mythen der indianischen Völker, deuten darauf hin, daß seßhafte und ackerbauende Stämme immer wieder überrannt und vertrieben, ihre Dörfer und Anlagen zerstört und sie selbst sogar vernichtet wurden. Manche der nomadisierenden Jägerstämme nutzten die Dörfer seßhafter Stämme regelrecht als Lieferquelle für Fleisch und später auch für Pferde, wie dies aus historischer Zeit aus dem Verhältnis zwischen Apachen und Comanchen einerseits und ihren friedlichen Nachbarn, vor allem den Puebloindianern, andererseits bekannt ist.
Aber auch die Folgen der europäischen Einwanderung von Osten und Südwesten veränderten die Lebensgewohnheiten der indianischen Völkerschaften zwangsläufig. Von Südwesten kam mit den Spaniern das Pferd; es hatte um 1700 die Apachen und Comanchen, Kiowa, Ute und Shoshoni erreicht, fünfzig bis siebzig Jahre später war es bereits über die gesamten Prärien bis hinauf nach Kanada verbreitet und damit im gesamten Einzugsbereich der riesigen Bisonherden. Nur von wenigen Indianerstämmen, wie z.B. den Assiniboins, ist bekannt, daß sie bereits vor der Einführung des Pferdes fast ausschließlich von der Bisonjagd lebten. Die meisten Stämme der Prärieindianer wurden jedoch erst durch das Pferd zum Träger der Bisonjägerkultur, und nicht wenige gaben bereits entwickelte Kulturelemente wieder auf, ja verlegten sogar ihren Lebensraum näher an die Wanderwege der Büffelherden. Die Einwanderungswelle von Osten trieb darüber hinaus viele Stämme in die westlichen Prärien, und nur wenig bekannt ist, daß auch die Sioux, die büffeljagenden Prärieindianer schlechthin, größtenteils ursprünglich als Bauern in festen Dörfern lebten.

Mit Blasrohr, Riesenbogen und Hund – die Jäger Lateinamerikas

Bauern waren auch die meisten Indianer Mittelamerikas, soweit sie nicht den Hochkulturen der Mayas und Azteken zuzurechnen sind. In Mexiko hatten sich nur noch wenige Jägerstämme im Norden des Landes gehalten. Auf der kalifornischen Halbinsel lebten die Cochimi und auf dem gegenüberliegenden Festland, in Sonora, der kleine Stamm der Seri, die trotz der Kämpfe mit Mexikanern und dem Nachbarstamm der Pima ihre Eigenständigkeit überaus lange behielten. Eigentlich erst um die Mitte dieses Jahrhunderts sind sie mit der Zivilisation intensiv in Berührung gekommen, als eine Straße durch ihr abgeschiedenes Gebiet gebaut wurde. Seitdem leben sie überwiegend als Fischer, Korbflechter und Holzschnitzer.
Schließlich sind noch die Chichimeken zu nennen, die Nahuatl sprechen und somit mit den kulturell hochstehenden Völkern der Tolteken und Azteken verwandt sind. Es sind nur die „echten" Chichimeken, die zu Beginn der Kolonisation noch nomadisierend als Jäger die Steppen Nordmexikos durchstreiften. Ihre südlichen Verwandten im Zentralen Hochland hatten bereits die Ackerbaukultur übernommen und sich sogar der Hochkultur angeglichen.
Im östlichen Honduras lebten als Waldbauern und Jäger verschiedene indianische Stämme, die insgesamt als Jicaque, als „Wilde Krieger" bezeichnet wurden. Inmitten von Hochkulturen waren sie brandrodende Bauern und Jäger mit dem Blasrohr geblieben. Bis zum Ende des vorigen Jahrhunderts widersetzten sie sich einer staatlichen Unterordnung, kleine Gruppen leben heute noch abgeschieden in den Bergen und sprechen ihre auf eine Verwandtschaft mit nordamerikanischen Indianern hinweisende Sprache. Die meisten jedoch sind mit der Mestizenbevölkerung Mexikos verschmolzen.

Jagende Waldbauern waren die Talamanca, die in verschiedenen Gruppen Mittelamerika vom südlichen Nicaragua bis zur Panamakanalzone bevölkerten. Zu ihnen rechnet man die Cabéca und Bribri sowie die Guatso in Costa Rica und die Guaymi im westlichen Panama. Die südlichen Gruppen der Guaymi, die nicht im Regenwald, sondern an den Hängen der Gebirge lebten, betrieben die Jagd intensiver als die nördlichen Stämme, bei denen das Schwergewicht des Wirtschaftslebens auf dem Ackerbau lag und noch heute liegt.
Von jagenden Waldbauern war auch der größte Teil Südamerikas bewohnt. Im Westen, in den zentralen Anden, hatte sich eine Hochkultur entwickelt, das Inkareich. Den größten Teil des Kontinents aber besiedelten Bau-

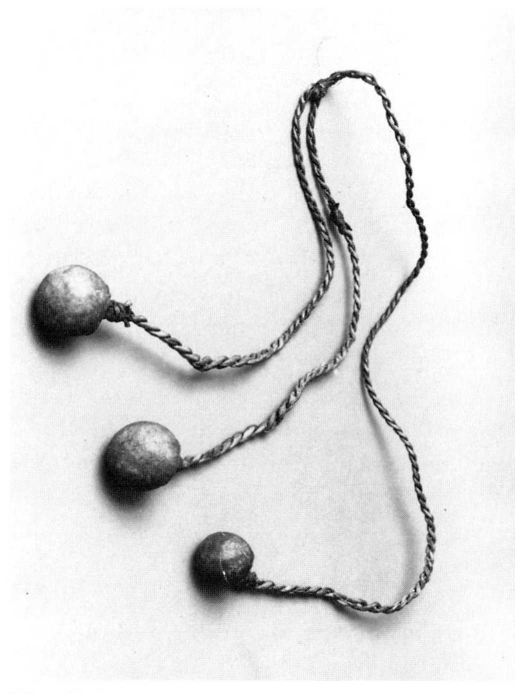

Diese Bola aus Patagonien oder Chile besteht aus zwei kürzeren (ca. 55 cm) und einem längeren (ca. 95 cm) gedrehten Lederriemen, welche an einem Ende zusammengebunden sind und am anderen Ende jeweils eine in Leder gebundene Steinkugel tragen. Beim Wurf wird die kleinere Kugel zunächst in der Hand gehalten und nach dem Schwungholen die ganze Waffe so nach dem flüchtenden Tier geschleudert, daß es dieses fesselt. (Rautenstrauch-Joest-Museum für Völkerkunde, Köln, Inv.-Nr. 12 391)

ernvölker; bei einigen von diesen spielte die Jagd zur Nahrungsergänzung gleichwohl noch eine mehr oder auch weniger wichtige Rolle. Ausschließlich von Jägerstämmen bewohnt waren nur noch große Gebiete Argentiniens, bis zur Südspitze des Kontinents hin. Hier lebten die Yámana und Halúkwulup, Jäger und Fischer, die Schleuder, Speer und einfache Harpunen kannten. Pfeil und Bogen kannten sie im Gegensatz zu ihren östlichen Nachbarn, den Ona, nicht. Die Ona, die sich selbst Selknam nannten, benutzten natürlich auch Speer und Harpune, daneben Wurfkugeln und Keulen. Begehrtes Beutetier, vor allem auch wegen des Fells, war der Mara, ein den Hasen ähnelnder, jedoch mit dem Meerschweinchen verwandter Nager. Weit verbreitet war daneben die Viscacha, ebenfalls ein Meerschweinchen, und die Tukotukos, eine Rattenart. An Großwild wäre der Pampashirsch zu nennen, dessen Verbreitung freilich nicht ganz bis in den Süden reichte. Vögel gab es viele; wichtiges Jagdwild war sicher der Nandu, der südamerikanische Strauß, auf den besonders häufig die Bola angewandt wurde.

Das Hochland des Mato Grosso wird vielfach auch als die Heimat rezenter Jägervölker geschildert, und tatsächlich gab es dort viele Stämme, wie die Anuntso und die Nzap, auch Cinta-Larga genannt, die sich allein von der Jagd ernährten. Nur von Jägern bewohnt war jene Gegend jedoch nicht. Die Xinguanos im Norden, zu denen so bekannte Stämme wie die Tupi, Waurá und Aruak zählen, bauten schon Maniok an und lebten in festen Dörfern. Die Kayapo, die sich selbst Me-be-ngokre nennen, bauen zwar auch Süßkartoffeln und Mais an, leben jedoch zwei bis drei Monate im Jahr als nomadisierende Jäger und Sammler. Die Orarimugudoge, eher bekannt unter dem Namen Bororo, legen noch weniger Wert auf die Plagen der Feldarbeit und zogen bis vor wenigen Jahren die freie Jagd dem geregelten Leben vor. Die Timbira sind wiederum mehr Feldbauern, bei den Akwe, zu denen Xavante und Xerente gehören, spielt hingegen wieder die Jagd eine wesentlich größere Rolle. So lebten zwar im Mato-Grosso-Hochland mehr Jägervölker als in anderen Regionen des nördlichen Südamerikas, von einem echten Jägerland im Sinne Australiens, Tasmaniens oder der Kalahari kann jedoch nicht die Rede sein.

Die heutige Lage dieser Indianer ist nicht in einem Satz zu schildern. Einige, wie die Anuntso, sind so gut wie vernichtet. Andere leben inzwischen in großen Reservaten, deren größtes das Xingureservat ist. Diese Gebiete sind jedoch zunehmend durch den Landhunger der brasilianischen Siedler und durch die Jagd nach Bodenschätzen gefährdet. Konflikte, die denen in den USA vor einem Jahrhundert ähneln, sind hier schon im Gange oder vorprogrammiert. Einige andere Stämme schließlich, wie Teile der Timbira, haben versucht, sich der Lebensweise der Siedler anzupassen, und fristen, wo dies nicht gelungen ist, ein elendes Dasein.

Westlich und nördlich des Mato Grosso erstreckt sich das riesige Einzugsgebiet des gewaltigen Amazonasstromes und seiner Nebenflüsse. Hier leben noch heute über 100 indianische Völkerschaften der verschiedensten Art. Die meisten dieser Stämme, vor allem im eigentlichen Amazonasbecken, betrieben und betreiben Bodenbau; manche jagen wenig, bei anderen spielt die Jagd eine große Rolle, nur wenige Gruppen aber lebten von der Jagd allein.

Jagdwild der Waldindianer waren Brüllaffen, Wasserschweine, Tapire, Ferkelratten, Krokodile und Echsen sowie Schlagen und – der Jaguar. Bevorzugte Jagdwaffen waren der große Bogen und das Blasrohr.

Sir Robert Hermann Schomburgk, der deutsch-britische Forschungsreisende, schildert eine Brüllaffenjagd mit dem Blasrohr und ist der Meinung, daß dies eine sehr viel wirkungsvollere Jagdwaffe sei als das Gewehr. „Das geräuschlose, vergiftete Pfeilchen trifft sicher sein Ziel. Schon nach wenigen Minuten beginnt der verwundete Affe in Folge der Wirkung des Giftes zu wanken und stürzt hernieder. Mit langen Hälsen und unter Ausstoßen kurzer, eigentümlicher Töne sehen die Gefährten ihrem herabstürzenden Freunde nach, den der Indianer wohlweislich am Boden liegen läßt. Aus dem sichern Versteck folgt nun der zweite und dritte Pfeil geräuschlos, und die Verwundeten fallen immer einer nach dem anderen nieder, bis der Jäger ihrer so viel erlegt hat, als er braucht."

Es erübrigt sich fast, darauf hinzuweisen, daß wohl schon bei einem Gewehrschuß die Affenherde in der grünen Unendlichkeit verschwunden gewesen wäre.

Viele Waldindianer hielten sich Hunde und richteten diese auch zur Jagd ab. Besonders beliebt war der gezähmte Karassissi oder Maikong, ein schakalartiger wilder Savannenhund, der nach *Brehm* von den Indianern Südamerikas seit Jahrhunderten gezähmt worden ist. Kreuzungen zwischen den indianischen Haushunden und dem Maikong waren die gesuchtesten Jagdhunde. Sie wurden zur Jagd auf Rehe, Wasserschweine und Tapire abgerichtet. Der Tapir wurde von den Indianern nicht nur wegen seines Fleisches und seines Felles gejagt; seine Klauen nahmen einen hohen Rang in der indianischen Heilkunde ein. Um den Hals getragen, sollten sie die Fallsucht vertreiben, mit der Leber des Stinktieres in Kakao gekocht, galten sie als Mittel gegen Lungenschwindsucht.

Auch der Tatu, wie das Gürteltier in der Sprache der Guaranis heißt, und die Hutia Conga, die Ferkelratte, wurden mit dem Karassissi bejagt. *Brehm* schreibt von der Jagd auf das Gürteltier:

„Man jagt den Tatu gewöhnlich bei Mondschein. Der Jäger bewaffnet sich blos mit einem dicken Stock von hartem Holz, welcher am Ende spitz oder auch keulenförmig zuläuft, und sucht mit einigen Hunden das Wild auf. Bemerkt der Tatu die Hunde noch rechtzeitig, so flieht er augenblicklich nach seiner eigenen Höhle oder gräbt sich so schnell als möglich eine neue – viel lieber, als daß er in einem fremden Baue seine Zuflucht suchte. Kommen die Hunde aber dem Tatu auf den Leib, ehe er die Höhle gewinnt, so ist er verloren. Da sie ihn mit den Zähnen nicht anpacken können, halten sie ihn mit der Schnauze und den Pfoten fest, bis der Jäger hinzukommt und das Thier durch einen Schlag auf den Kopf erlegt. Wenn es von den Hunden gepackt ist, denkt es nie daran, sich irgendwie zu vertheidigen, obgleich es augenscheinlich mit seinen Krallen bedeutende Verletzungen beibringen könnte."

Harpyie und Sperberadler waren die begehrtesten Beutetiere unter den südamerikanischen Raubvögeln. Ihre Erlegung erfolgte mit dem Bogen, ihre Federn wurden für Pfeile und Kopfputz verwendet. Harpyien wurden manchmal als Nestlinge ausgehoben und aufgezogen, um so leichter an die Schwanz- und Flügelfedern zu kommen.

Krokodile wie der Schakar und Echsen wie der Teju wurden vor allem ihres Fleisches wegen verfolgt. Auch hier, insbesondere bei der Jagd auf den Teju, wurden speziell abgerichtete Maikongbastarde verwendet. Krokodiljagden mit angespitzten Pfählen wie im Südosten der Vereinigten Staaten von Nordamerika sind aus den tropischen Wäldern Südamerikas nicht überliefert.

Auch Schlangen wurden wegen ihres Fleisches gejagt, dazu wurde ihr Fett in weiten Teilen Südamerikas als Heilmittel sehr geschätzt. Zumeist wurden sie mit Keulen erschlagen; die Gueren, um hiermit allmählich zu den Indianern außerhalb des Amazonasgebietes überzuleiten, erlegten sie auch mit dem Bogen.

Die Gueren wurden wegen ihres Lippenpflockes, portugiesisch „botoque" genannt, zumeist als Botokuden bezeichnet und waren eines der südamerikanischen Indianervölker, die ausschließlich von der Jagd lebten; sich selbst nannten sie Grens oder auch Arari und waren als Kannibalen berüchtigt. Heute noch bewohnen sie die Ostküste Brasiliens im

Bundesstaat Bahia, allerdings nicht mehr als Jäger, sondern als portugiesisch sprechende Bauern.
Nördlich des Amazonas, im Gebiet von Guayana und Surinam, lebten die Kariben. Zwar trieben sie Bodenbau, aber die Jagd war wichtiger Teil des Lebens geblieben. *Schomburgk* berichtet von den Makusiindianern, die zur Stammesgruppe der Kariben gehören, daß die Erziehung der Knaben ausschließlich in der Unterrichtung im Schwimmen, Fischen, Jagen und der Waffenanfertigung bestand und daß ein junger Mann nur Chancen bei den Mädchen hatte, wenn er bereits einen Namen als guter Jäger und Fischer besaß. „Oft genug machten wir oder die Offiziere uns den Spaß und äußerten gegen die Schönheiten Piraras, daß wir sie zu unseren Weibern nehmen wollten; ein spöttisches Lachen und die Worte: ‚Was sollen wir mit euch machen, die ihr in vier Wochen kaum ein Reh oder eine Ente schießen, keinen Fisch fangen könnt! Ihr Paranaghieris [= Fremden] tut den ganzen Tag weiter nichts, als daß ihr das Papier anseht!' waren die jedesmalige Antwort auf unseren Vorschlag." So weit ein Auszug aus dem Bericht *Schomburgks*.
Im Grenzgebiet zwischen Brasilien und Venezuela leben noch heute die Yanoama, auch Yanonami, Weica oder Xiriana genannt. Erst seit 1947 gelangten Missionare zu diesem Volk, und 1973 erreichte die erste Straße die Grenze ihres Gebietes. Die Yanoama bauten Bananen, Maniok, Mais, Zuckerrohr, Papaya, Tabak und anderes an, begaben sich aber daneben noch manchmal wochenlang auf Wanderungen, jagten, fischten und sammelten Wildfrüchte. Ihre Hauptwaffe war und ist heute noch der große Bogen, und der deutsche Abenteuerreisende *Rüdiger Nehberg* hebt ihre „artistische" Schießkunst hervor. Staunend erlebte er, daß ein Yanoama, der noch nie eine Feuerwaffe in der Hand gehalten hatte, auch mit seinem Revolver auf Anhieb einen Brüllaffen vom Baum schoß. „Dabei schauen sie häufig gar nicht über Kimme und Korn, sie ‚fühlen' den Schuß ins Ziel, so wie sie es mit ihren Pfeilen tun."
Der riesige Bogen der Yanoama und anderer Stämme Nordwestbrasiliens und der angrenzenden Gebiete ist nach Meinung vieler Jagdwissenschaftler keineswegs für die Jagd auf die heutigen, kleinen Wildarten Südamerikas konzipiert, sondern stellt eine Relikt aus jener Zeit dar, als auch in Südamerika noch Großwild lebte. Man vermutet, daß das Riesengürteltier noch nicht lange ausgestorben ist und auch das Megatherium, das bis zu fünf Meter lange und mehrere Tonnen schwere Riesenfaultier, noch mit den Vorfahren der heutigen Indianer zusammen in den Urwäldern Südamerikas lebte.
Auch das bereits ausführlich geschilderte Blasrohr ist eine der Hauptwaffen der Indianer dieses Gebietes und bei zahlreichen Stämmen gebräuchlicher als der Bogen. Auf größere Jagdtiere, wie Wildschweine, wurde teilweise auch eine mannslange Stoßlanze als Jagdwaffe verwendet.
In Ecuador, zwischen dem Napo und dem Curaray, zwei der unzähligen Quellflüsse des Amazonas, leben noch heute einige Hundert Indianer vorwiegend von Jagd und Fischfang. Es sind die Auka. Das Wort stammt aus der Ketschuasprache, die im benachbarten Inkareich gesprochen wurde, und bedeutet so viel wie „feindlich, kriegerisch, wild"; ihre eigene Stammesbezeichnung ist „Huarani". Neben dem Blasrohr mit Curarebolzen ist der Wurfspeer die für diese Indianer typische Waffe und stammt vermutlich, wie der überdimensionale Bogen der Yanoama, noch aus einer Zeit, als wirksame Waffen gegen großes Jagdwild gebraucht wurden. Schaft und Widerhakenspitze des typischen Speeres der Auka waren aus einem Stück geschnitzt, zumeist aus dem Holz des Chontabaumes. Die Auka waren und sind heute noch wegen ihrer Aggressivität und ihrer Neigung zum Blutrausch berüchtigt.
Nicht unerwähnt bleiben sollen die Jivaro-

indianer des Regenwaldes am Osthang der Anden in Ecuador und Peru. Die Jivaros betreiben zwar intensiv Bodenbau, haben sogar eine ungewöhnliche religiöse Beziehung zu Pflanzen, in denen sie beseelte Wesen sehen, die sorgfältig und vorsichtig behandelt werden wollen, dennoch spielt die Jagd zur Nahrungsergänzung eine Rolle. Mit dem Blasrohr werden Affen, Faultiere und Tapire wegen des Fleisches erlegt, ferner die bunten Urwaldvögel, Papageien und Tukane wegen der bunten Federn. Bis in die Mitte unseres Jahrhunderts waren die Jivaros die berühmtesten Kopfjäger Südamerikas. Heute leben sie überwiegend als Kleinbauern, als Pächter oder als Landarbeiter.

Die Yaguaindianer, auch Nihamwo genannt, an der peruanisch-kolumbischen Grenze leben heute überwiegend als Waldarbeiter und Kleinbauern. Vor nicht allzu langer Zeit bestimmte noch die Jagd mit dem Blasrohr das Leben dieses Stammes, und schon sehr frühzeitig scheinen diese Indianer erkannt zu haben, daß der scheinbar unendliche Urwald keineswegs über einen unendlichen Reichtum an Lebewesen verfügt. Beherrschendes Element ihrer Religion war der Glaube an Waldgeister, die das Wild gegen den übergroßen Jagdeifer der Menschen schützen.

Dieser Glaube erinnert an bestimmte Bräuche und Riten der nordamerikanischen Indianer, und wie dort die Algonkin sich nicht allein auf die Götter verließen, sondern mit ihren Familienjagdbezirken zur Schonung des Wildes beitrugen, gab es auch in Südamerika, im östlichen Paraguay, ein indianisches Jägervolk, das sich strenge Jagdregeln zur Erhaltung des lebenswichtigen Wildbestandes auferlegt hatte. Die Aché, auch Guayaki genannt, hatten ihr Jagdgebiet in bestimmte Bereiche aufgeteilt, die in einem Rotationssystem bejagt wurden. Ferner durften sowohl junge als auch trächtige Tiere nicht geschossen werden; auch das Leittier eines Rudels blieb verschont, und für bestimmte Tierarten waren Schonzeiten eingeführt. Konnte der Jäger von fern nicht erkennen, ob er ein zur Jagd freigegebenes Stück Wild vor sich hatte, mußte er sich näher heranschleichen und es sogar auf einen Nahkampf ankommen lassen. Die besten Jäger stellten die Führungsgruppe des Stammes. Heute leben die Aché als Landarbeiter, und nur noch vereinzelte Trupps durchstreifen gelegentlich jagend und sammelnd die Wälder.

Die Ayoré oder Moros an der Grenze zwischen Bolivien und Paraguay nutzten die Zeit zwischen Pflanzung – in der Regenzeit – und Ernte zu nomadisierenden Jagdzügen. Auch die benachbarten Matako sowie die zur Stammesfamilie der Guaikurú gehörenden Indianer in Paraguay, Bolivien und Argentinien waren in früheren Zeiten nur Jäger und Sammler, um später nach und nach den Bodenbau von den benachbarten Stämmen zu übernehmen. Gleiches gilt für die chilenischen Mapuche, die zur Stammesgruppe der Araukaner zählten und heute, nach dem Verschwinden anderer araukanischer Völkerschaften, in etwa mit diesen identisch sind. Wegen ihrer Freiheitsliebe, ihrer Hartnäckigkeit und Tapferkeit bei der Verteidigung ihres Landes wurden sie häufig die „Comanchen Südamerikas" genannt. Ihre Waffen waren Pfeil und Bogen, Lasso und Schleuder. Zusammen mit den benachbarten Tehuelche, ebenfalls einem Jägervolk, bauten sie eine berühmte Pferdezucht auf und wurden so zu den einzigen mit den nordamerikanischen Prärieindianern vergleichbaren Reiterkriegern im Süden des Doppelkontinents. Heute sind die Mapuche, soweit sie überhaupt noch auf dem Lande leben, überwiegend Ackerbauern und Viehzüchter.

Dem Jaguar, der größten Raubkatze Amerikas, wird der abschließende Abschnitt über die Jagd und die Jägervölker der Neuen Welt gewidmet. Sein Name stammt aus der Sprache der Guaraniindianer, die Spanier nennen ihn „tigre" und die Portugiesen „onze". Sein Verbreitungsgebiet erstreckt sich vom nördlichen Argentinien bis in den Südwesten der

USA, wo er allerdings sehr selten geworden ist. So differenziert die Völkerschaften im Lebensraum des Jaguars zu betrachten sind – von den als „primitiv" bezeichneten Botokuden bis zu den geistig und kulturell hochstehenden Inkas, Mayas und Azteken –, so unterschiedlich ist die Rolle zu bewerten, die diese gefleckte Katze im jagdlichen und kulturellen Leben dieser Völkerschaften gespielt hat.

Die Verehrung des Jaguars als Kultobjekt ist nur aus verschiedenen Hochkulturen bekannt. Hier wurde der Jaguar vom Tier zum Symbol erhoben, zum Symbol der Macht und der Herrschaft über das Volk, mit menschlicher Intelligenz und übernatürlicher Kraft ausgestattet. Obgleich der Jaguarkult mit jagdlichen Sitten und Gebräuchen im Grunde genommen nichts zu tun hat, wird später noch einmal ausführlich darauf eingegangen.

Einen Jaguarkult in diesem Sinne kannten die Jägervölker, die jagenden Waldbauern und Kleintierzüchter nicht. Für sie war der Jaguar nur Jagdkonkurrent und Raubtier, das sich an den mehr oder weniger ärmlichen Schweine- und Hühnerbeständen der Indianer vergriff. Von den meisten Indianerstämmen Südamerikas wurde der Jaguar daher voller Wut und ohne Scheu bejagt. Eine Ausnahme bildeten hier eben nur die von der Hochkultur der Inkas beeinflußten Stämme.

Brehm schildert ausführlich eine Jaguarjagd mit Blasrohren aus Bambus und kleinen Pfeilen, „mit dem furchtbaren Urarigift getränkt. Haben indianische Jäger Hunde bei sich, so erlegen sie den Jaguar ohne alle Gefahr. Die Hunde stöbern das Raubthier auf, jagen es gewöhnlich auf einen schiefstehenden Baum und verbellen es. Dort wird es dem Indianer zum bequemen Zielpunkt. Aus ziemlich weiter Entfernung sendet er seine fürchterlichen Pfeile nach der gewaltigen Katze ab, einen nach dem andern. Diese achtet kaum des kleinen Ritzes, welchen die Geschosse ihr beibringen; sie hält vielleicht das Pfeilchen blos für einen Dorn, der sie verwundete: aber schon nach wenigen Minuten erfährt sie, mit welcher furchtbaren Waffe ihr der Mensch zu Leibe ging. Das Gift beginnt zu wirken, ihre Glieder erschlaffen, die Kraft erlahmt, sie stürzt mit einigen Zuckungen auf den Boden, richtet sich noch einige Male auf, versucht, sich fortzuraffen, und bricht dann plötzlich zusammen, zuckend, verendend.

Weit verwegener als diese heimtückische Jagd ist folgende. Der Jäger umwickelt mit einem Schaffelle den linken Arm bis über den Ellbogen und bewaffnet sich mit einem zweischneidigen Messer oder Dolche von etwa zwei Fuß Länge. So ausgerüstet, sucht er mit zwei oder drei Hunden den Jaguar auf. Dieser bietet wenigen Hunden sogleich die Spitze; der Jäger naht sich ihm und reizt ihn gewöhnlich mit Worten und Geberden. Plötzlich springt der Jaguar mit einem oder zwei Sätzen auf den Jäger zu, richtet sich aber zum Angriffe, wie unser Bär, in die Höhe und öffnet brüllend den Rachen. In diesem Augenblicke hält der Jäger den beiden vorderen Tatzen des Thieres den umwundenen Arm dar, und mit dem Körper in etwas nach rechts ausweichend, stößt er ihm den Dolch in die linke Seite. Der getroffene Jaguar fällt durch den Stoß um so eher zu Boden, da es ihm schwerfällt, in aufrechter Stellung das Gleichgewicht zu bewahren, und die Hunde werfen sich über ihn her. War die erste Wunde nicht tödlich, so steht er mit Blitzesschnelle wieder auf und stürzt sich von neuem auf seinen Gegner, der ihm alsdann einen zweiten Stich versetzt. Rengger kannte einen Indianer aus der Stadt Vajada, welcher über hundert Jaguare auf diese Weise erlegt hatte. Er war ein leidenschaftlicher Jäger, büßte aber im Jahr 1821 auf einer solchen Jagd das Leben ein."

Weiter erwähnt *Brehm*, der sich in der *ersten Ausgabe seinen „Thierlebens"*, wie der obige Auszug zeigt, nicht nur als großer Zoologe und Forschungsreisender, sondern auch als begnadeter Erzähler erweist, die Jaguarjagd in Paraguay mit der Lanze, die Jagd vom Anstand und den Fang in der Fallgrube. Das Fleisch habe nach *Brehm* nur die Botokuden gegessen, das Fett wurde zum Einreiben benutzt oder auch, wie die gebrannten Krallen, als Medizin. Berühmte Jaguartöter waren nach *Alexander von Humboldt* auch die Yaruroindianer am Apure, einem Nebenfluß des Orinoko im Norden Venezuelas; sie tauschten die „Tigerfelle", die allerdings nach *Brehm* „nur geringen Werth" hatten, im Handel mit spanischen Ansiedlungen an der Küste.

Damit soll die Jagd bei den Indianern Lateinamerikas – mit Ausnahme der Hochkulturen – abgehandelt sein, und es ist an der Zeit, den Doppelkontinent der Neuen Welt zunächst zu verlassen. Amerika von Alaska bis Feuerland wird immer noch zu großen Teilen von Menschen bewohnt, die wie ihre Ahnen gänzlich oder doch zum größten Teil von der Jagd oder auch vom Fischfang leben. Teils sind sie, wie die Eskimos und die Indianer der arktischen Breiten, damit in die modernen Wirtschaftssysteme integriert, teils aber bilden sie, wie die Indianer der Amazonasurwälder, einen Fremdkörper im modernen Gefüge des Staates, dem sie, ohne gefragt zu werden, einverleibt wurden, und sind, wie jeder Fremdkörper, aufs höchste in ihrer Existenz bedroht.

Jäger des schwarzen Erdteils

Den Ureinwohnern des afrikanischen Kontinents droht zwar in ihrer Mehrheit ein solches Schicksal der Ausrottung oder Vertreibung nicht mehr. Der weitaus größte Teil des „Schwarzen Erdteils" wird längst von den angestammten Herren des Landes regiert. Den letzten Jägervölkern Afrikas ist dennoch keine sicherere Zukunft beschieden als den Urwaldindianern Amazoniens. Denn schon seit Jahrhunderten, vermutlich bereits lange vor Beginn der europäischen Besiedlung, bilden die Jägervölker eine Minderheit unter den eingeborenen Völkerschaften Afrikas und müssen sich gegen die sie umgebenden Kulturen der Feldbauern und Viehzüchter behaupten.

Gewiß spielte oder spielt die Jagdausübung auch bei den zahlreichen Völkern, die mit Akkerbau und Viehzucht andere Wirtschafts- und Erwerbsformen entwickelt und perfektioniert haben, eine Rolle. So sind die Kabylen, ein großes Berbervolk an der algerischen Mittelmeerküste, als Wildschweinjäger bekannt. Obwohl sie Moslems sind, ist ihnen der Genuß von Wildschweinfleisch erlaubt, und – nebenbei bemerkt – auch die islamische Sitte der Verschleierung von Frauen wird dort nicht geübt. Die Niam-Niam, auch Azande genannt, ein Bauernvolk an den Quellen von Nil und Kongo in Südafrika, jagten Flußpferde, indem sie sich ihnen schwimmend, hinter Schilfbündeln gedeckt, näherten. Auch eine grausame Form der Elefantenjagd ist von diesem Volk überliefert: eine Feuerjagd, bei der die Tiere in Grasdickichte getrieben und das Gras dann ringsherum angesteckt wurde. Die Niam-Niam waren Sklavenhalter, und der Todesstoß, bei der Erregung der verängstigten Elefanten fast immer ein Himmelfahrtskommando, wurde von zum Tode verurteilten Sklaven ausgeführt. Bei den meisten dürfte dies einer Urteilsvollstreckung gleichgekommen sein, einige wenige haben sich damit wohl auch ihre Freiheit erwerben können.

Die Xhosa, ein Bantuvolk, das früher auch als Kaffern bezeichnet wurde, waren als Jäger berühmt, obwohl sie Ackerbau und Großviehzucht betrieben und sogar verschiedene Handwerkszweige beherrschten. „Die Kaffern“, schreibt *Alfred Brehm* von einer Jagd auf den Kudu, „deren schlechte Waffen bei der Vorsicht des Thieres sich gänzlich erfolglos zeigen, haben eine eigene Jagdweise erfunden: sie gehen in größeren Gesellschaften zur Jagd hinaus und verfolgen die von ihnen aufgescheuchten Antilopen, weil sie wissen, daß diese sehr bald ermüden. Das Wild hin- und hertreibend, führen sie es der einen oder der anderen Abtheilung ihrer Jagdgehilfen zu, lassen von diesen die Verfolgung fortsetzen und gönnen ihm so keinen Augenblick Ruhe, sondern zwingen es, stundenlang rasch zu laufen. Ihre Frauen sind mit einer Tracht wassergefüllter Straußeneier hier und da verteilt, um die abgehetzten Männer zu erquicken, und diesen gelingt es, Dank ihrer nie ermattenden Ausdauer, endlich wirklich, die stattlichen Antilopen zu ermüden. Da geht nun alles mit Geschrei der willkommenen Beute entgegen. Das Altthier ergibt sich widerstandslos seinen Verfolgern; die starken Böcke aber nehmen diese an, senken den Kopf nieder, so, daß ihr furchtbares Gehörn waagrecht zu stehen kommt, und stürzen plötzlich pfeilschnell auf ihre Angreifer los. Letztere sind verloren, wenn sie nicht rechtzeitig geschickt auf die Seite springen. Gegen Hunde, welche den Kudu nach wenigen Minuten im Laufe einholen, vertheidigt er sich regelmäßig, und zwar auch mit den Läufen; seine starken Schalen sind immer noch scharf genug, um böse Wunden zu schlagen. Deshalb gebrauchen die Kaffern die treuesten aller Jagdgehilfen nicht bei ihren Hetzen, sondern helfen sich lieber selbst und werfen auf das von ihnen umringte Wild nach und nach soviel Wurfspieße, daß es seinen Wunden schließlich erliegen muß.“ Auch von der Jagd auf Kaffernbüffel, Elefanten und Nashörner wird berichtet, und die Klippschliefer, jene merkwürdigen, mit den Elefanten verwandten dachs- oder auch murmeltierartigen Geschöpfe, sollen sie mit der Hand gefangen haben. Diese Stelle seines Berichts, auf einem Gewährsmann beruhend, hat *Brehm* allerdings selbst mit einem Fragezeichen versehen.

Die verschiedenartigen Völker des Sudan, des „Landes der Schwarzen“, wie „bilad assudan“ in der Übersetzung heißt, waren zumeist Savannenbauern und Großviehzüchter. Aber gerade aus diesem Gebiet sind auch zahlreiche Jagdberichte überliefert. Die Jagd auf Löwen und Leoparden wurde mit Speer und Schwert ausgeübt, Elefanten und Nashörnern wurden zumeist die Sehnen der Hinterläufe mit dem Schwert durchgehackt, um sie an der Flucht zu hindern und in ihrer Beweglichkeit einzuschränken. Die Tötung dieser großen und dickhäutigen Tiere erforderte oft eine lange Zeit und geriet nicht selten zu einer Stunden andauernden wahren Tierquälerei. *Berger* hat das Abschlachten eines Elefanten auf diese Weise eindrucksvoll geschildert, und die dicken Tränen, die dem Elefanten während des Todeskampfes aus den Augen rollten, haben ihn besonders beeindruckt.

Eine Nilpferdjagd mit dem Wurfspieß kann wiederum den Berichten *Alfred Brehms* entnommen werden. „Der Wurfspieß der Sudahnesen besteht aus einem Stück Eisen, einer Hornscheide, der Haftschnur und der Wurfstange. Das Eisen ist zugespitzt oder wie ein Radirmesser zweiseitig zugeschliffen und besitzt einen starken Widerhaken; es steckt fest in einer an beiden Enden dünner werdenden Hornscheide und ist durch eine starke, oftmals um Eisen und Scheide gewundene Schnur hinreichend befestigt. An dem einen Ende der Wurfstange nun befindet sich eine Höhlung, in welche die Hornscheide eingesetzt wird, am anderen Ende der Stange ist die Leine festgebunden. Beim Wurfe dringt die eiserne Spitze samt ihrer Hornscheide bis zu der Lanze ein; diese wird durch den Wurf abgestoßen und hängt nun nur noch mit dem anderen Ende vermittelst der dort angebundenen Schnur an der Harpunenspitze. Andere Jäger befestigen das eine Ende der Leine an der Harpune und das andere Ende an einem leichten Holzklotz, ohne sie mit der Wurfstange zu verbinden.

Mit dieser Waffe und einigen gewöhnlichen Lanzen begibt sich der Sudahnese auf die Jagd, um sein Wild entweder zu beschleichen, wenn es ein Mittagsschläfchen hält, oder ihm aufzulauern. Das Unternehmen erfordert nicht nur gewaltige Kraft, sondern auch List, Verschlagenheit und Gewandtheit.

Etwa um Mitternacht – nur an ganz menschenleeren Orten auch am Tage – schleicht der Spießwerfer längs des Ufers bis zu einer Ausgangsstelle der Thiere und versteckt sich hier im Gebüsch unter dem Winde. Kommt das Nilpferd erst nach seiner Ankunft aus dem Wasser, so läßt er es ruhig an sich vorübergehen und harrt bis zur Rückkehr. Niemals greift man ein zu Lande gehendes Nilpferd an, sondern wartet stets, bis es, so zu sagen, wieder halb im Flusse ist. Dann schleudert der Jäger ihm die Harpune mit aller Kraft in den Leib und flieht in der Hoffnung, daß das über den Wurf erschreckte Thier sich in den Fluß stürzen werden. So geschieht es auch gewöhnlich, während das Ungethüm beim Heraussteigen an Land immer seinen Gegner anzunehmen pflegt."

In der Folge beschreibt Brehm die Bergung des Wildes und zitiert dabei Livingstone, der berichtet hat, daß es, falls das Nilpferd das Boot umwerfe, „das Beste sei, in die Tiefe des Stromes zu tauchen und hier einige Se-

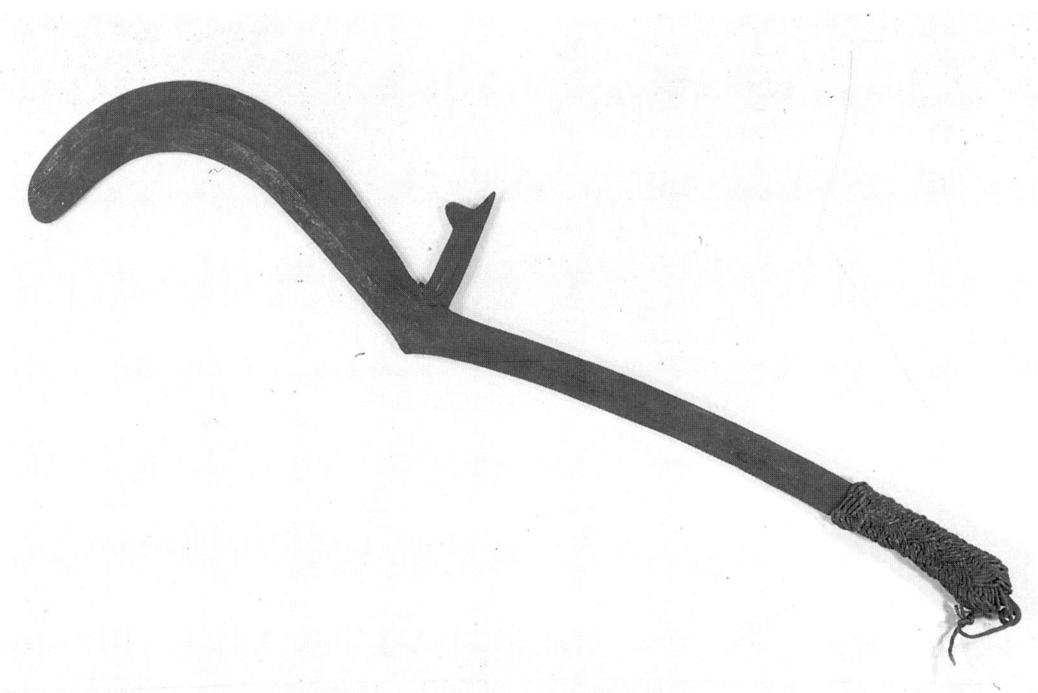

Aus Nordkamerun stammt dieses Wurfeisen, das im oberen Teil schon in der Form an einen Bumerang erinnert und auch die Funktion des australischen Wurfholzes in seiner ursprünglichen Form – nicht als „Kehrwiederkeule" – hatte. (Oberhessisches Museum Gießen)

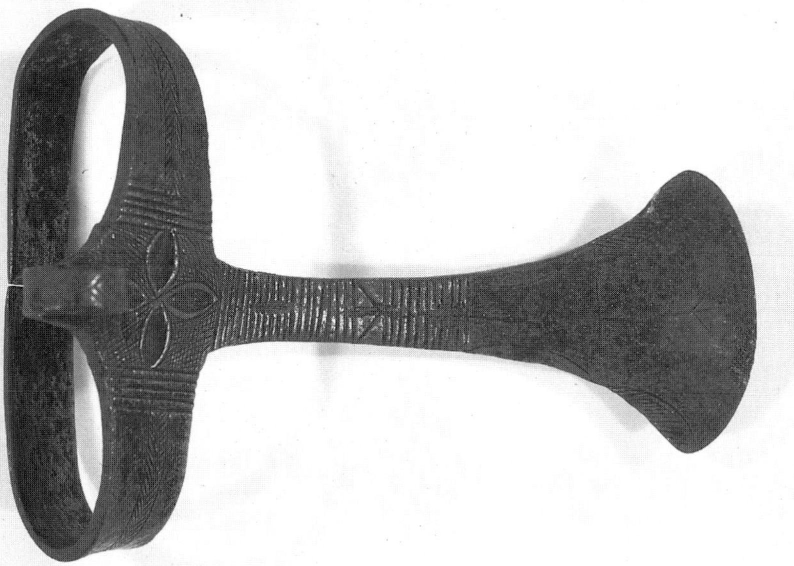

Ein interessantes Werkzeug ist dieser Bogensehnenspanner, der von den Fulbe in Kamerun benutzt wurde. (Oberhessisches Museum Gießen)

kunden zu verweilen, weil das Flußpferd, wenn es einen Kahn zertrümmert hat, sich allemal nach den Menschen umschaut und, wenn es keinen bemerkt, davon geht.“ Weiter schreibt er:

„Nun wird das Ungethüm durch das schmerzerregende Anziehen der Harpunenleinen beliebig oft zur Oberfläche des Wassers heraufgezaubert und ihm im Verlaufe der Jagd der breite Rücken derartig mit Lanzen bespickt, daß er wie der Pelz eines Stachelschweines aussieht. Übrigens führt man die Jagd nur dann mit einem Male zu Ende, wenn man Feuergewehre zur Verfügung hat; im entgegengesetzten Falle läßt man den im Wasser natürlich viel stärkeren Blutverlust das Seinige zur Abmattung des Thieres tun . . .“

Das Wildbret des Flußpferdes war sehr geschätzt, und das Fleisch junger Tiere soll auch den Europäern geschmeckt haben; die Zunge galt gar als Leckerbissen, und das Fett war, sei es als Schmalz, als Brühe oder auch als Einreibemittel, sehr begehrt.

Berühmte Krokodiljäger waren Gruppen der Anuak am oberen Nil in Südwestäthiopien, und auch eine erwähnenswerte Art der Krokodiljagd ist in *Brehms* Berichten zu finden:

„Die Jagd beginnt, wenn die Ströme fallen und Sandbänke, auf denen die Krokodile schlafen und sich sonnen, bloßlegen. Der Jäger merkt sich die gewöhnliche Schlafstelle, gräbt sich unter dem herrschenden Winde, also gewöhnlich im Süden derselben, ein Loch in den Sand, verbirgt sich hier und wartet, bis das Thier herausgekommen und eingeschlafen ist. Seine Waffe ist ein Wurfspieß, dessen eiserne, dreiseitige, mit Widerhaken versehene Spitze, vermittels eines Ringes und zwanzig bis dreißig haltbaren, von einander getrennten, in gewissen Abschnitten aber wieder vereinigten Schnuren an dem Stiele befestigt werden, während letzterer wiederum mit einem leichten Klotze verbunden wurde. Die hauptsächlichste Geschicklichkeit des Jägers besteht darin, den Wurfspieß mit so großer Kraft zu schleudern, daß das Eisen den Panzer durchbohrt und ungefähr vier Zoll tief in den Leib eindringt. Beim Wurfe wird der Stiel der Lanze, in welchem die eiserne Spitze nur lose eingelassen ist, von dieser getrennt und fällt ab. Das verwundete Krokodil bleibt nicht müssig, schlägt wüthend mit seinem Schwanze und gibt sich die größte Mühe, den Strick zu zerbeissen; die einzelnen Theile desselben legen sich aber zwischen die Zähne und werden deshalb nicht oder doch nur theilweise zerschnitten . . ."

Affen wurden, wie beispielsweise auch im Ostsudan die Meerkatzen, mit Netzen gefangen. Die Jagd mit Pferden und Hunden wurde vermutlich bereits seit langer Zeit von den Arabern ausgeübt, vor allem auf Gazellen, Antilopen und Strauße. Bei der Jagd auf Löwen zogen sie Fallgruben der offenen Konfrontation vor. Es gibt Berichte, wonach ein Löwe 200 mit Gewehren bewaffnete Araber in die Flucht geschlagen habe soll . . .

Nicht bei allen Stämmen und Völkern Afrikas diente die Jagd allein der Nahrungsergänzung. Den Massai galt die Jagd auf Löwen als Mutprobe und Kriegsersatz. „Junge Massai-Krieger, die heiraten wollen, gehen auf offener Steppe zu zehnen oder zwölfen auf den Löwen los . . ." berichtet *Grzimek* in seinem unvergessenen Werk über die Serengeti und erwähnt, daß dieser „Löwenkrieg" nunmehr verboten sei.

Anderswo stand die Jagd in weit weniger gutem Ruf und nahm eine keineswegs hervorragende Stellung ein. Die Nemadi, eine vermutlich autochthone Bevölkerungsgruppe in der Westsahara, sind Jäger und nehmen in der sozialen Hierarchie der Mauren, in die sie integriert sind, eine der untersten sozialen Stellungen ein. Auch bei den Somali wurde und wird die Jagd nur von Angehörigen der ohnehin verachteten Handwerkerklasse ausgeübt. Dieser geringe Stellenwert der Jagd bei einigen, allerdings nur wenigen Völkern Afrikas ist im übrigen typisch für einige frühe Kulturen des „Fruchtbaren Halbmondes", die bereits erwähnt wurden und auf die noch zurückzukommen sein wird, und kann auf Kontakte der Mauren und Somali mit diesen frühen Kulturvölkern zurückzuführen sein.

Erwähnt werden sollen noch die Fon in Dahomey, ein Volk der Bauern und Handwerker, bei denen die Jagd eine wichtige Rolle für die Ernährung spielte und die Jäger eine besondere Berufsgruppe bildeten, die einem Jagdhäuptling unterstand. Nicht vergessen werden sollen auch die Mangbetu, ein Bauernvolk im Norden von Zaire, das einen sonst kaum zu beobachtenden Hang zum Sammeln von Trophäen, in der Hauptsache von Gehörnen, entwickelt hat. *Berger* berichtet darüber hinaus auch von anderen Arten der Verwendung von Fellen, Häuten, Zähnen und auch Gehörnen, sei es für Kleidung, Schmuck, Gebrauchsgegenstände, Waffen oder gar für Zäune aus Stoßzähnen – ähnlich denen der friesischen Walfänger aus den Knochen der Meeresriesen –, aber eine regelrechte Sammelleidenschaft für Gehörne wird sonst von keinem Jägervolk oder auch einem jagenden Bauern- oder Viehzüchterstamm berichtet.

Für die beschriebenen Völkerschaften wie auch für andere, bei denen ähnliche Verhältnisse maßgeblich waren, hat die Jagd heute, wenn überhaupt, nur noch geringe Bedeutung. Zum großen Teil liegt dies an der zunehmenden Besiedelung des Landes und der damit zusammenhängenden Verstädterung der einstmals auf dem Land lebenden Menschen. Auch sind die Verbreitungsgebiete, die Vielfalt und der Arten- und Mengenreichtum an Wild nicht im geringsten mit den Gegebenheiten zu Beginn der Kolonialzeit zu vergleichen. In großen Teilen des Landes ist das Wild geschützt, in anderen ist die Jagd zahlungskräftigen Jagdtouristen vorbehalten. Jagdrechte der Urbevölkerung – wie etwa in

Alaska – sind in Afrika unbekannt. So bleibt nur die Tätigkeit als Wildschutzbeamter oder eben als – Wilderer; letzteres freilich kaum noch aus Gründen der Jagdpassion. Aber der Jagd in der Kolonialzeit und im heutigen Afrika sollen spätere Kapitel vorbehalten bleiben. Denn es sind noch die Völker zu erwähnen, die nicht nur zur Nahrungsergänzung oder gar zum Vergnügen jagten. Auch in Afrika gab es echte Jägervölker – und es gibt sie noch. Zwar sind viele Stämme inzwischen entweder völlig oder doch zum größten Teil zur Lebensweise der Bauern oder auch Viehzüchter übergegangen; so die Mongo im Norden Zaires, ebenso die auch dort lebenden nördlichen Gruppen der Cokwe, die Sotho im Nordosten Transvaals, die Sandawe und Dorobo, früher meist Wandorobbo genannt, die früher als gute Pirschgänger bekannt waren und mit vergifteten Pfeilen und vielerlei Fallen auf Großwild jagten. Schließlich seien hier noch die Damara, die Bergdama in Namibia, genannt, die heute überwiegend als Hirten der Hottentotten leben.

Aber die Steppenjäger, die einst, lange vor Beginn der europäischen Einwanderung, weite Teile Afrikas beherrschten, jagen heute noch. Die Spitzen ihrer Pfeile bestehen jetzt oft aus plattgeklopftem Zaundraht oder ähnlichem metallenen Material, aber sie sind noch wie vor Jahrhunderten, vielleicht Jahrtausenden mit dem Gift aus einer Käferlarve oder auch mit Pflanzen- oder Schlangengift bestrichen; Gift, das ähnlich dem Curare lähmend auf Nerven und Muskeln des Jagdwildes wirkt und es den kleinwüchsigen Jägern leicht macht, den Fangstoß mit dem Speer anzubringen. Noch ziehen sie durch den Busch, nach dem sie ihren Namen erhielten, mit ihrem Lederbeutel aus dem Fell des Steinbocks, der mit Pfeil und Bogen, Gift- oder Käferlarvenvorrat, Messer, Feuerhölzern, Amulett und dem „Buschmannsrevolver“, einem Miniaturbogen zur Abwehr böser Geister, den gesamten materiellen Besitz des Jägers enthält.

Insgesamt leben noch etwa 50.000 Buschleute in Botswana und Namibia, aber nur wenige, wie die kaum 1.500 Ju-wasi im Osten des Buschmannslandes, haben noch mehr oder weniger ihre angestammte Lebensweise beibehalten. Dort findet sich auch noch eine abwechslungsreiche Landschaft mit Gras- und Trockensteppen, parkähnlichen Baumbeständen, Buschwald und auch Sandwüste, eine Landschaft, die, je nach Jahreszeit, von reichem Wildbestand gesegnet ist. Elefanten und Löwen, Hyänen und die selten gewordenen Wildhunde, Giraffen, viele Arten von Antilopen und auch Kaffernbüffel sind dort zu finden.

Die „besten Jäger der Welt“ wurden die Buschmänner noch 1988 in einer deutschen Jagdzeitschrift genannt, und in der Tat gelten sie in der gesamten Literatur als ausgesprochenes Jägervolk. Teilweise wird die Jagdleidenschaft sogar als Grund für die fehlende kulturelle Weiterentwicklung angesehen, aber dies bleibt fraglich. Schon immer wurden die Buschleute von den benachbarten Negerstämmen, wenn überhaupt als Menschen, so als Menschen zweiter Klasse angesehen, aus dem Jagdland, wenn es sich auch als Weideland eignete, verdrängt, und sei es, wie die Kung, bis in die unwirtlichsten Gegenden der Kalahariwüste, oder gar versklavt und abhängig gemacht. Integriert wurden und werden sie kaum, wie andere kleinwüchsige Rassen auch, und wohl aus diesen Gründen blieb für eine kulturelle Fortentwicklung kein Raum, und es verblieb, zum Teil bis heute, bei der Jagd als wirtschaftlicher Lebensgrundlage.

Eine ausgeprägte jagdliche Passion kann jedoch gleichfalls nicht übersehen werden. Sie gelten als beste Fährtenkenner, und eine typische Form der Jagdausübung ist das tagelange rastlose Verfolgen des Wildes, bis dieses vor Erschöpfung zusammenbricht oder sich in letzter Verzweiflung dem Jäger stellt. Nicht wie die Xhosa, die Kaffern, in sich ablösenden Gruppen, verpflegt von den unterwegs

Der „Weiße Elefant" aus der Philipshöhle im Erongogebirge in Namibia. Im Leib des Elefanten haben die Buschmannskünstler einen roten Bock eingemalt. (Foto: Gerhard Kalden, Frankenberg/Eder)

postierten Frauen, sondern nur mit wenigen Jägern, oft ganz allein, verfolgt der Buschmann auf diese Weise vor allem Antilopen und Gazellen. Typische Fußbekleidung war dabei früher ausschließlich eine Laufsandale mit halber Sohle, die im vorderen Teil hakenähnlich nach unten gebogen ist.

Auf wandernde Tierherden wurden auch Treibjagden in großen Gruppen, sogar unter Beteiligung des ganzen Lagers, abgehalten. Jagdzäune aus Palisaden oder Dornbuschhecken waren ebenfalls bekannt und leiteten insbesondere das Großwild zu den meisterhaft getarnten Fallgruben. Schwipp- und Schlagfallen sowie Steinkastenfallen werden in der Literatur über die Buschleute auch erwähnt. Ferner war die Jagd in Tierverkleidung üblich und *Berger* berichtet vor allem von Straußenjagden, für die sich die Jäger mit Straußenbälgen verkleideten. Eine grausame Methode der Straußenjagd war der Sitzpfeil, der in Abwesenheit des Riesenvogels mit der Spitze nach oben im Nest zwischen den Eiern befestigt wurde und beim Niedersetzen schwere und tödliche Verletzungen verursachte.

Zwischen dem nördlichen Rhodesien und der Südspitze des Erdteils finden sich auf Felswänden und in Höhlen zahlreiche Malereien und Gravierungen. Die Zahl dieser Kunstwerke übertrifft die aller anderen Felsbilder in der ganzen Welt zusammengenommen, und diese im südafrikanischen Raum gefundenen Bilder werden allgemein als „Buschmannskunst" bezeichnet. Allein aus diesem Grunde können die Felsbilder im Rahmen dieser Abhandlung nicht unerwähnt bleiben. Nach neuesten Forschungsergebnis-

Die „Löwenplatte" bei Twyfelfontain in der Namib. Wie bei den meisten Felsgravuren Südafrikas ist auch hier das Alter nur schwer feststellbar, und in der Literatur wird davon ausgegangen, daß die etwa 2.000 Gravuren von Twyfelfontain zwischen 500 und 10.000 Jahren alt sind. Sie können daher sowohl der steinzeitlichen als auch der neuzeitlichen Buschmannskunst zugerechnet werden. (Foto: Gerhard Kalden, Frankenberg/Eder)

sen ist die Bezeichnung allerdings irreführend, denn nur ein Teil der Felsgravierungen und -malereien stammt wohl tatsächlich von Buschleuten. Doch es sind einige der schönsten Kunstwerke, die den kleinen Jägern zugerechnet werden, so der riesige „Tote König mit Maske“ aus Rusape in Rhodesien, die berühmte „White Lady“ aus Südwestafrika und der merkwürdige „Elefantenmensch“ aus der Cinyatihöhle in Natal.

Auch die anderen südafrikanischen Kunstwerke stammen sicherlich von Jägervölkern, aber es wird – auch unter Berücksichtigung eines in früherer Zeit weitaus größeren „Buschmannslandes“ – bezweifelt, daß es sich dabei immer um Buschmänner bzw. ihre Vorfahren oder verwandte Völker handelte. Die Bilder der ersten Phase scheinen noch in der letzten Eiszeit entstanden zu sein. Die Datierung erweist sich mangels meßbarer Substanzen als äußerst schwierig. Sicher ist jedoch, daß die Allgemeinbezeichnung „Buschmannskunst“ für alle südafrikanischen Kunstwerke nicht mehr haltbar ist.

Die Zukunft der Buschleute ist ungewiß. Versuche, sie zu Viehzüchtern und Bauern zu machen, sind größtenteils fehlgeschlagen und gelten heute wegen der damit verbundenen Vernichtung der Naturreservate als fragwürdig. Doch die Hereros schauen neidisch auf die „nur“ von Wildherden genutzten Weiden des östlichen Buschmannslandes. Bei möglicherweise wachsender politischer Macht der Hereros scheint das Schicksal der kleinen Steppenjäger endgültig besiegelt.

Nicht viel anders stellt sich die Situation der Pygmäen dar, der zweiten Völker- und Stammesgruppe in Afrika, die heute noch in der Tradition der alten Jäger- und Sammlerkulturen lebt. Im Ituriurwald im nordöstlichen Zaire leben die Bambuti, insgesamt, mit ihren Verwandten Aka und Efe, rund 3.000 Menschen, die als die noch am wenigsten mit anderen Stämmen, insbesondere Negern,

Pygmäe der Mbuti-Gruppe in Zaire bei der Überprüfung und Vorbereitung seiner Jagdwaffen (Foto: Klaus Paysan/ Bildarchiv Paysan, Stuttgart)

vermischten Pygmäen gelten. Außerdem kennt man noch die Bongo in Gabun, die Bagielli in Kamerun, die Binga in der Zentralafrikanischen Republik und die Batwa oder Twa im Osten Zaires und in Ruanda-Urundi.

Hauptwaffe der Pygmäen sind Pfeil und Bogen. Die Pfeile sind vergiftet, wobei das Gift aus einer strychnusartigen Pflanze gewonnen wird und damit ebenfalls dem Curare der Amazonasindianer sehr ähnelt. Der Speer hingegen, inzwischen auch eine vielfach verwendete Jagdwaffe, war ursprünglich bei den kleinwüchsigen Urwaldjägern unbekannt. *Berger* berichtet auch von Treibjagden mit Hunden, die mit Schellengeläut das Wild auf verdeckte Fallgruben zutreiben, ferner von Fallharpunen und Quetschfallen.

Ursprünglichste Jagdmethode der Pygmäen ist jedoch , ähnlich wie bei den San, den Buschmännern, die Verfolgungsjagd. Manchmal wochenlang folgt eine Gruppe der kleinen, rötlich-gelblichbraunen Männer den ausgetretenen Wechseln der Urwaldriesen, der Elefanten. Ist ein Bulle umkreist und gestellt, beginnt der Kampf der Davids gegen den Goliath. Er beginnt mit einer nach unseren waidmännischen Begriffen unglaublich grausamen und hinterhältigen Tat: Die mutigsten Jäger, denn enormer Mut gehört dazu, schleichen sich an den Riesen heran und durchtrennen ihm die Achillessehnen. Dies ist jedoch – mit den Waffen der Pygmäen – die einzige Möglichkeit, Großwild bewegungsunfähig zu machen, um es dann töten zu können. Mit Speeren wird dann dem Dickhäuter der Garaus gemacht, und nicht selten dauert der Todeskampf mehrere Stunden. Auf ähnliche Weise werden auch andere Großtiere zur Strecke gebracht, während kleineres Wild direkt den vergifteten Pfeilen zum Opfer fällt. Die Jagdgebiete der einzelnen Gruppen sind durch alte Grenzen voneinander getrennt, Auseinandersetzungen wegen Jagdfrevels sind selten und werden meist durch Diskussionen beigelegt. Gewalttätige Konflikte kannten die Twiden, wie die Pygmäen auch genannt werden, anscheinend ursprünglich nicht.

Es wäre nun vollkommen verkehrt, aus der geschilderten grausamen Jagdweise der Pygmäen schließen zu wollen, daß diesen Urwaldjägern die bei anderen Völkern zu beobachtende Ehrfurcht vor der Natur im allgemeinen und der Tierwelt im besonderen fehlt. Eher das Gegenteil ist der Fall. Der Wald ist ihnen heilig, und die Zerstörung des Waldes, die sie täglich erleben, ist für sie gleichbedeutend mit der Zerstörung der Welt – eine Vorstellung, die heute keineswegs primitiv, sondern aktueller denn je anmutet. Ein besonderes Wesen ist für sie der Leopard, ein Mittler zwischen Jäger und Wild; Leopardentänzer bemalen sich mit weißen Tupfen, um selber Leoparden zu werden und von ihnen erfahren zu können, wo das Wild sich aufhält und welchen Pfaden sie folgen müssen. Der Riesenpangolin, ein Schuppentier, ist ihr Waldgeist, der Quell des Lebens, der sie auch lehrte – durch die Anordnung seiner Schuppen –, sich aus Blättern zum Schutz gegen die oft heftigen und lang andauernden Regenfälle Hüttendächer zu bauen. Dem Gorilla bringen sie Opfer dar, um ihn von möglichen Angriffen auf ihre Jagdlager abzuhalten. Am Abend vor einem Jagdzug werden die Schutzgötter der Tiere um Verständnis und Versöhnung gebeten, um Gleichgewicht und Harmonie im Zusammenleben mit der Natur und ihren Geschöpfen zu erhalten. Mehr als nur instinktiv wissen die Pygmäen, daß sie die Natur zum Leben brauchen, daß sie ein Teil der Natur sind – wie wir alle, die wir dies so oft vergessen oder nicht wahrhaben wollen.

Wohl schon seit Christi Geburt ist der Lebensraum der kleinen Jäger gefährdet. Akkerbauende Negervölker drängten in ihre Jagdgebiete, rodeten den heiligen Wald; für viele, längst vergessene Stämme bedeutete dies die Ausrottung, zumindest die Unterdrückung, Versklavung und allmähliche Ver-

Pygmäe im Regenwald von Zaire – auf der Jagd mit Pfeil und Bogen (Foto: Klaus Paysan / Bildarchiv Paysan, Stuttgart)

schmelzung. Andere lebten und leben heute noch in einer Art von Symbiose mit den seßhaften Stämmen, tauschen ihre Jagdbeute ein und verrichten auch andere Arbeiten auf den Pflanzungen. Sie werden dafür mit Werkzeugen und Töpferwaren, aber auch mit Salz, Reis, Maniok, Bohnen und anderen Lebensmitteln entlohnt. Diese Symbiose führte aber teilweise, insbesondere bei den nahe der ostafrikanischen Seen mit den Hima lebenden Twa, zu einer starken Vermischung mit den Negervölkern und damit zum Verlust der ethnischen Eigenständigkeit. Aber auch soweit diese, wie bei den Bambuti, noch gewahrt ist, liegt die Zukunft der kleinen Menschen im Dunkel. Ihre Anpassungsfähigkeit an ein anderes Leben als das eines Jägervolkes ist offensichtlich so gering, daß wohl nur Reservationen ihren Fortbestand sichern können.
Kleinwüchsige Jäger- und Sammlerstämme gab und gibt es auch außerhalb des afrikanischen Kontinents, der im Rahmen dieser Abhandlung nun verlassen werden soll. So war Madagaskar vor der Einwanderung indonesischer Völkerschaften von den Quimos oder Kimos, den Beosi und den Mikea bewohnt, die in der spärlichen Literatur über diese Völker zumeist Vazimba genannt werden. Inzwischen sind sie fast vollkommen in den Sakalaven, der mit den Negern verwandten Bevölkerung des Westteils der Insel, aufgegangen.
Kleinwüchsige Jäger und Sammler finden sich auch auf den Philippinen. Erst im Jahre 1971 wurden dort, auf der Insel Mindanao, die Tasaday entdeckt. Schon länger bekannt waren die Aeta auf Nordluzon und die Battak auf Palawan. Beide Stämme haben inzwischen von ihren Nachbarn den Feldbau und die Kleintierzucht gelernt und übernommen.

In den Wäldern Indiens und Südostasiens

Die Heimat zahlreicher Jägervölker war und ist teilweise noch der indische Subkontinent. Die Bhil sind mit etwa zweieinhalb Millionen Menschen der drittgrößte Volksstamm Indiens, und ihr Name, mit dem sie sich allerdings nicht selbst bezeichnen, leitet sich von bil her, was soviel wie Bogen heißt, und soll auf ihre herausragenden Künste als Bogenschützen hinweisen. Ein Jägervolk im eigentlichen Sinne waren und sind sie aber nicht, sondern vielmehr sehr erdverbundene Menschen, die einen Baumkult pflegen und alles verehren, was wächst und lebenserhaltend ist.
Überwiegend als Jäger und Sammler hingegen leben heute noch die Chenchu im Bundesstaat Andhra Pradesh; nur wenige von ihnen bebauen Land, da sie vorwiegend das Hochland bewohnen. Erwähnenswert sind ihre Tänze, mit denen sie vor allem Jagdgeschichten zur Unterhaltung der Zuschauer vorführen, sowie ihre Kunst, Pfeile so in die an unzugänglichen Felswänden hängenden Waben der Wildbienen zu schießen, daß der Honig längs einiger am Pfeil befestigter Fäden herabtropft und in Bambusgefäßen und Kürbishälften aufgefangen werden kann.
Auch die Kharia in den Bundesstaaten Orissa und Bihar betreiben nur in sehr geringem Umfang Brandrodungsbau und leben überwiegend von den Erträgen des Jagens und Sammelns. Etwa gleiche Verhältnisse gelten für die Kurychia, die abgeschlossen in den westlichen Ghats leben. Die Jagd spielt bei diesem Volk eine derart gewichtige Rolle, daß sie sogar in gerichtlichen Verfahren zur Herbeiführung eines Gottesurteils herangezogen wird. Ein Angeklagter, der seine Unschuld beteuert, sie aber nicht beweisen kann, muß, nur mit Pfeil und Bogen ausgerüstet, das Dorf und das Stammesgebiet für ei-

ne festgelegte Zeit verlassen. Kehrt er mit den Zeichen gehörigen Jagderfolgs zurück, soll seine Unschuld damit bewiesen sein. Pfeil und Bogen sind bei den Kurychia auch Zeichen der männlichen Würde und werden besonders am jährlichen allgemeinen Jagdtag in der letzten Oktoberwoche zur Schau getragen.

Sri Lanka ist eine jener Inseln der Welt, auf denen sich lange, bis zum Zeitpunkt der europäischen Einwanderung oder gar bis in die Gegenwart, jägerische Kulturen erhielten. Der Grund für solche Entwicklungen, besser gesagt, fehlende Entwicklungen, liegt mit dem mangelnden und schwierigen Kontakt zu Völkern auf benachbarten Inseln oder auf dem Festland auf der Hand. Bei den Weddas, einer eigenständigen Bevölkerungsgruppe in den Dschungelgebieten des nordöstlichen Sri Lanka, sagt schon der Name aus, was ihre Nachbarvölker in ihnen sahen: „veddha" oder auch „vyadha" ist ein Wort aus dem Sanskrit und heißt „Jäger". Diese Menschen gelten vielen Völkerkundlern als unmittelbare Nachfahren des Cro-Magnon-Menschen, des europäischen Eiszeitmenschen. Dafür sprechen Funde, die für die Vorzeit eine Verbreitung der Weddas nicht nur über ganz Indien und den malayischen Archipel, sondern auch über Mesopotamien, Kleinasien und Ostasien beweisen. Auch mit den australischen Ureinwohnern besteht zumindest eine kulturelle Verwandtschaft. So erscheint die Behauptung nicht übertrieben, daß das Volk der Weddas, heute verschwindend klein und dazu noch zunehmend in den Tamilen und Singhalesen aufgehend, die Nachfahren der sich über alle Welt ausbreitenden eiszeitlichen Jäger repräsentiert.

Die Waffe der Weddas war der Bogen; aber nicht nur Waffe, sondern auch Kultgegenstand, Bewahrer einer schützenden Kraft. Die Bögen waren zum Teil so stark, daß sie nur mit Hilfe der Beine, auf dem Rücken liegend, gespannt werden konnten. Die Weddas kannten auch Giftpfeile und hielten verschiedene Hunderassen als Jagdgehilfen. Die Jagd ging keineswegs regellos vonstatten. Wildhühner, Affen und auch Schlangen, die sie kultisch verehrten, wurden nicht gejagt. Die Jagdgebiete, „paguwa" genannt, wurden zur Besitzkennzeichnung mit Pfeilen abgesteckt und in halbjährlichem Turnus gewechselt.

Neben den Weddas waren auf Sri Lanka noch die Pannikiyas oder Panikis als Jäger bekannt, und zwar vor allem als Elefantenjäger. Schon *Brehm* erwähnt, daß dieses Volk, das die Dörfer im Norden und Nordwesten der Insel bewohnt, seit mehreren hundert Jahren wegen seiner Jagdkunst in hohem Ansehen steht. Er beschreibt sie als hervorragende Fährtenleser, die unmerkliche Zeichen erkennen, und als kluge und mutige Jäger. „. . . sie wissen mit den Elefanten zu machen, was sie wollen. Sie setzen sie in Angst, in Wut, wie es ihnen eben erwünscht ist. Ihre einzige Waffe ist eine feste und dehnbare Schlinge aus Hirsch- oder Büffelhaut, welche sie, wenn sie allein zum Fang ausziehen, dem von ihnen bestimmten Elefanten um den Fuß werfen. Dies geschieht, indem sie ihm unhörbaren Schrittes auf seinem Wege folgen und im günstigen Augenblick die Schlinge um den Fuß werfen oder selbst, wenn er ruhig steht, um ein Bein hin- und herschlingen. Wie sie es anstellen, unbemerkt an das so furchtsame Thier heranzukommen, ist und bleibt ein Räthsel. Und während der Eine die Schlinge um den Fuß legt, schlingt sie der Andere bereits an einem Baume fest, und sollte kein solcher in der Nähe sein, so erzürnt der Eine den Elefanten und lockt ihn nach einer Baumgruppe hin, um deren stärksten Stamm dann der Andere den Strick befestigt und dadurch die Verfolgung endet. Der gefangene Elefant ist natürlich rasend, aber die Fänger wissen ihm zu begegnen. Sie kennen ihn genau und zähmen ihn schon in verhältnismäßig kurzer Zeit.

Zuerst gebrauchen sie alle Schreckmittel: brennendes Feuer, Rauch u. dergl.; dann lassen sie ihren Gefangenen hungern und dürsten, gönnen ihm keine Ruhe und ängstigen und matten ihn ab, so viel als möglich. Später ändern sie ihr Betragen vollständig um und erweisen ihm nur Liebes und Gutes. Kurz und gut, sie wenden hier unbeschreibliche Künste an, und es gelingt ihnen nach wenigen Monaten, ihren anfangs rasenden Zögling zu einem ihrem Willen unterwürfigen Geschöpf umzuwandeln. Ein Europäer ist gar nicht im Stande, diesen Leuten auf derartigen Zügen zu folgen – er würde Alles verderben –, und muß sich also mit Hörensagen begnügen . . ."

Anschließend bringt *Brehm* über viele Seiten einen lesenswerten Bericht über den Fang von Elefanten mit Hilfe eines riesigen Korrals aus Baumstämmen, eine Fangart, die von den Pannikiyas noch heute ausgeübt wird. Auch die Schlingenfalle wird heute noch zum Elefantenfang verwendet, ein starkes Seil, das um ein elefantenfußgroßes Loch im Boden gelegt und durch ein zweites, dünnes Seil zugezogen wird, sobald der Elefant hineintritt und einen Mechanismus aus Hölzern und einem steingefüllten Sack auslöst.

Auf anderen Inseln des südostasiatischen Raumes haben sich ebenfalls Jäger- und Sammlerkulturen bis in die Neuzeit erhalten, und ihre Bewohner gelten zum Teil noch heute, lange nach Aufgabe der jägerischen Lebensweise, als Spezialisten für besondere Jagdarten. Ein reines Jägervolk lebte bis zur Erschließung der Inseln auf den Andamanen, einer kleinen Inselgruppe westlich des malayischen Archipels. Von diesem inzwischen so gut wie ausgestorbenen Volk ist nur bekannt, daß Pfeil und Bogen ihre einzige Waffe waren, die sie sowohl zur Wildschweinjagd als auch zum Fischfang benutzten. Weiter südlich, auf Sumatra, sind noch heute die Pawangs als Fallensteller berühmt. Neben zahlreichen Arten von Kasten- und Schlingenfallen für Tiger, Affen und Vögel haben sie einen Nashornspeer entwickelt, der aus etwa zehn Metern Höhe auf das Tier herabfällt und den schweren Körper glatt durchbohrt. Eine ähnliche Waffe fand *Livingstone* am oberen Nil für die Flußpferdjagd.

Auf Sumatra sollen sich die Jäger früher auch dem Nashorn in der Suhle genähert haben, um sodann eine Menge brennbares Material über ihm aufzuhäufen, dieses anzuzünden und das Tier sogleich nach dem Ersticken zu braten. Mit diesem Bericht zitiert *Brehm* das „Journal of the Indian Archipel", schreibt aber gleich dazu: „Es gehört freilich ein guter Glaube dazu, solche Angaben für wahrscheinlich zu halten. Ich erwähne es blos, um zu zeigen, was für Fabeln noch heutigen Tages über das sonderbare Geschöpf gang und gäbe sind."

Jägervölker gab es noch im Bereich der Länder Thailand, Kambodscha, Laos und Vietnam. Die vom Aussterben bedrohten Phi Tong Luang, die „Geister der gelben Bananenblätter", lebten noch bis vor wenigen Jahren in den Bergwäldern Nordthailands von Pflanzen, Wurzeln, Honig und der Jagd auf Kleintiere. Die im Grenzland zu Laos lebenden Gruppen nennen sich selbst Waldleute, Yumbri. Ihre Jagdwaffe war der Speer, als Jagdhelfer hielten sie Hunde, die teilweise auch auf das Aufspüren eßbarer Wurzeln abgerichtet waren. Nur für wenige Tage waren ihre Behausungen, einfache Windschirme aus Bananenblättern, als Unterschlupf geeignet, dann zogen sie ohnehin weiter, hinterließen nur die Schirme aus den inzwischen gelb gewordenen Blättern.

Die übrigen Völker dieses Gebietes, in der Hauptsache zur großen Gruppe der Taivölker gehörend, sind vom Ursprung her Bauern und Viehzüchter, die Jagd spielte bestenfalls eine Rolle zur Nahrungsergänzung. Gleiches gilt für die Montagnards, wie die Bergvölker in Laos, Südvietnam und dem östlichen Kambodscha noch aus der Zeit der französischen Kolonialherrschaft genannt werden, und für die zahlreichen anderen Völker des südlichen und östlichen Asiens.

Feldbau, gelegentlich kombiniert mit Viehzucht, überwog auch auf den Sundainseln, auf Neuguinea, den gesamten Inseln des Stillen Ozeans und auf Neuseeland.

Die Dayaks, die bis vor wenigen Jahrzehnten als Kopfjäger berüchtigten Ureinwohner Borneos, waren vor allem Reisbauern. Die Jagd spielte bei den über 300 Stämmen, die in einige Dutzend verschiedene Völker aufzuteilen sind, kaum eine erwähnenswerte Rolle. Als Waffe für den Kampf kannten sie, was immerhin von Interesse ist, das Blasrohr. Auch für die Papuas auf Neuguinea war die Jagd als wirtschaftlicher Faktor von geringer Bedeutung; wilde Schweine wurden mit Gruben und Fallen sowie mit Hilfe von Hunden bejagt. Die ebenfalls dort lebenden Melanesier jagten Kasuare und Paradiesvögel, um die Federn für ihren farbenprächtigen Kopfputz zu verwenden. Als Waffen waren überall Pfeil und Bogen sowie Speer bekannt, auf zahlreichen Inseln wurde zum Vogelfang auch eine Art von Bola verwendet.

Die Vorfahren der neuzeitlichen Maori auf Neuseeland, die archaischen Maori, werden in der Literatur häufig als „Moajäger" bezeichnet, weil Anzeichen darauf hindeuten, daß sie überwiegend von der Jagd auf den Moa, einen großen Laufvogel, lebten. Nach dem Aussterben des Vogels, bereits im 13. Jahrhundert, wurden Bodenbau und Fischfang zur Lebensgrundlage.

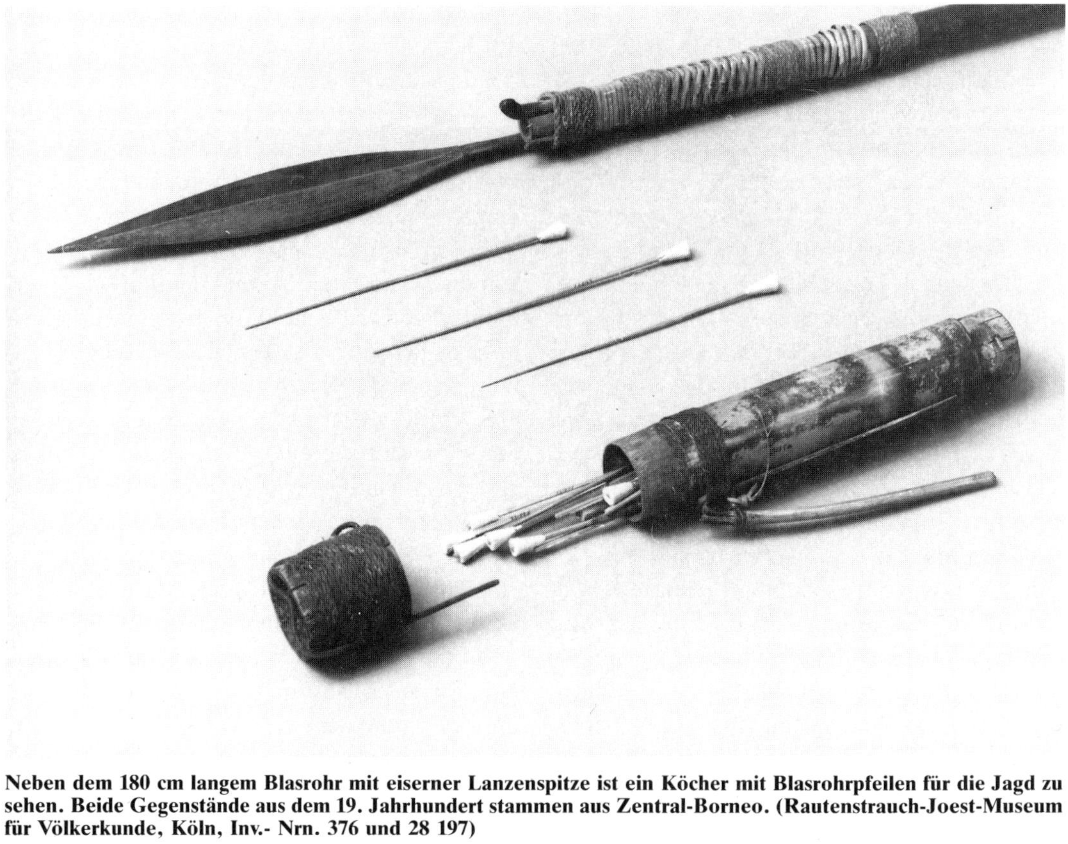

Neben dem 180 cm langem Blasrohr mit eiserner Lanzenspitze ist ein Köcher mit Blasrohrpfeilen für die Jagd zu sehen. Beide Gegenstände aus dem 19. Jahrhundert stammen aus Zentral-Borneo. (Rautenstrauch-Joest-Museum für Völkerkunde, Köln, Inv.- Nrn. 376 und 28 197)

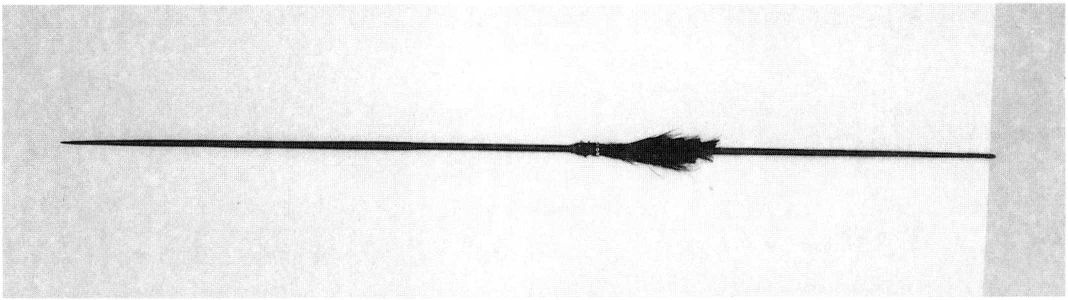

Aus schwerem, dunklem Hartholz ist dieser Speer aus Melanesien/Neu-Guinea gefertigt. Die aus dem 19. Jahrhundert stammende Waffe trägt als Verzierung ein einfaches Ritzmuster. (Oberhessisches Museum Gießen)

Gänzlich andere Verhältnisse als im übrigen pazifischen Raum herrschten vor Beginn der Einwanderungen in Australien mit seiner kleinen Nachbarinsel Tasmanien. Der gesamte Kontinent nebst der Insel wurde, als Abel Tasman und mehr als 100 Jahre später James Cook seine Küsten anliefen, von einer Bevölkerung bewohnt, die sich ausschließlich von Jagen, Sammeln und Fischfang ernährte. Die Australier, nach dem englischen Sprachgebrauch meist „Aborigines" und manchmal in deutsch völlig irreführend und falsch „Australneger" genannt, gelten, gleich den Weddas auf Sri Lanka, als unmittelbare Nachfahren späteiszeitlicher Jägervölker; kulturelle Gemeinsamkeiten mit den Weddas sind erkennbar und lassen auf einen in ferner Vergangenheit liegenden gemeinsamen Ursprung schließen. Trotz der ungeheuren Weite des Kontinents, der mit über 7,6 Millionen Quadratkilometern mehr als dreißigmal so groß ist wie die Bundesrepublik Deutschland, ist eine erstaunlich einheitliche Kultur der australischen Völkerschaften dokumentiert.

Die Bebauung des Bodens war offenbar so gut wie unbekannt, auch die Töpferei und Metallurgie. Als Jagdwaffen waren Speer und Speerschleuder bekannt, berühmt jedoch wurde als Waffe der Australier der bereits erwähnte Bumerang, die – unter bestimmten Voraussetzungen – zum Werfer zurückkehrende Wurfkeule. Der eigentliche Bumerang, der wiederkehrende „parkan", „knili" oder „wagno", um die Bezeichnungen in einigen australischen Sprachen zu nennen, wurde jedoch als Jagdwaffe kaum verwendet. Pfeil und Bogen waren, wie auch schon kurz angesprochen, nur in einem kleinen Gebiet im Norden des Kontinents in Gebrauch. Schon *James Cook* bemerkt dies in seinen Reiseberichten und erwähnt das Fehlen dieser Waffen auf dem übrigen Kontinent und auf Tasmanien. Dies verneint Verwandtschaftsbeziehungen zu den pygmiden Menschen, die den Bogen doch, wie es scheint, seit undenkbar langen Zeiten kannten. Jagd – und auch Fischfang – bildeten bei den Australiern vermutlich nur einen verhältnismäßig geringen Teil der Ernährungsgrundlage, die vor allem aus pflanzlicher Nahrung, wie Wurzeln, Knollen, Beeren, Früchten, Blättern und Samen, bestand. Ob das Sammeln kleinerer Tiere, wie z.B. Eidechsen und kleinen Nagern, auch als Jagd oder eben nur als Sammeln zu bezeichnen ist, bildet einen der Streitpunkte zum Thema der urzeitlichen Jagd – und damit der Jagd solcher Völker, die im Stadium der Alt- oder Mittelsteinzeit lebten – überhaupt.

Größere Stammesverbände gab es anscheinend nicht, die Australier lebten wohl, vor allem wegen des Nahrungsmangels, in relativ kleinen Horden zusammen, wobei mehrere Horden oft einen zusammenhängenden Stamm bildeten. Ihre sittlichen und religiösen Ordnungen stimmten mit ihrer eigentlich primitiven Lebensweise nicht überein. Ihre

Zwei Typen von Speerschleudern zeigt dieses Foto: Unten eine hözerne Dornspeerschleuder aus Australien, bei der der Speer mit Hilfe des Zapfens gehalten wird, oben eine Muldenspeerschleuder aus Bambus; bei diesem Stück aus Neu-Guinea wird der Speer in eine Längsrille mit einer Höhlung am Ende gelegt. (Rautenstrauch-Joest-Museum für Völkerkunde, Köln, Inv.-Nrn. 4.713 und 13.481)

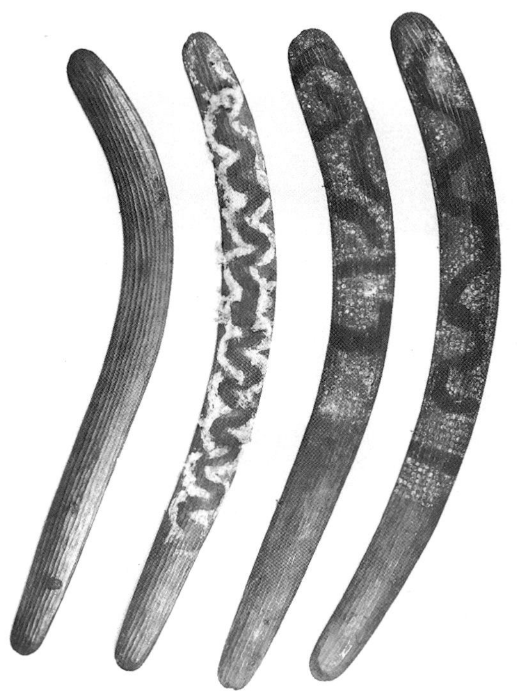

Nur der linke dieser vier Bumerangs aus Zentral-Australien war ein Sportbumerang und kehrte zum Werfer zurück. Die anderen wurden im Kampf, bei Zeremonien oder auch auf der Jagd eingesetzt; die Verzierungen symbolisieren Schlangen und eßbare Larven. (Linden-Museum, Staatliches Museum für Völkerkunde, Stuttgart)

Heiratsordnung war überaus kompliziert und ihre Religion von außerordentlich zahlreichen Mythen bestimmt. Heute, um es vorwegzunehmen, bilden die Aborigines eine absolute Randgruppe in der Bevölkerung Australiens. Nach einem nur mit den Indianern vergleichbaren Schicksal während der Kolonialisierung müssen sie mit wesentlich schlechteren Ausbildungschancen und einer daraus resultierenden Arbeitslosigkeit leben. Ihre Reservationen werden verkleinert, wirtschaftlich genutzt oder gar aufgelöst, die meisten leben heute als „stock boys", als Viehtreiber, und die Kriminalitätsrate, bedingt durch Alkoholismus, ist hoch. Das Schicksal eines Jägervolkes in unserer Zeit: ein Leben ohne Hoffnung?

Von der Jagd der Aborigines wird in der Literatur nicht allzu ausführlich berichtet. Wie alle ursprünglichen Jägervölker kannten sie die Verfolgungsjagd bis zur Ermattung des Wildes. Auf Känguruhs veranstalteten sie auch Feuertreibjagden und Treibjagden in zwei Gruppen, von denen die eine sich in den Hinterhalt legte, die andere sich an die Tiere heranschlich, um sie den versteckten

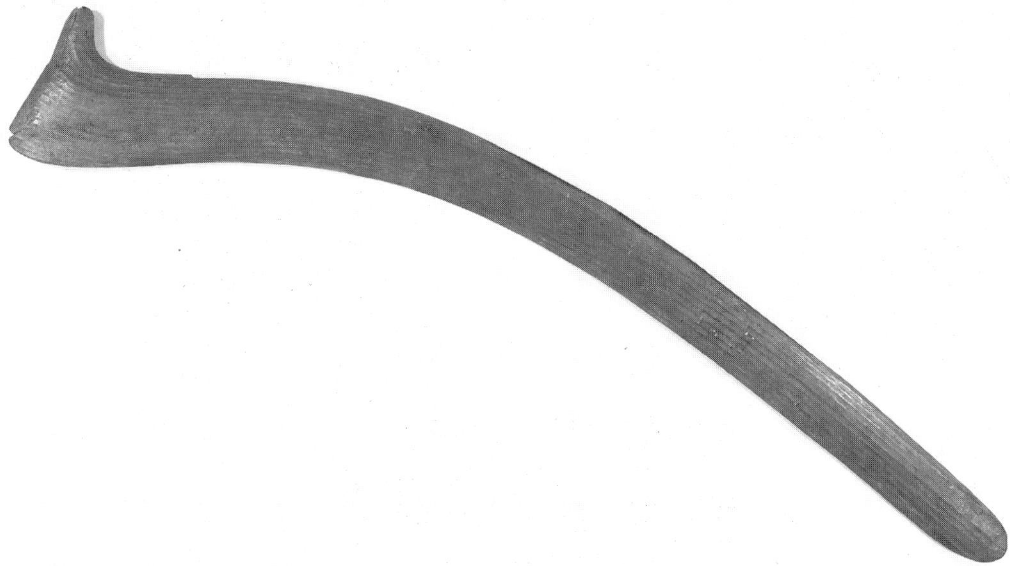

Dieses Schnabelwurfholz wurde von den Jägern und Kriegern des Aranda-Stammes am Finke-River in der Mitte Australiens „ilbagata" genannt und sowohl auf der Jagd als auch im Kampf verwendet. (Oberhessisches Museum Gießen)

Jägern zuzutreiben. Das Fleisch der großen Beuteltiere war sehr begehrt, und aus ihrem Fell wurden, namentlich im Süden des Inselkontinents, Umhänge gemacht. Der Koala wurde ebenfalls wegen seines Fleisches gejagt, bis in die höchsten Bäume hinauf verfolgt und von dort herabgeworfen oder gleich erschlagen. Zur Entenjagd tauchten die Jäger unter, atmeten durch ein pflanzliches Rohr und ergriffen vorbeischwimmende Enten an den Füßen, zogen sie unter Wasser und ertränkten sie so. Beliebte Jagdbeute waren auch der Emu, der australische Strauß, der Kasuar, verschiedene Hühner, Schildkröten, Schlangen und Echsen aller Art, im Norden das australische Krokodil. Der Dingo, der bekannte Wildhund, wurde vereinzelt auch zur Jagd abgerichtet; nach Meinung einiger Forscher ist der Dingo überhaupt als Begleiter der Menschen gegen Ende der Eiszeit aus Südostasien nach Australien eingewandert. Auf der Nachbarinsel Tasmanien waren allerdings zahme Hunde, nach dem wenigen, was man von den Tasmaniern weiß, nicht bekannt.

Wie andere Jägervölker, die mit besonders kärglichen Lebensumständen fertig werden mußten, hatten auch die Australier strenge Regeln für die Verteilung der oftmals spärlichen Jagdbeute; kein Mitglied der Gruppe ging leer aus. Diese „soziale Einrichtung" einiger bestimmter Jägervölker wurde im Zusammenhang mit der Jagd bei den Eskimos ausführlich dargestellt.

In der Religion und Mythologie der Australier zeigt sich die vielen Jägervölkern eigene tiefe Naturverbundenheit. Zahlreiche kultische Handlungen, wie die Korrobori, die Gruppentänze mit Klangholzbegleitung, waren der Erhaltung lebenswichtiger Tier- und Pflanzenarten gewidmet. Wesen mit schöpferischer Lebenskraft geisterten durch ihre Glaubenswelt und hatten ihre Wohnsitze in den lebensspendenden Bäumen, in Tümpeln

Aus Zentral-Australien, vom Aranda-Stamm am Finke-River, stammt dieses als „ntjerkinta“ bezeichnete Messer aus Quarzit. Es stammt aus dem 19. Jahrhundert und diente sowohl als Werkzeug zum Zerlegen des Wildes als auch als Waffe im Kampf.

und Teichen, die in den Wüsten und Halbwüsten ebenfalls von existentieller Bedeutung waren, sowie in kultisch bedeutsamen Felsformationen. Der Ayers Rock, der größte Monolith der Erde, stellt das berühmteste der Heiligentümer der Australier dar. In den Wänden des riesigen Sandsteinbrockens sind auch Beispiele australischer Kunst zu finden, die ebenfalls zum großen Teil als das Ergebnis kultischer Handlungen mit dem Ziel der Erhaltung und Vermehrung der Wildbestände zu sehen ist. Das gesamte überlieferte Geistesleben der Australier weist darauf hin, daß sie sich ständig bewußt waren, nur ein Teil der Natur zu sein und ihrer zu bedürfen, um leben und überleben zu können.

Vielleicht ist es dieses Wissen, das viele Angehörige alter und heute noch existenter Jägerkulturen hinderte und hindert, sich in der neuen Welt zurecht- und mit einem Leben abzufinden, in dem der Natur und ihren Geschöpfen nicht der Rang eingeräumt wird, der Tausende von Jahren den Lebensrhythmus dieser Völker bestimmt hat. Vielleicht ist es die tiefe, mit noch so schönen Worten nicht zu beschreibende Verbundenheit mit der Natur, die kein „moderner“ Mensch, kein „Kulturmensch“ empfinden kann, die jene braunen, schwarzen, roten und gelben Völker anders erscheinen ließ, sie letztlich zu „kulturlosen“ und „unzivilisierbaren Wilden“ abstempelte, denen nichts anderes beschieden sein konnte als Verdrängung, schließlich, bei mangelnder oder offensichtlich zu langsamer Anpassung, die Vernichtung. Selbst geistig hochstehende Menschen empfanden doch die Ermordung von Eingeborenen als natürlich, ja, als gottgewollt. Zahllose Beispiele für eine solche Haltung, für das Morden „guten Gewissens“ sind aus Amerika, aus Afrika und schließlich auch aus Australien und Tasmanien bekannt. Die Tasmanier, die nur Holzspeere und Keulen als Waffen kannten, waren schon weniger als 200 Jahre nach der

Aus europäischem Glas wurde diese Speerspitze von einem australischen Eingeborenen gefertigt und stellt einen erstaunlichen Beweis für die Fähigkeit dar, mit steinzeitlichen Techniken auch mit einem nicht weniger als „steinzeitlichem" Material beeindruckende Arbeitsergebnisse zu erbringen. (Oberhessisches Museum Gießen)

Entdeckung der Insel fast alle tot, die letzte Tasmanierin starb 1877 als bestaunte anthropologische Rarität.

Weniger denn je passen Jägervölker in unsere heutige Welt. Hart bedrängt und stark bedroht, vor allem durch die „Erschließung" und die damit verbundene Zerstörung ihres Lebensraumes, sind die wenigen, die inmitten einer von Gewinnstreben und technischer Perfektion beherrschten Welt versuchen, ihr Leben nach der überlieferten Weise ihrer Ahnen fortzuführen. Die meisten haben, um überleben zu können, sich anpassen und ihre Lebensweise gründlich verändern müssen. Einige wenige, namentlich Völker des hohen Nordens, können auch nach ihrer Einbindung in das Wirtschaftsgefüge der Zivilisation noch weitgehend von der Jagd und ihren Erträgen leben.

Doch sie sind Randgruppen, die letzten Jägervölker dieser Erde, und die Geschichte, in deren Darstellung nun fortgefahren werden soll, zeigt auf, wie bald schon Kultur und Fortschritt die jagenden Völker zu Randgruppen der menschlichen Gesellschaft machten.

Von Giftpfeilen und Schrumpfköpfen – Völkerkundemuseen in Deutschland

Die nunmehr fast völlig untergegangene Welt der jagenden Ureinwohner ferner Kontinente läßt wohl niemanden unberührt, der sich für Jagd und Jagdgeschichte interessiert. Nur an wenigen Stellen der Erde bietet sich heute noch die Möglichkeit, vor Ort einen annähernden Eindruck davon zu erhalten, wie die sogenannten Naturvölker einst lebten und jagten, und die Tage dieser letzten rezenten Jägervölker sind gezählt. So werden bald nur noch die Völkerkundemuseen dem Interessierten einen Einblick in die Welt der Indianer und Eskimos, der Pygmäen und Buschmänner, der Kopfjäger und Aborigines erlauben, und wer die Fahrt in die entlegensten Gebiete der Welt scheut und dennoch etwas von jenen Völkern erfahren möchte, ist schon heute auf den Besuch dieser Museen angewiesen.

Annähernd zwanzig Museen in Deutschland sind entweder als reine Völkerkundemuseen zu betrachten oder haben doch zumindest einen gewichtigen Teil ihrer Ausstellungskapazität ethnologischen Exponaten eingeräumt. Eines der ältesten befindet sich in Berlin; als Grundstock diente die Raritätensammlung des Großen Kurfürsten, der schon im 17. Jahrhundert süd- und ostasiatische sowie brasilianische Stücke sammelte. Heute werden in neun Abteilungen sämtliche Kulturen der Welt in äußerst ansprechender Weise, die auch jugendliche Besucher und Kinder anlockt, dargestellt.

Als eine der wichtigsten völkerkundlichen Sammlungen der Bundesrepublik gilt das Rautenstrauch-Joest-Museum für Völkerkunde in Köln, das bedeutende Exponate aus allen Bereichen der außereuropäischen Kulturen in Vergangenheit und Gegenwart ausstellt. Mit etwa 300.000 Ausstellungsstücken zählt das Münchener Staatliche Museum für Völkerkunde unter diesem Gesichtspunkt zu den größten des Landes; allerdings werden nicht alle Stücke gleichzeitig, sondern in wechselnden Sonderausstellungen gezeigt. Schwerpunkte sind Ost- und Südostasien, Indien, Mittel- und Südamerika sowie Schwarzafrika. Das Linden-Museum als Staatliches Museum für Völkerkunde in Stuttgart war einst eine der wichtigsten Sammlungen Mitteleuropas und ist auch heute noch unter die bedeutensten Völkerkundemuseen einzustufen. Die Amerika-Abteilung enthält die berühmten Sammlungen des Prinzen zu Wied und des Paul-Wilhelm von Württemberg, die beide mehrfach Reisen in den damals noch unerforschten Westen der Vereinigten Staaten unternahmen.

Südamerika bildet einen gewissen Ausstellungsschwerpunkt in der Archäologisch-ethnographischen Lehr- und Studiensammlung des Seminars für Völkerkunde der Universität Bonn; aber auch die Völker der Südsee und Australiens haben ihren Platz. Seeleute trugen den Grundstock für das Museum für Völkerkunde der Christian-Albrechts-Universität in Kiel zusammen, das darüber hinaus eine bedeutende Zulusammlung beherbergt. Die Museen für Völkerkunde in Frankfurt am Main, Freiburg im Breisgau, Hamburg, Hannover und Leipzig, die jeweils umfangreiche und umfassende Sammlungen zeigen, sollen hier nur kurz erwähnt werden; dies ist keineswegs als Abwertung zu betrachten, jedoch würde die Aufzählung ihrer Ausstellungsinhalte nur zu Wiederholungen führen. Gleiches gilt für das Völkerkunde-Museum der von Portheim-Stiftung in Heidelberg und die Völkerkundliche Sammlung in Marburg, die von dem bekannten Ethnologen Prof. Dr. Horst Nachtigall geleitet wird und besonders viele Waffen zeigt.

Die Völkerkundliche Sammlung der Universität in Göttingen erhält eine internationale Bedeutung durch alte Sammlungsbestände aus dem 18. Jahrhundert. Weltberühmt sind die Sammlungen von Cook und Forster aus der Südsee, aber auch des Barons von Asch aus Sibirien und den Grenzgebieten zwischen Asien und Amerika.
Eine gewisse Sonderstellung nimmt auch das Museum für Völkerkunde in Witzenhausen ein; seine Gründung geht auf die frühere Deutsche Kolonialschule in Witzenhausen zurück, und so stammen die meisten Exponate aus den ehemaligen deutschen Kolonien; aber auch Ausstellungsstücke aus anderen Regionen der Dritten Welt sind zu sehen, und eine besondere Darstellung befaßt sich mit den Tuaregs der Sahara. Nicht vergessen werden soll auch die Abteilung Vor- und Frühgeschichte und Völkerkunde des Oberhessischen Museums in Gießen, die sich nicht nur mit den eigentlichen Naturvölkern, sondern auch mit den frühen Hochkulturen befaßt.
Nicht zu den eigentlichen Völkerkundemuseen gehört das Überseemuseum in Bremen; gleichwohl enthält es bedeutende völkerkundliche Sammlungen aus der Südsee, Asien und Afrika und stellt insbesondere auch völkerkundliche Fragen und Probleme der Gegenwart dar. Das Museum Natur und Mensch in Nürnberg, das sich auch der Geologie und der Vorgeschichte gewidmet hat, zeigt im Völkerkundesaal wertvolle Exponate aus Afrika, Zentralamerika, Sibirien und der Südsee.
Abschließend müssen noch drei Museen erwähnt werden, die ihrem Namen nach und auf den ersten Blick relativ wenig oder auch gar nichts mit Völkern zu tun haben. Die bedeutendste Sammlung aus dem Kulturgut der Indianer Nordamerikas beherbergt nämlich das Karl-May-Museum in Radebeul bei Dresden. Die völkerkundliche Ausstellung ist im Blockhaus „Villa Bärenfett“ im Garten der Villa „Shatterhand“, dem Wohnhaus des Schriftstellers, untergebracht. Auch das Karl-May-Museum in Bamberg beherbergt neben dem Arbeitszimmer und der Bibliothek Karl Mays eine nicht unbedeutende Indianistiksammlung. Mit dieser Welt und der der Eskimos, Sibirier und Lappen befaßt sich auch eine Sammlung im Deutschen Ledermuseum/ Deutschen Schuhmuseum in Offenbach, das daneben auch interessante Exponate aus Afrika und Asien zeigt.
Damit dürften die wichtigsten völkerkundlichen Museen und Sammlungen in Deutschland erwähnt sein. Es bleibt darauf hinzuweisen, daß diese Aufzählung keinerlei Anspruch auf Vollständigkeit erhebt und die Art der Erwähnung keinerlei Wertung darstellen soll. Sämtliche Angaben – bis auf die Angaben über das Karl-May-Museum in Radebeul – wurden dem Handbuch „Deutscher Museumsführer in Farbe“ entnommen, erschienen im Wolfgang Krüger-Verlag, Frankfurt am Main. Das nachstehende Verzeichnis enthält die im Text genannten Museen in alphabetischer Reihenfolge.

8600 Bamberg, Karl-May-Museum, Hainstr. 11, Tel. 0951/22262

1000 Berlin 33 (Dahlem), Museum für Völkerkunde, Arnimallee 27, Tel. 030/83011

5300 Bonn, Archäologisch-ethnographische Lehr- und Studiensammlung des Seminars für Völkerkunde der Universität, Regina-Pacis-Weg 7, Tel. 0228/737515

2800 Bremen, Überseemuseum, Bahnhofsplatz 13, Tel. 0421/3978357

6000 Frankfurt am Main 70, Museum für Völkerkunde, Schaumainkai 29, Tel. 069/ 2125391 und 2125755 (Kasse und Auskunft am Wochenende)

7800 Freiburg im Breisgau, Städtische Museen/Museum für Völkerkunde, Gerberau 32, Tel. 0761/2163324

6300 Gießen, Oberhessisches Museum/Abteilung Vor- und Frühgeschichte und Völkerkunde, Georg-Schlosser-Straße (Wallenfels-'sches Haus), Tel. 0641/3062477

3400 Göttingen, Völkerkundliche Sammlung der Universität, Theaterplatz 15, Tel. 0551/397892

2000 Hamburg 13, Hamburgisches Museum für Völkerkunde, Binderstr. 14, Tel. 040/44195505

3000 Hannover, Niedersächsisches Landesmuseum/Völkerkunde-Abteilung, Am Masch-park 5, Tel. 0511/883051

6900 Heidelberg, Völkerkunde-Museum der von Portheim-Stiftung, Hauptstr. 235 (Palais Weimar)

2300 Kiel, Museum für Völkerkunde der Christian-Albrechts-Universität, Hegewischstr. 3, Tel. 0431/5973620 und 5973601

5000 Köln, Rautenstrauch-Joest-Museum für Völkerkunde, Ubierring 45, Tel. 0221/311065

O-7010 Leipzig, Museum für Völkerkunde, Johannisplatz

3550 Marburg, Völkerkundliche Sammlung, Kugelgasse 10, Tel. 06421/283749

8000 München, Staatliches Museum für Völkerkunde, Maximilianstr. 42, Tel. 089/224844

8500 Nürnberg, Museum Natur und Mensch, Gewerbemuseumsplatz 4

6050 Offenbach, Deutsches Ledermuseum/Deutsches Schuhmuseum, Frankfurter Str. 86, Tel. 069/813021

O-8122 Radebeul 1, Karl-May-Museum, Karl-May-Str. 5, Tel. Dresden 73169

7000 Stuttgart, Linden-Museum/Staatliches Museum für Völkerkunde, Hegelplatz 1, Tel. 0711/20503222

3430 Witzenhausen, Museum für Völkerkunde, Steinstr. 19, Tel. 05542/3203

An der Schwelle einer neuen Zeit

An der Schwelle einer neuen Zeit

Die „neolithische Revolution“ – Jagd im Bedeutungswandel

Der Begriff der „neolithischen Revolution“ wird als solcher in der Literatur oftmals angegriffen und nicht anerkannt. Er ist dann irreführend, wenn man unter der Bezeichnung „Revolution“ einen plötzlichen Wechsel bestimmter, bis dahin vorherrschender Verhältnisse versteht. Aber schon die lexikalische Erläuterung bezeichnet auch die einem solchen Wechsel folgende langfristige Umwälzungs- und Umschichtungsphase als Revolution, und die möglichst direkte Übersetzung des Wortes läßt eine solche Deutung ebenfalls zu. Unter diesen Gesichtspunkten ist gegen eine Verwendung des Begriffes dann nichts einzuwenden, solange man sich darüber einig ist, daß diese Revolution ein Vorgang war, der sich über einen Zeitraum von – regional unterschiedlich – bis zu 7.000 Jahren hinzog.

Durchaus „revolutionäre“ Ereignisse, die solche langfristigen Umwälzungen und deren Ausbreitung einleiteten, sind dennoch nicht nur denkbar, sondern sogar sehr wahrscheinlich. Irgendwann einmal muß ein Mensch als erster auf den Gedanken gekommen sein, den Samen einer Pflanze zu sammeln und an geeigneter Stelle planvoll auszusäen. Irgendwann einmal muß ein Mensch als erster ein junges Wildtier an sich genommen haben, um es zu zähmen, zunächst von seinen Produkten zu leben und es dann eines Tages zu schlachten, um auf diese Weise ohne die Mühsal der Jagd an fleischliche Nahrung zu gelangen. Irgendwann einmal muß ein Mensch die anderen Mitglieder seiner Horde überzeugt haben, daß es möglich sein müßte, an einem Ort zu bleiben, nicht mehr auf der Suche nach Nahrung umherzuziehen und dennoch genug davon zu haben.

Es war sicherlich niemals nur ein einziger Mensch, der einen dieser „revolutionären“ Gedanken hatte, der sich dann über die ganze bewohnte Welt, die sich damals nur noch unwesentlich von dem heute bewohnten Teil des Erdballs unterschied, ausbreitete. Schon bei der Darstellung bestimmter waffentechnischer Entwicklungen konnte aufgezeigt werden, daß solche Erfindungen in weit voneinander entfernten Regionen der Welt fast gleichzeitig gemacht worden sind, und auch von späteren, „echt revolutionären“ Erfindungen, wie beispielsweise der Erfindung des Rades, ist dies bekannt.

Die Zeitspanne der „neolithischen Revolution“, der Aufgabe des nomadisierenden Jägerlebens und der Ausbreitung von Ackerbau und Viehzucht als Lebens- und Wirtschaftsgrundlage, war in den verschiedenen Regionen der Erde und bei den verschiedenen Völkern unseres Planeten von höchst unterschiedlicher Ausdehnung. Im vorigen Kapitel war von einigen wenigen Völkern die Rede, die noch heute im Stadium der Neusteinzeit leben oder gar dieses noch nicht einmal erreicht haben. Im Norden Mesopotamiens hingegen war wohl schon 6.000 oder 7.000 Jahre v. Chr. mit der Entwicklung der ersten Hochkultur der Menschheit die „neolithische Revolution“ abgeschlossen.

Es ist also bedenklich, den Zeitraum der Neusteinzeit einfach zwischen 10.000 und 3.000 v. Chr. anzusiedeln, wie dies in der Literatur oftmals geschieht. Man übersieht dabei zunächst – was manche Wissenschaftler allerdings mit voller Absicht tun – die bereits erwähnte Epoche des Mesolithikums, der

Mittelsteinzeit, die vielleicht tatsächlich in zahlreichen Kulturregionen nicht einwandfrei zwischen Paläolithikum und Neolithikum abgrenz- und erkennbar ist. Zumeist wird höchstens die Zeit zwischen etwa 10.000 und 8.000 v. Chr. als Mesolithikum bezeichnet. Diese Datierung ist aber nur für die Kulturländer des Nahen Ostens annehmbar, wo danach alsbald die ersten städtischen Siedlungen zu wachsen begannen. Für andere Regionen, wie etwa Europa, wäre die Mittelsteinzeit später anzusetzen; zum Teil wird in der Literatur der gesamte Zeitraum zwischen 8.000 und 4.000 v. Chr. als Mesolithikum des europäischen Raumes angesehen. Die Kulturen Nordeuropas, die Maglemosekultur und die der Küchenabfallhaufen, der „Kökkenmöddinger", gehören hiernach ebenso ins Mesolithikum wie die Kultur der ostspanischen Felskünstler. Tatsächlich weisen diese Bilder, die sich nicht in Höhlen, sondern auf Felswänden und unter Überhängen befinden, darauf hin, daß die Jagd im Leben der Menschen, die diese Bilder schufen, noch die beherrschende Rolle spielte. Auf die Felsbilder aus der Valltortaschlucht und anderen bekannten Fundorten Ostspaniens soll aber etwas später, im Zusammenhang mit der Jagdkunst des Neolithikums und der Bronzezeit, noch ausführlicher eingegangen werden.

Doch nicht nur die immer noch umstrittene Phase der Mittelsteinzeit kann bei einer Datierung der Neusteinzeit nicht von vornherein außer acht gelassen werden, sondern ganz allgemein bereitet eine solche Datierung wegen des unterschiedlichen Tempos der kulturellen Entwicklung in den vielschichtigen Regionen der Erde ganz erhebliche Schwierigkeiten, ob man nun dem Mesolithikum eine Bedeutung zumißt oder nicht.

Es kann jedoch für die Geschichte der Jagd nur von untergeordneter Bedeutung sein, ob ein Zeitalter der Mittelsteinzeit abgrenzbar ist, wann die Neusteinzeit nun wirklich begann und wie lange sie in den einzelnen kulturell unterschiedlichen Regionen der Erde andauerte, bis sie durch die Entwicklung früher höherer Kulturen beendet wurde.

Wichtig hingegen ist zunächst die Feststellung, daß sich mit dem Ende der Altsteinzeit – somit mit dem Beginn der Mittelsteinzeit, falls man diese akzeptiert – das Spektrum der Jagdbeute durch das Aussterben der eiszeitlichen Großtiere grundlegend änderte, was auch eine ebenso grundlegende Veränderung der Jagdmethoden zur Folge hatte. Der Jäger des Mesolithikums wurde bereits beschrieben, und wenn man nunmehr versucht, sich den Jäger des Neolithikums vorzustellen, gelangt man zu der Feststellung, daß sich hinsichtlich der Beutepalette, der Jagdwaffen und der Jagdmethoden wenig Unterschiede erkennen lassen. Der Bogen war die wichtigste und gebräuchlichste Waffe, daneben wurden Lanzen und Speere verwendet. Die weiter schwindende Bedeutung der Jagd durch die Nutzung anderer Nahrungs- und Erwerbsmöglichkeiten führte zu einer weiteren Verbreitung der Fallenjagd, die dem Jäger das Pirschen und den Ansitz ersparte. Fallgruben wurden für die Jagd auf Wisent und Auerochs verwendet, ansonsten aber gewannen kleinere Wildarten an Bedeutung, insbesondere Biber und Fuchs, Marder und – teilweise allerdings recht selten – der Hase. Möglicherweise bestand eine verbreitete Abneigung gegen das Wildbret des Hasen, wie es ja auch von den Lappen bekannt ist. Biber und Fischotter, aber auch Dachse und Füchse wurden mit Netzen gefangen. Der Vogelfang mit Netzen wurde ebenfalls üblich.

Ein zweites wichtiges Merkmal für die Jagdgeschichte des Meso- oder Neolithikums ist eben zum wiederholten Mal angesprochen worden: die schwindende Bedeutung der Jagd als Grundlage des Wirtschaftslebens und des Nahrungserwerbs. Aber auch in diesem Bereich ist eine keineswegs einheitliche Entwicklung zu beobachten. Die Untersuchung der Küchenabfälle in den Pfahlbaukulturen Süddeutschlands und der Schweiz ergab, daß wohl weniger als ein Fünftel des

Fleischbedarfs durch Wildbret gedeckt wurde. Aus den Dorfkulturen Nordskandinaviens hingegen ist eine rege jagdliche Tätigkeit durch Felszeichnungen überliefert. Selbst die Ausgrabungen in Jarmo, einer der ältesten Städte der Welt im östlichen Irak, die doch bereits eine nach-neolithische Epoche betreffen, zeigen, daß die Bewohner zur Ergänzung ihres Speisezettels noch überaus häufig ausgedehnte Jagdzüge unternahmen, und letztlich wurden auch in Jericho noch Überreste von wilden Schweinen und Rindern sowie Gazellen gefunden; einige Forscher vermuten jedoch, daß es sich hier auch um Handelsware, um von nomadisierenden Jägergruppen eingetauschtes Wildbret, gehandelt haben könnte.

Denn eine schwindende und zugleich sich wandelnde Bedeutung der Jagd in den Tausenden von Jahren zwischen dem Ende der Eiszeit bzw. der Altsteinzeit und dem Entstehen der ersten höheren Kulturen ist zweifelsfrei festzustellen. Schon die Ackerbauern in den ersten Phasen der „neolithischen Revolution" übten die Jagd häufig überwiegend zum Schutz ihrer Felder und Tierherden aus und kamen so zu einer anderen Einstellung zum freilebenden Wildtier und zur Jagd. Die gesellschaftlichen und politischen Entwicklungen aber führten nach und nach zu einem weiteren, tiefgreifenderen und bedeutungsvolleren Wandel im Sinn der Jagd.

Erste Kriege wurden geführt, Kriege, von denen heute kein Mensch mehr etwas weiß, die in keinem Geschichtsbuch erwähnt und verzeichnet sind. Kriege erbrachten Gefangene, und nicht lange dürfte es gedauert haben, bis zum ersten Mal die Sieger auf den Gedanken kamen, die Gefangenen als Arbeitskräfte einzusetzen um selber Zeit für andere, schönere Dinge zu haben. Die Sklaverei ist bereits aus den alten Kulturen Vorderasiens überliefert und in Ägypten seit etwa 2.300 v. Chr. nachweisbar. Auch ohne einen wissenschaftlichen Beweis spricht nichts dagegen, den Ursprung der Sklaverei schon einige tausend Jahre früher anzusetzen. Einer höheren Kulturstufe, die über den Stand der neolithischen Bauern und Viehzüchter hinausgeht, bedarf es dazu nicht. Beispiele aus Nordamerika und Afrika zeigen, daß Völkerschaften, deren Kulturstufe sich in etwa auf neolithischem Niveau bewegte, die Sklaverei wohl kannten, ja regelrecht „betrieben". Zunächst wurden nur Frauen und Kinder versklavt, um die Stämme und Familien zu vergrößern und, auch im Ansehen bei den Nachbarn, zu stärken. Dann wurden auch männliche Gefangene nicht mehr getötet, sondern als Arbeitskräfte genutzt. Es dauerte nicht lange, bis kein Stammesangehöriger mehr die gleichen Arbeiten verrichten wollte wie ein Sklave, und bald wurden Kriege nur zum Zwecke der Beschaffung von Sklaven geführt.

Es spricht vieles dafür, daß die Entstehung des Sklavenwesens von nicht zu unterschätzender jagdhistorischer Bedeutung ist. Die Sieger brauchten nun nicht mehr ihre Felder selbst zu bestellen, die Ernte einzubringen und das Vieh zu hüten. Auch auf die Sklaven brauchten sie bald nicht mehr aufzupassen, weil es auch dafür Sklaven gab. Sie hatten mehr Zeit, und es kam, schlicht gesagt, Langeweile auf. Möglichkeiten der Zerstreuung gab es wenige, immer und andauernd konnte keine Kriege geführt werden. Aber stets gerüstet mußte man sein und geübt im Gebrauch der Waffen. Was lag da eigentlich näher, als diese auf der Jagd zu erproben? Schon bald wurde auf diese Weise die Jagd zur „Freizeitbeschäftigung" der Krieger und der Herrschenden, in vielen Kulturbereichen galt sie über lange Zeiten hinweg tatsächlich als Übung für den Kampf, den Krieg, andere betrachteten sie, ohne direkten Bezug zum Kampf, als eine Art Körperertüchtigung, als einen Sport, der aus Lust und Freude um seiner selbst willen betrieben wird. Die Einführung der Sklaverei brachte also für die Jagd eine Entwicklung, die richtunggebend war für die nächsten Jahrtausende und erst im

18. und 19. Jahrhundert n. Chr. ihr Ende finden sollte.
Vieles spricht auch dafür, daß diese Entwicklung bereits zu Zeiten ihren Anfang nahm, für die es an jeglicher zuverlässiger geschichtlicher Überlieferung fehlt. Denn schon die ältesten bildlichen Darstellungen und die ersten schriftlichen Zeugnisse aus den ältesten Zeiten nach der „neolithischen Revolution" zeigen und preisen die Herrschenden auf der Jagd. Derartige Entwicklungen gingen jedoch in jenen Zeiten noch langsam vonstatten, und ihr Ursprung liegt stets weiter zurück, als wir es heute erahnen können.

Wurzeln der Kultur im Jägertum der Altsteinzeit

Damit nähert sich die Betrachtung bereits der Grenze zwischen dem Neolithikum und der Entstehung der ersten frühen Kulturen, die sich dann zu den ersten Hochkulturen der Menschheit entwickelten. Die vorstehende, gedanklich unmittelbare Verbindung zwischen Sklaverei, der wohl widernatürlichsten Form zwischenmenschlicher Beziehungen, und kultureller Fortentwicklung läßt die Fragwürdigkeit des Begriffes der Kultur und insbesondere die Fragwürdigkeit der Abgrenzung zwischen den „niederen, kulturlosen Jägervölkern" und den „hochstehenden" Kulturvölkern zu erkennen. Es ist zwar sicher nicht auszuschließen, daß es auch zwischen den umherstreifenden Jägerhorden der Altsteinzeit schon Kämpfe gab. Als die Erde sich allmählich bevölkerte und man öfters aufeinandertraf, mag dies in zunehmendem Maße vorgekommen sein. Aber erst Ackerbau und Viehzucht als treibende Kraft der „neolithischen Revolution" und damit der kulturellen Fortentwicklung schufen materielle Werte, schufen Besitz. Besitz aber weckt das Verlangen nach seiner Vermehrung, zumindest aber nach seinem Erhalt und seiner Verteidigung; Besitz nämlich erweckt auch den sprichwörtlichen „Neid der Besitzlosen" oder derer, die diesen Besitz noch vermehren wollen. Arbeit – und die ursprünglichsten Formen der Arbeit waren die des Bauern, Ackerbau und Viehzucht – ist nach dem amerikanischen Kulturhistoriker und Philosophen *William James Durant* einer der acht Bausteine der menschlichen Kultur. Aber Arbeit schafft auch Besitz und damit stets hochbrisanten Konfliktstoff, der oft genug zum Krieg und damit wiederum zur Zerstörung entstandener und entwickelter kultureller Werte führte und führt.
Interessant ist es, die weiteren Bausteine der Kultur, wie sie *Durant*, der Schöpfer der

„Kulturgeschichte der Menschheit", einem zehnbändigen, weitverbreiteten Werk, das von 1935 bis 1967 entstand, gesehen hat, zu beleuchten. Dies soll hier kurz geschehen, und zwar unter dem Gesichtspunkt der kulturellen Errungenschaften der „kulturlosen" Jägervölker der Altsteinzeit und derjenigen ihrer Nachfahren, an denen die „neolithische" Revolution mehr oder weniger spurlos vorüberging.

Die Arbeit – im Sinne von Ackerbau, Gewerbe, Handel und Verkehr – wurde schon genannt. Arbeit als Erwerbstätigkeit betrieben die steinzeitlichen Jäger freilich nicht. Lediglich ein gewisser Tauschhandel mit Waffen und Werkzeugen scheint gegen Ende der Altsteinzeit erfolgt zu sein. Von einem Fundament dieses Kulturbausteins in der Altsteinzeit kann daher nicht die Rede sein.

Als zweiten Baustein nennt *Durant* die Staatsführung. Hier ist durchaus schon in den Jägerhorden der Altsteinzeit ein Fundament dieses Bausteins zu finden. Schon sehr frühzeitig schlossen sich die Menschen zu Gruppen zusammen, nicht nur, weil sie – schon vor über 400.000 Jahren – erkannt hatten, daß es sich in Gruppen leichter und erfolgreicher jagen ließ, sondern auch, weil ihnen die Schutzfunktion einer größeren Gruppe schnell klar wurde. Auch ungeschriebene Gesetze wird es ohne Zweifel gegeben haben. So ist in den Jägerhorden der Altsteinzeit, die zunächst aus den Erfordernissen gemeinsamen Jagens heraus entstanden, zweifelsfrei die Wurzel der ersten staatlichen Gebilde zu sehen. Denn irgendwann ließ sich eine solche Jägerhorde nieder, um ein Dorf zu gründen, Weizen auszusäen und Ziegen zu züchten. Aus dem Dorf wurde eine Stadt, aus der Stadt ein Stadtstaat . . .

Die Sittlichkeit als dritter Baustein der Kultur hat ganz sicher ihren Ursprung in der Altsteinzeit, und wer dieses Buch bis hierhin gelesen hat, wird nicht mehr glauben, daß die Neandertaler und Cro-Magnon-Menschen affenähnliche und grunzende Wesen ohne Fähigkeiten zu menschlichen Regungen waren. Ebenso verhält es sich mit der Religion als dem vierten Baustein; die Tiergötter mancher der frühen Hochkulturen erinnern sogar im Aussehen häufig an Bildwerke der eiszeitlichen Künstler aus Lascaux und Altamira.

Schwieriger ist es, für den fünften Baustein, die Wissenschaft, ein Fundament in der Altsteinzeit zu finden. Die Erfordernisse prähistorischer Jagd als Grundlage für die Entwicklung wissenschaftlicher Denk- und Arbeitsweisen darzustellen, mag manchem vermessen erscheinen. Und doch haben die Jäger, die die Lebensweise ihrer Beutetiere „studierten", deren Verhalten im Gedächtnis festhielten, sich auf diese Weise ein Wissen ansammelten, das sie immer wieder überprüften und ergänzten, um die Bewegung der Tiere und Tierherden vorhersagen zu können und sie auf diese Weise beherrschen zu lernen, wohl wissenschaftlich im ursprünglichsten Sinne gearbeitet. Eine gleiche Satzfolge ließe sich für die Werkzeugmacher und Waffen„schmiede" der Altsteinzeit erstellen. Der ganze Vergleich mag halb so vermessen erscheinen, wenn man sich vergegenwärtigt, daß die Fähigkeit zu wissenschaftlichem Arbeiten und Denken wohl in jedem mit normalen geistigen Fähigkeiten ausgestatteten Menschen schlummert. Und Menschen von beachtlicher Intelligenz gab es ohne jeden Zweifel auch schon in der Altsteinzeit.

Eine Philosophie – als sechster Baustein der Kultur – ist für die eiszeitlichen Jäger nicht nachweisbar. Die Deutungsversuche der Höhlenmalereien und Kleinkunstwerke lassen hier allenfalls spekulative Vermutungen zu, und allein die Überlegung, daß intelligente Menschen zu philosophischen Betrachtungen fähig sind und auch dazu neigen, gibt solchen Spekulationen Auftrieb. Auch die Tatsache, daß schon aus den ältesten bisher bekannten Kulturen philosophisches Gedankengut überliefert ist, läßt den kühnen Schluß zu, daß die Wurzeln der Philosophie an den Herdfeuern der Eiszeit Nahrung erhalten haben.

Literatur und Geisteskultur sind *Durants* siebter Baustein der Kultur. Eine Literatur der Eiszeit gab es nun ganz sicherlich nicht. Aber der Begriff der Geisteskultur beinhaltet auch die Entwicklung und Weitergabe der Sprache. Dies wurde bereits seit der Epoche des Homo erectus gepflegt. Auch die Aufzeichnung der Vergangenheit ist ein Merkmal der Geisteskultur eines Volkes, und hier sind bildliche Darstellungen jeglicher Art aus den jüngeren Perioden des Eiszeitalters als unmittelbare Vorläufer der Geschichtsschreibung anzusehen; die „winter counts" der nordamerikanischen Indianer mögen hier als ein Beispiel aus der Welt der „kulturlosen Naturvölker" für eine vollendete Form dieser Art der Vergangenheitsaufzeichnung dienen. Wesentlicher ist freilich die Entwicklung der Sprache, der Kommunikation als Grundlage für jegliche Form zukünftiger Geisteskultur und Literatur. Und diese Entwicklung begann vor mehreren hunderttausend Jahren, an den Lagerfeuern der Homo-erectus-Jäger, der Elefantenjäger aus Nizza und Madrid.

Die Kunst wird als achter und letzter – aber gewiß nicht unwesentlichster – Baustein der Kultur genannt, und hier wird selbst der größte Skeptiker nicht abstreiten können, daß die Wurzeln der Kunst in den Höhlen der eiszeitlichen Jäger herangewachsen sind. Dennoch hat es in der Vergangenheit genügend Versuche gegeben, die Höhlenmalereien aus der Kunstgeschichte auszuschließen, den wunderbaren Bildwerken von Lascaux, den vollendeten polychromen Malereien von Altamira und den teilweise nicht minder beeindruckenden Werken in weit über 100 anderen Höhlen die Bezeichnung „Kunst" abzuerkennen. Heute ist kaum noch ein Kunsthistoriker dieser Meinung, und auch die Gravierungen in den unterschiedlichsten Materialien, die Schnitzereien in und aus Geweih und Elfenbein bis hin zu Statuetten und Skulpturen sind heute unbestrittener Bestandteil kunsthistorischer Betrachtungen und Darstellungen.

Vor 30.000 Jahren, man könnte ohne weiteres auch noch einige tausend Jahre mehr nennen, fand die Kunst, dieser wichtige Baustein der menschlichen Kultur, ihren Anfang in den Höhlen und an den Lagerplätzen der eiszeitlichen Mammut- und Rentierjäger. Es gibt Anknüpfungspunkte zwischen dem späten Stil der Höhlengemälde und den Felsbildern in Ostspanien und Oberitalien, die Jagdszenen, in vermehrtem Umfang jagende Menschen, darstellen und die Erlebnisse und Eindrücke des Jägers selbst anschaulich – im wahrsten Sinne des Wortes – schildern. Der Sinn der Bilder ist ganz offensichtlich ein anderer als der der möglicherweise oft symbolischen und magisch-bedeutsamen Höhlengemälde. Die ostspanische Kunst zeigt wiederum deutliche Gemeinsamkeiten mit den nordafrikanischen Felsbildern der Capsienkultur, insbesondere den Darstellungen von Großwildjagden im Tassilimassiv in Algerien, mitten in der heutigen Saharawüste. Ostspanischer und Tassilistil zeigen sehr naturgetreue Tierdarstellungen sowie rundköpfige Menschen. Trotz der großen räumlichen Entfernung sind Ähnlichkeiten mit den Felsbildern Südwestafrikas auffällig, die ebenfalls naturnahe Tierdarstellungen und auf Großwild jagende Menschen zeigen, und schließlich sind auch Parallelen zu den Felsbildern Nordskandinaviens und der Sowjetunion erkennbar. Mit der Einbeziehung dieser Kunstwerke in den Vergleich wird aber bereits die Grenze zwischen Neolithikum und Bronzezeit berührt.

Acht Kulturbausteine also hat nach den Worten des großen Philosophen *Durant* die Menschheit entwickeln müssen, um sich aus dem Dasein der umherschweifenden Jäger zu höheren und hohen Kulturstufen aufzuschwingen. Für mindestens fünf dieser Bausteine aber sind die Fundamente in den Höhlen und an den Herdfeuern der eiszeitlichen Jäger gesetzt worden, für zwei weitere Bausteine wurde dieses Fundament zumindest vorbereitet. Allein die Arbeit als Erwerbstätigkeit – im Sinne der Durant'schen Theorie – war dem Jäger der Altsteinzeit naturgemäß fremd – und selbst hier könnte man entgegenhalten, daß die Jagd eben die Arbeit des jagenden Menschen ist. Die Untersuchung der acht Kulturbausteine hat also zum Ergebnis, daß die Jäger der Altsteinzeit, der Eiszeit, die weitaus meisten Elemente der Kultur entwickelten, daß sich diese Entwicklung über die Mittelsteinzeit hinweg bis in die Neusteinzeit fortsetzte und die Fundamente setzte für den Aufbau der ersten Kulturstaaten der Menschheit, für die Entwicklung der ersten Hochkulturen.

Nach diesem kurzen Ausflug in die Kulturtheorie und die Kulturphilosophie ist die chronologische Darstellung jagdhistorisch bedeutsamer Entwicklungen der frühesten und frühen Menschheitsgeschichte nun endgültig an der Schwelle der historisch faßbaren Zeit angelangt. Aus den fellbekleideten, den Tierherden nachziehenden und in Höhlen und unter Felsüberhängen hausenden Jägern sind größtenteils seßhafte Dorfbewohner geworden, die ihrer geregelten Arbeit auf dem Feld und bei ihren Viehherden nachgehen. Nur verhältnismäßig wenige Gruppen und Völker schweifen noch jagend umher, gering angesehen und verachtet, wenn sie sich dann und wann zum Tauschhandel in die Dörfer begeben. In bestimmten Gebieten der Erde allerdings halten sich noch Jägerkulturen und werden es noch lange tun. Die Dorfbewohner aber betreiben die Jagd nur noch zur Nahrungsergänzung, zum Schutz ihres Besitzes oder zum Zeitvertreib.

Die sechs Marksteine der Jagdgeschichte der Steinzeit

Rückblickend auf die prähistorische Zeit, auf die gesamte Steinzeit bis zum Ende des Neolithikums, eine Zeit, für die wegen des kulturellen Gefälles von Südosten nach Norden und Westen kein für alle Regionen der Erde gültiger Endzeitpunkt genannt werden kann, soll an einige Marksteine der Jagdgeschichte erinnert werden.

Die Zähmung des Feuers und dessen gezielter Gebrauch, auch und vor allem für die Jagd, war der erste Markstein. Das Feuer nahm die Angst vor den großen Tieren und ermöglichte es, sie damit zu jagen und in bestimmte Richtungen zu treiben.

Der zweite Markstein war die Erfindung der Speerschleuder. Dieses Gerät machte aus dem bisher nur in primitiver Weise einsetzbaren Speer, der anfangs nur ein angespitzter längerer Stock war, die erste treffsicher einsetzbare Fernwaffe des Menschen. Durch Vergrößerung der Angriffsdistanz wurde die Effektivität der Jagd ganz erheblich verbessert.

Der dritte Markstein war das klimatisch bedingte Aussterben des eiszeitlichen Großwildes und die damit verbundene Wandlung der Jagdmethoden. Kleinere Tiere mußten nunmehr als Nahrung herhalten, von denen viele Arten nicht in den gewohnten großen Herden lebten und denen mit Feuertreibjagden und ähnlichen Methoden kaum beizukommen war. Für diesen Zeitabschnitt, der in etwa mit dem Mesolithikum zusammenfallen dürfte, ist eine vermehrte Anwendung der Fallenjagd anzunehmen und nicht zuletzt auch ein Wandel in der Art der Bewaffnung.

Die Erfindung des Bogens nämlich ist als vierter Markstein zu nennen. Niemand weiß genau, ob in diesem Fall die Reihenfolge stimmt, denn manche Forscher sehen den Bogen schon bei der Jagd auf Mammut und Wollnashorn auftauchen. Legt man aber die sicheren Beweise zugrunde, gebührt dieser Erfindung der vierte Platz in der Reihenfolge. Die leichtere, besser zu transportierende und noch wesentlich treffsicherere Waffe bringt eine weitere merkliche Verbesserung in den lebenswichtigen Jagdbetrieb.

Die Domestikation von Pflanzen und Tieren ist als fünfter Markstein der Jagdgeschichte der Steinzeit zu nennen. Es ist zugleich der erste Markstein, der keine Fortentwicklung der Jagdtechnik oder des Jagdwesens allgemein bringt, sondern – aus diesem Blickwinkel gesehen – eher einen Rückschritt einleitet. Die Jagd verliert mehr und mehr ihre Funktion als Grundlage der Nahrungsbeschaffung und damit als Lebensgrundlage überhaupt. Der Schutz des neuen Besitztums, der Felder und Herden, führt zu einem grundlegenden Wandel in der Einstellung gegenüber dem wildlebenden Tier und damit gegenüber der Jagd. Das Wildtier wird zum Feind – was in den Jägerkulturen keineswegs der Fall war –, und die Jagd erhält zunächst in erster Linie eine Schutz- und Abwehrfunktion, soweit sie nicht auch noch zur Ergänzung des Nahrungsangebotes ausgeübt wird.

Einen sechsten Markstein setzte die gesellschaftliche und politische Entwicklung in den allmählich entstehenden Gemeinwesen des Neolithikums. Lange vor historisch erfaßten Ereignissen dieser Art gab es Kämpfe und Kriege, die Sieger und Besiegte, Herrscher und Beherrschte hervorbrachten. Versklavung und Ausbeutung besiegter Gruppen, Stämme oder Völkerschaften gaben den Siegern und Herrschenden die Muße, sich der ererbten jagdlichen Fertigkeiten ihrer Vorfahren zu erinnern und diese einstmals lebenswichtige Beschäftigung aus einer anderen Perspektive zu betrachten. Die Jagd als Waffenübung für Kampf und Krieg, die Jagd zur Körperertüchtigung, aber auch nur zum bloßen Zeitvertreib wurde zur Beschäftigung der Krieger und derer, die andere für sich arbeiten lassen konnten.

Sinn und Bedeutung der Jagd haben damit, innerhalb relativ kurzer Zeit zum zweiten Male, einen grundlegenden Wandel erfahren; einen Wandel, der richtungsbestimmend für die nächsten Jahrtausende sein sollte, entscheidend für das Verständnis für Jagd und Jäger, für das Selbstverständnis der Jagd, für ihr Ansehen und ihre Stellung in den verschiedenartigsten Gesellschaftssystemen der sich von nun an unaufhörlich und rasant fortentwickelnden Erdbevölkerung, entscheidend aber auch für Ansehen und Stellung von Jagd und Jägern in jenen Kreisen dieser Bevölkerung, die nicht jagen konnten, wollten – oder auch nicht jagen durften.

Die Jagd in den frühen Kulturen und in der Antike

Epische Helden und gottgleiche Tiere

Jäger gründen die ersten Siedlungen und Städte

Nach allem, was man weiß, entstanden die ersten kulturellen Gemeinwesen der Menschheit im Zweistromland, in Mesopotamien. Das Wort „Kultur“ hat seinen Ursprung in dem lateinischen Wort „cultura“, was im ursprünglichen Sinn mit Bearbeitung, Bebauung und Anbau zu übersetzen ist und begrifflich die landwirtschaftliche Bearbeitung des Bodens bezeichnen will. Der Begriff der Kultur ist aber, wie jeder weiß und wie im vorigen Kapitel gezeigt wurde, wesentlich weiter gefaßt. *Durant*, der die acht Kulturbausteine definiert hat, bezeichnet Kultur äußerst knapp und treffend als „soziale Ordnung, welche schöpferische Tätigkeit begünstigt. Vier Elemente setzen sie zusammen: wirtschaftliche Vorsorge, politische Organisation, moralische Traditionen und das Streben nach Wissen und Kunst.“ So weit wiederum *Durant*, der hier eigentlich seine acht Bausteine kurz zusammenfaßt. Aber gleich darauf nennt er auch die weiteren Bedingungen der Kultur, die gegeben sein müssen und ohne die auch Menschen, die aus ihrem geistigen Potential heraus fähig wären, die Bausteine aneinanderzufügen, sich nicht zu einer höheren Kultur aufschwingen können.

Die geologischen und geographischen Bedingungen müssen stimmen. Eiswüste und Tropenhölle sind Feinde der Kultur. Die Bedingungen müssen den Ackerbau, die Keimzelle der Kultur, ermöglichen. Darüber hinaus müssen diese Bedingungen die Bildung größerer Gemeinwesen ermöglichen, die als Treffpunkt, Stätte der Begegnung und des Austauschs und damit der – geistigen – Bereicherung dienen. „Civitas“ ist der lateinische Begriff für „Stadt“, und aus diesem Begriff leitet sich das Wort „Zivilisation“ ab. „Die Kultur beginnt in der Bauernhütte, aber sie blüht in den Städten.“ So schreibt *Durant*, und wenn ihm auch im Prinzip beizupflichten ist, hat die Untersuchung seiner acht Kulturbausteine doch gezeigt, daß man in diesem Bild ohne weiteres das Jägerlager an die Stelle der Bauernhütte setzen könnte.

Die ersten Hochkulturen des Zweistromlandes hatten sich etwa um 3.100 bis 3.000 v. Chr. herausgebildet. Lange vor dieser Zeit aber gab es in aller Welt bereits Ansätze und Wurzeln für die Entstehung kulturell einheitlicher Gemeinwesen. Der Beginn der mesopotamischen Kulturen ist nach den neuesten Funden und Erkenntnissen auf das Ende des 6. Jahrtausends v. Chr. zu datieren. Man fand aus dieser Zeit schon rechteckig gebaute Häuser aus gebranntem Lehm mit senkrechten Wänden. Dies deutet darauf hin, daß die Seßhaftigkeit hier schon wesentlich früher begann, denn die ersten festen Behausungen des Menschen glichen äußerlich noch den schnell aufgerichteten Wohnungen der Jägerzeit, waren rund und zeltähnlich mit schrägen Wänden. Die Menschen dieser frühesten Kulturen waren Bauern, aber das Jägertum war aus ihrem Leben noch nicht wegzudenken.

Ganz ähnlich verlief die Entwicklung in Ägypten. Während die Keilstil- und Federschmuckleute – nach Merkmalen ihrer Felsbilder so benannt – noch im wesentlichen von der Jagd lebten, bauten die Bewohner von Merimde um 5.000 v. Chr. schon Getreide an. Ebenfalls in Merimde fand man aber auch Hinweise auf Nilpferdjagden, die mög-

Ein Fries langhalsiger Wasservögel schmückt den oberen Rand des berühmten Bechers von Susa; darunter sind die zum Kreis gebogenen Hörner eines stilisierten Steinbocks zu erkennen. (Louvre, Paris; Abdruck mit Genehmigung des Archivs Dumont-Schauberg, Köln)

licherweise eine kulturelle Bedeutung hatten. 1.000 Jahre später trug man in Badari Elfenbeinschmuck, was sowohl auf Elefantenjagden als auch auf den Handel mit jagenden Völkern hinweisen könnte. Der oberägyptische Fundort el Amrah zeigt, daß auch zwischen 4.000 und 3.500 v. Chr. die Menschen noch von der Jagd lebten, obwohl die Kenntnisse im Ackerbau und in der Viehzucht schon weit vorangeschritten waren. Die Kunst dieser Amratienkultur stellt unter anderem weiß gemalte Wildtiere dar, wie Flußpferde und Gazellen, auf rotem Ton, ebenso modellierte Wildtiere und Gefäße in Tierform. Die nachfolgende Kulturperiode Ägyptens, das sogenannte Gerzeen, wird durch eine allmähliche Verdrängung der Elemente der Jägerkultur charakterisiert. Gleichwohl enthalten die Wandbilder noch Jagdszenen, und ein Feuersteinmesser aus Gebel el Arak, etwa aus der Zeit um 3.100 v. Chr., zeigt einen Mann im langen Rock, der zwei Löwen bändigt. Hier könnte es sich durchaus um die Abbildung eines frühen, heute namenlosen Herrschers handeln, der sich Löwen als Jagd- und Kampftiere hielt.

Auf ein Nebeneinander von Jagd und Bauernkultur weisen auch die reichen Keramikfunde aus dem Iran des 6. bis 4. Jahrtausends hin. Schon die frühen Ornamente zeigen stilisierte Tiere, bei denen es sich sowohl um Wild- als auch um Haustiere handeln kann; auf Schalen aus Tall-i Bakum im südlichen Iran sind Tiere mit riesigen Hörnern, wahrscheinlich Steinböcke, ferner Vögel und Fische zu sehen. Aus Tepe Hissar stammt eine Schale mit Darstellungen gefleckter Katzen, die eindeutig an Leoparden erinnern. Die berühmten Funde aus Susa, der Hauptstadt des Reiches von Elam, zeigen ebenfalls Steinböcke, langhaarige Ziegen, windhundartige Tiere und Straußenvögel; hier sind gelegentlich auch jagende Menschen abgebildet, was sonst kaum der Fall ist, zumeist Bogenschützen und Lanzenträger. Im Louvre ist ein heute 6.000 Jahre alter Becher aus Susa ausgestellt. Mittelpunkt des 28,5 Zentimeter hohen Prunkstücks sind zwei stilisierte, aber dennoch gut erkennbare Steinböcke mit weit geschwungenen Hörnern, die einen merkwürdig ornamentierten Kreis, der vielleicht auch eine Kugel darstellen soll, umrahmen. Jagdgeschichtlich interessant sind die im oberen Teil des Bechers abgebildeten Hunde, of-

Schale aus Ugarit mit verschiedenartigen Jagdszenen (Veröffentlichung mit Genehmigung des Archivs Dumont-Schauberg, Köln)

fenbar eine windhundartige Rasse, die in Beschreibungen des Bechers zumeist als Gazellenhunde bezeichnet werden. Den oberen Rand des Bechers schmücken Vögel mit langen Hälsen, wahrscheinlich Kraniche. Die Bedeutung der Darstellungen des Bechers aus Susa ist bisher ebenso ungeklärt wie die der übrigen altiranischen Ornamentik. Es ist jedoch aus jagdgeschichtlicher Sicht gewiß nicht überzogen, daraus erkennen zu wollen, daß die Herrschenden von Elam mit Hilfe von Windhunden die Jagd auf Gazellen und Wildschafe ausübten.

Rund 2.500 Kilometer nordwestlich von Susa erhoben sich die Mauern einer weiteren Stadt dieser frühen Epoche der am Beginn ihrer Kultur stehenden Menschheit. Das datierbare Material weist darauf hin, daß Catal Hüyük, nahe der heutigen Stadt Konya in der Türkei, etwa 200 Jahre früher gegründet sein könnte als das biblische Jericho, das wie Catal Hüyük an der Stelle eines steinzeitlichen Jägerlagers entstand. Jeder neue Fund allerdings kann das Rennen um den Titel der ältesten Stadt der Welt wieder beginnen lassen, und die Unsicherheitsfaktoren in den Radiokarbondatierungen lassen auch heute schon die Meinung zu, Jericho sei die älteste Stadt der Welt. Für die Geschichte der Jagd ist die Klärung dieser Frage ohnehin unerheblich.

Wichtig für die Geschichte der Jagd ist Catal Hüyük dennoch. In den festen, rechteckig erbauten Häusern aus Lehmziegeln und Holz wurden Steinwerkzeuge gefunden, die auch aus der Asche eines eiszeitlichen Jägerlagers stammen könnten. Wandgemälde, die Tiere und Jagdszenen darstellen, erinnern sowohl an die Höhlenkunst der Eiszeit als auch an die ostspanischen Felsbilder. So gilt dieser größte Ausgrabungsplatz des Nahen Ostens als bisher einziges sicheres Bindeglied zwischen der altsteinzeitlichen Jägerkultur und der neuen Lebensweise der Bauern und Viehzüchter. 6.500 Jahre v. Chr. begannen in Anatolien Jäger damit, feste Häuser zu bauen, Tiere und Pflanzen zu domestizieren und seßhafte Siedler zu werden. Die Jagd auf Hirsche, wilde Schweine und Auerochsen blieb aber noch für lange Jahrhunderte Grundpfeiler ihres Wirtschaftssystems.

Im Fernen Osten verlief die Entwicklung nicht viel anders. Die Bewohner von Pan-pots'un in der heutigen chinesischen Provinz Shensi gehörten um 5.000 v. Chr. zum Yang-Shao-Kulturkreis, benannt nach dem in der Nähe gelegenen gleichnamigen Ort. Sie hielten Schweine, Ziegen und Hunde, bauten Hirse an und ernährten sich noch in erheblichem Umfang von Jagd und Fischerei. Etwas langsamer schritt die Entwicklung zum Akkerbauern in Japan voran. Die Menschen der Jomonkultur blieben noch lange Jäger und Sammler. Viele Experten meinen sogar, daß erst die Yayoikultur ab 300 v. Chr., beruhend auf einer Einwanderungswelle aus Korea und China, die Bodenbearbeitung auf den japanischen Inseln durchsetzte. Dies mag vorerst im Dunkeln bleiben. Die Kunst der frühen Kulturen des Fernen Ostens bringt so gut wie keine Hinweise auf die Art und Bedeutung der Jagdausübung.

Afrika, als mögliche Urheimat der menschlichen Art, hatte in dieser Zeit des Übergangs vom Jäger- und Wildbeutertum zur seßhaften Kulturgesellschaft wohl Völker aller nur denkbaren Entwicklungsstufen aufzuweisen. Während sich an der Mündung des Nils schon die ägyptische Hochkultur etablierte, lebten Buschleute und Pygmäen noch als reine Jägervölker und sollten es noch viele tausend Jahre bleiben. Im nördlichen Afrika, der heutigen Saharawüste, lebten kulturell höher einzustufende Jäger der sogenannten Capsienkultur, deren schöne Felsbilder schon erwähnt wurden; Völker dieser Gruppen wurden bald zu Viehzüchtern, die immer noch wunderbare Felsgemälde schufen, und noch einige Zeit später zu berüchtigten Reiterkriegern. Auszuschließen ist ferner nicht, daß es in Zentral- und Westafrika schon sehr frühzeitig Vorläufer späterer bemerkenswerter Kulturen gab, die selbst wiederum als Grundformen höchster kultureller Entwicklungen angesehen werden können. Auf 2.000 v. Chr. wird die Begründung der Nokkultur in Nigeria angesetzt, die Ursprünge der Kulturen der Aschanti und der Sao liegen noch im Dunkel der Geschichte; auch in Südafrika, vor allem in Rhodesien, haben wohl schon vor Jahrtausenden Menschen gelebt, die sich über die kulturelle Stufe der umherschweifenden Jäger und Sammler erhoben hatten.

Die Alte Welt kann ihm Rahmen dieser Betrachtung nicht verlassen werden, ohne Europa zu erwähnen, denn auch hier lebten zwischen 8.000 und 3.000 v. Chr. längst nicht mehr alle Völker in der Tradition der altsteinzeitlichen Jäger. Am rechten Ufer der Donau, direkt am Eisernen Tor, dem Durchbruch durch die Südkarpaten, wurden etwa 5.800 v. Chr. feste Gebäude errichtet. Es waren merkwürdige Gebäude, im Grundriß weder rund noch eckig, sondern am besten als Kreisausschnitt von etwa einem Sechstel eines vollen Kreises zu beschreiben. Sie waren aus Holz und Lehm sowie Steinen errichtet, und der Fußboden war aus einer Art Mörtel aus Sand, Kalkstein und Lehm gestampft. Mittelpunkt des Innenraums war, wie in den alten Jägerhütten, die Feuerstelle, hier ein Herd aus Steinblöcken. Es weist vieles darauf hin, daß die Häuser dieses Ortes, Lepenski Vir im heutigen Jugoslawien, ein „missing link" zwischen den vergänglichen Hütten der Jägervölker und den festen Behausungen der seßhaften Bauern darstellen.

Lepenski Vir weist viele Ähnlichkeiten und Parallelen mit Catal Hüyük auf. Der Begriff „Stadt" ist für Lepenski Vir allerdings nur im Hinblick auf die sehr frühe Gründung und die Lage außerhalb der eigentlichen späteren Zentren der frühen Kulturen zulässig. Auf einer Fläche von rund 5.500 Quadratmetern lebten hier etwa 100 Menschen. Catal Hüyük war etwa dreizehn Hektar groß und beherbergte einige tausend Einwohner. Aber dennoch ist Lepenski Vir von ähnlichem jagdgeschichtlichen Interesse wie Catal Hüyük, denn auch hier lebten die Bewohner schon in festen Häusern, während sie sich noch fast ausschließlich vom Jagen, Fischen und Sammeln ernährten; erst in späteren Jahrhunderten kam, vermutlich nur in bescheidenem Umfang, die Domestikation von Tieren hinzu. Die Jagd dürfte für die Bewohner während der gesamten Besiedlungszeit, die von etwa 5.800 bis 4.900 v. Chr. erforscht ist, der wichtigste Wirtschaftsfaktor gewesen sein.

Lepenski Vir bildet damit neben Catal Hüyük den Beweis, daß schon die Menschen auf der Kulturstufe der Jäger und Sammler, in der Literatur oft genug als kulturlos dargestellt, schon in der Lage und auch motiviert dazu waren, feste Ortschaften von erwähnenswerter Größe zu organisieren und zu bauen. Es muß bisher der Phantasie überlassen bleiben, wie viele Menschen es in der Zeit zwischen 8.000 und 3.000 v. Chr. wohl gab, die in festen Häusern lebten, in Dörfern, die bisweilen, auch nach heutigen Größenordnungen, die Dimension einer Kleinstadt erreichten, und die von diesen Gemeinwesen aus fast nur der Jagd und Fischerei nachgingen. Die beiden genannten Orte sind, neben Jericho und dem hier nicht näher erwähnten Khirokitia auf Zypern, der Beweis dafür, daß es Menschen der Kulturstufe der Jäger waren, die als erste Ansiedlungen gründeten. Das Gefüge der Durant'schen Bausteine der Kultur gerät hier etwas auseinander. Ackerbau mag zwar nach wie vor als Grundlage der Kultur gelten, als Grundlage des Baus von Ansiedlungen scheint der Ackerbau hingegen nicht überall gegolten zu haben.

Lepenski Vir stand jedoch am Anfang einer Entwicklung im heutigen Europa, die alsbald das Jägertum verschwinden und das Bauerntum hervortreten ließ. Bandkeramik heißt das Stichwort, mit dem jene Zeit in Mitteleuropa charakterisiert wird. Nach den Ornamenten auf ihren Keramiken werden die Menschen so genannt, die gegen Ende des 5. Jahrtausends v. Chr. die ersten Siedlungen in Mitteleuropa gründeten und wenige hundert Jahre später den größten Teil des kleinen Kontinents erfaßt hatten. Der Anbau verschiedener Getreidearten sowie die Züchtung von Schafen, Ziegen, Schweinen und Rindern waren die Grundlage ihrer Kultur. Pfeilspitzen aus Feuerstein beweisen, daß sie auch jagten, aber ihr Lebensunterhalt, aus ihren fachwerkartigen Häusern heraus gepflegt, waren ihre Äcker und Viehweiden.

Vorstufen der Bodenbearbeitung und damit der Kultur sind aus sehr frühen Epochen auch auf dem amerikanischen Doppelkontinent nachweisbar. In New Mexico fand man 5.000 Jahre alten Mais aus der Cochisekultur, wie diese prähistorischen Indianer nach einem Fundort in Arizona genannt werden. Im Osten der heutigen Vereinigten Staaten von Amerika begannen die Menschen möglicherweise ebenfalls schon um 4.200 v. Chr. seßhaft zu werden; ihre auffälligsten Hinterlassenschaften sind die riesigen, aus der Luft gesehen verschiedenste Bilder, darstellenden Grabhügel, „mounds“ genannt. Das Reptil des sogenannten Schlangenmounds in Ohio windet sich, exakt dargestellt, über mehr als 300 Meter dahin. In Mexiko, der Geburtsstätte späterer Hochkulturen, wurde auch schon zwischen 5.000 und 3.000 v. Chr. Gemüse angebaut, in der Hauptsache Kürbis und Bohnen, später kam auch Mais dazu. Aus Südamerika sind ähnliche Belege erbracht. Die eben genannten Gemüsearten wurden auch in Peru und Bolivien schon seit dem 4. Jahrtausend v. Chr. angebaut. Als eine Kultur an der Grenze zwischen Wildbeuterdasein und Seßhaftigkeit ist die Valdiviakultur in Ecuador zu nennen, die ihre Bezeichnung nach einem Fischerdorf auf der Halbinsel Elena erhalten hat. Die Indios dieser Zeit, zwischen 3.200 und 2.000 v. Chr.,

waren wohl schon seßhaft, lebten aber dennoch überwiegend vom Fischfang und auch von der Jagd.
Es waren Völker einer Übergangsperiode, die in dieser Zeit zwischen 8.000 und 3.000 v. Chr. in den verschiedenen Kulturzonen der Erde lebten. Eine Übergangsphase war es, obwohl nicht alle dieser frühesten Kulturen den Weg zu einer wirklichen Hochkultur im Sinne unseres Geschichtsbildes fanden. Die Jagd war für die Völker dieser Jahrtausende größtenteils zu einer Nebenbeschäftigung von mehr oder weniger geringfügiger Bedeutung geworden. Das Bild ist nicht ganz einheitlich. Teils läßt sich sogar für größere Siedlungen und Städte noch die Feststellung treffen, daß offensichtlich viel Wildbret verzehrt wurde, teils lebten die Bewohner kleinster Dörfer fast ausschließlich von selbsterzeugten landwirtschaftlichen Produkten.
Die Kunst dieser Periode läßt vor allem dort einen – allerdings in seiner Bedeutung nicht immer eindeutigen – Bezug zur Jagd und zum Wildtier erkennen, wo sich im weiteren Verlauf der Zeiten die ersten Hochkulturen der Menschheit bilden sollten: im Nahen Osten, im Bereich des „Fruchtbaren Halbmondes", der Wiege der menschlichen Kultur.

Die Jagd wird zum Privileg

Das oben bereits erwähnte Feuersteinmesser aus Gebel el Arak zeigt – möglicherweise – einen der Nachwelt namentlich nicht bekannten Herrscher bei der Zähmung zweier Löwen und damit bei einer Tätigkeit, die mit der Jagd in Verbindung zu bringen ist. Denn zunächst mußten die Löwen ja gefangen, also gejagt werden, und sodann wurden sie – wiederum möglicherweise – in dem durch die Abbildung festgehaltenen Moment von dem unbekannten Herrscher zur Jagd abgerichtet. Das Messer, wie der Becher aus Susa im Louvre aufbewahrt, stammt zwar aus dem Ägypten der Zeit um 3.200 v. Chr., weist jedoch nach Ansicht einiger Fachleute sichere Merkmale einer noch um einige Jahrhunderte älteren Kultur auf, der Kultur von Uruk in Mesopotamien. Auch andere Gegenstände aus dieser und den benachbarten Kulturen des Zweistromlandes, so die berühmten Rollsiegel, zeigen jagdliche Motive. Die Gottheiten Innana und Dumuzi sind auf diesen bewundernswerten Kunstwerken zum Teil als Löwentöter, zum Teil aber auch als Herdenfütterer abgebildet. Ein anderes Rollsiegel zeigt eine hervorragend gearbeitete Antilope, auf einer Alabastervase sind Szenen mit Wildstieren und Löwen verewigt. Diese Wildtiere, also insbesondere Löwen, wilde Stiere und Adler, aber auch Gazellen und Hirsche, wurden offensichtlich schon bald zu heiligen Tieren. Es steht zu vermuten, daß dies unmittelbar mit der Privilegisierung der Jagd zusammenhängt. Die Heiligsprechung, die Gottgleichheit der Tiere war das beste Mittel, die Untertanen von der Tötung der Tiere abzuhalten.
In Mesopotamien wurde, vermutlich schon um 3.500 v. Chr., die Schrift erfunden. Der um diese Zeit schon recht aufwendige Verwaltungsapparat verlangte nach Aufzeichnungen und Buchführung. Zunächst war es eine rei-

ne Bilderschrift, die Gegenstände des täglichen Gebrauchs darstellte, insbesondere solche, die zu zählen waren, wie Getreidesäcke, Milchkübel, Haustiere und verschiedene Geräte, aber auch Menschen und menschliche Tätigkeiten, wie Essen und Trinken, fanden ihre Darstellungsform. Schon sehr bald traten anstelle der Bilder echte Symbole und Zeichen. Man führte anfangs vor allem Listen über erhaltene und getätigte Lieferungen; Fisch wurde offensichtlich oft gehandelt, ebenso Wein und Datteln. Auch jagdgeschichtlich sind die ersten Schriftzeichen der Menschheit nicht ohne Interesse: Die ältesten Kalksteintäfelchen weisen schon Zeichen auf für den Löwen, das Wildschaf, den Hirsch und den Adler. Besonders wichtig ist, daß es schon ein Zeichen für den Jagdhund gab. Ferner existierten Zeichen für die gebräuchlichsten Waffen.

Mit dieser – wohl ältesten – Hochkultur im Zweistromland waren die Ägypter, trotz der Entfernung von rund 1.500 Kilometern, allem Anschein nach schon um 3.000 v. Chr. in Berührung gekommen. Die Abbildung des namenlosen Löwenbändigers auf dem Messergriff im Louvre bildet eines der Beweisstücke, vielleicht eines der wichtigsten, aber auch bei anderen Kunstgegenständen ist der Einfluß mesopotamischer Kultur auf die frühe ägyptische Hochkultur zu erkennen. „Skorpion" ist der sagenhafte Name des wohl ersten auch nach seinem Namen bekannten Herrschers der frühen Hochkulturen der Menschheit. Ein Keulenkopf, in Hierakonpolis gefunden und etwa um das Jahr 3.250 v. Chr. gefertigt, zeigt diesen König, der sicher einen ganz anderen Namen trug, wie er das Ritual des Ackerbaus zelebriert. Im Hintergrund aber sind seine Standarten zu erkennen, verziert mit Kiebitzen und Bögen, ein deutlicher Hinweis auf frühes königliches Vergnügen der Vogeljagd und somit jagdgeschichtlich von höchstem Interesse.

Der „Skorpion" war vielleicht der Vorgänger jenes ägyptischen Königs, der als der erste Pharao gilt. Narmer war sein Name oder sein Titel, das weiß bis heute niemand so genau, denn er gilt als identisch mit dem sagenhaften König Menes, der die verfeindeten Landesteile Ober- und Unterägypten einte – durch die kriegerische Unterwerfung Unterägyptens – und der darüber hinaus, dem Mythos nach, der erste war, der direkt vom Falkengott Horus abstammte, der das Land bewohn- und bebaubar machte durch den Bau der ersten Nildämme. Narmers Bild zeigt eine Schminkpalette, die ebenfalls in Hierakonpolis gefunden wurde. Der erste Pharao schlägt hier mit einer Kriegskeule auf einen am Boden knienden Feind ein; dieser Feind symbolisiert das geschlagene nördliche Ägypten. Horus, der göttliche Falke, schaut zu, indem er auf einer Papyrusstaude sitzt, die aus einem menschlichen Leib wächst; dies symbolisiert ebenfalls Unterägypten. Jagdgeschichtlich interessanter ist die Rückseite dieser Schminkpalette, die Menschen im Kampf mit Tieren zeigt. Zwei Jäger haben ein riesiges, katzenartiges Tier mit giraffenartigem Hals, den sagenhaften Schlangenhalspanther, anscheinend mit einer Art Schlinge gefangen, jeder von ihnen ein solches Tier. Im unteren Teil des Fundstückes ist offenbar ein Mensch von einem Wildstier niedergeworfen worden. Den oberen Rand der Palettenrückseite bilden wiederum zwei markante Stierhäupter. In Hierakonpolis wurden noch weitere, ähnliche Schminkpaletten gefunden mit Abbildungen von Hyänenhunden und Steinböcken. Die Bedeutung dieser Darstellungen, die zumindest Jagdwild und Jagdmethoden, so das Fangen mit der Wurfschlinge, zeigen, ist jedoch noch ungeklärt und gibt zu mancherlei Spekulationen Anlaß, die zwar auch vom Standpunkt der Jagdgeschichte gesehen interessant sein könnten, hier aber trotzdem im Sinne einer möglichst sachlichen Darstellung dieser noch relativ unerforschten Zeitspanne nicht erörtert werden sollen.

Nach Erwähnung der Taten des „Skorpions" und des ersten Pharao, mag er nun Narmer oder Menes genannt worden sein, gilt es nun, zunächst zurückzukehren in das Land zwischen Euphrat und Tigris, nach Mesopotamien, an den Ursprung der menschlichen Kultur. Von noch mehr Sagen und Legenden umwoben als die frühesten Herrscher Ägyptens ist der König der Stadt Uruk. Gilgamesch wurde er genannt und lebte, falls er tatsächlich gelebt hat, etwa um 2.750 v. Chr. Er gilt als Erbauer oder, besser gesagt, als Bauherr der für diese Zeit einmaligen befestigten Stadtmauer, die über neun Kilometer lang und mit zahlreichen Türmen bewehrt war. Vermutlich war es dieser Bau, durch den er sich gegen das benachbarte Kisch erwehren konnte und der Stadt Uruk so die vorübergehende Unabhängigkeit gab.

Vermutlich erst nach seinem Tod, etwa ab 2.600 v. Chr., wurde Gilgamesch gottähnlich verehrt, und aus dem 20. Jahrhundert v. Chr. stammen die ältesten Fragmente einer Inschrift, die Gilgamesch und seine Mauer erwähnt. Weitere Fragmente aus späteren Jahrhunderten fügen sich zu einem Epos zusammen, das der assyrische König Assurbanipal für seine Bibliothek in Ninive auf zwölf Tontafeln summarisch abschreiben ließ. Mythische Heldentaten und die Suche des Königs nach der Unsterblichkeit werden in dem Epos beschrieben; viele Forscher läßt gerade dieses Epos an der tatsächlichen Existenz des Gilgamesch zweifeln. Für die Geschichte der Jagd in den frühen Kulturen soll dies auch nicht wichtig sein. Wichtig ist hingegen, daß Gilgamesch in vielen Versionen und späteren Erwähnungen mit dem Titel „Herr der Tiere“ bedacht wird.

Das Gilgameschepos könnte ein Hinweis darauf sein, daß die Jagd um die Wende vom 4. zum 3. Jahrtausend v. Chr. nach und nach zum Privileg der herrschenden Klasse, wenn nicht gar der Könige allein, wurde. Zwar ist auch von einem Jäger die Rede, dem Enkidu, der spätere Gefährte des Königs, der die Fallgruben zuschüttet und die Fallen zerstört. Aber die mythischen Taten des Gilgamesch sind häufig Jagdtaten: Er tötet Chumbaba, das Ungeheuer aus dem Zedernwald, ebenso wie den Himmelsstier der Göttin Ischtar. „. . . ich habe mich genährt vom Fleisch der Bären, der Löwen, der Hyänen, der Leoparden, der Tiger, der Hirsche, der Steinböcke und anderer wilder Tiere, die ich unterwegs erlegte“, sagt Gilgamesch zu Utanapischtim am Ende seines Weges. Dies und der Ehrentitel „Herr der Tiere“ können durchaus als Zeichen dafür gelten, daß die Jagd im Leben dieses Königs oder seiner historischen Vorbilder ein überaus wichtiges Element war.

So hatte die Privilegisierung der Jagd als Beschäftigung der herrschenden Schicht und der Kriegerklasse wohl schon in den ersten Stadtstaaten Mesopotamiens ihre Wurzel. Die Könige des Alten Reiches, wie man die ägyptische Epoche etwa zwischen 2.650 und 2.190 v. Chr. nennt, verfeinerten den Brauch, die Jagd zur Selbstdarstellung ihrer Macht, ihrer – rein körperlichen – Kraft und der ihnen zur Verfügung stehenden Gewalt zu machen. Namentlich die Jagden auf gefährliches, wehrhaftes Wild, wie Löwen und Leoparden, aber auch Wildbüffel und Flußpferde, wurden zu solchen zweckdienlichen Demonstrationen.

Ägypten war zu jener Zeit noch ungewöhnlich wildreich. Ein Kalksteinrelief aus einem Grab bei Sakkara nahe Memphis hat dies der Nachwelt überliefert. Wildrinder, Steinböcke und Antilopen sind darauf zu erkennen, ferner Löwen, Leoparden und eine weitere Raubkatze, die an einen Tiger erinnert. Das Ichneumon, eine Schleichkatze, von späteren Schriftstellern der Antike „Ratte der Pharaonen“ genannt, fehlt ebenfalls nicht, und noch ein ähnliches Tier ist abgebildet. Hasen und Igel runden das Bild als Beispiele aus der Welt der kleineren Tiere ab. Auch über die Jagdmethoden vor nunmehr rund 4.500 Jahren verrät das Kalksteinrelief einiges. Wildrinder, Steinböcke und Antilopen werden von einer großen, schlanken Hunderasse gepackt, zumeist an der Kehle, aber oft auch

zunächst einmal an den Läufen. Alle Tiere, auch die Löwen, wurden mit Pfeil und Bogen erlegt. Wildrinder fing man offensichtlich auch mit der Wurfschlinge. Bei den Jägern handelte es sich vermutlich nicht um den König selbst oder auch seine Höflinge, sondern der Kleidung nach wahrscheinlich um Berufsjäger, die zur Versorgung des Hofes mit Wildbret und Opfertieren angestellt waren.
Ein weiteres Relief aus der gleichen Zeit, ebenfalls aus Sakkara, zeigt Vögel der verschiedensten Art, wie Ibisse, Reiher und Tauben, aber auch die im Wasser des Nils lebenden Flußpferde und Krokodile. Die Wasservögel wurden meist vom Boot aus mit Wurfhölzern, aber auch mit mehrspitzigen Vogelpfeilen erlegt, die verblüffend an ähnliche Pfeile aus Neuguinea erinnern. Das Harpunieren der Flußpferde wurde wegen der damit verbundenen Mühseligkeiten und Gefahren meist nicht von den Pharaonen und ihren Höflingen selbst ausgeübt. Es wurden Harpunen mit aufgesetzter, also im Wildkörper sich lösender Spitze verwendet. Beim Abtauchen wurde Seil gegeben, und beim Luftschnappen wurde der Koloß erneut harpuniert, bis er ermattet war und mit Hilfe eines Wurfseils ans Boot oder an Land gezogen werden konnte.
Meist ist auf den Bildern und Reliefs dennoch der jeweilige Pharao auf der Jagd dargestellt. Die königliche Jagd in den ägyptischen Dynastien war Ritus, Sport und eben Machtdemonstration. Gewaltige Treibjagden auf Gazellen, Oryxantilopen und Hartebeest, Steinböcke, die im Gebirge rudelweise lebten, Hirsche und Mähnenschafe wurden organisiert. Riesige Areale wurden mit Netzen eingezäunt, als Treiber dienten Sklaven und als Jagdhelfer Windhunde. Man hatte spezielle Hunde für die Suchjagd, die Hetzjagd und das Packen. Daneben wurden auch Geparden und sogar Löwen zur Jagd abgerichtet; man erinnere sich hier an das Feuersteinmesser von Gebel el Arak aus der Frühzeit der ersten Dynastie, lange vor der Zeit der bekannten Pharaonen. Interessant sind ferner Berichte, nach denen auch Katzen zum Apportieren verwendet worden sind. Neben der Treibjagd waren der Jagdwagen sowie die Jagd vom Boot aus verbreitet. Die Hetzjagd zu Pferde jedoch war noch unbekannt; die Verwendung von Fallgruben und auch anderen Fallensystemen wird wohl nur deswegen in der Literatur teilweise angezweifelt, weil sie in den Überlieferungen über die Jagden der Könige nicht auftaucht und auch die Bilder und Reliefs nichts dazu hergeben. Dies wird aber allein daran liegen, daß die Fallenjagd keine Jagdart der Pharaonen war, sondern ausschließlich von den Berufsjägern und Jagdsklaven ausgeübt worden sein dürfte. Die Pharaonen zogen allgemein großangelegte und spektakuläre Jagdereignisse und Veranstaltungen vor.

Jagdtaten der Pharaonen und der Könige des Zweistromlandes

Fast alle Pharaonen betrieben die Jagd mit Leidenschaft und taten dies auch dem Volk und der Nachwelt kund. Um mit Thutmosis III., einem der ersten Pharaonen des sogenannten Neuen Reiches, zu beginnen, soll zunächst erwähnt werden, daß er nach dem Sturz seiner Stiefmutter Hatschepsut das Land zur Großmacht erhob; bis zu seinem Tode im Jahre 1436 v. Chr. unternahm er mindestens siebzehn Feldzüge gegen Syrien und Palästina, machte diese Länder tributpflichtig und legte sich sogar mit dem damals mächtigen Mitannireich der Churitter an. Auf einem der ersten Kriegszüge im Jahre 1464 v. Chr. soll er 120 Elefanten, zwölf Wildstiere und sieben Löwen an einem einzigen Wasserloch erlegt haben. Sollten diese Quellen zumindest hinsichtlich der Zahlen zuverlässig sein, so sprechen sie gegen andere Berichte, denen zufolge sich der Wildbestand in den Kulturländern des Nahen Ostens schon sehr bald merklich verringert hatte. Auch wenn die Zahlen, was nicht auszuschließen ist, etwas übertrieben sein sollten, erstaunt dennoch allein das Vorkommen von Elefantenherden und Löwen im Land der Bibel lange nach Abrahams Zeiten.

Amenophis III. lebte rund 100 Jahre später und erweiterte Ägyptens Einfluß in der damaligen Welt bis zum absoluten Höhepunkt. Gleichzeitig erlebte das dynastische Ägypten unter ihm die Periode größten Wohlstandes; unter anderem begann er mit dem Bau des Tempels in Luxor. Kriegerische Unternehmungen waren nicht seine Sache, aber ein leidenschaftlicher Jäger war er dennoch. Von ihm ist überliefert, daß er in den ersten zehn Jahren seiner Regierungszeit eigenhändig „hundertundzwei wildblickende Löwen" erlegt hat; auch seine Jagden auf wilde Stiere ließ er auf Siegelsteinen verewigen.

Sein Sohn Amenophis IV. war es, der tiefgreifende Reformen des staatlichen Lebens, in der Kunst und in der Religion durchsetzte und sich schließlich, ab dem sechsten Jahr seiner Regierungszeit, Echnaton nannte. Unter diesem Namen wurde er berühmt als Gatte der Königin Nofretete, deren wunderbare Kalksteinbüste im Ägyptischen Museum in Berlin ausgestellt ist. Echnaton, klein, dick und körperbehindert, war eine Ausnahmeerscheinung unter den Pharaonen, der revolutionärste König Ägyptens im Verlauf der einunddreißig Dynastien. Er gab dem geistigen, religiösen und künstlerischen Leben des Landes völlig neue Impulse, wollte auch das gottähnliche Bild des Pharaos selbst verschwinden lassen und gab sich als populärer Herrscher, was ihn aber leider zum Gegenstand der ersten Karikaturen der Geschichte werden ließ: Affen wurden in der Haltung und Gruppierung nachgebildet, in der sich die königliche Familie des Echnaton mit Nofretete und ihren sechs Prinzessinnen gern darstellen ließ. Ein Jäger aber war Echnaton nicht und unterschied sich auch darin von seinen Vorgängern und seinem direkten Nachfolger, dem Pharao Tutenchamun.

Tutenchamun, auch Tutanchamun genannt und ursprünglich, wie auch Echnaton, nach dem Gott Aton geheißen, also Tutanchaton, war der heute wohl bekannteste Pharao der ägyptischen Dynastien. Ohne seine Person herabwürdigen zu wollen, muß aber darauf hingewiesen werden, daß dies in erster Linie der Tatsache zu verdanken ist, daß seine Grabstätte als einzige der bisher entdeckten ägyptischen Königsgräber noch nicht von Grabräubern geleert worden war, als sie 1922 entdeckt wurde. Am berühmtesten ist die Goldmaske seiner Mumie. Kaum ein Buch, das sich mit der Archäologie und den alten Kulturen beschäftigt, zeigt nicht das Bild dieser Maske. Verläßt sie einmal das Ägyptische Museum in Kairo und geht auf Wanderausstellung, zusammen mit dem Sarg, dem Brustschmuck und dem Thronsessel, zieht sie Millionen von Menschen in die Museen. Eigentlich aber ist Tutenchamun mit Echnaton, der wahrscheinlich sein Vater war, und auch anderen Pharaonen kaum zu vergleichen. Wie sollte er auch? Zehn Jahre etwa war er alt, als er den Thron bestieg, und zehn Jahre später wurde er ermordet. Die Geschichte Ägyptens beeinflußte er hauptsächlich insoweit, als er die von Echnaton eingeführte Verehrung des Gottes Aton wieder verpönte und zum früheren Amunkult zurückkehrte. Auf diesem Wandel beruht die Änderung seines Namens.

Berühmt ist seine Totenmaske, berühmt war die Schönheit und Anmut seiner jugendlichen Gemahlin, berühmt aber wurden durch die Reichhaltigkeit der Funde auch seine Taten als Kriegsherr und Jäger. Die Darstellung auf einem seiner Pfeilköcher zeigt ihn im Streitwagen, mit dem fachmännisch zum Kinn gespannten Bogen auf fliehende Antilopen zielend. Windhunde begleiten, wie auf zahlreichen Darstellungen der Pharaonenjagd, den dahinrasenden Herrscher. Auch eine wundervoll bemalte Holztruhe aus seinem Grab zeigt ihn auf der Jagd mit dem Streitwagen und dokumentiert diese Jagdweise als bei den ägyptischen Herrschern besonders beliebt. Eine vergoldete Holzfigur belegt, daß der junge Mann sich im Gegensatz zu den meisten seiner Vorgänger auch nicht scheute, dem nassen und gefahrvollen Geschäft der Nilpferdjagd nachzugehen: Er wird auf einem stilisierten Boot mit der Nilpferdharpune und der aufgerollten Leine in der Hand gezeigt. Ein Zeremonienwedel zeigt ihn wiederum im Streitwagen auf der Straußenjagd, und die Reihe der Abbildungen, die diesen so jungen und doch so berühmten Pharao auf der Jagd zeigen, ließe

Dieser Deckel der Wäschetruhe aus dem Grab des Königs Tut-ench-Amun zeigt den Pharao auf dem Jagdwagen, das Wild der Wüste verfolgend. Kairo, Museum. (Bildarchiv Foto Marburg)

Ausschnitt aus dem „steinernen Schußbuch“ Ramses III.: Der König auf der Wildstierjagd. Tempel von Medinet Habu, Theben. (Bildarchiv Foto Marburg)

sich auf diese Weise beliebig lange fortsetzen.

Ramses III., der in der zwanzigsten Dynastie von 1.184 bis zu seiner Ermordung im Jahre 1.153 v. Chr. wiederum sehr kriegerisch regierte, soll den Reigen der Pharaonen hier abschließen. Er ließ seine Jagderlebnisse sogar an der Außenwand eines Tempels, des Tempels von Medinet Habu, dokumentieren.

Weitere Zeugnisse belegen, daß die Jagd keineswegs immer nur ein Privileg der Herrscher allein war. Zeitweise mag dies, wie viel später auch in Frankreich, so gewesen sein, aber zumeist konnten zumindest auch bessergestellte Hofbeamte und höhere Offiziere der Jagdlust frönen. Wandmalereien in einem Grab aus der achtzehnten Dynastie, um 1.440 v. Chr., zeigen vermutlich den Sekretär des Pharaos Amenophis II., wie er im Papyrusdickicht Vögel mit dem Wurfholz und vom Streitwagen aus Gazellen, Hasen und Hyänenhunde erlegt.

Niemals übrigens findet sich in den Darstellungen eine Abbildung der Jagd auf Krokodile. Es wird zwar in einigen Quellen auch von der Krokodiljagd berichtet, aber im allgemeinen scheint dem Krokodil wegen seiner Heiligkeit das Schicksal als Jagdbeute erspart geblieben zu sein. Dem Nilpferd ging es, wie schon zu sehen war, anders. Obwohl auch der Dickhäuter als heiliges Tier galt, wurde er gern erlegt. Manchem Pharao bedeutete das Flußpferd die Verkörperung des Seth, des Gottes der Unruhe, der Unordnung und der „verkehrten Welt“, also eines Gottes böser Einflüsse, der die Ordnung des Reiches bedrohte und dazu noch recht kriegerisch sein sollte.

Seth war der Gegenspieler des Gottes Horus, des Gottes des Lichts, der Kinder und damit eigentlich der gesamten Welt. Seine jeweilige Inkorporation war der Pharao selbst, verkörpert aber wurde er in den künstlerischen Darstellungen manchmal durch eine Kindergestalt, weitaus überwiegend aber durch einen Falken. Der Falke als Verkörperung des Horus war ein absolut geschütztes Tier. Die unzähligen Darstellungen des Falken in der ägyptischen Kunst, auch in der jagdlich orientierten Kunst, sind also allein auf den allgegenwärtigen Gott Horus zu beziehen. Der Falke als Jagdbeute ist im dynastischen Ägypten undenkbar. Der Falke als Jagdhelfer sollte damit ebenfalls nicht dargestellt werden, wie es die Literatur in einigen wenigen Fällen aussagt. Die Beizjagd hat ihren Ursprung vermutlich in China und wurde erst sehr spät über Persien und Indien in Ägypten eingeführt. Die Verkörperung des obersten Gottes als Jagdhelfer, also als Sklave, wäre zudem auch kaum vorstellbar.

Die schon erwähnten Beziehungen zwischen den frühen ägyptischen Dynastien und den Kulturstaaten des Zweistromlandes lassen zu Recht vermuten, daß Bedeutung und Ausübung der Jagd sich in den beiden Kulturbereichen nicht wesentlich voneinander unterschieden. Wenn schon das Gilgameschepos die Jagd als Privileg des Königs und seiner Getreuen vermuten läßt, so wird sich diese Vorliebe in den folgenden Jahrhunderten eher noch verstärkt haben. In der Kunst mangelt es freilich lange Zeit an jagdlichen Darstellungen; zu beherrschend sind kriegerische Ereignisse; gleichwohl zeigen Einlegearbeiten, Rollsiegel und ähnliches auch Abbildungen von Löwen, Wildstieren und allerlei anderen freilebenden Tieren.

Die Könige des Zweistromlandes ließen, wie die Pharaonen Ägyptens, vor allem ihre Jagd-

Fisch- und Vogeljagd im Papyrusdickicht. Grabmalerei aus Theben. (Bildarchiv Foto Marburg)

Jäger führen ihre gefangenen bzw. erlegten Hasen vor. Stuckbild aus einem Grab bei Theben, 1.600–1.400 v. Chr. Britisches Museum London. (Bildarchiv Foto Marburg)

erfolge auf gefährliches und wehrhaftes Wild dokumentieren und verbreiten. Der gedankliche Zusammenhang zwischen Jagderfolg und Kriegsgeschick ist hier nicht zu verkennen; ein großer Jäger mußte auch ein großer Feldherr sein. Wer sich nicht scheute, dem Löwen ins Auge zu blicken und mehr als 1.000 der großen Katzen mit eigener Hand getötet hatte, dem brauchte auch vor vielen tausend menschlichen Feinden nicht Bange zu sein, und dies sollte jedermann wissen.

Etwa 1.000 Löwen sollen es in der Tat gewesen sein, die Tiglatpileser I. im Verlauf seiner Regierungszeit eigenhändig erlegte. Er regierte Assyrien von 1.115 bis 1.078 v. Chr. und dehnte in dieser Zeit das Reich vom Schwarzen Meer bis zum Mittelmeer aus. Wohl der erste Herrscher Mesopotamiens war er, der von der Idee einer Herrschaft über die ganze damals bekannte Welt durchdrungen war; so nannte er sich auch „König der Menschheit". Selbst Ramses soll Bedenken bekommen haben, als sich die Grenzen der neuen Großmacht von Nordosten her auf Ägypten zubewegten, und besänftigte Tiglatpileser mit Geschenken. Diese Geschenke waren, wie hätte es bei zwei solchen Jägern anders sein können, Tiere, die in Assyrien nicht oder nicht mehr vorkamen. Affen sollen es gewesen sein und sogar heilige Krokodile.

Tiglatpileser scheint denn auch nicht allein die Jagd auf Löwen geschätzt zu haben. Zehn Elefanten soll er ebenfalls erlegt haben, ansonsten Wildstiere und Wildschweine, Hirsche, Gazellen, Steinböcke und Straußenvögel. An der Küste des Mittelmeeres schließlich gelang ihm die Harpunierung eines Wals.

Die Darstellung als Löwenjäger zur Demonstration der Furchtlosigkeit des Landesherrn betrieb knapp 200 Jahre später Assurnasirpal II. bis zur Perfektion. Er festigte die Stellung Assyriens als Großmacht, siedelte unterworfene Völker rücksichtslos in die Umgebung seiner neuen Hauptstadt Kalach, das frühere Nimrud, um, wo sie als Zwangsarbeiter einen gewaltigen Palast errichten mußten; 70.000 Gäste, darunter 5.000 aus dem Ausland, waren zu den zehntägigen Eröffnungsfeierlichkeiten geladen. Zahlreiche Reliefs schmükken die Wände des Palastes, von denen viele den Herrscher auf der Jagd und insbesondere natürlich auf der Löwenjagd zeigen. Am bekanntesten ist wohl die Darstellung einer Jagd vom Streitwagen aus; ein Löwe liegt bereits vor dem Wagen am Boden und ist vermutlich mit einem Schuß über die Köpfe der Pferde hinweg erlegt worden. Assurnasirpal hat sich eben dem zweiten Löwen zugewandt, der den Wagen von hinten wütend anfällt, und zielt mit dem schweren Bogen auf die Großkatze. Zwei Krieger mit kurzen Schwertern und Schilden folgen dem Wagen, wahrscheinlich, um den getroffenen Tieren endgültig den Garaus zu machen.

Das wohl erste Schußbuch der Jagdgeschichte wurde ebenfalls von Assurnasirpal geführt, und so verkünden Schrifttafeln: „10 Elefanten tötete ich mit dem Bogen, 257 gewaltige Wildstiere erlegte ich von meinem Kriegswagen aus, 370 mächtige Löwen tötete ich wie Käfigvögel mit dem Speer.“ Ob die mit dem Bogen getöteten Löwen – wie auf dem Relief gezeigt – hier einbezogen sind oder noch hinzuzurechnen wären, bleibt offen.

Mit dem Speer aber, wie auch mit dem Schwert, traten die zweifellos mutigen Herrscher Assyriens den Löwen auch zu Fuß, Auge in Auge, gegenüber. Von 722 bis 704 v. Chr. regierte Sargon II., der mit seiner Königsburg in Dur Scharrukin das monumentalste Bauwerk des assyrischen Reiches schaffen ließ. Zahlreiche Reliefs zeigen ihn als gottähnliches Wesen, als Feldherr und natürlich auch als Jäger. Zahlreiche Abbildungen aus seinem Palast zeigen allerdings nicht allein den König auf der Jagd, sondern auch die Tätigkeit der Jagdhelfer und lassen Einblicke zu in die Jagdmethoden jener Zeit.

Assurbanipal, der letzte große König Assyriens, führte das Land etwa von 668 bis 631 v. Chr. und in dieser Zeit verlor Assyrien viele Gebiete und seine Vormachtstellung. Assurbanipal war nicht nur Feldherr und na-

Wildeselfang in Assyrien. Relief vom Palast in Ninive. Britisches Museum London. (Bildarchiv Foto Marburg)

König Assurbanipal tötet einen Löwen; Alabasterrelief vom Palast in Ninive. Britisches Museum London. (Bildarchiv Foto Marburg)

türlich auch Jäger, sondern dazu noch ein begnadeter Gelehrter. Auch er ließ sich einen eigenen Palast erbauen, in Ninive, und gründete dort eine der ersten großen Bibliotheken der Geschichte. Mit den Reliefs in seinem Palast brachte er die Kunst Mesopotamiens zugleich zum Höhepunkt und zum Abschluß. Es sind die berühmtesten Jagd-, Tier- und Tierkampfszenen, die Assurbanipal schaffen ließ. Die „Sterbende Löwin" zählt hierzu, von drei Pfeilen durchbohrt und an den Hinterläufen offenbar bereits gelähmt. Ebenso eindrucksvoll ist ein tödlich getroffener Löwe dargestellt, auf den Hinterläufen sitzend, das Haupt gesenkt, wohl kurz vor dem Zusammenbrechen. Insbesondere diese beiden Reliefs vermitteln den Eindruck eines ungewöhnlich tiefen Einfühlungsvermögens des Künstlers in die Gefühle des leidenden, sterbenden Tieres.

Andere Bilder zeigen den König selbst, wie er einem angreifenden Löwen entgegentritt und ihm die Lanze in den Rachen hineinstößt, auf wieder anderen Darstellungen benutzt er den starken Bogen oder das Schwert als Jagdwaffe. Hunde sind abgebildet, aber keine Windhunde, sondern eine schwere Doggenart, Molosserdoggen genannt. Netzjagden, auch in Wildparks auf Damwild, fehlen in den Reliefs ebensowenig wie der Fang von Tieren mit der Wurfschlinge und die recht beliebten Jagden auf Wildesel. So bietet das steinerne Bilderbuch des Assurbanipal den wohl tiefsten Einblick in die jagdlichen Gebräuche und Sitten der frühen Kulturen des Zweistromlandes und läßt Prunk und Auf-

wand königlicher Jagd vor nunmehr über 2.500 Jahren erkennen.
Der kulturelle Einfluß der bald nach dem Tode Assurbanipals niedersinkenden mesopotamischen Kultur, der ältesten Hochkultur der Weltgeschichte, strahlte während ihrer Blütezeiten jedoch nicht nur nach Südwesten, in Richtung der ägyptischen Pyramiden, aus. Die sich gleichzeitig und in den folgenden Jahrhunderten entwickelnden Kulturen der Nachbarländer im Osten und Nordwesten zeigen, auch aus jagdgeschichtlicher Sicht, diesen Einfluß ebenfalls. Aus Luristan, dem Bergland östlich Mesopotamiens, stammt die Bronzeskulptur eines wagenfahrenden Bogenschützen; das Zugtier soll angeblich einen Panther darstellen, es könnte sich aber auch um ein drachenartiges Fabeltier mit Reißzähnen und Feuerzunge handeln. Tierdarstellungen spielten in der Geschichte der Luren, mit deren Erforschung erst in diesem Jahrhundert begonnen werden konnte, überhaupt eine überaus große Rolle, und man nimmt an, daß die Jagd im täglichen Leben wie auch in der Religion und Kultur der Luren von großer Bedeutung war.
Silberschalen und Reliefs der späteren persischen Epochen zeigen zumeist den König auf der Jagd; Beute sind die großen und gefährlichen Tiere. Waffen sind Pfeil und Bogen, Schwerter und Lanzen. Schon diese Waffen zeigen, daß auch im alten Persien die Jagd zur Vorbereitung auf den nächsten Krieg diente. Das Bogenschießen war für den Adel eine tägliche selbstverständliche Übung. Die Fürsten und Könige ließen sich Wildparks einrichten und veranstalteten gewaltige Prunkjagden, zu denen Tausende von Bauern aus weitem Umkreis als Treiber verpflichtet wurden. Zur Vogeljagd verwendete man auch über die Bäume gelegte Netze, und Vögel wie auch Hasen traf man mit dem Wurfstock, einer Waffe, die dem Bumerang geglichen haben muß und ja auch aus Mesopotamien und Ägypten bekannt war. Auch die Hethiter, die vom 16. bis zum 13. Jahrhundert v. Chr. Kleinasien in unterschiedlicher Ausdehnung beherrschten, kannten dieses Wurfholz als Waffe. Darstellungen wagenlenkender und bogenschießender Krieger sowie die äußerst zahlreichen Löwen in der Kunst der Hethiter, es sei hier nur das Löwentor von Chattuscha erwähnt, lassen im übrigen auf eine ähnliche Bedeutung und Ausübung der Jagd wie in den übrigen Kulturstaaten des Nahen Ostens schließen.
Als Volk der Seefahrer und oft mit den Wikingern verglichen, gingen die Phönizier in die Geschichte ein. Eine goldene Schale aus der damals bedeutenden Hafenstadt Ugarit nahe dem heutigen Ras Schamra zeigt aber, daß auch die Fürsten Phöniziens der Jagd vom Streitwagen aus nicht abhold waren. Ein goldener Dolch aus Byblos, eine kostbare Arbeit mit Elfenbeingriff, trägt auf seiner Scheide ein merkwürdiges Bild: Drei Männer sind in offenbar friedlichem Zusammensein mit einer Ziege, einem Löwen, einem Pavian, einem Hund und einem Fisch abgebildet; einer der Männer sitzt dabei noch auf einem Pferd. Für eine Jagdszene ist das Bild zu ruhig, zu friedlich; zudem wäre der Fisch fehl am Platze. Eine schlüssige Deutung dieser Szene dürfte schwerfallen.
Aus Phönizien sind auch deutliche Zeugnisse einer Entartung der Jagd in den frühen Kulturen der Menschheit ans Tageslicht gebracht worden. Ein Relief aus Bet Schan, aus der Zeit zwischen 1.350 und 1.150 v. Chr., zeigt einen Kampf zwischen Löwen und Hund. Nun kann sich dies möglicherweise noch ganz regulär im Rahmen einer Jagd abgespielt haben. Bedenklicher stimmt allerdings eine Elfenbeinschnitzerei, eine meisterhafte Arbeit, die zwar in der schon mehrfach erwähnten assyrischen Stadt Nimrud gefunden wurde, jedoch ohne Zweifel das Werk phönizischer Künstler ist. Das Bildnis zeigt einen Löwen, der gerade einem Neger, erkennbar an den krausen Haaren, die Kehle durchbeißt. Ob der Künstler hier einen Eindruck aus Nimrud selbst oder aus seiner Heimat an den Gesta-

den des Mittelmeers verarbeitet hat, mag dahingestellt bleiben. Es hat sich bei ihm möglicherweise um einen Gefangenen aus der Unterwerfung Phöniziens durch die Assyrer und Babylonier gehandelt. Möglich ist auch, daß es sich bei dem Kunstwerk um Kriegsbeute handelte und das Bild eine Szene aus Phönizien selbst darstellt.

Auf jeden Fall läßt die wunderbare Schnitzerei den Verdacht aufkommen, daß schon die frühen Kulturvölker des Nahen Ostens begannen, das bis dahin allein durch die Jagd geprägte Verhältnis vom Menschen zum Wildtier zu pervertieren, und – den Oberen und möglicherweise auch schon dem Volk zum Vergnügen – Wildtiere zu Jägern und Menschen zu Gejagten werden ließen. Tierkämpfe, wie wahrscheinlich das Relief aus Bet Schan einen zeigt, sind der Beginn solchen Unterfangens. Die Gladiatorenkämpfe im Rom der Antike können als Höhepunkt und Vollendung gewertet werden.

Bevor aber nun mit der Erörterung der Jagd in den kretischen und mykenischen Kulturen das Tor zur Antike schon fast aufgestoßen wird, denn die kretisch-mykenische Zeit wird von einigen Historikern schon zur Antike gerechnet, sei noch ein Abstecher in andere Teile der Welt zur Zeit der frühen Hochkulturen des Nahen Ostens gestattet.

Im heutigen Grenzgebiet zwischen Indien und Pakistan entstand etwa zeitgleich mit den ersten Reichen Mesopotamiens die sogenannte Induskultur. Harappa und Mohenjo-Daro im Tal des Indus sowie Lothal an der Mündung des Sabarmati nördlich von Bombay waren schon zwischen 2.500 und 1.700 v. Chr. beachtliche und große Städte, bis zu einem Quadratkilometer in der Ausdehnung, allerdings schmucklos, mit zweistöckigen Ziegelhäusern, die Wohnungen und Geschäfte, auf engstem Raum zusammengedrängt, beherbergten. Jeweils westlich der Stadt lag der befestigte Burgberg mit Tempel, Badeanlagen, Versammlungshalle und ähnlichen Einrichtungen. Lothal war die Hafenstadt, deren Anlagen bis zu fünfundfünfzig Schiffen Schutz boten.

Von der Bedeutung der Jagd in diesem Kulturkreis ist bisher wenig bekannt. Die plastischen Bildwerke und Keramikmalereien zeigen weder die Fürsten noch den einfachen Mann auf der Jagd. Tiere allerdings sind reichlich abgebildet, und es gibt Anzeichen, daß nicht nur Stier und Hund, sondern auch Wildtiere kultisch verehrt wurden. Steatitsiegel, die zur Beurkundung verwendet wurden, zeigen auch Flußpferde und Elefanten, daneben Tiger, Krokodile und Wildbüffel. Gehörnte Götter und Büffel mit Menschengesicht kommen vor, und auch ein „Herr der Tiere", das Motiv des Gilgamesch, taucht auf. Hirsche, Schakale und Pfauen zieren die Keramiken; alle Darstellungen, besonders die aus Terrakotta und Steatit, sind äußerst anschaulich und naturgetreu. Nur über Bedeutung und Methoden der Jagd in dieser auf Handwerk und Handel ausgerichteten Kultur sagen sie nichts aus. Allein die offensichtliche kultische Verehrung der Wildtiere und das Auftauchen des Gilgameschmotivs lassen vermuten, daß auch hier die Jagd von den Herrschern und ihrem Anhang als Privileg betrachtet und ausgeübt worden ist. Die Induskultur fand ihr Ende durch die Invasion von Völkern aus dem Westen, den Indo-Ariern; diese waren ursprünglich nomadisierende Hirten, die im weiteren Verlauf der Geschichte die frühen Königreiche am Ganges gründeten. Die Religionen des Brahmanismus, des Vischnuismus und schließlich des Buddhismus entstanden in dieser Epoche.

Um die Wende vom 3. zum 2. Jahrtausend v. Chr. war der Ferne Osten noch immer zum größten Teil die Heimat von Hirtenvölkern, und so sollte es auch in riesigen Gebieten noch bis in unsere Zeit bleiben. In einigen Regionen in Südchina und Japan war sogar das Jagen und Sammeln noch die Grundlage der Wirtschaftsführung, und das zu einer Zeit, als in Mesopotamien die ersten Hoch-

kulturen schon wieder in Schutt und Asche gesunken waren.
Die Hirten und Jäger der süd- und ostasiatischen Steppen jedoch waren es, die die Jagdgeschichte in einer Weise beeinflussen sollten, die sie selbst sicher niemals erahnt haben. Denn allen Anzeichen nach geschah es irgendwo in dem weiten Raum zwischen dem heutigen Iran und den Ufern des gewaltigen Amur zum ersten Mal, daß ein Mann einen jungen Falken fing und ihn zur Jagd auf kleines und schnelles Wild abrichtete. Die Beizjagd, die Jagd mit dem Greifvogel, hat ihren Ursprung auf den Steppen der süd- und ostasiatischen Reitervölker.
Genauer Ursprung und tatsächliches Alter dieser Jagdmethode sind umstritten und werden wohl kaum noch endgültig und mit völliger Sicherheit geklärt werden können. Aus der chinesischen Hsia- oder Hiadynastie, somit etwa aus dem Jahre 2.200 v. Chr., sollte nach früherer Meinung der wohl älteste Hinweis auf die Falkenjagd stammen. Inzwischen ist dies jedoch ebenso umstritten wie die Existenz dieser Dynastie selbst, und auch eine japanische Quelle aus dem Jahre 247 v. Chr. hält nach Meinung von Fachleuten einer Überprüfung nicht stand. Für eine frühe Verbreitung der Beizjagd zumindest in einigen Gebieten des Fernen Ostens spricht jedoch die Tatsache, daß in Korea im Jahre 363 n. Chr. ein zweiundsechzigbändiges Buchwerk über die Falknerei herausgegeben wurde, denn hierzu hat es sicherlich der Erfahrung vieler Generationen bedurft. Von den Koreanern dürfte die Beizjagd sich auch nach Japan ausgebreitet haben, wie es das japanische Geschichtswerk „Nipponki“ schildert.
Der griechische Historiograph *Ktesias*, der im 5. Jahrhundert v. Chr. lebte, erwähnt die Beizjagd bei den Indern. Möglicherweise geriet sie dort wieder in Vergessenheit, denn andere Quellen berichten, daß die Inder erst durch den islamischen Einfluß im 12./13. Jahrhundert n. Chr. die Falknerei kennenlernten.

„Er war ein gewaltiger Jäger vor dem Herrn . . .“ Jäger, Jagd und Wild in der Bibel

Die Bibel ist „das Buch der Bücher“, nicht nur für den gläubigen Christen, sondern auch im literarischen Sinn. Während eines Zeitraums von fast 1.500 Jahren wurde sie von einer Vielzahl von Verfassern geschrieben und vereint eine wohl noch größere Vielzahl literarischer Gattungen, wie Fabel, Reportage, Lied und Gedicht, Erzählung, Novelle und nicht zuletzt Geschichtsschreibung. Beschrieben werden also auch Leben und Alltag im Heiligen Land, und die Bücher des Alten Testaments schildern dieses Leben in der Eisen- und Bronzezeit, einige tausend Jahre nach der jungsteinzeitlichen Umwälzung des Lebensstils und der Lebensgrundlagen.

Die Bibel gibt interessante Hinweise darauf, daß die Jagd auch im Geburtsland von Ackerbau und Viehzucht lange Zeit nach der „neolithischen Revolution“ immer noch wesentlich zum Lebensunterhalt beitrug. Im 5. Buch Mose verkündigt dieser die von Gott übermittelten Gesetze und verbietet und erlaubt dabei auch den Genuß bestimmter Arten von Fleisch. Erlaubt waren danach Hirsch, Reh, Damhirsch, Steinbock, Gemse, Auerochse und Antilope; nicht erlaubt waren Kamel, Hase und Klippdachs. Als unreine Vögel galten über zwanzig Arten, darunter Adler, Habicht und Fischaar, Weihe und Geier, Sperber, Nachteule, Uhu und Käuzchen, Taucher, Raben, Strauß und Kuckuck, Rohrdommel, Storch und Schwan, Reiher, Häher, Wiedehopf und Schwalbe; schließlich ist auch noch die Fledermaus unter den unreinen Vögeln aufgezählt.

Dieser sogenannte Wildbretkatalog läßt einen beachtlichen Artenreichtum vermuten und nennt viele Tiere, die heute im Nahen Osten nicht mehr vorkommen. Mit dem Klippdachs dürfte wohl der Syrische Klippschliefer gemeint sein. Daß der Wildreichtum auch genutzt wurde, beweist das 1. Buch der Könige. Hier wird der tägliche Bedarf am Hofe des Königs Salomo aufgezählt, und neben dreißig Rindern und 100 Schafen werden auch Hirsche, Gazellen und Rehe genannt.

Als Jagdwaffen sind bereits im 1. Buch Mose Köcher, also Pfeil und Bogen, genannt. Weitere Hinweise auf Jagdwaffen und -methoden finden sich, zumeist in gleichnishafter Form, vor allem in den Psalmen; hier werden Netze, Fallen und auch Fallgruben erwähnt. Offensichtlich war bei den Siedlern im Land der Bibel die Fallenjagd, auch mit Schlingen, weit verbreitet, weil man für die Jagd nur noch wenig Zeit erübrigen wollte und konnte; ein deutliches Zeichen, daß die Jagd zur Nebenbeschäftigung geworden war und nicht mehr im höchsten Ansehen stand.

Auch die Jäger standen anscheinend nicht in hohem Ansehen. Gleich nach der Schöpfungsgeschichte und der Schilderung der Sintflut werden die Nachkommen Noahs, die Urahnen aller Völker auf Erden, aufgezählt. Als ein Urenkel Noahs taucht jener Nimrod auf, der so oft und gern bei der ironischen Beurteilung der jagdlichen Fähigkeiten eines Waidgenossen zitiert wird: „. . . und er war ein gewaltiger Jäger vor dem Herrn. Daher spricht man: Das ist ein gewaltiger Jäger vor dem Herrn wie Nimrod.“ Nach dem vorhergehenden Satz aus der Lutherbibel, die hier zitiert wurde, war er „der erste, der Macht gewann auf Erden.“ Eine andere Übersetzung sagt es deutlicher: „Er war der erste Gewaltherrscher auf Erden.“ Auch die etwas später im Text folgende, sehr bekannte Erzählung von Jakob und Esau läßt erkennen, daß die Jäger und die noch verbleibenden Jägerstämme weniger Ansehen genossen als Akkerbauern und Viehzüchter: „Und als nun die Knaben groß wurden, wurde Esau ein Jäger und streifte auf dem Felde umher, Jakob aber ein gesitteter Mann und blieb bei den Zelten.“ Rigoros macht der Verfasser hier einen direkten Unterschied zwischen einem Jäger und einem „untadeligen“ Mann, wie es in einer anderen Übersetzung heißt.

Jagdtaten schildert die Bibel meist nur als Notwehr zur Verteidigung von Leben oder Besitz. Im Buch der Richter tötet Simson den Löwen, um sich und seine Eltern vor dessen Angriff zu schützen: „. . . und er zerriß ihn, wie man ein Böcklein zerreißt, und hatte doch gar nichts in seiner Hand . . .“. Auch der junge David wehrte die Löwen und Bären nur ab, um seine Herde zu schützen.

So geben diese wenigen Textstellen doch ein Bild vom Stellenwert der Jagd im Heiligen Land vor 2.000 und mehr Jahren. Das Wildbret wurde geschätzt und gern verzehrt, die Bauern erbeuteten es vor allem mit Hilfe aller nur möglichen Fallen; Menschen aber, die wie die Vorfahren in grauer Urzeit allein von der Jagd lebten, galten als ungesittet und ungebildet. Diese von den Verfassern der Bibeltexte geschilderte Einstellung zu Jäger, Jagd und Wild kann durchaus typisch gewesen sein für jene Völker an der Schwelle zu einer neuen Zeit mit neuen Werten.

Die Jagd in den frühen Kulturen Europas

Der Raum westlich dieser Steppen, bis hin zum Atlantik, gibt für das 3. und 2. Jahrtausend v. Chr. aus jagdgeschichtlicher Sicht nicht viel her. Der Prozeß der „neolithischen Revolution", des Übergangs vom Jäger zum Ackerbauern, vollzog sich hier, regional unterschiedlich, überhaupt erst während dieser Zeit. Solide Behausungen setzten sich hier erst durch, als von den ersten großen Städten des Zweistromlandes schon niemand mehr etwas wußte. Wie anderenorts wurde auch in Eurasien die Bronze allmählich zum Material, aus dem Werkzeuge und vor allem auch Waffen gemacht wurden.

Die Methoden der Jagd aber dürften sich in dem gesamten Gebiet und Zeitraum nicht wesentlich von den bereits ausführlich geschilderten Methoden der Neusteinzeit unterschieden haben. Hinsichtlich der Bedeutung der Jagd ist davon auszugehen, daß diese, wie fast überall, mit fortschreitender Ausbreitung von Ackerbau und Viehzucht ständig abnahm. Bei den Bewohnern der Pfahlbauten an den süddeutschen und schweizerischen Seen wurde weniger als ein Fünftel des Fleischbedarfs durch Wildbret gedeckt, wobei kleinere Wildarten, wie Biber und Fuchs, aber auch Dachs und andere Marderarten, immer öfter verzehrt wurden. Hirsch und Reh wie auch Auerochse und Bär, aber auch Wildschwein und Wolf wurden mehr und mehr zur selteneren Jagdbeute. Dies mag zum Teil daran liegen, daß die Wälder in der unmittelbaren Umgebung der Siedlungen relativ schnell leergeschossen waren, zum Teil mag es aber auch an den Jagdarten liegen; die Fallenjagd

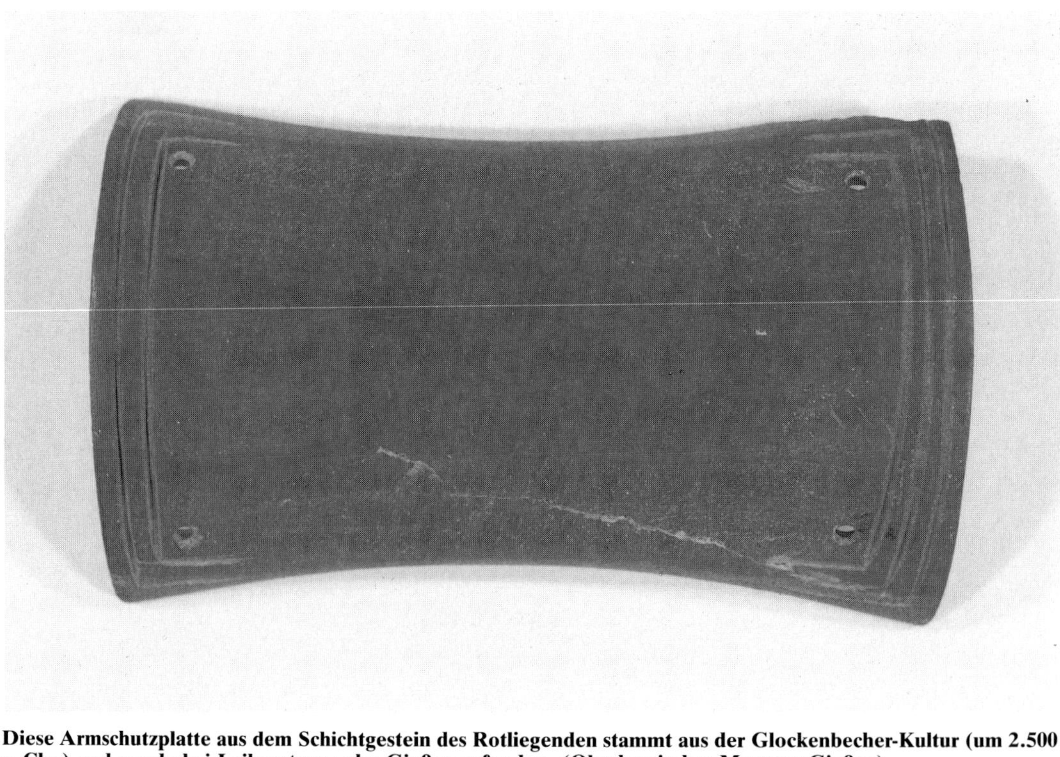

Diese Armschutzplatte aus dem Schichtgestein des Rotliegenden stammt aus der Glockenbecher-Kultur (um 2.500 v. Chr.) und wurde bei Leihgestern nahe Gießen gefunden. (Oberhessisches Museum Gießen)

Aus der Urnenfelderkultur der Bronzezeit stammt diese – natürlich bronzene – Lanzenspitze mit quergeriffelter Tülle. (Oberhessisches Museum Gießen, Inv.-Nr. 596)

wurde bevorzugt, da der Bauer nicht mehr die Zeit hatte, anderen, zeitaufwendigeren Jagdarten nachzugehen.
Auffällig ist, daß der Hase verbreitet als Beutetier fehlt; dies ist ja auch bei einigen der sogenannten Naturvölker zu beobachten. Es mag sein, daß es örtlich wenig Hasen gab; denn der Anteil von Knochen des Raubwildes, wie Fuchs, Dachs und anderen Marderarten, ist relativ groß. Es mag auch sein, daß das Wildbret des Hasen einfach nicht beliebt war. Weitergehende Vermutungen, etwa, daß der Hase ein geheiligtes Tier gewesen sei, entbehren für die beginnende Kultur im zentral- und westasiatischen sowie im mitteleuropäischen Raum jeglicher Grundlage.
Die Jagdwaffen erfuhren in dieser Zeit nur geringfügige Verbesserungen gegenüber dem Neolithikum, wenn man einmal von dem allmählichen, aber stetigen Vordringen der Metallbearbeitung, zunächst der Bronze, absieht; denn darin ist allein eine Material-, nicht aber eine Funktionsverbesserung zu sehen. Beim Bogenschießen kam zum Schutz gegen Berührungen der vorschnellenden Sehne die Armschutzplatte auf; sie war in den verschiedenen Epochen und Bereichen aus den verschiedensten Materialien gefertigt. Stein- und Schieferplatten wurden sogar verwendet, ferner Ton und Knochen, zumeist aber Leder und Holz.

Im Norden Europas und Asiens war die Jagd während des gesamten Zeitraums noch ein weitaus wichtigerer Faktor als in den mittleren oder gar südlichen Regionen. Die nordskandinavischen Felsbilder sollten sicher auch jagdliche Vorstellungswelt und jagdliche Mythen, wenn nicht in einigen Fällen allein jagdliches Erleben ausdrücken. So erzählt das Fries bei Vingen am Nordfjord, daß rund 400 Hirsche in Gruppen über den Felsen hinweg getrieben wurden. Neben dieser Jagdart war das Fallenstellen die verbreitetste Methode. Die Moore gaben zahlreiche Arten von Schlag- und Schwerkraftfallen frei. Auch sogenannte Klappenfallen und Tretfallen, die auf größere Wildarten anwendbar waren, sind nach Moorfunden und Felszeichnungen im Norden Europas verwendet worden. An den Küsten waren, wie auch an den großen Binnenseen, Seevögel beliebte Beute. Auf den Färöern wurden die Jäger von oben an Seilen auf die unzugänglichen Klippen niedergelassen, versorgt mit Nahrung, Feuer und Brennmaterial, und blieben dort tagelang, um Vögel zu jagen und Eier zu sammeln.

Eine Felszeichnung, der Reiter von Björngard, läßt die Ausübung der Beizjagd vermuten, die schon erwähnten Felsbilder von Vingen zeigen bumerangähnliche Wurfgeschosse. Sichere Hinweise für die Verwendung von Jagdfalken oder Wurfhölzern sind das jedoch nicht, wenn auch zumindest letzteres angesichts der weiten Verbreitung des Wurfholzes in der Welt zu allen Zeiten nicht ausgeschlossen werden kann.

Die kunsthandwerklichen Hinterlassenschaften Eurasiens aus dem 3. und 2. Jahrtausend v. Chr. lassen ebenfalls wenig Rückschlüsse auf die Bedeutung der Jagd, auf bevorzugte Beutetiere und Jagdmethoden zu. Silbervasen aus der Maikopkultur im Nordkaukasus, die in das 3. Jahrtausend v. Chr. datiert wird, tragen wunderbare, naturgetreue Darstellungen von Löwen und Stieren. Die Bilder machen einen solch vollendeten Eindruck, daß auf ein schon längeres Bestehen des Kulturkreises und Verbindungen zu den Kulturen Anatoliens und Mesopotamiens zu schließen ist.

Aus der Zeit und dem Umkreis der Kimmerier, der wohl bekanntesten Steppenkultur im zentralen Asien des 2. Jahrtausends v. Chr., ist jagdgeschichtlich wenig bekannt; ihre Pferdezucht war weit entwickelt und sicherte ihnen eine Übermacht über die Nachbarvölker. Schmuck und Ornamente lassen kaum Rückschlüsse auf Art und Form ihrer Jagdausübung zu; Ähnlichkeiten mit den weiter im Osten lebenden Reitervölkern sind nur zu vermuten.

Die den Kimmeriern folgenden und sie verdrängenden Skythen haben dem jagdhistorischen Beobachter wieder mehr hinterlassen. Ihre Kunstwerke drücken vielfach das Erleben auf der Jagd aus. Die Bewegungen der fliehenden und getroffenen Tiere sind ausdrucksvoll und eindringlich dargestellt und verraten eine exzellente Beobachtungsgabe; sowohl naturnahe als auch abstrahierende Darstellungen kommen vor. Das Material war oft Gold, nicht selten waren die Augen mit Edelsteinen ausgefüllt.

Die Skythen galten nicht nur als hervorragende Reiter, sondern auch als passionierte Jäger. Hirsche, die in Altsibirien einst mythisch verehrt wurden, zählten ebenso zu ihrer Jagdbeute wie Bären, Füchse und Wölfe. Neben dem Speer war der Bogen die Hauptwaffe; die Schießkünste der Skythen waren berühmt und gefürchtet. Die Ausdehnung ihres Reiches brachte ihnen neue Jagdbeute. So zeigt ein Becher aus dem 4. Jahrhundert v. Chr. eine Löwenjagd vom Pferd aus. Als Jagdwaffe wird der Spieß benutzt, begleitet wird der Jäger von Barsoi-ähnlichen Hunden. Es wird deutlich, daß die Jagd für diese wilden Reiter allein Zeitvertreib und Körperübung war.

In den weiter westlich gelegenen Gebieten des heutigen Europa gewann der Ackerbau zunehmend an Bedeutung. Die Bedeutung der Jagd, sowohl als Wirtschaftsfaktor als auch als Vergnügung oder Sport, dürfte zeitlich und regional unterschiedlich zu bewerten sein. Die meist geringe Bedeutung der Jagd in den bandkeramischen Kulturen wurde bereits erwähnt; nur im Norden ihrer Siedlungsgebiete war die Jagd als Wirtschaftsfaktor noch lange Zeit recht wichtig. Aus den Kulturkreisen der Schnurkeramiker und aus der Glockenbecherkultur sind ähnlich fragmentarische Hinweise auf jagdliche Betätigung erhalten. Die Hersteller der Glockenbecher lebten im westlichen Nord-, Mittel- und Südeuropa; Bogen und Armschutzplatten aus Schiefer wurden in ihren Hinterlassenschaften gefunden. Allein die nördlichen Wohngebiete der Gruppen des schnurkeramischen Kreises lassen für diese eine größere Bedeutung der Jagd vermuten; früher nahm man an, daß sie den Bogen nicht kannten. Ein in Göhlitzsch bei Merseburg entdecktes Steinkistengrab hat diese ohnehin unwahrscheinliche These jedoch widerlegt. In den späteren Kulturen Mitteleuropas, um nur die Urnenfelder- und Hallstattkultur noch zu erwähnen, sind irgendwelche jagdhistorisch bedeutsamen Entwicklungen nicht feststellbar.

Detail von einem etruskischen Silberbecher (um 700 v. Chr.): Jagd mit Pfeil und Bogen zu Pferde. Rom, museo preistorico. (Bildarchiv Foto Marburg)

Die Völker dieser Kulturkreise sollten sich jedoch im Verlauf eines halben Jahrtausends, etwa in dem Zeitraum von 1.300 bis 800 v. Chr., zu den ersten historisch überlieferten Völkern dieser Region, den Illyrern, Kelten, Italikern und Germanen, entwickeln und damit die Grenze zwischen Vorgeschichte und Geschichte in Mitteleuropa überschreiten.
Mit den Etruskern – als Ahnen des klassischen Roms – und den zyprischen und ägäischen Kulturen – als Wegbereiter des antiken Griechenlands – ist die Betrachtung an den Toren zur Antike angelangt. Noch immer nicht geklärt und wohl auch niemals eindeutig und unzweifelhaft aufzuklären ist die Herkunft der Etrusker. Schon die Römer konnten sich darüber nicht einigen, und die moderne Forschung ist hier im Ergebnis noch nicht viel weitergekommen. Wahrscheinlich ist eine Einwanderung aus dem östlichen Mittelmeerraum und aus Kleinasien, und wahrscheinlich ist auch, daß die Villanovakultur, nach einem Dorf nahe Bologna benannt, den Etruskern unmittelbar vorausging, wenn nicht die Villanovaleute gar schon Etrusker waren.
Schon aus der Villanovakultur sind Schwerter und Speere sowie keramische Darstellungen von Streitwagen bekannt. Dies läßt sogleich an die Jagdmethoden der Könige und Fürsten Ägyptens und Assyriens denken. Vermutlich ist auch bereits in der Frühzeit dieses Volkes eine Einflußnahme aus diesen Kulturkreisen erfolgt. Es muß allerdings dahingestellt bleiben, ob in Etrurien die Jagd Privileg einer oberen Klasse war. Beweise dafür gibt es nicht, und sehr wahrscheinlich ist dies angesichts der Tatsache, daß später die römi-

schen Kaiser auch bei weitem keinen solchen Jagdkult pflegten wie die Pharaonen und mesopotamischen Könige, ebenfalls nicht. Die Wirtschaft der Etrusker beruhte auf der Tierzucht – besonders ihre großen Schweineherden und ihr Schafskäse, der als Pecorino in der Toskana heute noch hergestellt wird, waren bekannt – sowie auf dem Anbau von Getreide, Gemüse, Obst und vor allem auch Wein. Es ist daher wahrscheinlicher, daß die Jagd vor allem von der Landbevölkerung als Schutzjagd ausgeübt wurde und hin und wieder sicherlich auch als Zeitvertreib diente. Der römische Schriftsteller *Aelianus* hat eine ausgesprochen bemerkenswerte Jagdmethode der Etrusker beschrieben:
„Man sagt, daß der Jagderfolg in Etrurien, wo man wilde Schweine und Hirsche nach gewöhnlicher Art mit Netzen und Hunden fängt, größer ist, wenn die Musik als Hilfsmittel herangezogen wird. Sie legen die Netze aus und stellen alle Arten von Fallen auf. Dann kommt ein erstklassiger Flötist. Er spielt die süßesten Melodien, die seine Doppelflöte hervorbringen kann. In der Einsamkeit und Stille erreichen seine Lieder alle Schlupfwinkel und Weidegründe des Wildes. Zuerst sind die Tiere zu Tode geängstigt. Aber dann werden sie unwiderstehlich von der Musik gepackt. Verzückt lassen sie sich von der Macht der Töne anziehen und kommen, von den Klängen verzaubert, immer näher, bis sie besinnungslos in die Schlingen gehen."
Claudius Aelianus lebte von 170 bis 235 n. Chr., also rund ein halbes Jahrtausend nach der Unterwerfung der Etrusker durch die Römer. So mag es offen bleiben, ob diese Schilderung in seinem Werk *„Über die Natur der Tiere"* die Wahrheit beschreibt, ob die Etrusker schon in den Zeiten ihrer Selbständigkeit auf diese Weise jagten oder ob es sich schlicht um eines der ersten Beispiele des Jägerlateins handelt. Die Erinnerung an den „Rattenfänger von Hameln", die den Leser dieser Geschichte überkommt, muß übrigens kein Zufall sein. Aelianus verfaßte vorwiegend moralisierende Tieranekdoten und gilt als Quelle mittelalterlicher Autoren, die ähnliche Stoffe bearbeiteten.
Etruskische Fresken zeigen die Vogeljagd mit der Schleuder und die Fischerei mit dem Netz und erinnern in ihrem Stil, wie etwa auch tiergestaltige Korbgefäße, an die Kunst des ostmediterranen Raumes, an Zypern, Kreta und Mykene. Aus Enkomi auf Zypern stammt ein wunderbar gearbeitetes Elfenbeinkästchen, das eine Jagdszene zeigt. Diese erinnert jedoch unmittelbar an die Dar-

Dolch aus Mykene, mit Jagddarstellungen verziert (Nachbildung im Oberhessischen Museum Gießen, Veröffentlichung mit besonderer Genehmigung des Instituts für plastische Archäologie der Justus-Liebig-Universität Gießen)

stellungen königlicher Jagd in Assyrien, wenn auch die Kleidung der Jäger auf phönizische Herkunft hinweist. Auf einem Streitwagen, dessen Zugpferde von einem peitschenschwingenden Lenker angetrieben werden, steht der offensichtlich königliche oder fürstliche Jäger, den Bogen zielend gespannt. Fliehende Antilopen sind zu sehen, und im Nacken eines angreifenden Wildstiers steckt bereits ein Pfeil. Am linken Rand der Abbildung wird die Erlegung eines Löwen mit dem Speer gezeigt. Begleitet wird der Wagen von Windhunden und einem weiteren Jäger zu Fuß, der mit einer Streitaxt bewaffnet ist. Alles in allem ist der Einfluß des Festlandes östlich der Inseln nicht zu übersehen, und dies wird sich auch auf die Bedeutung, auf die Stellung der Jagd innerhalb der Gesellschaft ausgewirkt haben.

So deutliche Hinweise auf die Privilegisierung der Jagd gibt es aus der ägäischen Kultur, aus Kreta und Mykene, nicht. Gehörte doch auch im späteren antiken Griechenland die Jagd nicht zum Privileg der Oberen Zehntausend. Tiere finden sich oft in der kretischen Kunst. Man pflegte, ursprünglich von der minoischen Religion ausgehend, einen Stierkult und verehrte eine Naturgöttin als „Herrin der Tiere". Der Stierkult führte zu Stierspielen und Stierkämpfen; die Heiligkeit bewahrte auch hier die Tiere nicht vor dem kultischen Tod in der Arena. Die Jagd auf wilde Stiere wurde demnach vor allem ausgeübt, um Opfertiere und Stiere für die Tierkämpfe einzufangen. Goldene Becher kretischen Ursprungs, die allerdings bei Vaphio nahe Sparta auf dem peloponnesischen Festland gefunden wurden, zeigen das Einfangen von Wildstieren, auch mit Hilfe einer zahmen Kuh.

In unmittelbarer Beziehung zur Kultur der Kreter standen die Mykener, die, wie auch die Kreter, von manchen Historikern schon der klassischen Epoche des antiken Hellas zugerechnet werden. Wenn auch die Zeugnisse dieser Kultur recht spärlich sind, zeigen

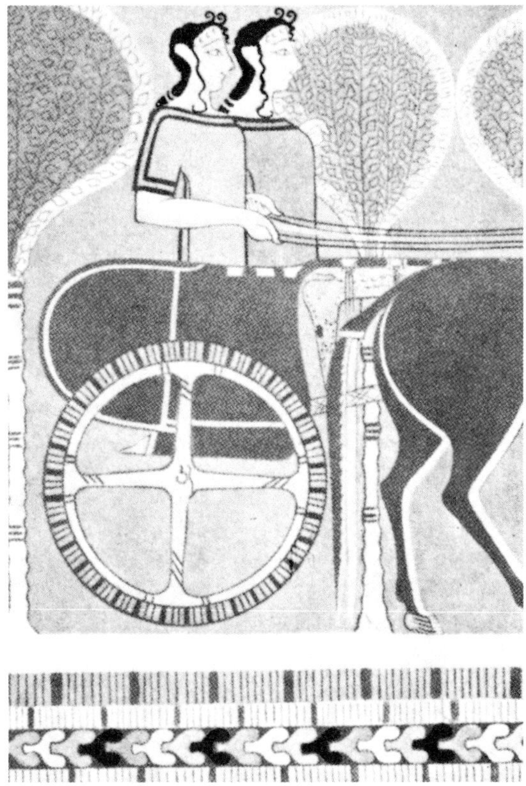

Dieses Fresko aus Tyrins zeigt zwei Frauen, die mit einem Streitwagen zur Jagd ausfuhren (Veröffentlichung mit Genehmigung des Archivs Dumont-Schauberg, Köln)

sie doch gerade aus jagdgeschichtlicher Sicht recht viel. Es scheint so, daß die Mykener, die das Festland im Süden des heutigen Griechenland besiedelten, mehr jagten und auch mehr Wildbret aßen als die Inselbewohner Kretas. Die Überreste ihrer Küchen beinhalten die Knochen von Damwild, Sauen und Hasen. Gezüchtet wurden wohl Ziegen, Schafe, Schweine und Rinder. So zeigen denn auch die farbenprächtigen Malereien, Fresken und Schmuckstücke zahllose Tier- und Jagdszenen. Berühmt ist ein Fresko aus Tiryns, das eine Eberjagd zeigt. Trotz stilisierender Elemente und teilweise unnatürlicher Farben wirkt es naturnah, läßt die Bedrängnis des Schweines, die Gier der Hunde und die Lust des speerbewaffneten Jägers spüren.

Bronzedolche sind mit Tierszenen versehen, zeigen Wildkatzen, die Enten beschleichen, und Löwen, die offensichtlich Leoparden und auch Menschen verfolgen. Merkwürdig ist, daß direkt neben bronzenen Werkzeugen und Waffen auch noch steinerne Pfeilspitzen gefunden wurden.
Allein das Vorhandensein von Wildknochen in den Herdfeuern der mykenischen Dörfer und Städte läßt erkennen, daß die Jagd zumindest nicht alleiniges Privileg der Herrscher, sondern Alltagsbeschäftigung war. Gleichwohl lassen Grabbeigaben den Schluß zu, daß vielleicht, im Gegensatz zu Kreta, die Jagd zu den Lieblingsbeschäftigungen der Oberschicht gehörte. Königliche Jagden vom Streitwagen aus, wie sie die Herrscher Ägyptens und Assyriens so zahlreich verewigen ließen, sind in Etrurien und Kreta kaum, in Mykene hingegen sehr wohl denkbar. Funde im Grab Agamemnons wie auch anderer, uns namentlich nicht bekannter Mykener, die aber hochgestellte Persönlichkeiten gewesen sein müssen, lassen einen solchen Schluß sehr wohl zu. Ein Fresko aus dem bereits erwähnten Tiryns, der Heimat des Herakles, zeigt auch einen solchen Streitwagen, wie er gerade zur Jagd ausfährt. Besetzt ist er allerdings von keinem bärtigen Fürsten oder König, sondern von zwei Frauen. Dies zeugt von der offensichtlich außergewöhnlichen Stellung der Frauen in dieser Kultur; auch Darstellungen von Frauen auf anderen Fresken, auf Siegeln und als Terrakottafiguren lassen vermuten, daß sie in Mykene ein höheres Ansehen genossen als in vorhergehenden, benachbarten und auch späteren Kulturen.
Bevor nun der Versuch eines Resümees unternommen wird, sei noch ein kurzer Blick in die Neue Welt erlaubt. Jagdgeschichtlich interessante Entwicklungen sind aus dem Amerika dieser Zeit allerdings nicht zu vermelden. Die frühesten Kulturen Amerikas wurden eingangs dieses Kapitels bereits erwähnt, und von diesen Zentren aus verbreitete sich der Ackerbau allmählich und verdrängte nach und nach die im übrigen Bereich weiterhin vorherrschenden steinzeitlichen Jägerkulturen; immer wieder kam es jedoch auch zu Vernichtungen und Zerstörungen von Ackerbaukulturen durch umherziehende Jägerstämme, so daß von einer kontinuierlichen Entwicklung nicht die Rede sein kann. Das erste historisch faßbare Volk Amerikas, die Olmeken, erschien etwa um 1.000 v. Chr. auf der Weltbühne; man fand Kultplätze aus dieser Zeit, und es wurde offensichtlich schon mit der Verehrung des Jaguars begonnen. Jagdgeschichtlich bedeutsam könnte dies insofern sein, als die Heiligsprechung eines Tieres fast immer die Tötung dieses Tieres verbot oder nur bestimmten Personen aus den Kreisen der Herrscher oder Priester die Jagd auf das Tier erlaubte. So kann auch schon der frühe Jaguarkult der Olmeken, der in den späteren Hochkulturen Mittelamerikas zur grausigen Vollendung gelangte, eine Privilegisierung der Jagd in gewissem Umfang bedeutet haben, ähnlich wie die Verehrung des Flußpferdes oder des Krokodils im dynastischen Ägypten bereits 2.000 Jahre früher. Impulse von jagdhistorischer Bedeutung gingen also, schon durch geographische Gegebenheiten bestimmt, vom Amerika dieser Zeit nicht aus, und auch innerhalb des fernen Kontinents sind in dieser Hinsicht interessante Entwicklungen nicht zu beobachten.
Entwicklungen, die Sinn und Zweck, Bedeutung und Ausübung der Jagd beeinflußten und veränderten, beschränkten sich also ausschließlich auf die vorstehend beschriebenen Kulturräume Europas und Asiens, und es ist nun an der Zeit für einen zusammenfassenden Rückblick auf die Stellung und das Wesen der Jagd in den Zeiten und Regionen der frühen Kulturen der Menschheit. Die vor dem Abstecher nach Amerika erörterte Kultur Mykenes bietet hierzu einen guten Einstieg. In Mykene diente die Jagd ganz offensichtlich noch zum Nahrungserwerb, wie die Küchenabfälle verraten. Die Bauern aber

werden die Jagd vorwiegend zum Schutz ihrer Felder und Anpflanzungen betrieben haben, denn Hirsche und Sauen verursachten auch damals schon Wildschaden. Eine Oberschicht, welcher Art und welchem Umfangs auch immer, übte die Jagd zum Vergnügen aus und ließ sogar Frauen daran teilnehmen. Die Verwendung von Streitwagen läßt die Jagd als Übung für Kampf und Krieg erkennen.

So repräsentiert Mykene aus jagdhistorischer Sicht die frühen Kulturen der Menschheit in ihrer Gesamtheit: die Nahrungsjagd der ersten Siedler von Catal Hüyük und Lepenski Vir, die Schutzjagd der Bauern und Viehzüchter aller Siedlungsgebiete, die Vergnügungsjagd der Pharaonen und ihrer Günstlinge und die Kampfjagd der assyrischen Könige. Die Aufzählung in dieser Reihenfolge veranschaulicht gleichzeitig die theoretische chronologische Entwicklung in einem fiktiven Gemeinwesen, das kontinuierlich von einem Ackerbauerndorf in der Wildnis zum feudalistisch regierten Stadtstaat oder zur Hauptstadt eines Königreichs heranwuchs.

Jagddarstellungen in etruskischen Grabmalereien

Die Etrusker waren ein merkwürdiges und faszinierendes Volk zugleich. Umstritten ist bis heute, wo sie eigentlich herkamen, sicher ist, daß sie den Stadtstaat Rom und damit die Keimzelle des antiken Großreiches gründeten, seltsam ist, welche Rolle sie dem Tod und ihren Toten einräumten.
Vielleicht wäre das Volk der Etrusker, das seine Blütezeit im 7. bis 4. Jahrhundert v. Chr. erleben konnte, nur den Experten unter den Historikern geläufig, wenn es nicht bemerkenswerte Schöpfungen der Kunst hinterlassen hätte; eine eigenständige Kunst, trotz deutlicher orientalischer und altgriechischer Einflüsse, was als ein Indiz für die verschiedenen Herkunftstheorien dienen mag.
Zu den berühmtesten künstlerischen Äußerungen zählen ohne Zweifel die Grabanlagen. Ganz wesentlich unterscheiden sie sich von den Grabanlagen anderer Kulturen und insbesondere der heutigen Zeit. Nicht auf äußeren Schmuck, zur Erinnerung der Lebenden an die Toten, waren Sinn und Zweck der etruskischen Grabmale gerichtet. Vielmehr sollte sich der Tote in seiner Grabkammer an die Lebenden und an das Leben allgemein erinnern. Unter diesem Gesichtspunkt bieten die Grabmalereien einen ganz wesentlichen und tiefen Einblick in das tägliche Leben des geheimnisvollen Volkes der Etrusker.
Essen und Trinken in großem gesellschaftlichen Rahmen, besonders anläßlich einer Begräbnisfeier, gehörten ebenso zu diesem Leben wie Musik, Tanz und Spiele. Wettkämpfe sind in den Grabbildern dargestellt, vor allem Kampfspiele. Die Malereien geben einen deutlichen Hinweis darauf, daß die Gladiatorenduelle ihren Ursprung in den Gebräuchen der Etrusker haben könnten.
Nicht zuletzt zeigen die Grabmalereien, daß die Jagd im Leben der Etrusker einen hohen Stellenwert einnahm. Die etruskische Stadt Tarquinii, südöstlich des heutigen Tarquinia gelegen und die älteste wirtschaftlich und kulturell bedeutende Stadt der Etrusker, weist die prächtigsten Wandmalereien von höchster künstlerischer Qualität auf. Zwei Gräber in Tarquinii zeigen, daß die dort begrabenen, vermutlich vornehmen Etrusker zu ihren Lebzeiten die Jagd so gern ausgeübt hatten, daß sie Bestandteil ihres Lebens geworden war und sie in ihrem Tod an dieses Leben mit der Jagd erinnert werden sollten.
„Tomba del Cacciatore“ heißt „Das Grab des Jägers“. Im Inneren wähnt man sich in einem Jagdzelt mit hölzernen Pfosten, dessen Decke und Wände aus schönem, mit jagdlichen Motiven geschmückten Stoff bestehen. Jagdfriese mit Hunden, Pferden, Hirschen, Raubtieren und berittenen Jägern schließen die Wand nach oben ab, an den gemalten Pfosten hängt die Beute, Flugwild und Rehe.
Mehrere Jäger wurden möglicherweise in dieser Kammer bestattet. Auf jeden Fall wurden die Malereien zwischen 525 und 480 v. Chr. geschaffen, und dies spricht dafür, daß die Grabkammer im Laufe einiger Jahrzehnte mehrmals von den Künstlern betreten worden ist.
Im Jahre 1873 wurde von den Besitzern des Grundstücks „Das Grab der Jagd und der Fischerei“ – „Tomba della Caccia e della Pesca“ – entdeckt. Seine Erbauung wird auf die Jahre 530 bis 510 v. Chr. datiert. Die Wandgemälde unterscheiden sich in bestimmten, nur dem Fachmann erkennbaren Kriterien von anderen Grabbildern der Etrusker im allgemeinen und Tarquiniis im besonderen; von Einflüssen griechischer Kunst ist kaum etwas zu spüren; kaum ein

Wandgemälde in den Gräbern von Tarquinii ist so sehr eigenständig etruskisch.
Aus zwei Räumen, zu denen eine lange und breite Treppe führt, besteht die Grabkammer; im ersten Raum ist gesellschaftliches Treiben dargestellt, über dem Eingang zum eigentlichen „Tomba della Caccia e della Pesca“ eine Szene, die die Rückkehr von einer Jagd darstellt: Hunde und Pferde sind zu sehen, ferner Jäger oder Jagdgehilfen, die auf Ästen über der Schulter erlegtes Wild tragen.
Berühmt ist das Gemälde an der Rückseite der hinteren Kammer. Vier Jäger oder Fischer sitzen in einem Boot, einer rudert, und einer legt das Netz aus, einer steht aufrecht, und was er in der Hand hält oder damit tut, ist leider infolge einer Zerstörung nicht mehr zu erkennen. Nicht weit vom Boot befindet sich auf einem vorspringenden Felsen ein Jäger, der mit einer Schleuder in einen großen auffliegenden Schwarm nicht genau identifizierbarer Vögel schießt. Dieser Jäger ist wesentlich größer als die Insassen des Bootes, und es ist möglich, daß hier einer der ersten Versuche einer perspektivischen Darstellung vorliegt, die den Vogeljäger im Vordergrund zeigen sollte, möglich ist aber auch, daß es sich um eine herausgehobene Darstellung des Verstorbenen handeln sollte, der hier bei seiner Lieblingsbeschäftigung gezeigt wurde. Das Bild kann im übrigen als ein Indiz für die in frühester Zeit zu suchenden Wurzeln der Vogeljagd in Italien gewertet werden, die gleichwohl seit langem nicht mehr zeitgemäß ist.

Die etruskischen Grabmalereien aus Tarquinia, um den heutigen Namen der 13.000-Einwohner-Stadt mit einem bedeutenden Museum zu nennen, zeigen nicht allein eine uns vollkommen fremde Auffassung vom Leben nach dem Tode. Auch aus jagdhistorischer Sicht sind die Kunstwerke in den Grabkammern interessant. Die Malereien im „Grab des Jägers“ und im „Grab der Jagd und der Fischerei“ belegen den vollzogenen Wandel der Jagd in diesem Teil der Erde von der Nutz- und Schutzjagd zum Jagdvergnügen, zum beginnenden Waidwerk und die insofern von Grund auf veränderte, aber dennoch große Bedeutung der Jagd in einem der ältesten Kulturstaaten Europas.

Wandel des Mensch-Tier-Verhältnisses – Wandel der Jagd

Die letzte Stufe dieser Entwicklung, die organisierte Kampfjagd im Stile Assurbanipals, für die Tiere herbeigeschafft und dem Herrscher vor den Speer oder den Bogen getrieben wurden, stellt ohne Zweifel schon eine gewisse Entartung der Jagd dar. Das Aufspüren, Verfolgen und Einfangen des Wildes – und damit die bei Raubkatzen und Wildstieren wohl gefährlichste Arbeit – wird Sklaven überlassen, der herrschaftliche Jäger erledigt nur die Tötung, an sicherem Ort, im Kreise seiner Vasallen, in einer Art kultischem Akt zur Demonstration seiner Macht und Stärke. Es mag dahingestellt bleiben, ob auch diese Art der „Jagd" in Mykene repräsentiert wurde, und es mag weiter dahingestellt bleiben, ob auch die Fortsetzung dieser noch verhältnismäßig harmlosen Entartung der Jagd, die Kampfjagd von Sklaven und Gefangenen gegen Tiere, in Mykene und überhaupt in den Kulturen vor der Antike ausgeübt wurde. Wie erwähnt, weisen einige Abbildungen aus Phönizien darauf hin, zu einer schaurigen Blüte gelangte diese Pervertierung des Mensch-Tier-Verhältnisses jedoch erst einige Jahrhunderte später in den Arenen der römischen Kaiser.

Eine durchgreifende Veränderung des Mensch-Tier-Verhältnisses brachte jedoch auch schon die Wandlung der Jagd vom Nahrungserwerb zum Vergnügen und Kriegsmanöver mit sich. Über zwei Millionen Jahre lang war das Tier Beute und wichtiger Nahrungslieferant des Menschen; sein Schicksal war von dem des Tieres abhängig. Die bewiesenen und vermuteten Kulte und Rituale der eiszeitlichen Jäger und der rezenten Jägervölker zeigen, daß sich der Mensch dieser Abhängigkeit vom Tier im besonderen und von der Natur im allgemeinen bewußt war, daß er sich als Teil der Natur sah und wußte, daß alles, was um ihn herum wuchs, für sein Leben wichtig war.

Schon die „neolithische Revolution" war der Anfang vom Ende dieser Denkungsart. Bereits die ersten Bauern sahen sich nämlich wohl nicht mehr als Teil der Natur, sondern begründeten eine Denkweise, die auf der einen Seite den Menschen und auf der anderen Seite die Natur sieht. Diese Denkweise, nach der der Mensch außerhalb der Natur steht und sie nach Belieben nutzen und beherrschen kann, ist also schon 5.000 bis 8.000 Jahre alt, und erst in unserer Zeit beginnen Menschen wieder zu begreifen, daß sie ein Teil der Natur sind und nicht außerhalb der natürlichen Zusammenhänge und Abläufe leben und existieren können.

Das Tier wurde den neolithischen Bauern zum Feind, weil es die Felder und Viehherden bedrohte. Diese Haltung gegenüber dem Tier wurde in den frühen Kulturstaaten allgemein üblich. Das Wildtier war überflüssig und mußte verfolgt und vernichtet werden. Teils wurde diese Arbeit von Sklaven oder Männern geringen Ansehens erledigt, teils nahmen sich die Krieger, die Oberen oder der König selbst dieser Arbeit an, die damit natürlich keine Arbeit mehr, sondern ein Vergnügen war, den Körper stählte, den Mut schulte und Gelegenheit bot, den Gebrauch der Waffen für den Kampf zu üben. Das Tier aber wurde so vom Feind des Bauern zum Objekt der Begierde und zum „Ersatzfeind" der Krieger und der herrschenden Klasse.

Zweifelsfrei aber wurde im Verlauf dieses Prozesses die Jagd nicht nur vom Nahrungserwerb zum Vergnügen, sondern auch zur Kunst. Die frühen Kulturen der Menschheit können als Geburtsstätte des Waidwerks im Sinne der nachfolgenden Jahrtausende und auch der heutigen Zeit angesehen werden, denn schon in der Antike war die Waidmannskunst überaus vollendet und perfektioniert. Die ägyptischen Pharaonen und die assyrischen Könige hielten sich wie Herrscher anderer Regionen zahlreiche Berufsjäger, die sich jägerisch ausbildeten, ihre Kenntnisse stets verfeinerten und weitergaben. Hierin ist die Wurzel der Waidmannskunst und des Waidwerks zu sehen, und dies soll als einziger und eigentlicher Markstein der Jagdgeschichte in den frühen Kulturen der Menschheit stehen bleiben: Der Wandel von der Nahrungsjagd des steinzeitlichen Menschen über die Schutzjagd des neolithischen Bauern und seiner Nachfahren in dieser Zunft hin zum Waidwerk – im Sinne von der Kunst des Jagens aufgrund von Kenntnissen und Regeln – vollzog sich in dieser Epoche und sollte das Bild der Jagd, die Geschichte der Jagd für die nächsten Jahrhunderte und Jahrtausende, über die Antike und das Mittelalter hinweg bis in die Neuzeit, bis in das 19. Jahrhundert hinein, grundlegend prägen und bestimmen.

Fortschritt und Entartung des Waidwerks

Der geschichtliche Rahmen der Antike

In der Antike beginnen die schriftlichen Aufzeichnungen über die Geschichte der Menschheit. Dieser Umstand ist, wie noch zu sehen sein wird, auch für die Geschichte der Jagd und ihre Darstellung von einiger Bedeutung. Die Vorgeschichte galt und gilt es noch mühselig zu enträtseln; bis in die Zeit der frühen Kulturen hinein ist man darauf angewiesen, Funde und bildliche Darstellungen zu deuten, Schlüsse und Vergleiche zu ziehen und Übereinstimmungen zu suchen. Sämtliche Verfahren sind mit hohen Fehlerrisiken behaftet, und jede neue, besser fundierte Deutung kann ältere, bisher festgefaßte Meinungen ad absurdum führen. Die Schriftsteller der Antike haben es, zumeist auch durchaus zielgerichtet, der Nachwelt darin leichter gemacht; wenn auch ihre Werke nicht frei von spekulativen, ja erfundenen Darstellungen und geäußerten Vermutungen sind, haben sie uns doch summa summarum ein klares und durchschaubares Bild ihrer Zeit hinterlassen.

Die Antike begann zunächst mit einem deutlichen Rückschritt. Die kretisch-mykenische Kultur, die in ihren Ausdrucksformen schon so sehr auf die Antike hinzielte und oftmals deshalb auch schon zu ihr gerechnet wird, wurde nämlich gegen Ende des 12. Jahrhunderts v. Chr. durch von Norden eindringende „Speerleute“ vernichtet; wer fliehen konnte, wich nach Athen, in die Ägäis und nach Kleinasien aus. Invasoren waren die Dorier, ihrerseits im Zuge der ersten großen Völkerwanderung der Geschichte aus ihrer Heimat verdrängt, ein kriegerisches und kulturell tiefer stehendes Volk; der griechischen Geschichte brachten sie das „Dunkle Zeitalter“, in dem aber gleichwohl durch die heranwachsenden Generationen die eigentliche Erstarkung und Ausbreitung Griechenlands begann. Verbindungen mit dem Osten führten zu einem erneuten kulturellen Aufschwung, und unter anderem entstand das griechische Alphabet. Aber nicht nur die Länder Kleinasiens und des Nahen Ostens fanden das Interesse der neuen Griechen; zu Seefahrern geworden, gründeten sie Kolonien in Sizilien und Unteritalien, bald „Großgriechenland“ genannt, und auch in Südfrankreich, Spanien und Nordafrika entstanden griechische „Tochterstädte“.

Die Expansion dieser als vorklassisch oder auch archaisch bezeichneten Periode brachte also einen deutlichen Aufstieg der Kultur mit sich. Die „Ilias“ und, eine Generation später, die „Odyssee“ vollzogen bereits im 8. Jahrhundert v. Chr. den bedeutenden Schritt von der mündlichen Überlieferung zur Literatur. Die Vorsokratiker begründeten die griechische Philosophie, die ersten Lehren der Medizin, der Astronomie, der Mathematik und anderer Naturwissenschaften wurden entwikkelt, und als besonderes Zeichen des sich herausbildenden Gemeinsinns mögen die ersten Olympischen Spiele im Jahre 776 v. Chr. genannt werden.

Mächtige Gegner der Griechen waren die Perser, mit denen es zu Anfang des 5. Jahrhunderts v. Chr. zum Krieg kam. Hier etwa beginnt die klassische Epoche des antiken Griechenlands. Bei Marathon (490 v. Chr.) und bei Salamis (480 v. Chr.) wurden die Perser vernichtend geschlagen. Der Wiederaufbau Athens ließ die Bauten auf der Akropolis entstehen, und die Stadt beanspruchte die Führung eines geeinten Griechenlands. Dieser allerdings führte zur Konfrontation mit Sparta und zum Peloponnesischen Krieg, den die Spartaner zwar gewannen, der aber andererseits zur inneren Zersplitterung und schließlich zur Vorherrschaft Makedoniens unter König Philipp II. führte. Unter ihm und seinem Sohn Alexander begann die Zeit des Hellenismus, in der die griechische Kultur die gesamte antike Welt beeinflussen konnte; die Heerscharen Alexanders des Großen trugen nicht nur das Schwert, sondern auch griechisches Geistesgut nach Ägypten, nach Turkmenistan und sogar an den Indus.

Die Zeit des Hellenismus wurde durch den Aufstieg des zweiten Großreiches der Antike beendet: Mit dem Ersten Makedonischen Krieg begann der Einfluß Roms auf den griechischen Nachbarn; dieser Einfluß sollte sich zunächst noch verstärken, 148 v. Chr. Makedonien zur römischen Provinz machen und schließlich bis zur Teilung des Römischen Reiches im Jahre 395 n. Chr., schon an der Grenze zum frühen Mittelalter, andauern. Insgesamt war der römische Einfluß eher negativ zu beurteilen, führte zur Entvölkerung, Ausbeutung durch unerträgliche Steuerlasten, Aufständen und zahlreichen Versuchen der Neuordnung. Andererseits befruchtete Griechenland, wie schon der römische Dichter Horaz bemerkte, das Römische Reich mit seiner vielfältigen Kultur. Die gebildeten Kreise Roms sprachen vornehmlich Griechisch, die Kunstwerke der griechischen Klassik und des Hellenismus wurden nachgeahmt, die griechische Literatur wurde bearbeitet oder zumindest zum Vorbild römischer Schriftsteller, und nicht zuletzt erfuhren auch Jagd und Waidwerk im Römischen Reich durch den kulturellen Einfluß der besiegten Griechen neue und entscheidende Impulse.

Rom ist ja bekanntlich nicht an einem Tag erbaut worden, aber die Überlieferung – nicht die historische Forschung – kennt einen bestimmten Tag, an dem die Stadt gegründet worden sein soll: Es ist der 21. April des Jahres 753 v. Chr., ein Datum, das schon seit seiner ersten Nennung umstritten ist. So sind denn die ersten Siedlungsspuren auch schon aus der Bronzezeit, etwa um 1.500 v. Chr., feststellbar, und auf dem Palatin befand sich wohl schon im 10. Jahrhundert v. Chr. eine feste Siedlung, auf drei anderen der sieben Hügel kamen in den nächsten 200 Jahren Siedlungen hinzu. Im 6. Jahrhundert v. Chr., unter der Herrschaft der Etrusker, erhielt die Siedlung wahrscheinlich ihren Namen nach dem etruskischen Geschlecht der Rumach, und bereits rund 100 Jahre später gründete sich, nach Unterwerfung der Latiner und anderer Nachbarstädte, die Römische Republik.

Die Expansionsbemühungen der Römer waren zunächst nicht von Erfolg gekrönt. 386 v. Chr. unterlagen sie gegen die Kelten, die mit Ausnahme des Kapitols die ganze Stadt besetzten. Knapp ein Jahrhundert später jedoch gelang die Revanche bei Sassoferrato und Aquilonia, und wiederum nur wenige Jahrzehnte danach begann das Imperium sich zu etablieren. Ganz Italien wurde unterworfen, dazu die südwestliche Hälfte der iberischen Halbinsel, ferner Karthago in Nordafrika und, wie bereits erwähnt, Griechenland. 133 v. Chr. beherrschte Rom den gesamten Mittelmeerraum, und trotz schwerer innerer Spannungen ging es weiter. Es folgten die Einnahme Syriens und, am anderen Ende des nunmehr riesigen Reiches, Cäsars gallischer Krieg. Der Bürgerkrieg, Cäsars Ermordung und Kämpfe innerhalb verschiedener Strömungen des unregierbaren Reiches kennzeichneten die nächsten Jahre bis 27 v. Chr., der Gründung des Kaiserreiches durch Octavian. Tatsächlich kam es zu einer ruhigeren Entwicklung, und um Christi Geburt blühten Kunst und Literatur eigenständig auf, um den griechischen Einfluß zu verdrängen. Zu Beginn des 2. Jahrhunderts n. Chr. erreichte das Römische Imperium unter Kaiser Trajan seine größte Ausdehnung: Dakien, Arabien, Mesopotamien, Armenien und Assyrien wurden zu römischen Provinzen. Schon bald jedoch machten sich erste Auflösungserscheinungen bemerkbar, in den verschiedensten Provinzen kam es zu Aufständen und Kriegen, im Innern zur Unterdrükkung des Bürgertums, zur Herrschaft des Militärs und zur Zerrüttung der Staatsfinanzen. Fremde Elemente aus den einstmals unterdrückten Völkern gewannen zunehmend Einfluß, und unter Diokletian, einem Dalmatiner, und Konstantin I. wurde das Kaiserreich zum Dominat mit einem überaus aufwendigen Verwaltungs- und Militärsystem umgestaltet. 395 n. Chr. war das riesige Reich nicht mehr zusammenzuhalten, die beiden Söhne des Theodosius teilten es in eine westliche und eine östliche Hälfte. Das Oströmische Reich blieb als Byzantinisches Reich zunächst eine Einheit, dem Westteil mit der Stadt Rom jedoch erging es schlechter. 410 plünderten die Westgoten die Stadt, 455 kamen die Vandalen und taten es ihnen nach; kein Kaiser konnte sich mehr lange halten, und mit dem Tod des Julius Nepos im Jahre 480 gilt der Geschichtsschreibung die Ära des Römischen Reiches als beendet. Das Mittelalter stand vor der Tür der Geschichte.

So viel in Kürze zum allgemeinen Rahmen dieser Zeit, die man die Antike nennt, und nunmehr gilt es, die jagdlichen Gepflogenheiten und Entwicklungen in den beiden großen Reichen dieser Epoche darzustellen. Dabei sollen auch die Provinzen und Kolonien sowie die Randkulturen Erwähnung finden und letztlich die Länder, die nicht zum Kulturkreis der Antike gehörten, ebenfalls nicht vergessen werden, sofern sich dort zwischen dem 8. Jahrhundert v. Chr. und dem Ende des Römischen Imperiums im 4. Jahrhundert n. Chr. aus jagdgeschichtlicher Sicht etwas ereignete.

Jäger, Wild und freie Jagd im klassischen Griechenland

Bei Erörterung der kretisch-mykenischen Kultur wurden Anzeichen aufgeführt, die darauf schließen lassen, daß dort die Jagd von einer Oberschicht zum Vergnügen ausgeübt wurde, und die es als möglich erscheinen lassen, daß sie zeitweise – andere Funde aber sprechen klar dagegen – nach assyrischem Vorbild ein Privileg dieser Oberschicht darstellte. Wenn dies so war, muß die dorische Wanderung, das Eindringen eines Volkes in den mykenischen Kulturkreis, das noch weitgehend von Jagd und Jagdbeute lebte, in dieser Hinsicht wie ein Kulturschock gewirkt haben.

Sowohl bei den Griechen als auch bei den Römern nämlich war die Jagd völlig frei; Adlige, Vornehme und Regierende besaßen keinerlei Privilegien hinsichtlich der Jagdausübung, was aber nicht ausschloß, daß in diesen Kreisen die Jagd besonders aufwendig betrieben wurde. Das Jagdrecht war, bis auf Ausnahmen, die noch zu erörtern sind, nahezu uneingeschränkt; vor allem war es nicht an das Eigentum an Grund und Boden gebunden: Das Wild galt als Gemeingut und durfte von jedermann getötet und mitgenommen werden.

Besonders in Griechenland war die Jagd beliebt und stand in hohem Ansehen. Bei den Römern war sie weniger populär, und viele der jagdlichen Gebräuche und Sitten der Römer wurden durch die eingangs beschriebenen historischen Ereignisse erst von den Griechen übernommen. Deshalb erscheint es angebracht, auch den zeitlichen Abläufen entsprechend, hier zunächst auf die Jagd im antiken Griechenland näher einzugehen.

Der für den antiken Kulturkreis zu beobachtende weitgehende Rückwandel der Jagd vom Privileg der Oberschicht zur alltäglichen Beschäftigung weiter Bevölkerungskreise ist sicher auf den Einfluß der Dorier zurückzuführen. Sie waren ein kriegerisches Volk, bei dem die Jagd jedermann zur körperlichen Ertüchtigung diente. Unmittelbare Nachfahren dieser Dorier, die die kretisch-mykenische Kultur zum Erliegen brachten, waren die Spartaner, jenes sprichwörtlich der körperlichen Ertüchtigung und Härte verschriebene Volk, das im weiteren Verlauf die Geschichte Griechenlands mit und gegen Athen maßgeblich bestimmen sollte.

Bei den Spartanern durfte nicht nur jedermann jagen, es mußte sogar jeder in der Kunst des Aufspürens und Erlegens von Tieren bewandert sein. Im Alter von sieben Jahren wurden die Knaben von den Eltern getrennt und in Lagern unter unglaublichen Härten aufgezogen. Schmerzen und Mühen lernten sie ohne ein Wort zu ertragen, schliefen sommers wie winters auf einem Binsenlager im Freien, wurden geschlagen, zum Streit und Kampf aufgestachelt und eben dazu angehalten, sich jederzeit selbst Nahrung beschaffen zu können. So wurde die Jagd zur täglichen Übung in der spartanischen Erziehung. Einen derartigen Stellenwert, der ihre Bedeutung eigentlich auf die der Nahrungsjagd im ursprünglichen Sinne zurückschraubt, hatte die Jagd außerhalb des spartanischen Einflußbereichs im übrigen Griechenland nicht. Die Erziehung in Athen und Attika setzte andere Schwerpunkte, vor allem im geistigen und philosophischen Bereich, während in Sparta sogar Lesen und Schreiben als nebensächliche Elemente der Ausbildung empfunden wurden. Körperliche Ertüchtigung wurde jedoch auch hier großgeschrieben, und die Jagd galt keineswegs nur als Vergnügen und als Gelegenheit zur Ergänzung des Speisezettels, sondern sehr wohl auch, in abgeschwächter Tradition spartanischer Zucht, als Mittel zur körperlichen Ausbildung und zur Erziehung.

„. . . so sollen die Jünglinge heute von ihren Lehrern die Künste und Wissenschaften und vor allem das edle Jagdhandwerk erlernen. Dadurch werden sie gestärkt für den Kampf und andere kühne Taten. Sie denken und reden dann nicht nur gut und edel, sondern handeln auch so, wie es tüchtige Menschen tun sollen.

Wer aus dem Knabenalter heraus langsam in das Mannesalter eintritt, soll zuerst die Jagd erlernen und sich danach in anderen Künsten und Fertigkeiten unterweisen lassen, soweit es seine finanziellen Mittel erlauben. Wer kein so großes Vermögen besitzt, der zeige wenigstens seine Bereitwilligkeit, indem er all das tut, was ihm seine Mittel erlauben."

Diese Worte stammen von *Xenophon*, einem der vielseitigsten Schriftsteller Griechenlands, der etwa von 428 bis 354 v. Chr. lebte. Von Beruf Soldat unter den verschiedensten Befehlshabern, blieb ihm doch Zeit, eine Reihe unterschiedlichster Werke zu veröffentlichen. Als Geschichtsschreiber verfaßte er die „Hellenika", eine siebenbändige Geschichte Griechenlands, die „Anabasis" als Bericht über einen Kriegszug und die „Kyropädie", eine Lebensgeschichte Kyros I., mit Ausführungen über die Erziehung und die Organisation im persischen Reich. Drei Bücher befassen sich mit Leben und Werk des Sokrates, den er, geboren und aufgewachsen in Athen, sehr bewunderte. Mit praktischen Fragen beschäftigen sich Abhandlungen über die Gutsverwaltung, über die Aufgaben eines Kavallerieoffiziers, über die Reitkunst und eben über die Jagd. „Kynegetikos" heißt das Werk und befaßt sich eigentlich mit der Erziehung der Hunde. Tatsächlich ist es aber mehr und enthält die ersten umfassenden Ausführungen über die Ausübung der Jagd in der Weltliteratur überhaupt.

Zu Beginn läßt sich *Xenophon* über den Ursprung der Jagd aus, die er als Geschenk der Götter Apollo und Artemis an Chiron, den Sohn des Cronos, sieht. Nach der griechischen Mythologie war die Jagd also einst Privileg der Götter und wurde erst durch dieses Geschenk zur Leidenschaft der Menschen. „Fortan zeichneten sich alle griechischen

Helden durch kühne Jagdabenteuer aus. Auch in anderen Ländern wurde die Jagd bald zu einer Lieblingsbeschäftigung der Mächtigen und Tapferen."
Xenophon läßt hier also erkennen, daß ihm von seinen Kriegszügen in den Osten die Jagd als Privileg bekannt war. Doch schon im nächsten, oben zitierten Absatz ermahnt er alle Jünglinge, es den Helden gleichzutun, die Jagd zu erlernen, und legt dann den Sinn seiner Schrift dar:
„Um all denen zu helfen, die sich der Jagd widmen wollen, aber bisher noch keine oder nur unzureichende Möglichkeit hatten, sich darin gründlich unterweisen zu lassen, seien hier einige Ratschläge gegeben, was für die Jagd wichtig und notwendig ist:
Der Netzwächter muß vor allem Lust zu diesem Geschäft haben, der Sprache nach Grieche, dem Alter nach gegen zwanzig Jahre, der Statur nach groß und kräftig und dem Geiste nach flink und ausdauernd sein, damit er die vielen Mühen auf sich nehmen kann und an seiner Tätigkeit Freude hat."
Nach diesem etwas unvermittelten Anfang, der die erstaunlich hohen Anforderungen an die Person eines einfachen Jagdgehilfen darstellt, beschreibt *Xenophon* überaus genau die Konstruktion der Fall-, Wege- und Stellnetze. Dann jedoch geht es an das Thema, dem er den Titel der Schrift gewidmet hat:
„Es gibt zwei Arten guter Jagdhunde: die Castorischen und die Fuchshunde. Die Castorischen sind nach Castor benannt, der ein leidenschaftlicher Jäger war und diese Hunde benutzte. Die Fuchshunde stammen von Hunden und Füchsen ab und wurden schon vor langer Zeit miteinander gekreuzt. Außerdem gibt es kleine, häßliche, krummbeinige, triefäugige, schwachnasige, steife, dünnbeinige und mutlose Hunde, die allesamt für die Jagd wenig taugen. Sie können keine Anstrengungen vertragen, die Spur nicht ausdauernd verfolgen und das Wild nicht festhal-

Weißgrund-Grabmalerei aus Ambelokepi nahe Athen: Hasenjagd mit Steinen und Keule. Britisches Museum London (Bildarchiv Foto Marburg)

ten. Oft kehren sie nach einiger Zeit um und lassen von dem Wild ab, weil sie Widerwillen gegen die Jagd oder Angst vor dem Wild haben, überhaupt zu ungeschickt sind und ihre Liebe zu den Menschen dadurch beweisen, daß sie nicht aus ihrer Nähe weichen. Sie geben auch gar keinen oder falschen Laut, so daß der Jäger bald nicht mehr weiß, in welcher Richtung er das Wild suchen soll. Da sie all diese Fehler mehr von der Natur als durch falsche Unterweisungen haben, sind sie für die Jagd unbrauchbar.

Es ist eine besondere Kunst, die richtigen Hunde auszuwählen und sie gut zu unterrichten. Wer dies noch nie getan hat, tut gut daran, sich von einem erfahrenen Jäger belehren zu lassen.

Viel Geschicklichkeit erfordert die Jagd mit Hunden auf Feld-, Berg- und Sumpfhasen. Da auf den meisten Inseln – bewohnten und unbewohnten – wenig Adler und Füchse leben, sind dort mehr Hasen anzutreffen als auf dem Festland. Ferner kommen auf die entlegenen, kleineren Inseln nur selten Jäger mit ihren Hunden, so daß sich die Hasen ungestört vermehren können. Da man auf heilige Inseln gar keine Hunde bringen darf, gibt es dort Hasen in großer Fülle . . ."

Im weiteren Text mahnt *Xenophon*, bei der Jagd Äcker und Gärten zu schonen und auf der Jagd die Quellen und Flüsse, die als heilige Orte galten, zu meiden und nicht zu entweihen. An Festtagen gab es ein Jagdverbot; es mußte alles Jagdgerät verschlossen werden, und an die Jagd durfte nicht einmal gedacht werden . . .

Danach beschreibt *Xenophon* die Vorteile leichter und bequemer, aber fester Kleidung, guter Schuhe und eines Knotenstockes, den der Netzwächter immer zur Hand haben sollte. Fast gegen Ende der Abhandlung geht er zu einigen gebräuchlichen Jagdarten über:

„Zur Jagd auf Hirsche und Hirschkühe braucht man besonders starke, große und schnellfüßige Hunde und eine sichere Hand für den Wurfspieß. Außerdem kann man den Hirschen Fußfallen legen, die aus Eibenholz geflochten und mit Nägeln versehen sein müssen. Die Fußfallen dürfen keine Rinde haben, damit sie nicht faulen.

Zur Jagd auf wilde Schweine braucht man kretische Hunde, Fallnetze, Wurfspieße, Fangeisen und Fußfallen. Die Hunde müssen sehr tapfer sein und dürfen vor den wilden Schweinen nicht zurückweichen.

Löwen, Leoparden, Panther, Luchse, Bären und andere gefährliche Tiere werden in fremden Ländern gejagt, doch dazu bedarf es besonderer Kühnheit und Geschicklichkeit. Fehlt es dem Jäger und seinen Hunden an Mut, dann treibt man die Tiere in tiefe Fallgruben oder tötet sie gar mit Gift, das in ausgelegtem Fleisch oder anderer Nahrung verborgen wird. Mit solchem Tun wird man jedoch kein berühmter Jäger und findet nicht das Wohlwollen der Götter. Nur wer das Wild mit der blanken Waffe verfolgt, es in Netze oder Fallen treibt und dabei den Angriff der wilden Tiere nicht scheut, ist als tapferer Jäger zu rühmen."

Nachfolgend stellte *Xenophon* die Wirkungen der Jagd auf die, wie man heute sagen würde, Persönlichkeitsentwicklung dar, und auch diese Worte sollen hier wiedergegeben werden:

„Trotz aller Mühen und Gefahren bringt die Jagd viele Vorteile. Sie schafft große Lust, stärkt den Körper, erhält jung und gesund, kräftigt das Auge, das Ohr und die Hand und macht den Jüngling zum Mann, den Mann zum Helden. Einige sagen zwar, man solle die Jagd nicht leidenschaftlich lieben, sondern sich besser um seine häuslichen Angelegenheiten kümmern, aber wahr ist vielmehr: Wer dem Land, seinen Freunden und sich selbst Gutes und Edles tut, der wird auch sein Hauswesen in Ordnung halten und alle Geschäfte redlich führen. Mit dem Wohl des Landes und all seiner Bewohner ist dem Wohl des einzelnen am besten gedient. Wer das Land beschützt, seine Kräfte nach Möglichkeit ausbildet und unerschrocken einsetzt,

das Eigentum anderer achtet und ehrt, der sorgt damit zugleich auch für seine eigenen Angelegenheiten und hat zugleich noch den Nutzen, von jedermann als tapferer und gerechter Held gepriesen zu werden.
Wer wie Chiron gerecht, kühn, in allen Künsten geschickt und weise ist, die Jagd liebt und seinen Körper gesund und kraftvoll erhält, der ist wahrscheinlich ein tugendhafter Mann, sein Name wird überall mit Ehrfurcht genannt, und Apollo und Artemis werden ihn beschützen."

Diese letzten Absätze der Schrift zeigen wieder, daß *Xenophon* die Jagd in erster Linie als Mittel zur körperlichen Ertüchtigung betrachtete. Dennoch, oder vielleicht gerade deswegen, räumte er der Jagd einen überaus hohen gesellschaftlichen Rang ein. Keine Tätigkeit, keine Institution konnte ein höheres Ansehen genießen als ein Geschenk der Götter. Die Jagd im klassischen Griechenland wurde also nicht nur – aus den verschiedensten Gründen – gern betrieben, sie galt nicht allein als Mittel zur körperlichen Übung und zur Erziehung, sondern als einstiges Privileg der Götter wurde sie geradezu verehrt.

Jagdhistorisch liegt die Bedeutung dieser Schrift jedoch keineswegs allein in der Darstellung der gesellschaftlichen Position der Jagd im alten Griechenland. *Xenophon* läßt, da er seine Schrift wohl vor allem als Anleitung für künftige Jäger verstanden wissen wollte, auch die gängigsten Jagdmethoden jener Zeit an seinen Lesern vorüberziehen.

Ein großer Teil der Abhandlung ist der Netzjagd gewidmet, und der „Netzwächter" stellt offensichtlich eine der wichtigsten Personen im Jagdbetrieb dar. Die Netzjagd wurde offenbar ausschließlich als Treibjagd ausgeführt, wobei die Jäger das Wild aufspürten, hochmachten und in die Netze trieben. Der Netzwächter, der dafür zu sorgen hatte, daß das Netz bei Erscheinen des Wildes funktionsbereit war, mußte allerdings ein zuverlässiger und engagierter Helfer sein, wenn auch *Xenophons* Anforderungen, daß er unbedingt ein Grieche und gegen zwanzig Jahre alt sein müsse, übertrieben erscheinen.

„Die Fallnetze sowie die Wege- und Stellnetze müssen aus festen Stricken sein. Die Fallnetze müssen neunfädig sein, aus drei Bindfäden bestehend, von denen jeder drei Fäden hat. Die Höhe muß fünf Spannen betragen; die Maschen müssen zwei flache Hände weit sein. Die Stricke dürfen keine Knoten haben, damit sie gut durchlaufen. Die Wegenetze müssen zwölffädig und zwei, vier oder fünf Klafter groß sein, die Stellnetze sechzehnfädig und zehn, zwanzig oder dreißig Klafter lang. Größere Netze sind allzu beschwerlich im Gebrauch. An den Rändern müssen die Wegenetze Schleifen aus Bindfanden haben, die Stellnetze aber Ringe aus Eisen . . ."

So weit nochmals die Übersetzung des Originaltextes. Es müssen Netze von erheblichen Ausmaßen gewesen sein, die von dem griechischen Jäger benutzt wurden. Ausgehend von dem wichtigsten griechischen Längenmaß, dem Fuß, der örtlich unterschiedlich zwischen 29,5 und 33,3 Zentimeter maß, war eine Spanne etwa drei Viertel dieses Maßes, also etwa vierundzwanzig Zentimeter. Mit dem Klafter, einer Bezeichnung, die es im griechischen Maßsystem nicht gab, hat der Übersetzer in Anlehnung an das altdeutsche Klafter sicherlich die Orgyia gemeint, ein Längenmaß von sechs Fuß, also etwa 1,80 Meter. Über fünfzig Meter lang waren demnach die Stellnetze, die dann auch zur Jagd auf Großwild und Raubtiere verwendet wurden.

Der Hund war, nicht nur bei den Netztreibjagden, offensichtlich alltäglicher Jagdhelfer der Griechen. Zwei Hunderassen erschienen *Xenophon* nur als tauglich für die Jagd; dabei läßt seine amüsante Aufzählung der zahlreichen negativen Eigenschaften anderer Hunderassen vermuten, daß es derer viele in Griechenland gab; spätere Quellen, aus dem 3. Jahrhundert n. Chr., sprechen von über 2.400 Hunderassen in Griechenland. Welche der später bekanntgewordenen Hunderassen

Xenophon mit dem Castorischen und dem Fuchshund meinte, ist letztlich nicht mit Sicherheit geklärt. Mit dem Castorischen Hund ist vielleicht die Molosserdogge gemeint, eine schon in Assyrien bekannte tibetische Rasse; auch der thebanische Laufhund, bereits um 4.400 v. Chr. im Orient gezüchtet und über phönizische Händler in den Mittelmeerraum gelangt, könnte von *Xenophon* zum Hund mit dem Götternamen gemacht worden sein. Der Fuchshund – andere Übersetzungen sprechen hier allerdings von einer Kreuzung zwischen Hund und Tiger! – war dann möglicherweise eine kleinere Rasse, vielleicht, ausgehend von Züchtungen des Neolithikums, eine Spitzart.

Mag dies dahingestellt bleiben, wichtig ist, daß der Hund für die Griechen untrennbar mit der Jagd verbunden war; so untrennbar, daß es für die Jagd kein anderes Wort gab als „kynegesion". Wörtlich übersetzt heißt dies „was mit dem Hund geschieht". Auch die wörtliche Übersetzung von *Xenophons* Titel zeigt diese untrennbare Verbindung zwischen Jagd und Hund im klassischen Griechenland.

Das Pferd hingegen wird bei *Xenophon* mit keinem Wort erwähnt. Die Bemerkung, daß nur der ein tapferer Jäger sei, der das Wild mit der blanken Waffe verfolge und dabei den Angriff der wilden Tiere nicht scheue, ist ein zusätzlicher Hinweis darauf, daß die Jagd vom Pferd oder gar vom Streitwagen aus, wie noch in Mykene, als feige galt. So geht man also davon aus, daß die Griechen, zumindest in der vorklassischen und klassischen Epoche, ausschließlich zu Fuß jagten. Erst durch persische, spätestens aber durch römische Einflüsse, vielleicht auch durch die Berührung mit eurasiatischen Reitervölkern, wurde die Jagd zu Pferde gebräuchlich.

Hauptsächliche Jagdwaffe war der Wurfspieß. *Xenophon* erwähnt ansonsten überhaupt keine Waffe, andere Quellen nennen auch noch den Speer, die Schleuder, das Messer und das gekrümmte Wurfholz, schon aus Ägypten bekannt. Lanzen wurden ebenfalls verwendet, insbesondere bei der Saujagd, wo eine Art Dreizack zum Einsatz kam, und auch das Schwert diente zum Abfangen des ins Netz gejagten Wildes. Sehr spärlich hingegen sind die Hinweise auf die Verwendung von Pfeil und Bogen. *Xenophon* sagt auch von dieser – ansonsten doch überaus wichtigen Fernwaffe – kein Wort. In anderen Schriften und auf bildlichen Darstellungen sucht man Pfeil und Bogen ebenfalls fast immer vergebens. Natürlich war diese Waffe bekannt, spielte aber auch im Heerwesen der Griechen keine führende Rolle. Kern des griechischen Heers der klassischen Epoche waren die Hopliten, Schwerbewaffnete, die nur Kurzschwert und Lanze führten; sie kannten ausschließlich den Kampf „Mann gegen Mann". Auch eine spätere Wandlung dieser Art der Kriegsführung durch die Einführung von leichter bewaffneten Truppenteilen und der Kavallerie berücksichtigte den Bogen kaum mehr, und erst von den hellenistischen Heeren sind ganze Abteilungen von Bogenschützen bekannt.

Beliebt war die Fallenjagd, allerdings zumeist in der Form ausgeübt, daß das Wild direkt in die Falle getrieben und dort getötet wurde. Fallgruben – und vor allem auch Giftköder – empfahl *Xenophon* nur solchen Jägern, denen es an Mut fehlte. Verbreitet waren offensichtlich Fußfallen oder Trittfallen, griechisch „podagra" genannt. Es handelte sich um eine Einrichtung, die auch bei zahlreichen Jägervölkern bekannt war. Nach *Xenophons* Schilderung hat man sich unter der griechischen Podagra einen wohl runden oder ovalen Eibenholzrahmen vorzustellen, an dem mit nach innen gerichteter Spitze, wie er schreibt, Nägel angebracht sind. Spitze Hölzer oder ähnliches täten es auch; die Befestigung an dem Rahmen muß etwas beweglich sein, und die Spitzen der Nägel oder Hölzer müssen sich nahezu berühren. Die Falle wird über einem flachen Hohlraum ausgelegt, beim Hineintreten gleitet der Lauf in die Mitte, stößt durch und wird sofort von den nach innen gerichteten Spitzen umschlossen; da die Spitzen dabei nicht nur nach innen, sondern auch nach unten gerichtet sind, ist es dem Wild nicht möglich, den Lauf gegen die Spitzen wieder herauszuziehen, und es muß hilflos den Jäger erwarten. Hirsche und auch Sauen wurden so gefangen.

Gefährliche Tiere gab es nach *Xenophon* zu seiner Zeit in Griechenland nicht mehr. Leoparden und Panther waren auch sicherlich schon längst ausgestorben. Wölfe hingegen gab es in den Bergen ganz bestimmt, denn in entlegenen Gebieten Griechenlands kommen die grauen Räuber heute noch vor. Bären und Luchse dürften im 4. und 5. Jahrhundert v. Chr. in den zerklüfteten Bergen und Wäldern ebenfalls noch nicht ausgestorben gewesen sein, und sogar für das Vorkommen von Löwen im Griechenland des 5. Jahrhunderts v. Chr. liegt uns ein recht zuverlässiges Zeugnis vor: *Herodots* Bericht über den Zug des persischen Königs Xerxes nach Makedonien.

„Während dieses Marsches wurden die Kamele, die den Vorrat trugen, von Löwen angefallen, die des Nachts von den Gebirgen, wo sie sich aufhielten, herunterstiegen, aber kein anderes Saumtier und keinen Menschen antasteten, sondern ausschließlich die Kamele zerrissen. Ich wundere mich, was wohl die Löwen dazu getrieben haben mag, die anderen zu schonen und gerade die Kamele anzufallen, da sie doch dieses Tier niemals zuvor gesehen, noch seine Kraft versucht hatten.

Übrigens gibt es in jenen Gegenden Löwen und auch wilde Ochsen, von denen die riesigen Hörner ins Land der Hellenen verkauft werden. Die Löwen finden sich nur zwischen dem Fluß Nestos, der durch das Gebiet von Abdera fließt, und dem Fluß Acheloos in Akarnanien. Nirgendwo im ganzen vorderen Europa ostwärts des Nestos, noch in dem übrigen Teil dieses Festlandes westwärts des Acheloos trifft man sie an, sondern nur in dem Strich zwischen diesen beiden Flüssen . . ."

Herodot, 424 v. Chr. in Halikarnassos geboren, gilt als der „Vater der Geschichte", der Begründer der Geschichtsschreibung, aber auch als der erste große Völkerkundler. Seine „Neun Bücher der Geschichte" schildern nämlich nicht nur die Ereignisse des persisch-griechischen Krieges, sondern auch sehr ausführlich die Länder und die Völker, die von diesen Ereignissen berührt wurden. Der zitierte Text stammt aus dem siebten Buch. Der Zug des Xerxes durch Thrakien und Makedonien bis Therma fand im Jahre 480 v. Chr. statt und endete mit der Schlacht bei den Thermopylen. Die Überfälle der Löwen ereigneten sich im heutigen Nordostzipfel Griechenlands, unweit der Stadt Dráma nahe der Grenze zu Bulgarien.

Die Jagd auf Raubtiere galt – wie aber auch die Sauhatz – als besonders manneswürdig und als besondere Ruhmestat. Die Hirten in den Bergen freilich erwehrten sich vor allem zum Schutz ihrer Herden der Wölfe, Luchse und Bären. Hierbei kam es dann auch oft weniger auf die von Xenophon beschriebenen Grundsätze edlen und mutigen Jagens an. Fallgruben sind bekannt, in denen in der Mitte eine Insel stehengelassen wurde; eine darauf angebundene Ziege lockte durch ihr Angstgeschrei die Raubtiere herbei, die in die Grube stürzten, bevor sie das Locktier erreichen konnten. Auch die Verwendung von giftgetränkten Fleischbrocken ist überliefert; als Gift wurde Aconitum, das starke Pflanzengift aus dem Blauen Eisenhut, bevorzugt. Die Hirten und Bauern übten die Jagd auch zum Zwecke der Ergänzung ihres oft kargen Speiseplanes aus und wandten auch hier eine Methode der Lockjagd an: Als Lock„vogel" wurde ein gefangenes Jungtier angebunden, dessen Klagegeschrei das Muttertier und die Herde zumindest in die Nähe lockte.

Regulierende Einschränkungen bei der Jagd gab es, wie eingangs erwähnt, so gut wie gar nicht. Jeder durfte überall auf jegliches Wild jagen; auch bestellte Felder waren als Jagdgebiet nicht ausgenommen. Im Einflußbereich Athens war lediglich die Nachtjagd untersagt, „um nicht durch gewerbsmäßige Fleischmacher das Wild ausrotten zu lassen“. In dieser Regelung ist der erste Ansatz einer gewissen Waidgerechtigkeit, eines Bestrebens, den Wildbestand zu erhalten, erkennbar. Die unter diesem Gesichtspunkt ebenfalls sehr naheliegende Schonung in den Setz- und Brutzeiten des Wildes und der Vögel ist allerdings nicht überliefert. Bis zu den ersten Schongesetzen sollten noch einige hundert Jahre vergehen, und dies zeigt, daß es beileibe keine spezifische Erscheinung unserer Zeit ist, Gesetze erst zu beschließen, wenn es schon zu spät ist, irgend etwas zu regeln. Die Bevölkerung Griechenlands wie auch der anderen, älteren Kulturregionen dieser Zeit nahm nämlich rasch zu, die Besiedlung wurde immer dichter, in Kriegszeiten wie denen der persischen Konfrontation zogen noch dazu gewaltige Heere mit ihrem noch gewaltigeren Troß durchs Land. Die ersten leergeschossenen Gebiete dürfte es schon im 3. Jahrtausend v. Chr. in den Kulturräumen des Nahen Ostens gegeben haben, und schon in der klassischen Epoche des antiken Griechenlands gab es wildleere Räume auch in Europa.

Wenige Jahre nach Xenophons Tod begann mit der Herrschaft der Makedonier die hellenistische Zeit Griechenlands und die Expansion bis an die Grenzen der damals bekannten Welt. Durch die gewaltigen Kriegszüge Alexanders wurde Griechenland besonders von Elementen persischer Kultur beeinflußt. Auch für die Jagdausübung blieben die in Persien und Indien gemachten Erfahrungen nicht ohne Bedeutung. Die von dort zurückkehrenden Veteranen sowie die Händler, Siedler und Gelehrten aus dem Troß konnten von Wildparks und Prunkjagden berichten, von sagenhaften Bogenschießkünsten, von abgerichteten Geparden oder gar Löwen und vor allem von der Jagd zu Pferd. Denn Sau- und Hirschhatzen mit Hund und Pferd waren in Persien schon lange üblich. Umstritten ist, ob zu Alexanders Zeiten die Falknerei schon aus dem Nordosten Asiens nach Persien gelangt war; einigermaßen sichere Anzeichen dafür gibt es nicht.

So bleibt als Markstein der Jagdgeschichte im antiken Hellas die Einführung der Hetzjagd zu Pferde im 4. Jahrhundert v. Chr. festzuschreiben. Es wurde in der Vergangenheit meist angenommen, daß diese Jagdart von den Römern übernommen wurde oder direkt von den im heutigen Jugoslawien lebenden Illyrern, von denen ja auch die Römer sie übernommen hätten. Unmöglich ist diese These nicht, aber die Theorie der Übernahme von den Persern ist wahrscheinlicher. Fest steht, daß es ab irgendeinem Zeitpunkt, der frühestens in der Mitte des 4. Jahrhunderts v. Chr. liegt, auch in Griechenland Hetzjagden zu Pferde gab, und fest steht weiter, daß die Kontakte mit Persien, wo die Jagd zu Pferde schon lange Jahrhunderte ausgeübt wurde, zwar feindlicher Natur, aber dennoch sehr eng waren. Die Einführung dieser effektiven und schnellen, dazu noch äußerst reizvollen Jagdart aufgrund der Berührungen mit der persischen Kultur ist daher sehr wahrscheinlich. Ob auch die bis dahin ebenfalls nicht bekannten Wildparks in Griechenland eingeführt wurden oder gar die Jagd mit Hilfe abgerichteter Raubtiere, ist nicht überliefert; Quellen hierfür gibt es nicht, in großem Stil und Umfang kann dies auf keinen Fall geschehen sein.

Ähnliche Jagdmethoden wie in Persien konnten Alexanders Söldner und Begleiter auch in Indien beobachten. Tiger und Elefanten kamen als Jagdwild hinzu. Es steht zu vermuten, daß Alexander auf allen seinen Feldzügen auch selbst, soweit möglich, gern jagte. Darstellungen auf seinem Sarkophag – er starb 323 v. Chr. im Alter von nur dreiunddreißig Jahren an einem fiebrigen Infekt – lassen einen Bezug zur Jagd erkennen.

Jagd als Nebensache – das Römische Imperium

Gegen Ende des 3. Jahrhunderts v. Chr. begann mit der Einflußnahme Roms der Niedergang des griechischen Hellenismus. Die Römer, die in den folgenden Jahrhunderten zur beherrschenden Macht des gesamten Mittelmeerraumes und darüber hinaus wurden, zerstörten jedoch die griechische Kultur nicht. Im Gegenteil, das Wort machte die Runde, wonach eigentlich Hellas Rom erobert hatte und nicht umgekehrt. Gern ließen sich die Römer von der feineren Kultur der Griechen befruchten, und auch und vor allem bei der Pflege der jagdlichen Kultur machte sich dies bemerkbar.

Vom etruskischen Ursprung her hatte die Jagd bei den Römern bestenfalls nebensächliche Bedeutung; daraus ist allerdings nicht zu schließen, daß sie etwa als niedere Tätigkeit galt und verachtet wurde. Als Schutzjagd war sie Notwendigkeit; die Felder, Plantagen und Herden mußten vor den damals noch recht zahlreichen Wölfen und auch anderen Tieren geschützt werden. Aber auch als Vergnügen, als Sport und damit als Mittel zur körperlichen Ertüchtigung war die Jagd schon den Etruskern recht lieb. Ähnlich dürften die Verhältnisse in der Römischen Republik vor den Kontakten mit Griechenland gelegen haben: Man jagte, teilweise vielleicht sogar gern, aber nicht mit der Passion, mit der die Griechen aus den verschiedensten Beweggründen dem Waidwerk nachgingen.

So sind auch naturgemäß schriftliche Zeugnisse über die Jagd im Römischen Reich nicht nur jüngeren Datums, sondern auch seltener als im griechischen Kulturkreis. Dennoch ist es einer der ganz Großen dieser Zeit, der sich in einem seiner Dramen über die Jagd ausgelassen hat. In seiner *„Phaedra"* greift der Staatsmann, Philosoph und Schriftsteller *Lucius Annaeus Seneka* den Mythos des griechischen Helden Hippolyth auf, der ein Jünger der Jagdgöttin Artemis war. Im Rahmen dieses Werkes hat *Seneka*, der im Jahre 65 n. Chr. starb, der Nachwelt ein ausgezeichnetes Bild von der Jagd im Römischen Reich hinterlassen:

„Auf! Umstellet die schattigen Wälder und die Höhen des Kekropischen Berges. Rasch, mit beflügeltem Schritt durchsuchet den Fuß des felsigen Panes und das Thriasische Tal, das der eilende Fluß mit reißender Welle bespült. Ersteiget die Gipfel, die immer erglänzen im ripäischen Schnee. Ihr dahin, ihr dorthin, wo ein Wald von hohen Erlen sich erhebt. Dort, wo die Ebene sich ausdehnt, wo der taugetränkte Zephir weht und kosend die Frühlingskinder hervorlockt. Dort, wo lieblich und sanft der Ilissus, gleich dem Mäander, trägen Laufes durch die Niederungen hingleitet und mit spärlichen Fluten den unfruchtbaren Sand bespült. Ihr dorthin, wo zur Linken die Marathonische Ebene sich ausbreitet, wo gefolgt von der Schar seiner Jungen zur Nachtzeit das Wild hervorkommt zur Äsung. Ihr dahin, wo vereint mit dem lauen Südwind die Kälte mildert der starke Acharner. Andere sollen die Klippen des Hyettus, andere die Hügel des Aphidnäs ersteigen. Lange schon liegt jene Gegend unberührt von unseren Geschossen. Wer Verlangen hat nach der Ehre bei der Waldjagd, den ruft der Phylus, dort hauset der Schrecken der Bewohner, der von vielen Verwundungen her bekannte Eber."

Wer könnte wohl die Aufstellung zu einer Treib- oder Drückjagd eindrucksvoller darstellen! Der anschauliche und an Assoziationen reiche Stil war typisch für Seneka und bei seinem Publikum sehr beliebt. In seinen weiteren Ausführungen nennt er nun auch Jagdhelfer und Hilfsmittel.

„Auf, Ihr! Lockert die Leine den schweigenden Hunden, die hitzigen Molosser aber legt an Riemen, und die feurigen Kreter haltet mit stärkeren Fesseln am geriebenen Halse. Die Spartaner aber – kühn ist diese Art und

hitzig aufs Wild – führet behutsam an festgeschlungenen Knoten. Es nahet der Augenblick, wo der Felsen Wölbung widerhallet vom Gebell. Bald sollen sie, losgelassen, mit feiner Nase den Wind erfassen, mit gesenktem Kopf die Fährten aufsuchen, solange das Licht noch zögernd ist und solange der taubedeckte Boden die Spuren des Wildes noch eingedrückt festhält.
Andere sollen schleunigst der maschigen Netze Last auf die Schultern nehmen, andere die feingeschlungenen Fangstricke. Seile, mit bunten Federn geziert, mögen das Wild durch trügerische Furcht einschließen.
Du magst führen den Wurfspieß, du mit der Rechten und Linken die schwere eichene Lanze mit der breiten Klinge. Du sollst, im Verstecke verborgen, mit Geschrei zur Flucht aufschrecken die Tiere, du nach errungenem Siege mit gekrümmtem Messer die Eingeweide lösen."
Nachfolgend wird die Jagdgöttin, römisch Diana, um Beistand angefleht und ihre jagdliche Kunst und Macht gepriesen.
„Wohlan, stehe du bei, du göttliche Jungfrau, den Gefährten, du, deren Herrschaft die einsamen Gegenden untertan sind, von deren sicheren Geschossen das Wild getroffen sinkt, das aus den Fluten des kalten Araxes trinkt und das im still ziehenden Ister spielt. Bald fühlt deines Armes Kraft Gätuliens Löwe oder der Kretische Hirsch, bald erlegst du sonder Mühe den schnellen Damhirsch.
Dir erliegen bunte Tiger, dir langhaarige Stiere: was nur immer auf der Erde der Äsung nachgeht, sei es im armen Lande der Garamanten, sei es in dem reichen Arabien oder auf den Höhen der Pyrenäen, oder was sich birgt in Hyrkatniens Schluchten, alles fürchtet, Diana, deine Geschosse.
Wer in frommer Verehrung für dich zur Jagd im Walde sich rüstet, dem halten die Netze gefangen das Wild, nimmer zerreißen dem die Läufe des Tieres den Fangstrick. Heim zieht ihm die Beute den Wagen, quietschend unter seiner Last. Dann ist der Hund maulstark gerötet vom Schweiß des Wildes, und er kehret heim, geleitet im Triumph von der ländlichen Schar.
Wohlan, Göttin, du schickst das Vorzeichen. Schon geben Laut die Hunde. Ich muß hinaus in die Wälder."
Diese Schilderung, etwa um Christi Geburt entstanden, gibt nicht nur Aufschluß über einige Jagdmethoden der Römer, sie preist auch die Allmacht Dianas und vor allem die allumfassende Macht des Römischen Reiches, das sich damals in höchster Blüte befand und in etwa seine größte Ausdehnung erreicht hatte. Im griechischen Attika lag der kykropische Berg, und mit den Gipfeln im ripäischen Schnee – ripäisch heißt eigentlich „zu Sarmatien, dem polnisch-russischen Tiefland oder auch Skythien gehörig", wurde aber auch allgemein für „nördlich" gesetzt – sind vermutlich die Alpen und ihre östlichen Ausläufer gemeint. Der Araxes ist der heutige Aras an der Grenze zwischen der Türkei und Armenien, und der Ister – oder auch Hister – war die untere Donau. Der Gätulische Löwe lebte damals noch in der algerischen Sahara, und das Land der Garamanten, auch Phazania genannt und 19 v. Chr. von den Römern erobert, war das heutige Fessan, ein Gebirgsland in Lybien. Hyrkatnien schließlich, aus dem persischen „Verkana" umgebildet, was übersetzt „Wolfsland" heißt, lag am Südostufer des Kaspischen Meeres, etwa im heutigen Aserbeidschan. So nutzt *Seneka* seine Beschreibung der Jagdmethoden gleich zu einer Demonstration und Darstellung des damaligen Machtbereichs des Römischen Reiches.
Jagdhistorisch von Interesse ist vor allem die Erwähnung der Lappjagd, wobei nach der Darstellung als Jagdlappen bunte Federn verwendet wurden. Von dieser Jagdart ist aus dem griechischen Kulturkreis nichts überliefert, so daß sie möglicherweise als eine römische Entwicklung angesehen werden muß. Das Einlappen des Wildes führte früher oder später dann auch zur Anlage von Jagdgat-

tern, die es in der Antike ebenfalls nur im römischen Einflußbereich gab; diese können allerdings nicht als Erfindung dieser Zeit angesehen werden, denn die ersten Jagdgatter gab es wohl schon in den alten Reichen Mesopotamiens. In einigen Quellen ist von sehr kleinen Wildgattern die Rede, die zur Ausübung einer regelrechten Jagd bei weitem nicht groß genug waren. So erscheint es als möglich, daß diese schon die Funktion von Schaugattern hatten oder daß hier bereits Wildtiere als Nutzvieh gehalten wurden.

An weiteren Jagdhilfsmitteln nennt *Seneka* die von den Griechen hinlänglich bekannten Netze und sodann die Fangstricke. Vermutlich sind damit Schlingen gemeint, die, wie auch die Netze, bei der Treib- oder Drückjagd eingesetzt wurden. Verschiedentlich wurde aus dieser Formulierung allerdings auch auf die Verwendung von lassoähnlichen Wurfschlingen geschlossen; angesichts der Kontakte zu nahöstlichen und afrikanischen Völkern, die diese Waffe kannten, ist dies auch keineswegs auszuschließen: Die Skythen und Sarmaten verwendeten die Wurfschlinge ebenso wie die Ägypter und die weiter westlich lebenden nordafrikanischen Völker. So mag *Seneka* sowohl die stationär zu legende Schlinge als auch die Wurfschlinge mit seinem „Fangstrick" gemeint haben.

Als Waffe wird zunächst der Wurfspieß genannt, daneben noch die „eichene Lanze mit der breiten Klinge", wohl eine Art von Saufeder. Deutliche Hinweise auf den Bogen fehlen, aber oft genug ist von Geschossen die Rede, und schließlich zeigen zahlreiche Diana-Darstellungen die Göttin mit Pfeil und Bogen bewaffnet.

Der Hund als Jagdhelfer ist auch bei Seneka zu finden, und immerhin nennt er schon vier Hunderassen verschiedenen Charakters. Darunter sind die bereits bekannten Molosserdoggen, eine damals schon mindestens 3.000 Jahre alte Rasse, ferner die Kreter und eine Rasse anscheinend stumm jagender Hetzhunde. Ebenfalls zur Hatz ausgebildet waren die Spartaner, eine griechische Züchtung, die auch als Schweißhund Verwendung fand. Was in den bisher erwähnten römischen – und auch griechischen – Quellen fehlt, ist der Hinweis auf eine apportierende Hunderasse, und in der Tat mußten sich die Jäger und ihre Helfer zumeist selbst eilen, um an das gerissene Wild heranzukommen und sodann den Hund von seiner vermeintlichen Beute wieder abzubringen. Erst aus dem 1. Jahrhundert n. Chr. ist durch den Dichter *Marcus Valerius Martial* (40 bis 104 n. Chr.) die Verwendung eines Apportierhundes bezeugt: Dies allerdings ist der Vertragus, eine Hunderasse, die die Römer von den Germanen oder den Kelten übernommen hatten. Einen eigenen Apportierhund hatten weder die Römer noch die Griechen herangezüchtet.

Seneka sagt nichts über die Verwendung von Pferden auf der Jagd, aber zu seiner Zeit wurden zweifellos bereits seit langem Hetzjagden zu Pferde abgehalten. Der Kontakt mit den Reitervölkern im heutigen Osteuropa,

Auf dieser römischen Glasschale von 18 cm Durchmesser ist von außen eine Hasenjagddarstellung eingraviert, die von innen betrachtet werden muß. Gut zu erkennen ist das an einem Baum befestigte Netz, in das die Hunde den Hasen treiben, der sodann vom Jäger mit der Lanze abgefangen werden wird. (Veröffentlichung mit Genehmigung des Rheinischen Landesmuseums Bonn)

Leider erhebliche Lücken weist dieser römische Glasteller mit Darstellung einer Hirschjagdszene auf. Deutlich zu sehen ist jedoch, daß es sich um eine Hetzjagd zu Pferde mit Hunden als Jagdhelfer handelte. (Veröffentlichung mit Genehmigung des Rheinischen Landesmuseums Bonn)

um damaligen Illyrien und Dakien, dürfte spätestens den Ausschlag zur Einführung der Jagd vom Pferd aus gegeben haben.

So geben *Senekas* Ausführungen, zusammenfassend und vergleichend gesehen, eigentlich recht wenig Hinweise auf bedeutsame jagdhistorische Entwicklungen seit dem Entstehen der doch rund 400 Jahre älteren Schrift des Griechen Xenophon. Ein wesentlicher Unterschied liegt vielleicht in der Darstellung der Bedeutung der Jagd bei den beiden großen Völkern der Antike. Kein Wort sagt Seneka von dem erzieherischen Wert der Jagd, von der körperlichen Ertüchtigung auf der Jagd und ihrer Bedeutung als Vorbereitung und Übung für den Krieg. Kein Wort sagt er vom hohen ethischen Wert und göttlichen Ursprung der Jagd; die von ihm gepriesene Diana war ursprünglich in erster Linie Beschützerin der Frauen und Göttin der Fruchtbarkeit. Aus dieser Sicht wurde sie auch mit dem Pflanzenwachstum und mit dem Wald in Verbindung gebracht. Zur Jagdgöttin wurde sie jedoch erst nach einer gewissen Integration der griechischen Mythologie und Götterhierarchie; erst durch diese Einflüsse wurde sie mit Artemis gleichgesetzt und zur Jagdgöttin und damit zur gewaltigen Jägerin erhoben. Nach mykenischem Vorbild – der Name der Artemis erscheint zuerst auf mykenischen Schrifttafeln – führte dies unter anderem dazu, daß in Rom auch Frauen an der Jagd teilnahmen und einige zu berühmten Jägerinnen wurden.

Vom Ursprung her haftete jedoch der Jagd für die Römer nichts Göttliches an; sie war ihnen zu bedeutungslos, als daß sie gleich eine Gottheit mit dem Schutze der Jagd und der Jäger betraut hätten. In ihrer Mythologie steht das Werden der Jagd denn auch nur in mittelbarem Zusammenhang mit göttlichem Wirken. *Vergil*, der wohl größte Dichter der gesamten römischen Epoche, hat diesen Ursprung in seiner berühmten *„Georgica"*, einem lesenswerten Lehrgedicht über die Landwirtschaft aus dem Jahre 29 v. Chr., beschrieben. Danach beendete der Gott Jupiter einst friedliche Zeiten auf den Äckern und

Hirsche, die von schweren Hunden gehetzt werden, sind auf diesem Jagdbecher aus Köln zu sehen. Das gut 13 cm hohe Gefäß ist aus weißlichem Ton mit rötlich braunem Überzug und dicker Barbotine-Auflage hergestellt. (Veröffentlichung mit Genehmigung des Römisch-Germanischen Museums in Köln)

Aus weißem Ton mit rötlich-braungrauem Überzug ist dieser römische Jagdbecher aus dem dritten Jahrhundert hergestellt. Er zeigt zwei Hasen und – auf der Abbildung nicht sichtbar – vier Rehe, die von Hunden gehetzt werden. (Veröffentlichung mit Genehmigung des Römisch-Germanischen Museums in Köln)

Fluren; er machte die Schlangen giftig und schickte die Wölfe auf Raub aus. Vergil fährt fort:

„Damals lernte der Mensch, das Wild in Schlingen zu fangen, Leimruten lockten die Vögel, die Meute umhetzte die Wälder."

Es sind die einzigen Zeilen über die Jagd in dieser didaktischen Poesie, und im weiteren Verlauf des Textes wird klar, daß Jupiter mit der viel Unbill, die er über die Erde brachte, letztlich die Menschen zu eigenständigen Leistungen, zu Erfindungen und zur Erschaffung der Kunst anregen wollte. So wird auch hier der Mensch zwar durch göttliches Wirken zum Jagen gebracht, aber als Geschenk der Götter, wie bei den Griechen, wird sie keineswegs betrachtet, und ihr sittlicher Wert wird dementsprechend geringer eingeschätzt.

Die wenigen Zeilen aus *Vergils* Werk lassen den Jagdhistoriker aufhorchen. „Leimruten lockten die Vögel . . ." heißt es da; ein deutlicher Hinweis, daß die Wurzeln der – trotz aller berechtigten Kritik – bis in unsere Zeit in Italien verbreiteten Vogeljagd in der Antike oder sogar in noch früheren Zeiten zu suchen sind. Sind doch auch die Zugstraßen der Vögel älter als alles vom Menschen Gemachte, und seit Urzeiten werden die rastenden Vogelscharen sich in den damals noch so viel weitläufigeren Sümpfen und Wäldern, auf den Lagunen und Küstengewässern niedergelassen haben. Ältestes Hilfsmittel zur Vogeljagd ist die Schlinge, bald aber werden auch Netze verwendet worden sein, und Vergils Zeilen beweisen, daß die Leimrute schon in der Antike, offenbar bereits seit langer Zeit, üblich war. Auch die Verwendung von Lockvögeln ist überliefert, und eine nächtliche Wasserjagd mit Netzen, vom Boot aus mit Hilfe von Blendfeuern, die ungemein an die Praktiken der kanadischen Indianer erinnert, war in bestimmten Gegenden ebenfalls sehr beliebt.

Von der Jagd auf Vögel zur Jagd mit Hilfe von Vögeln. Auf die Möglichkeit, daß Alexan-

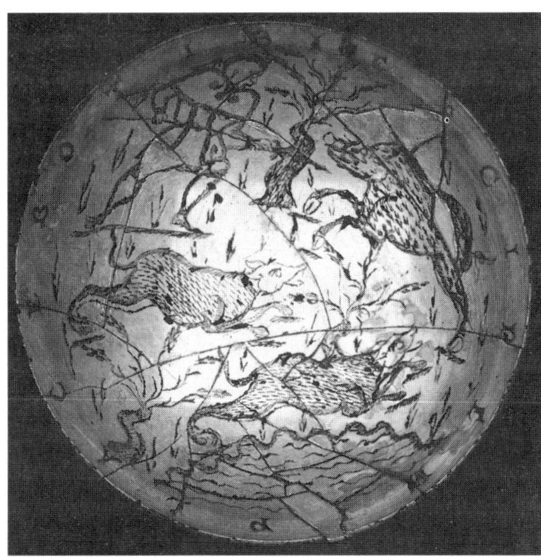

Diese Trinkschale, vermutlich aus der Mitte des vierten nachchristlichen Jahrhunderts, stellt eine Eberjagd dar. Gut ist zu erkennen, daß es sich bei der Waffe um eine Saufeder mit Parierstange handelt. Die Inschrift am Schalenrand lautet übersetzt „Nimm mich und ich werde dich erfreuen". (Veröffentlichung mit Genehmigung des Römisch-Germanischen Museums in Köln)

Vor allem die Löwenjagd illustriert dieser römische Jagdsarkophag aus St. Nazaire (3. Jh. n. Chr.). Reims, Musée des Beaux-Arts. (Bildarchiv Foto Marburg)

der der Große auf seinen weiten Kriegszügen bis nach Indien hinein die Falkenjagd kennengelernt hatte, wurde bereits hingewiesen. Dafür spricht auch, daß Alexanders Erzieher und Lehrer, der große griechische Philosoph und Gelehrte Aristoteles, die Beizjagd beiläufig erwähnt und also von ihr gehört haben muß; vermutlich stammt diese Kenntnis aber aus den Berichten Alexanders und kann nicht als Anzeichen dafür gewertet werden, daß die Jagd mit dem Vogel im klassischen und hellenistischen Griechenland ausgeübt wurde.

Ungewiß ist auch, ob die Römer in der Antike die Falknerei ausübten. Gewiß ist aber, daß sie diese Jagdmethode zumindest „vom

Zahlreiche Jagdarten sind auf diesem spätantiken Jagdsarkophag im Pariser Louvre vereint: Die Löwenjagd zu Pferde mit dem Speer, die Wildschweinjagd mit Hunden, die Netzjagd auf Schalenwild u.v.m. (Bildarchiv Foto Marburg)

Die Jagd zu Pferde auf Löwen, Leoparden und Bären zeigt das Jahreszeitenmosaik aus Daphne aus dem 5. Jahrhundert n. Chr. Paris, Louvre (Bildarchiv Foto Marburg)

Hörensagen" kannten. Wenn sich auch ein früher für wichtig gehaltener Hinweis aus der römischen Literatur als Fälschung des 15. Jahrhunderts erwies, so bleiben doch andere Erwähnungen, insbesondere von Schriftstellern aus der Zeit um Christi Geburt, wie etwa des schon genannten Martial, als sicherer Hinweis auf eine Kenntnis von der Existenz der Beizjagd bestehen.

Es wäre ja auch geradezu unnatürlich, wenn ein Volk, dessen Territorium gerade um diese Zeit die Ränder der asiatischen Steppen berührte, nichts von den Jagdmethoden der unterworfenen Nationen und der neuen Nachbarn gehört oder sogar übernommen haben sollte. Im Jahre 107 n. Chr. wurde Dakien, das heutige Rumänien, römische Provinz. Dakien aber grenzte unmittelbar an Sarmatien, die heutige Ukraine, und die Sarmaten gelten selbst Skeptikern als eines der seit frühester Zeit mit der Beizjagd vertrauten Völker. Es ist nicht auszuschließen, daß auch die Dakier zur Zeit ihrer Unterwerfung bereits die Beizjagd kannten und ausübten, und auch an Hinweisen, daß die Illyrer, die damaligen Bewohner des heutigen Jugoslawien, die Jagd mit dem Vogel kannten, fehlt es nicht; Illyrien wurde bereits 33 v. Chr., dem Römischen Reich einverleibt. Es lag wohl vor allem am bekannten Desinteresse der Römer an jagdlichen Dingen, wenn sich die Beizjagd nicht, von diesen östlichen Völkern ausgehend, über ihr Reich ausbreitete.

Die Jagd in der Mythologie der antiken Welt

Die Mythologie spiegelt die Vorstellung eines Volkes vom Ursprung der Zeiten und dem Beginn des menschlichen Lebens wider; Elemente des Glaubens sind in den Sagen der Völker ebenso enthalten wie geschichtliche Überlieferungen aus der dunkelsten Zeit, und den Göttern wird menschliches, oft nur allzu menschliches Denken und Handeln angedichtet.

Die Jagd als die wohl ursprünglichste Beschäftigung des Menschen spielt in den Mythen fast aller Völker eine oftmals entscheidende Rolle, und dies nicht nur in den Überlieferungen entlegener Jägervölker in Urwald und Steppe, sondern auch in den Sagen des klassischen Altertums, in der Mythologie der auf Ackerbau, Handel und Handwerk ausgerichteten aufstrebenden Zivilisationen. Da jede Mythologie auch ein wenig Geschichte ist, mag hierdurch das Bewußtsein der evolutionären Bedeutung der Jagd zielgerichtet zum Ausdruck kommen; die Jagd als Sinnbild für das Sterben nach Erfolg und Glück wäre als weiterer Aspekt mythologischer Jagddarstellungen zu betrachten.

Besonders auffällig ist die Häufung jägerischer Motive in der griechischen Mythologie. Schon Apollon als einer der Söhne des Göttervaters Zeus wird als niemals fehlender Bogenschütze geschildert. Die musikalischen Künste des Orpheus, der mit seinem Gesang und seiner Leier die Natur und die Tiere beherrschen konnte, erinnern an die musikbegleitete Jagd der Etrusker. Interessant ist hierbei, daß ethnologische Forschungsergebnisse es als möglich erscheinen lassen, daß die Saiteninstrumente, in historischer Reihenfolge wohl angeführt von der Leier, aus Bögen entstanden sind. Die Jagd als Grundlage für die Entwicklung der Musik und der Musikinstrumente mag hier als etwas kuriose Randerscheinung erwähnt sein.

Doch zurück zu Apollon und Orpheus. Leiblicher Vater des Orpheus war Oiagros, und der Name bedeutet nichts anderes als „Einsamer Jäger". Dennoch tritt Orpheus in der Mythologie nicht so sehr mit Jagdtaten hervor wie sein Gottvater Apollon, der mit dem Wolf, dem jagenden Tier, und dem Raben, der „Nachhut" des Jägers, mythisch verbunden war; als siegreicher Drachenjäger erwies er sich im Kampf mit dem Drachen von Delphi.

Der größte Jäger der griechischen Mythologie jedoch war ein anderer Sohn des Zeus, nämlich Herakles. Schon als Knabe erwürgte er zwei Schlangen, mit jeder Hand eine. Hera, die Gattin des Zeus, hatte sie gesandt, um den unehelichen Sohn ihres Göttergatten zu vernichten. Diese Tat brachte ihm seinen Namen ein, „der durch Hera Berühmte". Von der Musik hielt er wenig und erschlug kurzerhand seinen Lehrer mit der Lyra. Die Erlegung eines Löwen, der die Herden des Königs von Thespien dezimierte, brachte ihm weiteren Ruhm und die fünfzig Töchter des Königs ein. Die Ehe aber ging er mit Megara ein, tötete jedoch in einem Zustand der Verwirrung, den wiederum Hera über ihn gebracht hatte, seine eigenen Kinder. Das Orakel von Delphi wies ihn daraufhin an, im Dienste des Eurystheus die berühmten zwölf Arbeiten zu vollbringen, um danach Unsterblichkeit als Gott zu erlangen.

Acht der zwölf Taten können bei weitgefaßter Betrachtung als Jagdtaten angesehen werden. Er erwürgte den Löwen von Nemea und trug fortan dessen Fell als Mantel; er tötete die neunköpfige Hydra von Lerna. Die windschnelle kerynitische Hirschkuh wurde von ihm ebenso eingefangen wie der wilde Eber auf dem Erymanthos. Nach der

Dieses Prunkstück einer attisch-schwarzfigurigen Schale zeigt eine Jagdszene aus der griechischen Sagenwelt: Herakles im Kampf mit dem nemäischen Löwen. (Oberhessisches Museum Gießen; Veröffentlichung mit besonderer Genehmigung des Instituts für plastische Archäologie der Justus-Liebig-Universität Gießen)

Reinigung der 3.000 Rinderboxen des Augeias an einem einzigen Tag fing er den Minotaurus auf Kreta ein und zähmte die menschenfressenden Rosse des Diomedes. Nachdem er die Amazonenkönigin Hippolyte besiegt und ihr den Gürtel weggenommen hatte, erbeutete er die Rinde des dreileibigen Riesen Geryones, errang die goldenen Äpfel der Hesperiden und entführte schließlich den Höllenhund Zerberus aus dem Hades, der Unterwelt. Seine Waffe ist die Keule, was deren Bedeutung als Jagdwaffe in der Antike und darüber hinaus verdeutlicht.

Zu erwähnen wäre noch aus der griechischen Astralmythologie der Himmelsjäger Orion, der mit seinen beiden Hunden dem Stier und dem plejadischen Taubenschwarm hinterdreinjagt. Auch Akteion, der sagenhafte Jäger, der Artemis beim Baden überraschte und daraufhin von ihr in einen Hirsch verwandelt und von seinen eigenen Hunden zerfleischt wurde, soll hier nicht vergessen werden.

Mit diesem Bild kann eine Brücke geschlagen werden von der jagdlich motivierten Mythologie des antiken Griechenlands zu den Mythen anderer Völker. Artemis, Tochter des Zeus und der Leto und damit Schwester des Apollon, war die eigentliche Göttin der Jagd, die Herrin der Natur und der Tiere. Sie wurde von der römischen Mythologie direkt übernommen und lediglich in Diana umgetauft. Die Sagenwelt der Römer ist wesentlich ärmer, ja arm an jagdlichen Motiven, und diese Tatsache ist sicher in der unterschiedlichen Bedeutung der Jagd in den beiden großen antiken Kulturkreisen begründet. Eine Art von Seelenverwandtschaft zwischen der keltischen Jagdgöttin Artio und der griechischen Artemis ist ebenfalls durchaus möglich; das Motiv von der Überraschung im Bade und der Verwandlung in einen Hirsch findet sich auch

hier. Der Himmelsjäger Orion findet sich auch in den Überlieferungen der vorderasiatischen Völker, und Wotan oder Odin, der Anführer der Wilden Jagd in den Mythen der germanischen Völkerschaften, ist wie Apollon mit Wolf und Rabe geistig verbunden.
Noch etwas anderes verband Odin mit dem griechischen Gott, der in mannigfacher Gestalt ja auch mit der Kunst und der Wissenschaft in Verbindung gebracht wurde: Odin brachte den Menschen auch die Runen, die Schrift, und damit die Fähigkeit des Dichtens. Hier wie auch in anderen Motiven – man denke wiederum an den musizierenden Orpheus – gilt der jagende Gott als Begründer, als Stifter der Kultur. Diese Mythen der Völker untermauern damit die Feststellung, daß Jagd und Kultur in der Entwicklung der menschlichen Zivilisationen keineswegs einander ausschließende Rollen gespielt haben. Jede Kultur hat ihre Wurzel in der jägerischen Vergangenheit ihrer frühesten Vorfahren.
Die Jagd als Motiv und Sinnbild in der Mythologie findet sich weltweit, schon in den Zeiten vor der Antike, in Assyrien und Ägypten, im Fernen Osten und im Buddhismus, bei den Reitervölkern Osteuropas und Asiens, bei den Indianern Amerikas und den Ureinwohnern Afrikas. Auch die christliche Überlieferung ist von jagdlich motivierten Mythik nicht frei. Das Paradies ist in der wörtlichen Übersetzung des griechischen Wortes „paradeisos“, das ursprünglich dem Altpersischen entstammt, nichts anderes als ein Tiergarten, ein Jagdpark, wie ihn die Großkönige der frühen persischen Reiche schon kannten. Das Paradies der Bibel als Jagdpark – zu den oft belächelten „Ewigen Jagdgründen“ aus der Glaubenswelt einiger nordamerikanischer Indianerstämme ist es nun weniger als nur noch ein kleiner Schritt.

Dieses frappierende Beispiel mag die Verflechtungen der Mythologien der Völker und Zeiten verdeutlichen und zugleich aufzeigen, welche Rolle die Jagd in den mythischen Überlieferungen aller Zeiten, Völker und Richtungen spielte und noch spielt. Zahlreiche Mythen stellen letztlich auch die Versöhnung mit dem einst gehetzten und verfolgten Wild dar. Klassisches Beispiel ist hier die Hubertuslegende, deren Motiv der Verbundenheit zwischen Jäger und Wild sich ebenfalls in räumlich und zeitlich weit auseinanderliegenden Mythen findet, vom Buddhismus über den Gott Rundas der Hethiter zum keltischen Hirschgott Cernunnos. Der Wunschglaube der von der Jagd lebenden Völker in Vergangenheit und Gegenwart an eine ständige Erneuerung und Erhaltung der Lebensgrundlagen, nämlich der Wildbestände, und eine daraus resultierende notwendige Verständigung zwischen Jäger und Beute mag die Wurzel dieser Mythen und Legenden und vielleicht auch der Ursprung der biblischen Überlieferung vom Paradies sein.

Die Kelten –
Jagd als sportliches Vergnügen

Auch den Kelten, von den Römern Gallier genannt, war die Falknerei von irgendeinem Zeitpunkt an bekannt, und Römer und Gallier machten, wie jeder „Asterix"-Leser weiß, einander – einige Jahrhunderte lang – schwer zu schaffen. 386 v. Chr. besetzten die Kelten sieben Monate lang die Stadt Rom mit Ausnahme des Kapitols und fielen in den folgenden 100 Jahren noch sechsmal in Mittelitalien ein. Erst im Jahre 222 v. Chr. gelang den Römern die Vertreibung der Kelten aus Italien. Während ihrer Blütezeit im 4. Jahrhundert v. Chr. jedoch expandierten die Kelten nicht nur nach Süden, sondern auch nach Osteuropa, nach Griechenland und schließlich nach Kleinasien, wo sie in dem nach ihnen benannten Galatien siedelten. Somit dehnte sich ihr Einflußbereich zu Beginn des 3. Jahrhunderts v. Chr. vom heutigen England bis in die Türkei aus, zu Staatengründungen oder ähnlichem kam es jedoch aus den verschiedensten Gründen, deren Erörterung hier zu weit führen würde, nicht. Die Eroberung des europäischen Mutterlandes im heutigen Frankreich durch Gaius Julius Caesar und die Angriffe der Germanen ließen dann auch relativ schnell den keltischen Einfluß auf dem europäischen Festland schrumpfen und schließlich versiegen. Gallien selbst und seine sämtlichen Einflußgebiete wurden noch vor Christi Geburt römische Provinzen.

Über die Jagd bei den Kelten existiert eine ausführliche Darstellung des in Nikomedia in Kleinasien geborenen Historikers und Schriftstellers *Flavius Arrian*. Etwa im Jahre 95 n. Chr. geboren, studierte er bei dem Philosophen Epiktet und gelangte aufgrund dieser hervorragenden Erziehung zu hohen Staatsämtern unter den römischen Kaisern Hadrian, Antonius Pius und Marc Aurel. Als Statthalter der kleinasiatischen Provinz Kappadokien wehrte er die Einfälle der Alanen, eines Nomadenvolkes aus dem südöstlichen Rußland, ab und erlangte dadurch auch militärischen Ruhm. Begünstigt durch sein hohes Alter – er wurde etwa 80 Jahre alt –, ist seine schriftstellerische Hinterlassenschaft recht umfangreich. Zentrales Werk ist die *„Anabasis"*, eine siebenbändige Geschichte Alexanders des Großen. Vielbeachtet war auch seine *„Indike"*, eine Beschreibung Indiens, und für die jagdhistorische Forschung äußerst interessant ist eben jene Schrift mit dem schon bekannten Namen *„Cynegeticus"*. Bereits der Titel verrät, wenn Arrian hier wohl nicht nachahmen, aber doch ergänzen wollte. In der Tat fühlte er sich mit Xenophon in einer Weise innerlich verwandt, daß er sich nach dem Erwerb des Athener Bürgerrechts selbst Xenophon nannte.

Hauptsächlicher Zweck seines Werkes *„Cynegeticus"* war nach seinen eigenen Worten, die Jagd mit den keltischen Hunderassen und den skythischen und lybischen Pferden darzustellen; dies konnte Xenophon nicht getan haben, da er diese Jagdhelfer nicht gekannt hatte. Besonders lobt Arrian die jagdlichen Fähigkeiten der keltischen Hunde, durch die Netze überflüssig würden, da diese Hunde sehr wohl in der Lage wären, einen Hasen zu fangen. Er betont den sportlichen Charakter der Jagd bei den Kelten, „welche nicht von der Jagd leben, sondern dieselbe um ihre Annehmlichkeit willen treiben."

Unter den Hunderassen, die Arrian beschreibt, sind auch zwei, die später für die Germanen eine Rolle bei der Jagd spielten; zum einen der Segutius, vermutlich nach dem keltischen Volksstamm der Segusiavi nahe Lyon benannt, der ein Such- und Spürhund war. Klein und häßlich sollen diese Hunde gewesen sein, mit einem jämmerlichen und kläglichen Gebell, aber um so brauchbarer, je häßlicher im Aussehen und je kläglicher im Laut. Die andere Hunderasse, der Vertragus, war das genaue Gegenteil.

Groß, von wohlgefälligem Körperbau und mit schöngefärbtem Fell, kann der Vertragus als eine windhundartige Rasse angesehen werden und wurde vorwiegend als Hetzhund, aber auch, wie schon erwähnt, als Apporteur eingesetzt.

Arrians Werk gibt reichlich Aufschluß über die Jagd bei den Kelten. Jeder freie Mann durfte dort jagen, die Reichen und Vornehmen jedoch hielten sich Berufsjäger, die die Jagd vorbereiteten, das Wild auskundschafteten und schließlich ihre Herrschaft zur Jagd führten. Berufsjäger – oder speziell ausgebildete Sklaven – sind auch aus dem Rom der späteren Zeit bekannt, und möglicherweise ist dies von den Kelten übernommen worden. Weniger begüterte Jäger zogen mit Pferden und Hunden in Gruppen aus, andere ritten allein oder übten die Jagd gar zu Fuß aus.

Sinn der Jagd war allein der Wettkampf, zumeist der Wettkampf zwischen Hase und Hund. Die Jagden gingen sehr diszipliniert vonstatten, und ein Jagdleiter bestimmte, wann die Hunde geschnallt werden konnten, um eine möglichst lange und sportliche Hetzjagd zu gewährleisten. Entsprechend dem Sinn der Jagd als „fair play" gab es auch schon Anzeichen für ein Gefühl waidmännischer Gerechtigkeit. „Es führen nämlich die echten Jäger wenigstens die Hunde auf die Jagd nicht zum Fange des Wildes, sondern zum Kampfe und Wetteifer im Lauf, und sind zufrieden, wenn der Hase das Versteck glücklich erreicht. Und wenn sie den zuweilen in dünnes Dorngebüsch sich Flüchtenden auch angstvoll und ermattet sehen, so rufen sie die Hunde ab, zumal wenn er den Kampf gut bestanden hat." So schreibt *Arrian* im sechzehnten Kapitel seines Werkes, das insgesamt fünfunddreißig Kapitel umfaßt. „Gegen ein frisch gesetztes Tierchen die Hunde zu lösen", heißt es im zweiundzwanzigsten Kapitel, „ist eine Sünde; vielmehr muß man solche der Göttin zu Ehren laufen lassen, so daß man die auf ihre Spur geratenen, wenn möglich, abzurufen sucht." Leider war dies nicht immer möglich, und er beklagt, daß die hungrigen Hunde oft selbst mit Prügel nicht von ihrer Beute abzubringen waren. Die Waidgerechtigkeit, die hier artikuliert wird, hatte ihren Ursprung freilich vordergründig in dem Verlangen nach Schauspiel und Wettkampf; der Gedanke einer maßvollen Schonung des Wildbestandes dürfte diesen Jagdregeln noch ferngestanden haben.

Nach erfolgreicher Jagd war nach *Arrians* Schilderungen ein großes Fest zu Ehren der Jagdgöttin Brauch. Er spricht von Artemis, dem griechischen Vorbild der Diana, und wahrscheinlich waren die Kelten, von denen er berichtet – welche Gruppe es war, weiß man nicht genau –, schon so weit romanisiert, daß sie römische Götter verehrten. In anderen Quellen ist von einer keltischen Jagdgöttin namens Artio die Rede, deren Name sich von dem keltischen Wort „artos" für „Bär" ableiten soll. Der diese Göttin umgebende Mythos erinnert an die Geschichte von Artemis und Akteion, dem sagenhaften Jäger, der von der Göttin in einen Hirsch verwandelt wurde, und so bestehen hier möglicherweise Verbindungen, die sich im Dunkel mythischer Verflechtungen verlieren; eine andere Möglichkeit ist aber auch die bloße Übernahme griechischer Bräuche. Wie dem auch sei, zur Finanzierung des Festes muß jeder Jäger entsprechend seiner Beute festgesetzte Beträge abliefern, und von der Summe wurde dann ein Opfertier erworben. Ein Teil wurde der Göttin gewidmet, der Rest von den Jägern zusätzlich zum Wildbret verzehrt. Die Hunde wurden keineswegs vergessen; sie bekamen Fleisch, wurden geschmückt und gefeiert, wohl wissend, daß sie die Hauptakteure dieser Art des sportlichen Jagens bei den Kelten waren.

Die Hasenhetze mit Hunden scheint denn auch die am meisten verbreitete Jagdart bei den Galliern, wie sie hier noch einmal in Erinnerung an den römischen Sprachgebrauch genannt werden sollen, gewesen zu sein. Ihr Wirtschaftssystem beruhte ja nicht mehr im geringsten auf der Jagd, sondern auf Handwerk, Handel und Landwirtschaft. Die Jagd war allein Freizeitvergnügen und wurde auch nicht, wie bei den Griechen, unter ethischen Gesichtspunkten oder im Hinblick auf die Ausbildung militärisch nützlicher Tugenden betrieben. Insofern hatte die Jagd bei den Galliern einen ganz ähnlichen Stellenwert wie bei den Römern.

Zu vermuten ist, daß die Vorliebe für die Jagd zu Pferde durch die Berührungen der Kelten mit osteuropäischen oder gar asiatischen Völkern entstanden ist. So erwähnt *Arrian* neben lybischen auch skythische Pferde und beschreibt eine Art Parforcejagd auf Rotwild, freilich nicht bei den Kelten, sondern bei den Skythen. Schon die Erwähnung der Hetzjagd zu Pferde, die ihren Ursprung ebenso wie die Falknerei in den Weiten Asiens hat, in demselben Werk, das auch die Jagd der Kelten schildert, zeigt Verbindungen zwischen den westlichen und östlichen Kulturkreisen jener Zeit deutlich auf.

Die Falknerei, die Beizjagd erwähnt *Arrian* mit keinem Wort und hätte es bestimmt getan, wenn er diese Art der Jagd hätte miterleben und ausüben dürfen. Merkwürdig ist dies schon, zumal Arrian aus Kleinasien stammte, dort auch in späteren Jahren noch tätig war und Völker aus dem Norden und Osten – näher als ihm lieb war – kennengelernt hatte. Zufälle mögen hier eine Rolle gespielt haben, denn die Falknerei verbreitete sich, wie erwähnt, zunächst relativ langsam. So ist es möglich, daß Arrian weder in Kleinasien Beizvögel sah, noch der von ihm beschriebene keltische Stamm mit Falken jagte.

Arrians „Cynegeticus“ bleibt somit, wie andere Schriften auch, als Quelle für das Eindringen der Beizjagd nach Mittel- und Westeuropa unergiebig. Genau wird sich dieser Weg auch nicht mehr nachvollziehen lassen. Sicher ist, daß die den Skythen verwandten Sarmaten östlich des Dons und der Wolga die Beizjagd kannten, möglich ist, daß die Skythen und Illyrer schon frühzeitig diese Kunst von ihnen übernahmen. Sicher ist ferner, daß die Römer spätestens um Christi Geburt von der Falkenjagd wußten. So drängt sich der Gedanke auf, daß die Kelten, die ja schon im 4. und 3. Jahrhundert v. Chr. bis nach Kleinasien vorgedrungen und mit den Völkern des Ostens in Berührung gekommen waren, die Falknerei nach Westen brachten und die Römer sie bei ihnen kennenlernten, wenn es auch wohl nicht zu einer nachvollziehbaren und dokumentierten Übernahme diese Jagdart kam. Möglich ist auch, daß die Falknerei mehrfach in Europa eingeführt und wieder vergessen wurde. Die Germanen nämlich übten die Falknerei in der eigentlichen antiken Epoche wohl überhaupt nicht aus, und erst im 4. und besonders im 5. Jahrhundert kam die Jagd mit dem Vogel dort zu Blüte.

Jäger aus dunklen Wäldern – die Germanen

Die Kelten waren eine der großen Volks- und Stammesgruppen, die das Werden und das Schicksal des Römischen Imperiums wesentlich mitbestimmten. Ihre große Zeit waren die mehr als 300 Jahre zwischen dem Beginn des 4. Jahrhunderts v. Chr. und der Eroberung Galliens in den Jahren 58 bis 51 v. Chr.; aber schon um 300 v. Chr. setzte von Norden her der Druck durch eine andere mächtige Volksgruppe ein. In den folgenden Jahrhunderten sollte dieses Volk weitaus mehr noch als die Kelten die Geschicke des Römischen Reiches formen und schließlich zunächst dessen Teilung und dann dessen Ende herbeiführen. Dieses Volk hatte sich seit der Mitte des 2. Jahrhunderts v. Chr. von Schweden, Norwegen und Finnland aus allmählich über Dänemark nach Nord- und Nordwestdeutschland vorgeschoben und stieß im 4. und 3. Jahrhundert v. Chr. an Rhein und Main auf die Kelten, die die Expansion der Fremden anfangs bremsen konnten, dann aber selbst zurückgedrängt wurden. Dieses Volk aus dem Norden waren die Germanen.

Im 3. und 2. Jahrhundert v. Chr. breiteten sich die Germanen vorwiegend nach Westen über den Niederrhein und nach Osten über die Weichsel hinweg aus. Erst kurz vor der Wende zum 1. Jahrhundert drangen, vermutlich durch eine Sturmflut aus der Heimat vertrieben, die ursprünglich in Jütland ansässigen Kimbern und Teutonen erstmals weit nach Süden in römisches Gebiet vor, wurden aber in den berühmten Schlachten bei Aquae Sextiae und Vercellae in den Jahren 102 und 101 v. Chr. von den Römern vernichtend geschlagen. Dies konnte jedoch weitere Wanderungen nach Süden nicht verhindern, bis im Jahre 58 v. Chr. Ariovist nahe Mülhausen wiederum eine vernichtende Niederlage erlitt; daraufhin setzte ein allgemeiner germanischer Rückzug nach Osten ein. 16 v. Chr. jedoch gelang den Germanen ein großer Sieg: Die Sugambrer schlugen die Armee des Marcus Lollius. Die Römer ihrerseits begannen nun, offensiv gegen die Germanen Krieg zu führen, der jedoch zunächst, einige Jahre später, zu einer noch katastrophaleren Niederlage führte: Im Jahre 9 n. Chr. schlug der Cherusker Arminius die Legionen des römischen Feldherrn Varus im Teutoburger Wald. Diese Schlappe ließ die Römer sämtliche Pläne einer Ausdehnung ihres Imperiums bis an die Elbe vergessen.

In der Folge jedoch kam es wieder zu Siegen der Römer und danach allgemein zu einer Abnahme der kriegerischen Handlungen. Die Sieger begannen, die eroberten Gebiete zu romanisieren. Köln wurde als römische Bürgerkolonie Colonia Claudia Ara Agrippimensium gegründet, und einige der römischen Kastelle entlang des Limes wurden in späterer Zeit ebenfalls zu Städten, wie etwa Regensburg und Straubing. Der Limes teilte das besetzte vom freien Germanien und stellte einen Schutzwall gegen die Angriffe der Germanen dar. In Germania libera jedoch kam es zu Unruhen, und der Zug der Goten zum Schwarzen Meer löste die erste germanische Völkerwanderung aus. Die Burgunder drängten nach Westen und die Vandalen nach Süden; die Chatten und Markomannen wurden dadurch verdrängt, der Limes durchbrochen und die Donau überschritten. Neue Kriege folgten, aber die Expansion der Germanen war nicht mehr aufzuhalten. Die Goten stießen bis nach Kleinasien vor, die Franken nach Spanien und Marokko, und die Alemannen schließlich erschienen im Jahre 258 n. Chr. in Norditalien. Der Limes war zum Denkmal geworden.

Knapp 100 Jahre blieb es dann relativ ruhig zwischen den beiden Völkern. In dieser Zeit verstanden es die Germanen bereits, enormen Einfluß auf die Führung des Römischen Reiches zu nehmen; höchste Stellungen in Militär und Verwaltung wurden, etwa ab der

Regierungszeit Konstantins I., von Germanen bekleidet. Erst ab der zweiten Hälfte des 4. Jahrhunderts kam es in größerem Maße erneut zu Kämpfen. Der Vorstoß der Hunnen nach Westen setzte die zweite germanische Völkerwanderung in Gang; massiv wurde das römische Territorium besetzt. 378 errangen die Westgoten bei Adrianopel einen entscheidenden Sieg und setzten daraufhin als erste germanische Volksgruppe einen autonomen Staat auf römischem Boden durch. Mit dem fränkischen Heerführer Arbogast wurde kurz nach der Teilung des Imperiums ein Germane mächtigster Mann im weströmischen Reich; nur ein von ihm eingesetzter Marionettenkaiser konnte dies nach außen verschleiern.
Sowohl am Rhein als auch im Mittelmeerraum und sogar in Nordafrika gründeten sich weitere germanische Reiche, von denen einige Rom erneut bekämpften. 410 wurde die Stadt von den Westgoten und 455 erneut von den Vandalen geplündert. Unter dem ständigen Druck kann sich kein Kaiser mehr über längere Zeit halten, und 476 zerschlägt der Skire Odoaker mit der Entthronung des letzten Kaisers, Romulus Augustulus, das weströmische Kaisertum. Das Ende der Antike ist gekommen, das frühe Mittelalter zeigt sich am Horizont der Geschichte; die Reiche der Franken, der Ostgoten und der Langobarden entstehen und erstarken, die Germanen werden zur beherrschenden Macht in Europa und darüber hinaus.

So weit ein knapper Überblick über die frühe Geschichte der „ersten Deutschen" in der Epoche der Antike. Die wohl erste schriftliche Erwähnung fanden die Germanen in den *„Bemerkungen über den Gallischen Krieg"* des Staatsmannes, Feldherrn und Schriftstellers *Gaius Julius Caesar*, der im 1. Jahrhundert v. Chr. lebte. Im Jahre 53. v. Chr., dem sechsten Jahr des neunjährigen Krieges gegen die Kelten, überschreitet er zum zweiten Mal den Rhein und gelangt in die Randgebiete der großen Wälder, die damals weite Teile der deutschen Mittelgebirge bedeckten. Dies ist für ihn Anlaß, im sechsten Buch seines achtbändigen Werkes über den Gallischen Krieg die Germanen mit ihren Sitten und Gebräuchen zu beschreiben.
Er erwähnt in einem Vergleich mit den Galliern, daß bei den Germanen das ganze Leben „zwischen Jagd und Kriegsübungen geteilt" ist und daß sie von Jugend auf an Strapazen gewöhnt und auf Abhärtung bedacht sind. Besonders beeindruckt hat ihn offensichtlich der „Hercynische Wald", und an dieser Stelle sollen vier Kapitel aus seinem Buch wörtlich zitiert werden, wobei die *Übersetzung von Ph. L. Haus aus dem Jahre 1785, in der Neufassung von Walter Hess und der Bearbeitung von Karl Bayer*, zugrunde gelegt wird:
„Wenn jemand, der gut zu Fuß ist, den Hercyner Wald, von dem wir oben geredet haben, durchqueren will, so braucht er neun Tage; anders kann man seine Größe nicht bestimmen, denn von Wegmaßen wissen die Germanen nichts. Er beginnt bei dem Gebiet der Helvetier, Németen und Raúraker und läuft parallel zur Donau bis zum Gebiet der Daker und Anarten. Von da zieht er sich vom Strome weg nach links in verschiedene Richtungen und berührt seiner Größe wegen viele Staaten. Im hiesigen Germanien gibt es niemanden, der sagen könnte, er sei bis ans Ende dieses Waldes gekommen, wenn er auch sechzig Tage lang ununterbrochen fortgelaufen wäre, oder der auch nur vernommen hätte, wo dieser Wald endet. Es leben darin, wie bekannt ist, viele Tiere, die man sonst nirgendwo antrifft. Die seltensten und merkwürdigsten sind folgende:
Erstlich ein großes Tier, das mit einem Hirsch viel Ähnlichkeit hat. Mitten auf seiner Stirn hat es zwischen den Ohren nur ein Horn, das größer ist und gerader hervorragt als die uns bekannten Hörner. An seinem Ende breiten sich handförmig Verzweigungen aus. Das Weibchen hat die gleiche Gestalt wie das Männchen und trägt ein Horn von derselben Form und Größe.

Es gibt noch ein anderes Tier, das man Elen nennt. Seiner Gestalt nach ist es ein wenig von einem Reh verschieden, ebenso buntscheckig, nur etwas größer und mit abgestumpften Hörnern; seine Beine sind ohne Knöchel und Gelenke. Dieses Tier legt sich deshalb beim Schlafen nicht nieder und kann, wenn es durch einen Zufall umgeworfen wird, sich auch nicht wieder aufhelfen und auf die Beine kommen. Die Bäume dienen ihm als Ruheplätze; an diese stützt es sich, und so, nur ein wenig angelehnt, schläft es. Merken nun die Jäger aus der Spur, wo ein solches Tier gewöhnlich ruht, so untergraben sie an dieser Stelle entweder alle Bäume an den Wurzeln oder hauen den untersten Stamm so weit aus, daß es ganz so aussieht, als ständen sie noch fest. Wenn nun das Tier seiner Gewohnheit nach sich anlehnt, so wirft es durch seine Schwere den angehauenen oder untergrabenen Baum um und stürzt selbst mit ihm zu Boden.

Die dritte Tiergattung sind die sogenannten Auerochsen. Diese sind etwas kleiner als Elefanten, doch dem Aussehen, der Farbe und Gestalt nach sind es Stiere. Sie sind sehr stark und schnell; auf Menschen und Tiere, die sie einmal erblickt haben, gehen sie los. Man fängt sie mit großer Behutsamkeit in Gruben und tötet sie dann. Junge Germanen härten sich bei der mühseligen Jagd auf diese Tiere ab und üben sich damit. Wer am meisten davon erlegt hat und die Hörner zum Beweis dem Volk vorzeigt, erhält großes Lob. Dieses Tier läßt sich nicht an den Menschen gewöhnen und zähmen, selbst wenn man es jung fängt. In Größe, Gestalt und Aussehen unterscheiden sich die Hörner sehr von denen unserer Ochsen. Man ist eifrig darauf aus, sich solche Hörner zu verschaffen, faßt dann den Rand mit Silber ein und benutzt sie bei prunkvollen Gastmählern als Trinkgefäße."

Diese Absätze, die die Kapitel 25 bis 28 des VI. Buches der *„commentarii de bello Gallico"* umfassen, gelten vielen Fachleuten als Einschub von fremder Feder, sind aber deshalb nicht minder interessant und unterhaltsam, als wenn sie von Caesar selbst verfaßt worden wären.

Die augenscheinlich ungeheure Größe des Hercynischen Waldes wird nur sehr unbestimmt dargestellt. Die Helvetier lebten in der Schweiz, die Raúraker am Rheinknie und die Németen in der Gegend um Speyer, die Daker bewohnten riesige Gebiete im heutigen Rumänien und Ungarn, und auch die Anaten lebten an der Theiß. So wird mit der Angabe dieser Völker lediglich die Ausdehnung des Hercynischen Waldes von Westen nach Osten einigermaßen deutlich. In seiner ganzen Ausdehnung, insbesondere nach Norden und Nordosten, hat Caesar den Wald auch niemals kennengelernt. „. . . er ließ Germanien, wie es war; er wagte es nicht einmal, eine Befestigung als Brückenkopf anzulegen. Aus allem, was er über jene Länder berichtet, aus seinen verworrenen Begriffen davon geht hervor, in welche Barbarei dieser jetzt so hoch zivilisierte Landstrich damals noch versunken war . . ." Diese Worte stammen von niemand Geringerem als Napoleon, der auf St. Helena eine zumeist recht kritische „Übersicht" über die Kriege Caesars diktierte. Der Kaiser und Feldherr stellte damit klar, daß Caesar die Wälder der deutschen Mittelgebirge persönlich nur „am Rande" – im wahrsten Sinne des Wortes – und im übrigen aus den Berichten gefangener oder übergelaufener Germanen kennengelernt haben konnte.

In diesen Berichten ist dem schriftstellernden Heerführer – oder wer auch immer der wahrte Autor gewesen sein mag – offenbar von den Germanen so allerhand aufgebunden worden; vielfach wird die Erzählung von den gelenklosen Hornträgern als das erste Jägerlatein der Geschichte bezeichnet. Möglich sind jedoch auch Mißverständnisse oder der Versuch des anonymen Fremdautors, Caesars Werke mit unglaubhaften und lächerlichen Passagen in Mißkredit zu bringen. Wie dem auch immer sei, jagdgeschichtlich sind

die Ausführungen bei näherer Betrachtung dennoch von einigem Interesse.
Zunächst läßt Caesar wissen, daß die Germanen, wenn sie nicht gerade Kriegszüge unternahmen, überhaupt viel jagten. Diese Äußerung steht schon in einem gewissen Gegensatz zu anderen Beschreibungen und Feststellungen. *Publius Cornelius Tacitus*, der römische Historiker, der eineinhalb Jahrhunderte nach Caesars Tod die *„Germania"* veröffentlichte, sah dies etwas anders: „Wenn sie einmal nicht in den Krieg ziehen, verbringen sie die Zeit zum kleineren Teile mit Jagden, zum größeren mit erholsamem Ausruhen." Dieser Schilderung des Tacitus mag das Bild des auf der Bärenhaut liegenden Germanen entsprungen sein, der sich die nötige Müdigkeit bei all der Ruhe mit alkoholischen Getränken verschafft; denn auch von einem bierähnlichen Getränk und Wein ist bei Tacitus die Rede und von Gelagen, nicht allerdings von dem berühmten Honigwein, dem Met. Die Jagd war nach Tacitus also keine große Leidenschaft der Germanen.
Es mag dahingestellt bleiben, ob Caesar recht hatte, der die Germanen als passionierte Jäger schilderte, oder Tacitus, der sie eher als gelegentliche Jäger sah. Vermutlich haben beide für ihren Teil recht, und es ist einfach zu problematisch, die Jagd einer so großen Volksgruppe wie der der Germanen pauschal zu beurteilen, wie es auch problematisch ist, beispielsweise die Jagd bei den Indianern, die Jagd bei den Griechen oder die Jagd in der Neusteinzeit in knappen Sätzen abzutun. Die einzelnen Stämme der Germanen dürften in ihren Sitten, Gebräuchen und vor allem in ihrer Wirtschaftsform erhebliche Unterschiede aufgewiesen haben. Forschungen neuerer Zeit scheinen zum Teil Tacitus zu bestätigen. Die Untersuchung von Küchenabfällen ergab, daß in weiten Gebieten wenig Wild gegessen wurde. Teilweise lag der Wildbretanteil an den Küchenresten nur bei 0,6 Prozent, anderenorts stieg er bis zu 3,3 Prozent an, und nur im Norden und Nordosten wurden Wildbretanteile bis zu 9,8 Prozent festgestellt; selbst in diesen Gebieten war die Jagd als Wirtschaftsfaktor also von untergeordneter Bedeutung.
Dies muß jedoch, wie bei der Erörterung der Jagd anderer Völker schon deutlich geworden ist, nicht unbedingt bedeuten, daß wenig gejagt wurde und die Jagd allgemein wenig angesehen war. Dies kann auch lediglich bedeuten, daß die Jagd bei den Germanen wie bei anderen Völkern auch einen Wandel von der Nahrungsjagd zur Schutzjagd und schließlich zur Jagd als Sport und kriegerische Übung erfahren hatte. Daß dies, schon bedingt durch geographische und klimatische Gegebenheiten sowie durch unterschiedliche Beziehungen zu benachbarten Kulturkreisen, nicht bei allen Völkern der Germanen in gleicher Weise geschah, liegt wohl auf der Hand. So können letztlich auch Caesars Äußerungen über die Bedeutung der Jagd bei den Germanen als durchaus brauchbar verwendet werden.
Inwieweit dies auch für *Caesars* Schilderungen einiger Tiere des Hercynischen Waldes und der bei der Jagd auf diese Tiere verwendeten Methoden zutrifft, soll nun noch kurz erörtert werden.
Das erste Tier, dessen Beschreibung zunächst an ein Einhorn erinnert, wird im lateinischen Originaltext „bos" genannt. Dieses Wort leitet sich aus der dorischen Sprache her und ist eigentlich mit „Stier", „Rind" oder „Ochse" zu übersetzen. In lateinischen Texten der frühen Zeit werden aber so gut wie alle pflanzenfressenden Tiere von ansehnlicher Größe als „bos" bezeichnet. Sogar die ersten Elefanten, die die Römer in den Pyrrhuskriegen in Lucanien sahen, nannten sie zunächst „bos Lucae". Auf eine Ähnlichkeit mit einem Rindvieh braucht die Verwendung dieses Wortes also keineswegs hinzuweisen. Die Beschreibung der „handförmig" oder, wie es in einer *anderen Übersetzung* heißt, „sich gleichsam zu Ästen" erweiternden Verzweigungen des Hornes lassen ebenso wie die Be-

merkung, daß auch das Weibchen ein solches Horn trägt, an das Rentier denken. Der alte *Brehm* war sich sogar sehr sicher, daß Caesar das Rentier meinte, und nennt die Beschreibung „ziemlich richtig". Er spricht auch von einem Vorkommen des Rens bis hinab zum 52. Grad nördlicher Breite. Dies würde die deutschen Mittelgebirge in Höhe des Nordharzes und des Teutoburger Waldes noch mit einschließen. Allerdings hat Brehm damit sicher das Vorkommen des Rentiers in Osteuropa und in Asien gemeint. Die angegebene Grenze läßt es aber als möglich erscheinen, daß in antiker Zeit Rentiere noch in germanisch besiedelten Gebieten vorkamen. Wieso Caesar nur ein Horn erwähnt, wird wohl immer unklar bleiben. Vielleicht hat er tatsächlich ein Ren mit nur einer Geweihstange gesehen, vielleicht beruht die Beschreibung auch auf einer – bewußt – falschen Schilderung. Das Ren als Einhorn hielt sich in den frühen Schilderungen übrigens ziemlich lange, und noch im 16. Jahrhundert verpaßte der norwegische Naturforscher *Olaus Magnus* dem Ren drei Hörner, das dritte „in der Mitte des Kopfes zur Verteidigung gegen die Wölfe".

Das gelenklose Tier, im Originaltext „alces", ist nach herrschender Meinung der Elch. Hier hat ohne Zweifel jemand dem Autor einen gewaltigen Bären aufgebunden. Merkwürdig ist noch der Vergleich mit dem Reh. Im lateinischen Text steht „capreis" oder auch, in anderer Schreib- und Lesart „capris". Letzteres würde einen Vergleich mit Ziegen bedeuten, wie die Römer ja auch eine besonders ziegenreiche Insel „insula caprae" nannten. Beide Vergleiche sind angesichts der Größe des Elches seltsam und beziehen sich vielleicht mehr auf die Farbe und die Beschaffenheit der Decke. Die Geschichte von der Gelenklosigkeit hielt sich ebenfalls sehr lange. *Plinius*, der im 1. Jahrhundert n. Chr. lebte und unter anderem eine siebenunddreißig-bändige „Naturalis Historia" schrieb, erwähnt nicht nur das einhörnige Ren, sondern auch den gelenklosen Elch. Wie er der Beschreibung Caesars hinzufügt, sei die Oberlippe dieses Tieres so groß und lang, daß es beim Äsen rückwärts gehen müsse, um nicht damit anzustoßen und hängenzubleiben.

Während die ersten beiden Schilderungen von Tieren des Hercynischen Waldes also ganz oder teilweise dem Jägerlatein der Germanen zuzurechnen sind, ist die dritte Schilderung, sowohl was das Tier als auch die Jagdmethoden angeht, ohne Abstriche realistisch. Der Größenvergleich, der den Ur *„etwas kleiner als Elefanten"* nennt, mag auch den Respekt vor diesem Tier kennzeichnen, das ja dann auch als stark, schnell und angriffslustig geschildert wird. Die von Caesar erwähnte Jagd mit Hilfe von Fallgruben dürfte in der Tat die am meisten verwendete Jagdart auf das riesige Wildrind gewesen sein. Die nachfolgende Passage beweist in aller Deutlichkeit, daß auch bei den Germanen des letzten vorchristlichen Jahrhunderts die Jagd bereits zum Vergnügen und zur Körperertüchtigung als Übung für den Krieg betrieben worden ist. Die weitausladenden Hörner des Auerochsen zählten zu den begehrtesten Jagdtrophäen, und Mut und Geschicklichkeit eines Mannes wurden an der Zahl der Ochsenhörner gemessen, die er erbeutet hatte; die Jagd galt, ähnlich wie im antiken Griechenland und anders als im klassischen Rom, auch als Mittel zur Erziehung und Abhärtung. Unter diesen Gesichtspunkten dürfte die Jagd bei den Germanen doch schon weiter entwickelt gewesen sein und – außerhalb des Wirtschafts- und Erwerbslebens – eine weitaus größere Bedeutung gehabt haben, als dies in der älteren und zum Teil auch neueren Literatur allgemein angenommen wird. Für eine Beschränkung der Funktion auf eine bloße Nutz- und Schutzjagd – wobei letzteres überwiegen würde – gibt es keinerlei Anhaltspunkte.

Die schriftlichen Ausführungen des klassischen römischen Altertums zur Geschichte der Jagd bei den Germanen sind damit erschöpft. Eigenständige schriftliche Zeugnisse aus dem Germanien der Antike gibt es nicht, und auch bildliche oder sonstige brauchbare Darstellungen sind mehr als selten. Römische Kunstwerke, die in Germanien geschaffen wurden, können hier noch am ehesten gewisse Abhilfe schaffen und zumindest einige Hinweise liefern. Bronzene Eimer aus dem Rheinland und aus Nordwestdeutschland sind gelegentlich mit Tier- und Jagdfriesen verziert worden, und einige zeigen auch wirklich brauchbare Jagdszenen, wie etwa die Jagd mit dem Fangeisen auf Sauen, die Netzjagd auf Hasen und die Hetzjagd auf Rotwild. Als wichtigste Waffe der Germanen ist die Lanze erkennbar, die es in mehreren Ausführungen für verschiedene Funktionen gab. Kurz und dick geschäftet wurde sie als Stoßwaffe vor allem bei der Saujagd verwendet. Auch beim Nahkampf mit dem Bären wurde nach der Darstellung auf einem römischen Jagdbecher die kurze Stoßlanze verwendet; diese Jagdart auf Meister Petz war als besondere Mutprobe weit verbreitet. Andere Waffen tauchen kaum auf; das Schwert, im Krieg die zweitwichtigste Waffe der Germanen, dürfte bei der Jagd nur wenig Bedeutung gehabt haben. Auffallend ist auch hier, daß Pfeil und Bogen offensichtlich kaum gebraucht wurden. Ausgrabungen lassen erst seit dem Beginn des 3. Jahrhunderts n. Chr. wieder vermehrt Pfeilspitzen zutage treten. Als Jagdhelfer sind auf den Friesen zwei unterschiedliche Hunderassen erkennbar, bei denen es sich um den windhundartigen Segutius und den massigen Vertragus handeln dürfte. Quellen aus dem postantiken Germanien beweisen, daß man diese Hunderassen dort seit langem kannte. Jagddarstellungen auf dem dünnwandigen Tafelgeschirr der Terra-sigilata-Art und auf Kölner Glasschalen sagen, obgleich sie sehenswert und interessant sind, nichts Neues über die Jagd im Germanien der Antike aus.

Zusammenfassend stellen sich die Germanen somit aus jagdgeschichtlicher Sicht als ein Volk dar, für das die Jagd zwar keine oder nur noch eine ganz untergeordnete lebenswichtige Bedeutung hatte, das aber gleichwohl gern jagte, und dies aus den verschiedensten Motiven. Die jungen Männer wurden bei der gefährlichen Jagd auf den angriffslustigen, schnellen und starken Auerochsen zu Mut und Ausdauer angehalten; es wird schon einiges an Verwegenheit dazu gehört haben, so ein riesiges schwarzes Tier aufzumüden und in die Fallgrube zu treiben. Man stelle sich hier vor, einem Kaffernbüffel nur mit einer kurzen Lanze bewaffnet entgegenzutreten. Nicht viel weniger gefährlich war die Jagd auf den groben Keiler, ebenfalls mit der Lanze, aus der sich dann später die Saufeder entwickelte, und der Nahkampf mit dem Braunbären dürfte dies alles an Kühnheit zumeist noch übertroffen haben.

Die Jagd galt etwas, als Erziehungsmittel, als Übung für Kampf und Krieg, als Beweis von persönlichem Mut und Tapferkeit. Trophäen wurden bereits gesammelt und auch zu Gebrauchs- und Schmuckgegenständen verarbeitet: das Auerochsenhorn zum Trinkbecher, die Bärenkrallen zur Kette, das Fell zum Mantel und zum Umhang. Viele derartige Insignien zeugten davon, daß ihr Besitzer ein großer Jäger und damit ein großer Krieger und für eine führende Position im Stamm geeignet war.

Natürlich war die Jagd auch Schutzjagd, denn die Germanen waren Bauern, die wie andere auch ihre Felder und Herden vor wilden Tieren schützen mußten. Hierzu wird man Fallgruben angelegt und Schlingen gestellt haben, später kam der Gebrauch von Fangeisen und Tretfallen hinzu. Um die „Schädlinge" kurzzuhalten und den Speisezettel etwas zu bereichern, wurden insbesondere auf Hirsche und Hasen auch Treib- und Hetzjagden veranstaltet; bei der Jagd auf Hasen wurden dabei, zumindest in späteren Jahrhunderten, aller Wahrscheinlichkeit nach auch Netze verwendet, wie sie durch *Arrians* Schilderungen von der Jagd bei den

Kelten bekannt sind. Hunde als Jagdhelfer waren den Germanen selbstverständlich. Mindestens zwei, vermutlich aber mehrere Hunderassen waren im Gebrauch; sie wurden als Hetzhunde, Packer und Spürhunde abgerichtet. Die wenigen verwertbaren Darstellungen zeigen große Hunde, die vermutlich die bereits erwähnten Rassen Segutius und Vertragus darstellen sollen; vom Vertragus ist auch die Abrichtung zum Apportieren überliefert.

Bei Ausgrabungen vorgefundene Knochen und Skelette lassen jedoch den Schluß zu, daß es außer diesen beiden großen, zumindest größeren Hunderassen auch einen kleinen Jagdhund gab, kleiner noch als der Spitz, der vielleicht auch zu den ältesten Hunderassen der Welt zählt. Die Funde lassen eher auf einen Teckel oder Dachshund schließen, und so kann es durchaus sein, daß die Erd- und Baujagd mit dem kleinen Hund ihren Ursprung in den damals römisch besetzten Teilen Süd- und Westdeutschlands hat. Um eine typisch römische Hunderasse handelte es sich jedoch nicht, denn außerhalb dieses Teils Germaniens und aus früheren Zeiten sind ähnliche Funde nicht bekannt. So mag der Schluß zulässig sein, daß es sich bei unserem Teckel, anders als beim Vertragus und Segutius, deren Urheimat im Süden und Osten des mediterranen Raumes zu suchen ist, um die älteste nachweisbare deutsche Hunderasse handeln könnte.

Die Jagd zu Pferde war den Germanen ebenfalls bekannt. Die in der Literatur oft gestellte Frage, ob das Pferd als Jagdhelfer von den Kelten übernommen worden ist oder ob beide Völker, Germanen und Kelten, durch ihre Berührungen mit dem Osten Europas den jagdlichen Wert des Pferdes erkennen lernten, dürfte nicht mehr mit Sicherheit zu klären sein und ist im Grunde genommen auch unerheblich. Wichtig ist, daß die Germanen ebenso wie die Kelten die Hetzjagd zu Pferde kannten. Diese Feststellung besagt, daß es sowohl hinsichtlich der Bedeutung der Jagd als auch der Jagdausübung zwischen Kelten und Germanen wahrscheinlich keine so gravierenden Unterschiede mehr gab, wie dies in früheren Abhandlungen teilweise gesehen wurde. Bei beiden Völkern hatte die Jagd nur noch eine ganz untergeordnete Bedeutung; zum Schutz der Felder und Viehherden wurde die Jagd hier wie dort ausgeübt. Aus Spaß und aus Vergnügen jedoch wurde die Jagd – und dies wurde von früheren Schriftstellern oft bezweifelt – auch bei den Germanen betrieben. *Arrians* Darstellungen lassen es als möglich erscheinen, daß bei diesem Jagdvergnügen die Kelten mehr Wert auf sportliche Unterhaltung legten, während nach den Überlieferungen in Germanien mehr der Charakter der Jagd als kriegerische Übung und Mutprobe überwog. Dies mag als Unterschied zu werten sein; freilich gibt Arrian, wie schon mehrfach erwähnt, kein umfassendes Bild von der Jagd der Kelten, und die germanischen Traditionen mögen nicht den gesamten Sinngehalt der Jagd erfassen.

Die Jagdmethoden der Kelten und Germanen unterschieden sich im Laufe der Zeit ebenfalls kaum noch voneinander. Vieles spricht dafür, daß die Germanen einiges von den Kelten übernommen haben, während umgekehrte Einflüsse nur eine verhältnismäßig geringfügige Rolle spielten; bei der Erörterung der Jagd zu Pferde wurde dies schon erwähnt. Daß zuerst die Kelten sich von Spanien bis nach Kleinasien ausbreiteten und mit den Völkern des Südens und vor allem des Ostens in Berührung kamen, bevor die Germanen, aus dem Norden herandrängend, ihrerseits die Kelten einengten, spricht ebenfalls für eine solche Annahme. Auch Vermutungen, daß die Kelten schon frühzeitig die Beizjagd aus dem Osten nach Mittel- und Westeuropa brachten und die Römer diese von ihren gallischen Nachbarn und Gegnern abschauten, basieren auf dieser Überlegung. Bei den Germanen jedenfalls spielte die Beizjagd erst nach der Westexpansion der Ostgoten eine größere, später sogar führende Rolle auf der Jagd, in der eigentlichen Antike jedoch kaum, und hierin mag ein letzter Unterschied zwischen dem keltischen Jagdvergnügen und der Jagd bei den Germanen zu sehen sein.

Der Auerochse – Geschichte, Aussterben und Rückzüchtungsversuche

Als Begleiter auf dem Weg in die Zivilisation hat der Ur, wie der Auerochse auch genannt wird, in der menschlichen Kulturgeschichte einige tausend Jahre lang eine bedeutende Rolle gespielt. Den Jägern der ausklingenden Eiszeit war er begehrter Fleischlieferant. Die ersten Hirten und Bauern des Nahen Ostens züchteten aus ihm die taurinen Rinderrassen, die sowohl als Arbeitstiere als auch zur Milch- und Fleischproduktion dienten; wohl zu Recht gilt er als Stammvater sämtlicher Hausrinder und auch des Zebus. Darüber hinaus galt er in der Religion mancher Völker als gehörnter Gott, der Kraft und Stärke symbolisierte. Seine Kraft wiederum machte ihn bei anderen Völkern zur begehrten Beute zum Ruhme seines Erlegers.
Besonders bei den Germanen galt, wie Caesars insoweit kaum anzuzweifelnde Berichte erkennen lassen, die Erlegung des wildlebenden Auerochsen als Beispiel von Mut und Kühnheit und verhalf dem Jäger ebenso zu Ruhm und Ehre wie die Bezwingung eines Bären. Im Germanien der antiken Epoche dürfte das massige Wild auch noch recht häufig gewesen sein, aber schon aus mittelalterlichen Quellen geht hervor, daß die Tiere selten wurden. Es wird berichtet, daß die großen und kleinen Herrscher dieser Zeit sich die Auerochsen gegenseitig zum Geschenk machten und an ihnen germanische Tugenden zu erproben suchten. Die ungezügelte Jagdleidenschaft der herrschenden Stände des Mittelalters, die mit der geregelten Jagdausübung und der Waidgerechtigkeit im heutigen Sinne nicht das geringste gemein hatte, insbesondere keine Ehrfurcht vor dem Geschöpf und keine Schonung kannte, ließ die Bestände schrumpfen. Der sich ausbreitende Ackerbau und die zunehmende Zersiedlung taten ein übriges.
Schon im Jahre 1240 gab es nur noch wenige Auerochsen in der Gegend von Braunschweig sowie in Ostpreußen an der Grenze zu Litauen, wo sie sich bis etwa zum Jahre 1400 hielten. Der letzte Ur fiel im Jahre 1627 im Walde von Jaktorow von Wilddiebshand.
Somit gab es aber echte Auerochsen bis weit in die Neuzeit hinein, wenn sie auch in den letzten Jahrhunderten ihrer Existenz äußerst selten geworden waren. Immerhin gaben Bilder, Beschreibungen und Knochenfunde deutliche und sichere Hinweise auf Aussehen und Körperbau der ausgestorbenen Tiere. Die Feststellung, daß einige urtümliche Rinderrassen noch eines oder auch mehrere Merkmale des Auerochsen aufweisen und offenbar noch Erbanlagen ihres Urahnen besitzen, ließ rund 300 Jahre nach dem Tod des letzten Auerochsen den Gedanken an eine Rückzüchtung aufkommen.
Erste Versuche von Prof. Heck wurden durch den Krieg unterbrochen und schließlich zerschlagen. In der Bundesrepublik Deutschland wurden jedoch weitere Versuche unternommen, und insbesondere im Tierpark an der Sababurg, dem „Dornröschenschloß“ aus dem Märchen, nördlich von Kassel zwischen Weser und Diemel gelegen, haben derartige Zuchtbemühungen eindrucksvolle Erfolge gehabt.
Vier Rinderrassen wurden als Ausgangsformen für die Verdrängungszucht verwendet: der spanische Kampfstier, das englische Parkrind, das schottische Hochlandrind und das ungarische Steppenrind. Außer diesen vier Rassen wurden noch einige andere, aber in weitaus geringerem Maße als Zuchtbasis eingesetzt. Über inzwischen mehrere Generationen hinweg ist – trotz erbgesetzlich bedingter und somit natürlicher Rück-

schläge – das Erscheinungsbild der ausgestorbenen Rasse in beeindruckender Weise wieder hergestellt. Besonders der Stier unterscheidet sich fast überhaupt nicht mehr vom ausgestorbenen Auerochsen, wie er nach alten Beschreibungen, Knochenfunden und Abbildungen zur Darstellung des Zuchtziels rekonstruiert worden ist.
Dennoch ist durch die Verdrängungszucht nicht der ausgestorbene Ur wiederauferstanden. Die mit der Rückzucht beschäftigten Zoologen weisen selbst darauf hin, daß es sich bei aller Ähnlichkeit mit dem urzeitlichen Auerochsen doch um eine eigene neue Rasse handelt, die allerdings nach Möglichkeit alle in den Ausgangsrassen noch vorhandenen Merkmale in sich vereinigt und somit dem Erscheinungsbild des ausgestorbenen Urwildes weitestgehend entspricht. Gerechtfertigt ist es also durchaus, die neue Rasse ohne einen neuen Namen zu lassen und als Auerochse zu bezeichnen.
Der Tierpark Sababurg – mit eigener, 400jähriger und interessanter Geschichte – besteht übrigens zum größten Teil seines weitläufigen Terrains aus dem sogenannten Urwildpark. Außer dem Auerochsen sind noch mehr Wildtiere zu beobachten, die in der letzten Eiszeit sowie in Germanien bevorzugte Jagdbeute waren. Eine ansehnliche Wisentherde ist hier zu nennen, und auch Rentiere beherbergt der Park. Ähnlich erfolgreich wie bei den Auerochsen war man mit der Rückzüchtung des ausgestorbenen Europäischen Wildpferds oder Tarpans, der seit 1876 in freier Wildbahn und seit 1918 auch in Gefangenschaft ausgerottet ist. Weitere Wildpferdrassen im Tierpark Sababurg sind das Asiatische oder Przewalski-Wildpferd, dessen Bestand in Zusammenarbeit mit anderen Zuchtstätten, vor allem in Osteuropa, zu erhalten versucht wird, sowie das Exmoor-Wildpferd, das in einer kleinen Herde noch in Schottland lebt, wohin es aus Südwestengland, der eigentlichen Heimat, überführt worden ist. Der Tierpark Sababurg ist der einzige Park auf dem Kontinent mit einem Bestand dieses Urponys.
Um die Kurzvorstellung des Tierparks Sababurg abzuschließen, ist noch das Forst- und Jagdmuseum zu erwähnen, das sowohl für den Forstmann wie auch für den historisch interessierten Jäger sehenswert ist und im Jagdteil insbesondere die Entwicklung der Jagdwaffen anschaulich darstellt.
Einrichtungen wie solch ein Tierpark mögen von Jägern oftmals belächelt werden, und wohl mancher scheut sich, auch nur kurze Zeit in einem solchen Park anstatt im Revier zu verbringen. Neben anderen Funktionen, u.a. der Lenkung wald- und wildhungriger Besucherströme, ist aber auch die wildtiererhaltende Funktion einer solchen Anlage nicht zu unterschätzen. Nicht wenige der in solchen Parks gezüchteten Tiere bereichern nach erfolgreichen Auswilderungsversuchen inzwischen wieder geeignete Wildbahnen. Und nicht zuletzt dürfte der Anblick von Auerochsen, Wisenten und Wildpferden in solch weitläufigen Gehegen wie denen des Tierparks Sababurg auch den an die freie Natur gewöhnten Jäger nicht unbeeindruckt lassen.

„Kampfjagden“ und Gladiatorenkämpfe – Entartung der Jagd

Mit den Kelten und Germanen sind nunmehr auch jene beiden Volksgruppen zur Genüge erwähnt, die neben den eigentlichen Trägern der antiken Kulturen, den Griechen und Römern, das Geschehen jener Zeit im mediterranen und europäischen Raum bestimmten. Bevor nun jedoch – nach einem kurzen Blick zu den Völkern jener Epoche außerhalb des griechisch-römischen Einflußbereichs – die Darstellung der jagdgeschichtlich relevanten Ereignisse im klassischen Altertum zusammengefaßt und abgeschlossen werden kann, gilt es, noch einmal nach Rom selbst zurückzukehren und zwei Aspekte der Jagd in der römischen Antike zu beleuchten, die in der Literatur stets im Zusammenhang mit dieser Epoche zumindest erwähnt oder auch ausführlich erörtert werden. Zwei Aspekte sind es allerdings, deren Zusammenhang mit der Jagd im allgemeinen und der Jagdgeschichte im besonderen umstritten und von verschiedenartigen Auffassungen bestimmt ist.
Der eine Aspekt betrifft die Kampfjagd in den römischen Arenen. Schon das Wort „Kampfjagd“ mag umstritten sein, denn es stellt eine Beziehung zur Jagd her; genau dies wird aber vielfach abgelehnt. Andererseits werden die Gladiatorenkämpfe als Entartung der Jagd dargestellt und dadurch erneut als eine jagdgeschichtliche Entwicklung akzeptiert. Haben die Kämpfe zwischen

Gladiatorenmosaik der römischen Peristylvilla in Bad Kreuznach. Das zentrale Mittelstück des aus dem 3. Jahrhundert n. Chr. stammenden Fußbodenmosaiks zeigt eindrucksvolle Szenen einer Tierhatz, „venatio“ genannt. Mit einer solchen Hatz wurden die Gladiatorenkämpfe meist eröffnet. (Veröffentlichung mit Genehmigung des Schloßparkmuseums Bad Kreuznach)

Dieses Detail aus dem Gladiatorenmosaik der Römischen Villa in Bad Kreuznach zeigt einen Tierkämpfer, „bestiarius" genannt, im Kampf mit einem Bären. (Veröffentlichung mit Genehmigung des Schloßparkmuseums Bad Kreuznach)

Mensch und Tier im gewaltigen Kolosseum und den zahllosen anderen „Zirkussen" des Römischen Reiches nun tatsächlich etwas mit der Jagd zu tun oder nicht?
Der Gladiator im „circus maximus" war kein Jäger, und dies nicht nur, weil er es war, der gejagt wurde, von ausgehungerten, gereizten und zur Wut aufgestachelten Raubtieren. Der Kampf mit einem Tier in der Arena hat nicht die geringste Ähnlichkeit mit der Jagd und erfüllt von allen nur denkbaren Definitionen der Jagd allein – bei einem glücklichen Gladiator – das Postulat des Tötens. Es besteht nicht nur keinerlei Ähnlichkeit mit der Jagd, mit dem Aufspüren und Verfolgen des Wildes, sondern dieses Millionen Jahre alte Verhaltensmuster wird durch den Willen des Imperators in der Kampfbahn sogar pervertiert; die ursprüngliche Mensch-Tier-Beziehung wird ad absurdum geführt, das Tier wird zum Jäger der Mensch zum gehetzten Wild.
Die Aussage, jene perversen, bluttriefenden Ereignisse in den römischen Arenen hätten mit der Jagd nichts zu tun, ist daher vordergründig richtig. Dennoch sind diese „circenses", diese Spiele, jagdhistorisch nicht ohne Bedeutung, denn ihr Ursprung liegt ohne Zweifel im Jagdtrieb des Menschen; im Jagdtrieb des herrschenden Menschen, der in den alten Reichen Assyriens noch selbst in die Arena ging, um mit dem Löwen zu kämpfen und damit seine Macht und Stärke zu demonstrieren. Die Kaiser Roms, häufig durch das zunehmend luxuriöse Leben in der Hauptstadt regelrecht verweichlicht, gingen nicht mehr selbst ins Amphitheater, um ihre Macht zu demonstrieren; sie ließen ihre Macht spüren, indem sie Kämpfer und Sklaven in die

Dieser Diana-Altar stammt aus der ersten Hälfte des zweiten Jahrhunderts n. Chr. und wurde an der Südwestecke des Kölner Doms gefunden. Die Inschrift besagt, daß er von Quintus Tarquitius Restitutus zum Dank dafür errichtet worden ist, daß es ihm gelungen war, in sechs Monaten 50 Bären einzufangen. Offensichtlich war der Soldat und Jäger von seiner Legion abgestellt, um Tiere für die Kämpfe in den Arenen und Amphitheatern einzufangen. (Veröffentlichung mit Genehmigung des Römisch-Germanischen Museums in Köln)

Arenen schickten und damit zeigten, daß sie nicht nur, wie einst Assurbanipal, Macht über die Tiere hatten, sondern auch die Menschen total beherrschen konnten.

Die Geschichte der Gladiatoren, der Schwertkämpfer, zeigt, daß diese Art der Volksbelustigung tatsächlich mit dem Erstarken des Römischen Reiches an Beliebtheit gewann. Funde deuten darauf hin, daß der Brauch aus Etrurien und Campanien stammen könnte; Anzeichen, die auf einen Ursprung in der phönizischen oder auch der kretisch-mykenischen Kultur hindeuten, gibt es allerdings ebenfalls; eine entsprechende Darstellung vermutlich phönizischer Herkunft wurde im vorigen Kapitel erwähnt. 264 v. Chr. soll der erste Gladiatorenkampf in Rom stattgefunden haben; das erste Amphitheater wurde aber wohl erst fast 200 Jahre später in Pompeji erbaut. Gewisse Höhepunkte der Gladiatorenkämpfe fallen in die beiden Jahrhunderte vor und nach Christi Geburt, und eigentlich erst gegen Ende der Epoche, unter den Kaisern Konstantin I. im Osten und Honorius im Westen, kam es zu einem Verbot der Gladiatorenkämpfe. Eine gewisse jagdliche Bedeutung hatten diese Tier- und Menschenkämpfe im übrigen auch dadurch, daß wahre Mengen an fremdländischen Tieren zu ihrer Durchführung gebraucht wurden und Jäger in die entferntesten Randgebiete des römischen Einflußbereichs ausschwärmten, um mit Fallen, Fang- und Wurfschlingen Tiere aller Art zu erbeuten und auf mühseligste Weise durch Wildnis und Wüste in die Metropolen des Imperiums transportieren zu lassen.

So bleibt also zu diesem Thema zu resümieren, daß die Gladiatorenkämpfe mit wilden Tieren wie auch die Arenenkämpfe von Tieren untereinander in den Amphitheatern des Römischen Reiches in ihrem Sinn und in der Art ihrer Ausführung nichts mit der Jagd gemeinsam haben. Gleichwohl sind sie durchaus jagdlichen Gedankengängen entsprungen, nämlich dem ursprünglichen Drang zur Darstellung jägerischer Fähigkeiten. Freilich stellen sie eine ungeheure Pervertierung dieser Gedankengänge dar und führen das seit Urzeiten bestehende Mensch-Tier-Verhältnis auf grausamste Weise ad absurdum. Bestandteil der Jagdgeschichte der römischen Antike sind diese bestialischen Auswüchse königlicher Jagdlust jedoch allemal und können kaum als nicht zur Jagd gehörig ignoriert werden. Falsch ist es allein, die Tierkämpfe als Entartung der Jagd zu bezeichnen, richtiger wäre es, darin eine Entartung und Pervertierung jagdlichen Denkens und jägerischen Demonstrationsbedürfnisses zu sehen.

Die Armbrust – eine römische oder chinesische Erfindung?

Das zweite Thema, das zum Ende der Darstellungen der Jagd in der römischen Antike noch angeschnitten werden soll, ist die Erfindung und der Gebrauch der Armbrust. In Abhandlungen über die Entwicklung der Jagdwaffen ist verschiedentlich zu lesen, daß die Armbrust von den Römern erfunden worden sei. Wäre dem so, dann gehörte die Erwähnung der Armbrust ohne Zweifel nicht erst an den Schluß einer Abhandlung über die Jagd in der Antike. Denn immerhin ist die Armbrust die wohl erste Handwaffe, mit der man die zum Vortrieb des Geschosses notwendige Energie speichern und erst zu einem beliebigen Zeitpunkt freiwerden lassen kann. Auch die Anschlag- und Zielmöglichkeiten lassen sie als Vorläufer des Gewehres in die Waffengeschichte eingehen. Allein die Tatsache, daß es Anzeichen gibt, die auf eine völlig andersartige frühe Entwicklungsgeschichte dieser Waffe hindeuten, rechtfertigt die Stellung dieser kurzen Erörterung gewissermaßen als Anhang zur Jagd in der römischen Antike.

In Stein gehauene Darstellungen aus Gallien, aus dem 1. vielleicht auch dem 2. Jahrhundert n. Chr. stammend, zeigen zwei armbrustartige Waffen. Einige Zeit später, etwa um 400 n. Chr., erwähnt der römische Schriftsteller *Flavius Vegetius Renatus* in seinem Militärhandbuch *„Epitome institutionum rei militaris"* eine Waffe namens „arcuballister", was etwa mit „durch einen Bogen betriebene Wurfmaschine" zu übersetzen wäre; der Einsatz einer solchen Waffe im römischen Heer ist auch überliefert.

Diese beiden Tatsachen sind es, auf die sich die Annahme gründet, daß die Armbrust eine römische Erfindung sei. Das Wort „Armbrust" soll sich direkt aus der Bezeichnung „arcuballister" ableiten und nach dem Ende des Römischen Reiches in die allmählich sich herausbildende deutsche Sprache übernommen worden sein. Bei dieser Theorie wird jedoch einiges übersehen. Zum einen waren es keine Römer, sondern Gallier, die Abbildungen dieser Waffe in Stein hauten. Zum anderen war die eigentliche Armbrust den Römern offensichtlich unbekannt oder wurde jedenfalls von ihnen nicht verwendet, obgleich die Griechen mit dem „Bauchgewehr", griechisch „gastraphetes" eine ganz ähnliche Waffe kannten. Zum dritten ist nicht zu vergessen, daß die Armbrust nach dem Niedergang der Antike für 600 Jahre völlig aus den Kriegsarsenalen und den Waffenkammern der Jäger verschwand; erst während des ersten Kreuzzuges im 11. Jahrhundert wurde sie wieder verwendet, und zwar von englischen und französischen Kreuzfahrern. Erst im 13. Jahrhundert fand die Armbrust in Europa weitere Verbreitung und verdrängte auch als Jagdwaffe allmählich den Bogen.

Es sieht also danach aus, als hätten die Römer lediglich den „arcuballister" entwickelt; möglich ist, daß sie durch armbrustartige Waffen der Gallier – oder auch der Griechen – dazu angeregt worden sind. Bei dieser Annahme wird noch vorausgesetzt, daß die Steinzeichnungen echt sind und diese Waffe zeigen; dies wird aber von einigen Experten bezweifelt. Wie dem auch sei, für eine Erfindung der Armbrust durch die Römer gibt es noch weniger Anzeichen als für eine Verwendung dieser Waffe in größerem Maße bei irgendeinem Volk der Antike. Auch die angebliche Verbalhornung der lateinischen zur deutschen Bezeichnung ist wohl, vor allem unter dem Gesichtspunkt des jahrhundertelangen Verschwindens der Armbrust, eine heute überholte Annahme. Als „Armrüst" oder „Armrust" wurde sie im Deutsch des frühen Mittelalters einfach als „Waffe, die mit dem Arm – oder der Hand – zu bedienen sei, gekennzeichnet. Das „b" wurde im Zuge der sprachlichen Entwicklung etwa ab dem 15. Jahrhundert eingefügt, wie es auch von der damaligen Schreibweise solcher Worte wie „Ambt" oder „ziemblich" bekannt ist. Diese Darstellung ist wesentlich einleuchtender als die Entwicklung aus dem lateinischen Wort.

Zudem hat die Archäologie inzwischen die wahren Erfinder der Armbrust ans Licht gebracht, und ihre Erwähnung paßt, nach diesem kurzen Ausflug ins Mittelalter, wieder viel besser in eine Abhandlung über die Antike. Vom 11. bis zum 3. Jahrhundert v. Chr. stand das ferne China unter der Herrschaft der Tschoudynastie; ihre Zeit reicht also weit bis in die Epoche der europäischen Antike hinein. Trotz eines ebenso komplizierten wie schwachen feudalistischen Systems erlebte China in dieser Zeit bedeutende kulturelle Entwicklungen. Konfuzius und Laotse verbreiteten ihre Philosophien, die Bilderschrift entwickelte sich zum Kommunikationsmittel, und ab dem 4. Jahrhundert v. Chr. setzten sich, offensichtlich schneller als in vielen anderen Teilen der Welt, neue Technologien durch. Wichtigste Neuerung war die Eisenmetallurgie, die den Chinesen den Streitwagen, das Schwert und eben die Armbrust brachte; durch Ausgrabungen ist die Erfindung dieser Waffe auf die Zeit etwa um 400 v. Chr. zu datieren. Sie wurde in China hauptsächlich als Kriegswaffe benutzt, wie überhaupt diese Entwicklungen der Metallzeit in erster Linie zu häufigeren und größeren Kriegen führten. Die Kultur bringt eben keineswegs nur Segnungen mit sich.

Von Reliefs, Statuen und Mosaiken – Zeugnisse der frühen Kulturen und der Antike in Museen

Berlin ist eine Reise wert – dieser schon fast sprichwörtliche Ausspruch gilt auch und insbesondere für den Bewunderer der Relikte aus den frühen Kulturen des „Fruchtbaren Halbmondes“ und der ägyptischen Dynastien.

Kein geringerer als Heinrich Schliemann bedachte Berlin mit seinen bei der Ausgrabung Trojas gemachten Funden, darunter gar dem „Schatz des Priamus“. Noch immer bilden die aus den Kriegswirren geretteten Reste dieser Kollektion den Mittelpunkt der vorderasiatischen Sammlung des Museums für Vor- und Frühgeschichte im Schloß Charlottenburg. Repräsentative Beispiele der Kunst- und Reliefbildnerei, der Kleinkunst und des Kunsthandwerks sowie Geräte, Waffen und Werkzeuge aus dem Nahen Osten des 6. Jahrtausends bis zum 1. Jahrhundert v. Chr. sind ebenfalls in dieser Abteilung des Museums zu sehen. Ansonsten wird die Entwicklung Europas von der älteren Steinzeit über die römische Kaiserzeit bis zu den Wikingern hin dargestellt.

Das ägyptische Museum in Berlin gilt als eine der bedeutendsten ägyptischen Sammlungen der Welt und bietet einen Überblick von den Anfängen der ägyptischen Kultur im 5. Jahrtausend v. Chr. bis in die Antike. Berühmtestes Exponat ist wohl die Kalksteinbüste der Nofretete, aber auch Gebrauchsgegenstände des Alltags, Waffen, Götterdarstellungen und eine Papyrussammlung sollten nicht übersehen werden.

Der an der frühen Kulturgeschichte interessierte Berlinbesucher sollte auch am Antikenmuseum nicht vorbeigehen, zumal die drei genannten Museen sich sämtlich im Bezirk Charlottenburg befinden. Attische und italische Vasen, griechischer und etruskischer Goldschmuck, skythische und keltische Goldfunde sowie römisches Tafelsilber aus Hildesheim, ferner ägyptische Halsketten, byzantinischer Schmuck und sogar römische Mumienporträts bilden die Hauptattraktionen der Schatzkammern dieses Museums.

Das Pergamonmuseum auf der weltberühmten Museumsinsel Berlins beherbergt gleich mehrere bedeutende Sammlungen, so das Vorderasiatische Museum mit Funden aus Sumer, Uruk, Susa, Persepolis und Assur, darunter auch Wandreliefs aus dem Palast Assurnasirpals; ferner kann man sich das Ischtar-Tor aus der Zeit Nebukadnezars, den Riesenvogel vom Tell Halaf und das Löwentor der Burg von Sendschirli ansehen. Das Islamische Museum zeigt u.a. die Prunkfassade des Wüstenschlosses Mschatta in Jordanien, und die Ostasiatische Sammlung beinhaltet Keramiken, Malereien und vieles mehr aus China und Japan. Im Norden der Museumsinsel liegt das Bodemuseum, das u.a. Exponate zur ägyptischen Geschichte von der Vorzeit bis zur griechisch-römischen Epoche sowie eine bedeutende Papyrussammlung beherbergt.

Natürlich bietet nicht nur die alte Reichshauptstadt Gelegenheit, sich ein Bild von Kunst und Kultur alter Zeiten zu machen. Relativ dünn gesät allerdings sind die Zeugnisse der frühen Hochkulturen; eine Rarität und Besonderheit zugleich ist hier das Knauf-Museum in Iphofen bei Würzburg, das der Firma Gebr. Knauf Westdeutsche Gipswerke gehört. Auf einer Fläche von über 600 Quadratmetern werden in zwanzig Räumen des historischen Rentamtes über 200 Repliken aus vier Erdteilen und fünf Jahrtausenden gezeigt, Reliefs, deren Originale man ansonsten nur in ausländischen Museen oder gar an den ursprünglichen

Standorten bewundern kann. Neben Mesopotamien sind Ägypten, Persien und das Hethiterreich vertreten, die griechische und römische Antike, das alte Indien und das vorkolumbische Amerika.
Wer hingegen die Originale berühmter Funde aus diesen Kulturepochen anschauen möchte, darf weite Reisen nicht scheuen. Nach Paris muß sich bemühen, wer im Louvre den Becher von Susa oder das Feuersteinmesser von Gebel-el-Arak bewundern will. Der Keulenkopf des sagenhaften Skorpion ist im Ashmolean Museum in Oxford gelandet, und auch die Elfenbeinschatulle von Enkomi und das berühmte Bildnis der negerfressenden Löwin sind in England, nämlich im British Museum in London ausgestellt. Um die Schminkpalette des Narmer und das jagdgeschichtlich ungemein aufschlußreiche Relief von Sakkara

Dieses Fußbodenmosaik einer römischen Villa bei Westerhofen im bayerischen Landkreis Eichstätt nahe Ingolstadt ist eines der schönsten Zeugnisse römischer Jagd auf deutschem Boden. (Veröffentlichung mit Genehmigung der Prähistorischen Staatssammlung, München)

sehen zu können, muß man zu den Originalschauplätzen reisen und das Museum in Kairo besuchen. Einige bisher nicht genannte Museen beherbergen Kopien und Repliken solch bedeutender Exponate, und es soll nicht versäumt werden, darauf hinzuweisen, daß sich in München und Heidelberg, im Museum für Kunst und Gewerbe in Hamburg, im Kestner-Museum in Hannover und im Badischen Landesmuseum in Karlsruhe ägyptische Sammlungen von hervorragendem Rang befinden.
Die Epoche der Antike, insbesondere natürlich die römische Antike, ist in den ehemals römisch besetzten Gebieten West- und Südwestdeutschlands so reichlich repräsentiert, daß hier nur einige Beispiele genannt werden können. Das Römisch-Germanische Museum in Köln besitzt den aus der Literatur bekannten „Fahrstuhl in die Römerzeit". Auf 6.000 Quadratmetern Ausstellungsfläche bieten über 30.000 Exponate einen tiefen Einblick in die Kultur dieser Epoche. Das Römisch-Germanische Zentralmuseum in Mainz vermittelt auch einen Eindruck vom Alltagsleben der Römer und stellt bestimmte Bereiche der römischen Kultur in Wechselausstellungen systematisch dar. Weitere Museen zu dieser Thematik befinden sich u.la. in Augsburg, Passau, Aalen, Ubstadt, Weißenburg und Haltern, und diese ohnehin unvollständige Aufzählung wäre noch zu ergänzen um die Prähistorische Staatssammlung in München, die u.a. ein großes römisches Jagdmosaik aus Westerhofen zeigt.
Römische Mosaiken im Originalzustand sind u.a. in zwei beeindruckenden Villenruinen zu besichtigen. Die Villa Otrang in Fließen weist die reichsten Fußbodenmosaiken auf, die in einer „villa rustica", einem römischen Gutshof, nördlich der Alpen gefunden wurden. 161 Quadratmeter groß ist auch das Bildmosaik der römischen Villa Nennig in Perl-Nennig, das vor allem Kampfszenen im Amphitheater darstellt. Gladiatorenszenen machen auch einen wesentlichen Teil der Mosaikböden aus der Perystilvilla in Bad Kreuznach aus, die in der Römerhalle zu besichtigen sind.
Außerhalb der ehemals römisch besetzten Gebiete befinden sich bedeutende Sammlungen zur griechischen und römischen Antike wiederum im eingangs bereits erwähnten Pergamonmuseum in Berlin, wo neben Plastiken und Beispielen der Baukunst vor allem die namengebende Rekonstruktion des einst zu den Weltwundern der Antike zählenden Pergamonaltars zu besichtigen ist. Zu erwähnen wäre weiterhin die Skulpturensammlung des Albertinums in Dresden, das im übrigen in der „Gemäldegalerie Neue Meister" und im einzigartigen „Grünen Gewölbe" Bilder- und Kunstsammlungen von absolutem Weltrang beherbergt.
Zum Abschluß dieser kurzen Abhandlung mit eher beispielhaften Erwähnungen von Sammlungen zur Geschichte der frühen Hochkulturen und der Antike werden wiederum einige Adressen aufgeführt die größtenteils dem „Deutschen Museums-Führer in Farbe" aus dem Wolfgang Krüger-Verlag in Frankfurt am Main entnommen sind.

1000 Berlin 19 (Charlottenburg), Museum für Vor- und Frühgeschichte, Schloß Charlottenburg, Langhansbau/Ägyptisches Museum, Schloßstr. 70/Antikenmuseum, Schloßstr. 1/Informationen über Staatliche Museen – Preußischer Kulturbesitz, Stauffenbergstr. 41, 1000 Berlin 30 (Tiergarten), Tel. 030/8301466

O-1080 Berlin, Pergamonmuseum, Am Kupfergraben (Museumsinsel) und Bodemuseum, ebenda

O-8010 Dresden, Albertinum, Georg-Treu-Platz

5521 Fließem, Römische Villa Otrang, Tel. 06569/807

8715 Iphofen, „Knauf-Museum"/Reliefsammlung der großen Kulturepochen, Tel. 09323/31487

5000 Köln 1, Römisch-Germanisches Museum, Roncalliplatz 4, Tel. 0221/222301

6550 Bad Kreuznach, Römer-Halle, Hüfelsheimer Str. 11, Tel. 0671/92248 (angeschlossen dem Karl-Geib-Museum)

6500 Mainz, Römisch-Germanisches Zentralmuseum, Ernst-Ludwig-Platz 2, Tel. 06131/232231

8000 München, Prähistorische Staatssammlung, Lerchenfeldstr. 2, Tel. 089/293911

6643 Perl-Nennig, Römische Villa Nennig

„Antike“ anderswo – im Fernen Osten, in Afrika und Amerika

Mit dieser Erwähnung der Chinesen als Erfinder der Armbrust ist der erste Schritt getan zu einem flüchtigen Blick über die Grenzen des Einflußbereichs der griechisch-römischen Antike hinaus. Ein flüchtiger Blick genügt durchaus, denn jagdhistorisch relevante Entwicklungen, Ereignisse und Erfindungen sind – mit Ausnahme der Erfindung der Armbrust – aus dieser Zeit in anderen Regionen nicht überliefert und auch nicht zu vermuten. China erlebte nach dem Ende der Tschoudynastie die „Zeit der streitenden Reiche“, danach die Ch'indynastie und die Handynastie, die zur Spaltung des Reiches in drei Staaten führte. In diesen Jahrhunderten wechselten feudalistische Verhältnisse mit Monarchien und Militärdiktaturen ständig ab, das Reich expandierte, breitete sich um 100 v. Chr. zu seiner größten Ausdehnung aus und zerfiel wieder. Kulturträger Chinas waren, vermutlich schon im 2. Jahrtausend v. Chr., Ackerbau und Viehzucht; Grabbeigaben aus Fürstenbestattungen lassen jedoch erkennen, daß das Wild der Wälder, Berge und Steppen eine überaus große Rolle spielte, eine Rolle allerdings, die in ihrer Bedeutung bis heute nicht erforscht ist. Insbesondere der Tiger findet sich auf zahllosen Darstellungen, schon aus dem 10. Jahrhundert v. Chr., aber auch noch aus der Handynastie um Christi Geburt. Man wird unwillkürlich an den Jaguarkult der mittelamerikanischen Indianer erinnert, und möglicherweise war eine gleichgerichtete Verehrung der großen Raubkatze tatsächlich Element der Religion der alten Chinesen, wurzelnd in den Mythen und Gebräuchen der südsibirischen Steppenvölker.

Das Tier als Gott, als Beschützer und sogar als Freund wird die alten Chinesen aber nicht von der Jagd abgehalten haben. In den feudalistischen Systemen sind großangelegte Treibjagden denkbar. Bei den Bauern hingegen wird die Schutzjagd üblich und notwendig gewesen sein. Die Jagd zu Pferde war bekannt, und vielleicht hatte der Bogen als Waffe eine größere Bedeutung als in den Reichen der Antike und in Europa; die Entwicklung der Armbrust spricht dafür, und ein Grabrelief aus der Hanzeit zeigt einen Bogenschützen zu Pferde.

In Japan hingegen dauerte die Steinzeit wesentlich länger. Erst um 300 v. Chr. beendeten Einwanderungen vom Festland die Epoche der Jomonkultur, die im wesentlichen noch auf Jagen und Sammeln basierte. So entwickelte sich erst parallel zur Blütezeit der Antike in Japan allmählich der Ackerbau, und erst im 7. Jahrhundert n. Chr. begründete sich der Absolutismus und die Herrschaft des Tenno.

Ebenfalls im 3. Jahrhundert v. Chr. entstand das erste indische Großreich, das später von den Skythen erobert wurde, und ein Jahrhundert später der Staat der Viet am Roten Fluß. Bedeutende jagdgeschichtliche Entwicklungen sind aus diesen frühen Kulturen Indiens und des Fernen Ostens nicht überliefert.

Aus dem Afrika dieser Zeit sind als frühe Kulturen das Aksumreich in Äthiopien und die Nokkultur in Nigeria erwähnenswert. Besonders die Nokkultur ist für die Techniken der Metallverarbeitung bekannt und gilt als Vorläufer der Kulturen der Ibo und Yoruba. Von den afrikanischen Reichen dieser Zeit ist aber noch sehr wenig erforscht, und weder über die wirtschaftlichen Grundlagen noch über die Siedlungsformen lassen sich eindeutige Aussagen machen; so kann auch über die Bedeutung und Ausübung der Jagd in den frühesten schwarzafrikanischen Zivilisationen nichts Definitives ausgesagt werden.

Am tiefsten im Dunkeln liegt immer noch die Geschichte des amerikanischen Doppelkontinents in diesen Jahrhunderten der europäischen Antike. Vage Vermutungen gibt es, die wohl eher als Spekulationen zu bezeichnen sind: Danach sollen schon um das Jahr

1000 v. Chr., also 2.500 Jahre vor der Entdeckungsfahrt des Kolumbus, die Phönizier an der Küste Nordamerikas gelandet sein. So phantastisch dies auch in den Ohren eines realistischen Betrachters klingen mag, ist es doch nicht vollkommen unwahrscheinlich. Immerhin bauten die Phönizier überaus hochseetüchtige Schiffe, die bis zu fünfmal so groß waren wie die berühmte „Mayflower", die englische Siedler nach Amerika brachte. Auch waren es die Phönizier, die um 610 v. Chr. als erste den gesamten afrikanischen Kontinent umsegelten. Und immerhin war es ein angesehener Wissenschaftler einer Bostoner Universität, der herausfand, daß es im Osten Tennessees einen hellhäutigen Indianerstamm gab, dessen Mythen tatsächlich auf eine Abstammung von einem Seefahrervolk jenseits des „großen Wassers" hinweisen könnten.

Steigbügelgefäß aus der Moche-Kultur im nördlichen Peru (400–500 n. Chr.). Es zeigt Seelöwenjäger, die in der stark strukturierten Gesellschaft dieser Kultur eine Art von Berufsgilde darstellten und in ihrem Familienbetrieb allein die Seelöwenjagd in einem bestimmten Revier ausüben durften. (Linden-Museum, Staatliches Museum für Völkerkunde, Stuttgart)

Sichere archäologische Beweise für eine derartige – zweifellos interessante und erregende – Theorie gibt es jedoch bis heute nicht. Die Existenz bedeutender, ja großer Kulturen lange vor Beginn der europäischen Einflußnahme auf Amerika konnte jedoch einwandfrei nachgewiesen und nachvollzogen werden. In Südperu entstand schon um 1100 v. Chr. die Paracaskultur, die sich bis um 200 v. Chr. halten konnte. Bildwerke aus diesem Kulturraum zeigen neben Dämonen und Menschen auch Raubkatzen, Füchse und Vögel und lassen auf eine mythische Bedeutung dieser Tiere schließen. Um 400 v. Chr. begründete sich in Mexiko die Kultur der Zapoteken, und auf etwa 200 v. Chr. wird die Gründung der Stadt Teotihuacan, knapp fünfzig Kilometer nordöstlich des heutigen Mexico City, angesetzt. Bis etwa um 500 n. Chr. sollte diese Stadt, die in ihrer Blütezeit auf einer Fläche von rund zwanzig Quadratkilometern über 150.000 Einwohner beherbergte, eine führende politische und wirtschaftliche Rolle in Mexiko spielen. Die Ausgrabungen zeigen, daß die Wirtschaft auf Bewässerungsfeldbau, auf dem Abbau und der Verarbeitung von Obsidian und der Töpferei beruhte. Die Jagd dürfte, ebenso wie bei den Maya, deren Kultur in ihrer Entstehungsphase von Teotihuacan beeinflußt wurde, nur von nebensächlicher Bedeutung gewesen sein. Zu denken ist an die Schutzjagd, die nebenbei noch zur Nahrungsergänzung diente, und wohl auch an die Jagd aus rituellen und religiösen Gründen, beispielsweise zur Beschaffung von Opfertieren. Der Jaguarkult könnte, wie früher schon einmal erörtert, zu einer gewissen Einschränkung des Jagdrechts und damit zu einer Privilegisierung geführt haben.

Die Blütezeit der Mayakultur ist erst in der Epoche des europäischen Mittelalters anzusiedeln; diese Kultur wird daher später näher erörtert. In Mittel- und Südamerika bildeten sich bis zum 8. Jahrhundert n. Chr. noch weitere Kulturzentren, wie z.B. die offensichtlich kriegerisch-expansive Kultur der Mochica in Nordperu, die ebenfalls einem Tierkult huldigten, und auch die Nazca, auf deren Tongefäßen gefleckte Katzen, Affen, Vögel, Fische und Wale dargestellt sind. Ab 500 n. Chr. wurde in Tiahuanaco am Titicacasee ebenfalls einem hochentwickelten Kult gehuldigt, in dem Tiere allerdings wohl keine Rolle spielten. Über die Jagd in diesen Kulturen ist allgemein kaum etwas bekannt.

Für die nordamerikanischen Kulturen dieser Zeit ist der Ackerbau als Träger der kulturellen Entwicklung bezeugt. Von Mexiko ausgehend, dürfte es im Südwesten der heutigen USA schon im 2. Jahrtausend v. Chr. Bauern gegeben haben, die Kürbisse, Mais und Bohnen kultivierten. Mogollon und Hohokam sind weitere Schlagworte für den Fortgang der Kultur in diesem Bereich Amerikas; über einige Jahrhunderte hinweg stand das Jagen und Sammeln noch neben der Bebauung der Felder und dem Halten von Vieh. Selbst die Anasazi – die „Alten" nach einem Wort aus der Sprache der Navajos – als unmittelbare Vorläufer der historischen Pueblokultur lebten bis 400 n. Chr. noch zum großen Teil von der Jagd. Im Osten Nordamerikas folgte auf die Kultur der Adenaperiode die der Hopewellkultur; heute noch sichtbares Zeichen der Kultur dieser beiden Gruppen sind die – bereits erwähnten – riesigen Grabhügel, vor allem im Staat Ohio; auch die Hopewellleute waren noch Jäger, die aber bereits den sich aus Mittelamerika ausbreitenden Maisanbau übernahmen.

Der Ausflug in die Welt außerhalb der Macht- und Einflußbereiche Griechenlands und Roms zur Zeit der Antike soll damit bereits abgeschlossen sein.

Die Marksteine der antiken Jagdgeschichte

Eine kurze Zusammenfassung der vorangegangenen Ausführungen soll nun den Versuch darstellen, die Marksteine der antiken Jagdgeschichte herauszuarbeiten und kenntlich zu machen.

Allerdings fällt es nicht leicht, in der jagdgeschichtlichen Entwicklung der Antike derartige Marksteine zu setzen, denn diese Entwicklung verlief keineswegs auch nur annähernd so kontinuierlich wie in der Alt- und Neusteinzeit und in den ersten Hochkulturen der Menschheit. Vielmehr geht der Weg, je nachdem, aus welchen Blickwinkeln man die Entwicklungen betrachtet, in einigen Bereichen scheinbar oder auch tatsächlich ein Stück zurück oder endet gar, zumindest für einige Jahrhunderte.

Hervorragendstes Charakteristikum der antiken Jagdgeschichte ist die Freiheit der Jagd. Die in den frühen Kulturen des Nahen Ostens und Ägyptens bereits in höchster Blüte stehende Privilegisierung der Jagd hatte im unmittelbaren Einflußbereich der griechischen und römischen Antike keinerlei Fortentwicklung gefunden. Jedermann durfte – und sollte zeitweise sogar – nahezu ohne jegliche Einschränkung jagen. Viele Kaiser und Könige der antiken Reiche jagten überhaupt nicht, und wenn sie jagten, führte dies nicht zu umfassenden Einschränkungen des allgemeinen Jagdrechts, das nur wenige Verbote und Restriktionen kannte.

Allein die Entartung der Jagd in den Tier- und Gladiatorenkämpfen mag hier als eine – freilich höchst widerwärtige und negative – Form der „Fortentwicklung" des kaiserlich-königlichen Jagdprivilegs angesehen werden. Einer der Grundgedanken sowohl des Jagdprivilegs als auch der Kampfjagd in den Amphitheatern ist zweifellos die Demonstration der Beherrschung der freilebenden

Tierwelt und deren Nutzung zum eigenen und der Untertanen Vergnügen.
Betrachtet man jedoch das in den Reichen Assyriens und Ägyptens begründete Jagdprivileg – ohne Berücksichtigung dieser negativen Auswüchse – als kulturellen Fortschritt, so ist die Antike an diesem Markstein der Jagdgeschichte nicht nur stehengeblieben, sondern von dort aus sogar noch ein Stück zurückgegangen. Berechtigt ist es durchaus, das Jagdprivileg zumindest als Ursprung eines Fortschritts der Jagdkultur anzusehen; waren es doch die jagdbegeisterten Herrscher der frühen Hochkulturen, die den Schritt von der Jagd im ursprünglichen Sinn, den Schritt von der Nahrungs- und Schutzjagd zum Waidwerk taten. Jagdliches Wissen, jagdliche Ausbildungen, die Kunst des Jagens und nicht zuletzt auch die Jagd in der Kunst, all dies hat seine Wurzeln im privilegierten Jagen der Herrscher Assyriens und Ägyptens.
Bedeutet nun der – vorläufige – Abbruch dieses Weges in den Staaten der europäischen Antike auch eine Unterbrechung der Entwicklung der Jagdkultur? Diese Frage kann, auch im Hinblick auf die oft keineswegs fortschrittlichen Entwicklungen im Römischen Imperium, klar verneint werden. Die zitierten Schilderungen zeigen, wie auch andere, nicht erwähnte Darstellungen, daß das Waidwerk sich im antiken Einflußbereich sehr wohl fortentwickelte. Die Jagd mit Hilfe ausgeklügelter Netze und Fangsysteme soll hier ebenso noch einmal kurz erwähnt werden wie die enormen Fortschritte in der Ausbildung und Verwendung von Jagdhunden zahlreicher Rassen zu den verschiedenen Zwekken. Wichtiges Kriterium ist im Bereich der Jagdtechnik auch die Nutzung des Pferdes zur Jagd, insbesondere zur Hetzjagd, und schließlich soll auch die wahrscheinliche Berührung mit der Beizjagd unerwähnt bleiben.
So ist also die Antike an diesem Punkt der jagdgeschichtlichen Entwicklung nur scheinbar stehengeblieben oder gar rückwärts gegangen. Die antike Jagdgeschichte beweist vielmehr, daß die Privilegisierung der Jagd keine notwendige Voraussetzung für den Fortschritt jagdlicher Fertigkeiten und jagdlicher Kultur ist. Auch ohne jagdliche Privilegien wurden in der Antike Marksteine der Jagdgeschichte gesetzt, die bedeutende Fortschritte des Waidwerks kennzeichnen. Auf die Einführung der Hetzjagd zu Pferde soll hier noch einmal hingewiesen werden, weil dies – sicherlich nicht zu Unrecht – in der älteren Literatur als besondere jagdgeschichtliche Entwicklung dieser Epoche dargestellt wird. Jedoch dürfen die bereits erwähnten Entwicklungen in anderen Bereichen der Waidmannskunst keinesfalls vergessen werden, und schließlich stellt auch der Beginn der schriftlichen Aufzeichnungen und Überlieferungen und damit der Ursprung auch der jagdlichen Literatur einen wichtigen Markstein der antiken Jagdgeschichte dar.
Wenn also hier nur scheinbar – und nur aus dem Blickwinkel einer überaus positiven Beurteilung der Bedeutung des Jagdprivilegs – von einem Rückschritt die Rede sein kann und in Wahrheit ein Fortschritt zu verzeichnen ist, so verhält es sich mit der Entwicklung der Jagdwaffen in der Antike wohl grundlegend anders. Bedeutende Errungenschaften der Technik und der Baukunst sind aus der Antike zu vermelden, aber von einem Fortschritt in der Waffentechnologie kann bestenfalls erst gegen Ende der antiken Epoche die Rede sein.
Eher ist das Gegenteil der Fall: Pfeil und Bogen, von allen Vorzeitforschern als die größte Erfindung des steinzeitlichen Jägers gefeiert, treten in ihrer Bedeutung in der Antike fast völlig zurück, und dies nicht nur auf der Jagd, sondern auch im Krieg. Lanze und Speer, die ältesten Waffen der Menschheit überhaupt, bestimmten das Geschehen, im Krieg kam das Schwert hinzu, das jagdlich nur wenig Bedeutung gehabt haben dürfte. Der Bogen, obgleich bekannt und auch benutzt, war eine

Waffe von zweitrangiger Bedeutung. Dies bleibt unverständlich, zumal Griechen und Römer mit Völkern in Berührung kamen, die in den Annalen der Geschichte als hervorragende Bogenschützen verzeichnet sind; zu denken ist hier vor allem an die Skythen und andere Völker des osteuropäischen und asiatischen Raumes.

Gründe für diese Mißachtung des Bogens, der doch wie keine andere Waffe – mit Ausnahme des Gewehres – über weite Entfernungen treffsicheres Schießen ermöglicht, sind nicht erkennbar. Traditionsbewußtsein mag eine Rolle gespielt haben, das Festhalten an den althergebrachten Waffen, die Verachtung des Bogens als Waffe der feindlichen und unterworfenen Völker, aber auch die Bevorzugung des Nahkampfes – im Krieg wie auf der Jagd – als Zeichen von Mut und Tapferkeit kann zur untergeordneten Bedeutung des Bogens als sichere Fernwaffe geführt haben.

Bezeichnend ist vielleicht, daß eine waffentechnologische Weiterentwicklung erst aus einem Land kommen mußte, in dem die Jagd eine andere Bedeutung hatte als in den Ländern der europäischen Antike. Zweifellos kannten die feudalistischen Systeme der alten chinesischen Reiche dieser Zeit ein Jagdprivileg der oberen und herrschenden Schichten, und die Erfindung der Armbrust in einem solchen Kulturkreis kann wiederum als Indiz für die Behauptung gewertet werden, das Jagdprivileg, die Beschäftigung der Oberschicht und des Adels mit der Jagd, entfalte eine schöpferische Wirkung.

So wurde also ein Markstein der Jagdwaffenentwicklung in der Epoche der Antike nicht im Einflußbereich der europäischen Antike gesetzt, sondern im fernen China. Dieser zweifellos wichtige Markstein, die Erfindung der Armbrust, die ja dann von europäischen Völkern übernommen wurde, ist gleichzeitig ein Beispiel für die gegenseitige kulturelle und technologische Befruchtung der Völker untereinander; als weiteres Beispiel sei hier noch einmal die Beizjagd genannt und schließlich die Nutzung des Pferdes als Jagdhelfer.

Damit sind die Marksteine der antiken Jagdgeschichte herausgearbeitet und dargestellt. Sie zeigen auf, daß trotz uneinheitlicher und nicht kontinuierlicher Entwicklungen, die angesichts der inzwischen entstandenen Vielfalt der Völker auch nicht erwartet werden können, Jagdtechnik und Jagdkultur in der Antike dennoch bemerkenswerte und grundlegende Fortschritte gemacht haben. Die mancherorts aufgestellte Behauptung, die Antike sei jagdgeschichtlich eine verlorene Zeit gewesen, beruht offensichtlich allein auf der Überbewertung des hier fast bedeutungslosen Jagdprivilegs und dürfte durch die vorstehenden Ausführungen widerlegt sein.

Mit dem Erstarken und der Expansion der Germanen, verbunden mit dem Zerfall des Römischen Reiches nach dessen Teilung, neigt sich die Epoche der Antike ihrem Ende zu, und das frühe Mittelalter beginnt. Einig sind sich die Historiker über den Beginn des Mittelalters wieder einmal nicht. Die einen sehen schon die Teilung des Römischen Reiches im Jahre 395 als Ende der Antike an, die anderen wollen erst mit der Kaiserkrönung Karls des Großen im Jahre 800 das Mittelalter beginnen lassen. Eine genaue zeitliche Festlegung für den Übergang der beiden geschichtlichen Epochen ist sicherlich auch weder möglich noch unbedingt notwendig. So spricht man heute auch zumeist von einer Übergangsperiode, die sich über die Zeit der zweiten großen Völkerwanderung, ausgelöst durch den Einbruch der Hunnen in Europa, erstreckt; dieser Zeitraum umfaßt, ganz grob gesehen, das 4. bis 6. Jahrhundert.

Vom Standpunkt der Jagdgeschichte her ist diese Abgrenzung der Antike vom Mittelalter ebenfalls durchaus sinnvoll. Mit der Verfeinerung der Jagdmethoden, mit der fortschreitenden Kultivierung der Jagdkunst und mit den ersten grundlegenden Buchwerken über die Jagd wurde in der Antike der Boden bereitet für die Jagd in einer neuen Zeit, in der das Waidwerk wiederum zu einem gewichtigen Faktor im gesellschaftlichen Gefüge der neu entstehenden Länder und Staaten aufleben sollte. Schon im 7. Jahrhundert, lange vor der Krönung Kaiser Karls des Großen, wurde die Privilegisierung der Jagd in großen Teilen Europas eingeführt. Allein dieser erneute Bedeutungswandel der Jagd rechtfertigt aus jagdhistorischem Blickwinkel die Abgrenzung der Antike vom Mittelalter in dem genannten Zeitraum.

Die freie Jagd in der Antike, das ungebundene Jagen der Germanen, das sportliche Jagdvergnügen der Kelten und Illyrer, all dies fand in den nunmehr folgenden Jahrhunderten, nach und nach und regional unterschiedlich, sein Ende. Der wiederum durchgreifende Bedeutungswandel der Jagd, der etwa an Sinn und Ausübung der Jagd in den alten Reichen Assyriens und Ägyptens erinnern wird, sollte aber auch dem Waidwerk zu einer neuen kulturellen Blüte verhelfen, die vielleicht gar als die höchste Vollendung in der Kunst des Jagens überhaupt zu bewerten ist; gleichzeitig jedoch wird, wie dies überhaupt eine Erscheinung in hochstehenden Kulturen zu sein scheint, von Auswüchsen und Entartungen die Rede sein.

Mit diesen wenigen Andeutungen soll es jedoch nun genug sein, denn die Geschichte der Jagd im Mittelalter mit ihren Auswirkungen auf die politischen und gesellschaftlichen Entwicklungen der frühen Neuzeit bietet mehr als genug an Stoff für einen weiteren Band der Jagdgeschichte in aller Welt.

Verzeichnis der benutzten Literatur

Geschichte allgemein

Birket-Smith, Kaj. Geschichte der Kultur: Eine allgemeine Ethnologie. Übers. Hans Dietschy. Zürich: Orell-Füssli, 1956.

Chronik der Menschheit, hg. Bodo Harenberg. Dortmund: Chronik-Verlag, 1984.

Der deutsche Museumsführer in Farbe; 3. Auflage, hg. Klemens Mörmann. Frankfurt am Main: S. Fischer Verlag GmbH, 1986.

Der große Bildatlas zur Weltgeschichte, hg. Christian Zentner. München: Paul List Verlag KG, 1982.

Durant, Will und Ariel. Kulturgeschichte der Menschheit. 18 Bände. Übers. Julius Blei. Köln: Naumann & Göbel, 1985.

Enzyklopädie der Archäologie, hg. Glyn Daniel, hg. (deutsche Ausgabe) Joachim Rehork. Bergisch-Gladbach: Lübbe, 1980.

Haefs, Hanswilhelm. Die deutschen Heimatmuseen. Frankfurt am Main: S. Fischer, 1984.

Hellwig, Gerhard und Linne, Gerhard. Daten der Weltgeschichte: Von der Altsteinzeit bis heute. München: Orbis, 1988.

Propyläen Weltgeschichte, hg. Golo Mann und Alfred Heuß. Berlin: Propyläen, 1986.

Scherr, Johannes. Germania: Zwei Jahrtausende deutschen Lebens. Nachdruck der Ausgabe von 1905. Struckum: Verlag für ganzheitliche Forschung und Kultur, 1987.

Stein, Werner. Der große Kulturfahrplan. Auflage 1981 (565. Tausend). München/Berlin: Herbig, 1981.

Jagd und Jagdgeschichte allgemein

Berger, Arthur. Die Jagd aller Völker im Wandel der Zeit. Berlin: Paul Parey, 1928.

Berrens, Karl: Geschichte der Jagdkunst von der Höhlenmalerei zur Münchner Schule. Balzers/FL: Jagdbuch-Verlags-AG, 1984.

Bildatlas der Tierwelt, hg. Peter Scott u.a. Übers. Herta und Karl-Wilhelm Harde. Stuttgart: Verlag Das Beste, 1971.

Blase, Richard. Die Jägerprüfung. Melsungen: Neumann-Neudamm, 1987.

Brandner, Michael. Die Jagd von der Urzeit bis heute. Übers. Rolf Richter. München: BLV, 1978.

Brehm, Alfred Edmund. Illustriertes Thierleben. Nachdruck der 1979 erschienenen vollständigen Faksimile-Ausgabe der 1. Auflage (Hildburghausen 1863–1869). Stuttgart: Fackelverlag, 1985.

Brüll, Heinz (Hrsg.). Die Beizjagd. Hamburg: Paul Parey, 1979.

Das Buch der Jagd, hg. Ruth Bucher. München und Luzern: Bucher, 1973.

Deutsches Jagdmuseum München: westermann-museum-Taschenbuch Februar 1979. Braunschweig: Westermann, 1979.

Ergert, Bernd. Die Jagd in Bayern: Von der Vorzeit bis zur Gegenwart. Reihe Rosenheimer Raritäten. Rosenheim: Rosenheimer Verlagshaus Alfred Farg, 1984.

Fröhlich, Hans-Joachim. „Jagd und Jagdwaffen". Wild und Hund, 82. Jahrgang, Heft 5, Seite 116ff.

Graf zu Solms-Laubach, Ernstotto. Die schönsten Jagdbilder aus europäischen Sammlungen. Bayreuth: Gondrom, 1961.

Hajek, Karel. Waidmannsheil. Hanau: Dausien, 1966.

Kalchreuther, Heribert. Die Sache mit der Jagd: Grundlagen, Erkenntnisse, Perspcktiven. 4. Auflage. München/Wien/Zürich: BLV, 1984.

Koch, Wilhelm. Die Jagd in Vergangenheit und Gegenwart. Kosmos-Bibliothek Band 231. Stuttgart: Franck'sche Verlagshandlung, 1961.

Lange, Harald. Das Jahr der Jagd. Melsungen: Lizenzausgabe Neumann-Neudamm, 1971.

Lemke, Karl. Jagd – Schlösser, Büchsen und Trophäen. 2. Auflage 1985. Reihe: Tourist-Führer. Berlin/Leipzig: VEB Tourist-Verlag, 1983.

Nagy, Domokos Imre. Jagd und Kunst. Übers. Andor Jukasz. Bayreuth: Gondrom, 1977.

Niedl, Walter. Das große Buch von Jagd und Wald. München: Kayser, 1973.

Nüßlein, Fritz. Jagdkunde. 9. Auflage. München/Bern/Wien: BLV, 1977.

Raesfeld, Ferdinand von. Das deutsche Waidwerk: Lehr- und Handbuch der Jagd. 14. Aufl. bearb. von Rüdiger Schwarz. Hamburg/Berlin: Paul Parey, 1980.

Richter, Rolf. Das Jagdwaffenbuch. München/Bern/Wien: BLV, 1979.

Stöver, Ulla. Der König geht auf die Jagd. München: Thiemig, 1978.

Suter, Hubert. Sie jagten und sie jagen noch. Melsungen: Neumann-Neudamm, 1980.

Suter, Hubert. Waidwerk im Schußfeld: Bestandsaufnahme und Diskussion. Melsungen: Neumann-Neudamm, 1986.

Waidwerk der Welt: Erinnerungswerk an die Weltjagdausstellung Berlin. Hg. Reichsbund „Deutsche Jägerschaft". Berlin: Paul Parey, 1938.

Vor- und Frühgeschichte

Barloy, Jean-Jaques. Urgeschichte: Leben in der Vorzeit. Übers. Traudl Lessing. Reihe: Wissen entdekken. Wien: Breitschopf, 1987.

Bibby, Geoffrey. Faustkeil und Bronzeschwert: Frühzeitforschung in Nordeuropa. Übers. Arno Dohm. Hamburg: Rowohlt, 1960.

Biedermann, Hans. Höhlenkunst der Eiszeit: Wege zur Sinndeutung der ältesten Kunst Europas. Köln: DuMont, 1984.

Böhme, Klaus. „Jäger am Rand der Eiszeitgletscher – Die Jagd in der Epoche des Neandertalers." Wild und Hund, 89. Jahrgang, Heft 10, S. 40ff.

Bosinski, Gerhard. „Die Geschichte der Forschung und das heutige Bild vom Anfang der europäischen Geschichte." Archäologie in Deutschland, Heft 3/88, S. 3ff.

Burian, Zdenek und Mazák, Vratislav. Der Urmensch und seine Vorfahren. Übers. Emma Echsnerová. Prag: Artia, 1983.

Die Welt, aus der wir kommen, hg. Stuart Pigott. Übers. A.M. Textor. München/Zürich, Droemer/Knaur, 1961/1967.

Edey, Maitland A. Vom Menschenaffen zum Menschen. Übers. K.H. Hansen. Reihe: Die Frühzeit des Menschen. Amsterdam: Time-Life, 1972.

Fiedler, Lutz. Buhlen, Gde. Edertal, Kreis Waldeck-Frankenberg. Altsteinzeitliche Jagdstation. Archäologische Denkmäler in Hessen, Heft 18.

Fiedler, Lutz. „Ein Projekt der Abteilung Vor- und Frühgeschichte zur Altsteinzeitforschung in Edertal-Buhlen." Denkmalpflege in Hessen, Heft 1/88, S. 18ff.

Honoré, Pierre. Das Buch der Altsteinzeit oder Der Streit um die Vorfahren. 1. Auflage. Düsseldorf/Wien: Econ, 1967.

Koenigswald, Wighart von Hahn, Joachim. Jagdtiere und Jäger der Eiszeit: Fossilien und Bildwerke. Stuttgart: Theiss, 1981.

Leakey, Richard. Die ersten Menschen. TV-Manuskript in der Übersetzung von Gerhard Honal. München: TR-Verlagsunion, 1986.

Leroi-Gourhan, André. Höhlenkunst in Frankreich. Übers. Joachim Rehork. Reihe „Frühe Spuren des Menschen", hg. Emmanuel Anati. Bergisch-Gladbach: Lübbe, 1981.

Lindner, Kurt. Die Jagd in der Vorzeit. Berlin/Leipzig: Walter de Gruyter, 1937.

Müller-Karpe, Hermann. Geschichte der Steinzeit. 2. Auflage. München, C.H. Beck, 1976.

Neumann, Carl. Das Werden des Menschen und der Kultur. Leipzig: Dollheimer, 1932.

Nougier, Louis-René. So lebten sie zur Zeit der Urmenschen – Lexikon der prähistorischen Tiere. Hamburg: Tessloff, 1980.

Pörtner, Rudolf. Bevor die Römer kamen: Städte und Stätten deutscher Urgeschichte. Düsseldorf/Wien: Econ, 1981.

Torbrügge, Walter. Europäische Vorzeit. Reihe „Kunst im Bild". Baden-Baden: Holle, 1967.

Vorgeschichte. Fischer-Weltgeschichte Band 1, hg. Marie-Henriette Alimen und Marie-Joseph Steve. Frankfurt am Main: Fischer, 1966

Wendt, Herbert. Der Affe steht auf: Eine Bilddokumentation zur Vorgeschichte des Menschen. Reinbek bei Hamburg: Rowohlt, 1971.

Jägervölker in Neuzeit und Gegenwart

Baumann, Peter. Die Erben von Tecumseh und Sitting Bull. Berlin: Safari, 1975.

Böhme, Klaus. „Metai und Massaum – Jagdmethoden und Jagdzauber bei den Indianern Nordamerikas." Wild und Hund, 92. Jahrgang, Heft 4. S. 46ff.

Catlin, George. Die Indianer Nordamerikas: Text- und Skizzenbuch. Nachdruck. München: Borowsky, o.J.

Ceram, C.W. Der erste Amerikaner: Das Rätsel des vorkolumbischen Indianers. 7. Auflage. Reinbek bei Hamburg: Rowohlt, 1972.

Cook, James. Entdeckungsfahrten im Pacific: Die Logbücher der Reisen von 1768–1779. Hg. A. Grenfell–Price. Übers. Reinhard Wagner und Bernhard Willms. Reihe: Alte abenteuerliche Reiseberichte. Stuttgart: Edition Erdmann in K. Thienemanns Verlag, 1983.

Deuel, Leo (Hrsg.). Kulturen vor Kolumbus. Übers. Karl-Eberhard und Grete Felten. München: Beck, 1975.

Droste zu Vischering, Erpo. „Noch jagen die Buschmänner – Unterwegs mit den besten Jägern der Welt." Wild und Hund, 91. Jahrgang, Hefte 15 und 16.

Egede, Hans. Die Heiden im Eis: Als Forscher und Missionar in Grönland 1721–1736. Nach dem dänischen Original übertragen und herausgegeben von Heinz Barüske. Stuttgart/Wien: Thienemann, Edition Erdmann, 1986 (Reihe: Alte abenteuerliche Reiseberichte).

Fehrenbach, T.R. Comanchen. Übers. Heidi Berlitz und Volker Bradtke. Hannover: Fackelträger, 1974.

Freund, Werner. Der Wolfsmensch. Melsungen: Neumann-Neudamm, 1988.

Grzimek, Bernhard. Kein Platz für wilde Tiere. München: Kindler, 1973.

Grzimek, Bernhard. Mit Grzimek durch Australien. München, Kindler, o.J.

Grzimek, Bernhard. Serengeti darf nicht sterben. Berlin: Ullstein, 1959.

Hearne, Samuel. Abenteuer im arktischen Kanada. Übers. Volker Matthies. Tübingen: Erdmann, 1981.

Herder-Lexikon Ethnologie. Freiburg im Breisgau: Herder, 1981.

La Farge, Oliver. Die große Jagd. Olten und Freiburg: Walter, 1961.

Lenssen-Erz, Tilman. „Die Sprache der Felsbilder: Ein Versuch zur Entschlüsselung der Malereien im Brandberg.“ Archäologie in Deutschland, Heft 2/89, S. 44ff.

Lindig, Wolfgang (Hrsg.). Völker der vierten Welt: Lexikon der Völker. München/Paderborn/Wien/Zürich: Fink-Schöningh, 1981.

Ludwig, Klemens. Bedrohte Völker: Ein Lexikon nationaler und religiöser Minderheiten. München: Beck, 1985.

Möllhausen, Balduin. Wanderungen durch die Prärien und Wüsten des westlichen Nordamerika. Nachdruck. München: Borowsky, o.J.

Nachtigall, Horst. Völkerkunde. Stuttgart: Deutsche Verlags-Anstalt, 1972.

Nehberg, Rüdiger. Yanonámi – Überleben im Urwald. Hamburg: Kabel, 1983.

Oth, René. Auf den Spuren der Indianer. Reutlingen: Ensslin & Laiblin, 1988.

Richter, Jürgen. „Im Zeichen der Giraffe: Sammler-Jäger-Maler in Namibia.“ Archäologie in Deutschland, Heft 2/89, S. 38ff.

Samhaber, Ernst. Knaurs Geschichte der Entdeckungsreisen. München: Knaur, 1955.

Schliessler, Martin. Auf verwehten Spuren: Amerika wird entdeckt. Frankfurt: Umschau, 1984.

Stammel, H.-J. Der Indianer – Legende und Wirklichkeit von A–Z. München: Orbis, 1989.

Steller, Georg-Wilhelm. Von Sibirien nach Amerika: Die Entdeckung Alaskas mit Kapitän Bering 1741/1742. Hg. Volker Matthies. Reihe: Alte abenteuerliche Reiseberichte. Stuttgart/Wien: Thienemann, Edition Erdmann, 1986.

Streck, Bernhard (Hrsg.). Wörterbuch der Ethnologie. Köln: DuMont, 1987.

Tanner, John. Dreißig Jahre unter den Indianern Nordamerikas. Neudruck der ersten deutschen Ausgabe (Leipzig 1840). München: Borowsky, o.J.

Wendt, Herbert. Es begann in Babel: Die Entdeckung der Völker. Rastatt: Grote, 1958.

Wied, Maximilian Prinz zu. Reise in das innere Nordamerika. 2. Bände. Nachdruck. München: Borowsky, o.J.

Wulscher, Hans-Joachim (Hrsg.). Vom Rio Grande zum La Plata: Deutsche Reiseberichte des 19. Jahrhunderts aus dem südlichen Amerika. Tübingen: Erdmann, 1975.

Frühe Kulturen und Antike

Bach, Wolf-Dieter. „Jagd und astraler Mythos.“ Wild und Hund, 86. Jahrgang, Heft 6.

Caesar, Gaius Julius. Der Gallische Krieg. Übers. Ph. L. Haus. Reihe: Lateinische Literatur, Band 8. Reinbek bei Hamburg: Rowohlt, 1985.

Enzyklopädie des Altertums, hg. Michael Avi Yonah und Israel Shatzman. Übers. Hermann Teifer. Zürich: Atlantis, o.J.

Fischer-Fabian, S. Die ersten Deutschen. Locarno: Droemer-Knaur, Schoeller & Co., 1975.

Gilgamesch – Das Gilgamesch-Epos nacherzählt von Voitech Zamarowský. Übers. Anna Fialová. Reihe: Geschichte und Geschichten. Hanau: Dausien, 1979.

Grant, Michael. Rätselhafte Etrusker. Übers. Hans-Jürgen Baron von Koskull. Bergisch-Gladbach: Lübbe, 1981.

Gutbrod, Karl. DuMonts Geschichte der Frühen Kulturen der Welt. Reihe: DuMont-Dokumente. 2. Auflage. Köln: DuMont, 1978.

Hamblin, Dora Jane. Die Etrusker. Übers. Jürgen Abel. Reihe: Die Frühzeit des Menschen. Amsterdam: Time-Life, 1975.

Hawkes, Jaquetta. Bildatlas der Frühen Kulturen. Übers. Joachim Rehork u.a. Gütersloh: Bertelsmann, 1977.

Heinemann, Günter. „Atalante, die leichtfüßige Jägerin.“ Wild und Hund, 87. Jahrgang, Heft 16.

Herodot. Neun Bücher der Geschichte. Übers. Heinrich Stein. Reihe: Bibliothek der Weltliteratur. Stuttgart: Fackelverlag, 1983.

Lindner, Kurt. Die Jagd der Vorzeit. Berlin/Leipzig: Walter de Gruyter, 1937.

Pörtner, Rudolf. Alte Kulturen ans Licht gebracht: Neue Erkenntnisse der modernen Archäologie. Düsseldorf/Wien: Econ, 1959.

Pörtner, Rudolf. Mit dem Fahrstuhl in die Römerzeit. Städte und Stätten deutscher Frühgeschichte. Düsseldorf/Wien: Econ, 1959.

Tacitus. Germania. Übers. Arno Mauersberger. Leipzig: Dieterichsche Verlagshandlung, o.J.

Tripett, Frank. Die ersten Reitervölker. Übers. Jürgen Abel. Reihe: Die Frühzeit des Menschen. Amsterdam: Time-Life, 1974.

Vergil (Publius Vergilius Maro). Vom Landbau (Georgica):Das Jahr des Bauern. Übers. J. Götte. In. Lesebuch der Antike, Band 2. Griechischer Hellenismus und römische Republik von Menander bis Cicero. München: Heimaran, 1976.

Vogel, Friedrich. Griechische und römische Geschichte. Bamberg: Bucher, 1909.

Wilkinson, L.P. Rom und die Römer: Porträt einer Kultur. Übers. Edgar Pack. Bergisch-Gladbach: Lübbe, 1979.

Xenophon. Von der Jagd. Deutsche Fassung von Günter Pössiger. In: Durch Wald und Steppe: Die schönsten Jagdgeschichten der Weltliteratur, hg. Günter Pössinger. Bergisch-Gladbach: Lübbe, 1986.

Orts-, Personen- und Sachverzeichnis

In das Verzeichnis wurden nur solche Begriffe aufgenommen, zu denen der Buchtext zumindest minimale Informationen enthält.

Ortsnamen wurden nur dann zitiert, wenn es sich um archäologische Fundorte oder solche von jagdgeschichtlicher Bedeutung handelt. Die Standorte der Museen aus den entsprechenden Spezialartikeln mit Anschriftenverzeichnis sind nicht nochmals aufgeführt.

Bezeichnungen von Tier- bzw. Wildarten sind nur dann aufgeführt, wenn dazu im Text über die bloße Erwähnung hinaus Ausführungen enthalten sind; gegebenenfalls ist nur die entsprechende Textstelle angegeben.